Die Identität der katholischen Priester
im Licht des II. Vatikanums und
das priesterliche Leben in Igbo-Diözesen
Nigerias

Europäische Hochschulschriften

European University Studies

Publications Universitaires Européennes

Reihe XXIII **Theologie**

Series XXIII Theology

Série XXIII Théologie

Band/Volume **955**

Polycarp Ibekwe

Die Identität der katholischen Priester im Licht des II. Vatikanums und das priesterliche Leben in Igbo-Diözesen Nigerias

Eine theologisch-rechtliche Untersuchung

PL ACADEMIC RESEARCH

Bibliografische Information der Deutschen Nationalbibliothek
Die Deutsche Nationalbibliothek verzeichnet diese Publikation in der Deutschen Nationalbibliografie; detaillierte bibliografische Daten sind im Internet über http://dnb.d-nb.de abrufbar.

Zugl.: München, Univ., Diss., 2015

D 19
ISSN 0721-3409
ISBN 978-3-631-67597-7 (Print)
E-ISBN 978-3-653-06915-0 (E-Book)
DOI 10.3726/978-3-653-06915-0

PL Academic Research ist ein Imprint der Peter Lang GmbH.
Peter Lang – Frankfurt am Main · Bern · Bruxelles · New York · Oxford · Warszawa · Wien

Diese Publikation wurde begutachtet.

www.peterlang.com

Vorwort

Dieser theologische Beitrag und das daraus folgende Thema „Die Identität der katholischen Priester im Licht des II. Vatikanums und das priesterliche Leben in Igbo-Diözesen Nigerias – eine theologisch-rechtliche Untersuchung“ entstand nach vielen Jahren priesterlicher Tätigkeit und in Bezug auf das von Papst Benedikt XVI. für das Jahr 2009/2010 proklamierte „Priesterjahr“.

Die vorliegende Untersuchung wurde 2015 als kanonistische Dissertation von der Katholisch-Theologischen Fakultät der Ludwig-Maximilians-Universität München angenommen.

Diese Studie möchte einerseits die Bedeutung und die Eigenart der priesterlichen Berufung nach dem II. Vatikanum in das Bewusstsein aller Gläubigen bringen und andererseits versuchen, eine Antwort auf die Frage zu geben, was generell das katholische Priestertum in einer modernen Perspektive in Bezug auf das II. Vatikanum und das geltende Recht (CIC/1983) ausmacht.

Dabei soll sowohl eine theologische als auch, darauf aufbauend, eine kirchenrechtliche Perspektive eingenommen werden. Ein weiteres Ziel der Arbeit besteht darin, ein authentisches priesterliches Leben bei den katholischen Priestern in den Igbo-Diözesen Nigerias zu fordern.

Der vorliegende Beitrag wäre in dieser Form ohne Gottes Kraft und Hilfe nicht möglich gewesen. An dieser Stelle danke ich allen, die mir während des Studiums an der Ludwig-Maximilians-Universität und während dieser Forschung hilfreich zur Seite standen.

Herrn Professor Dr. Dr. Stephan Haering OSB, meinem Doktorvater und ersten Gutachter, gilt mein Dank für die Anregungen, Korrekturen, Ergänzungen und hilfreichen Gespräche. Ebenso bedanke ich mich bei dem zweiten Gutachter, Professor Dr. Andreas Wollbold, für seine Anregungen und Korrekturen. Darüber hinaus bedanke ich mich bei meinen ehemaligen Professoren an der Katholisch-Theologischen Fakultät der Ludwig-Maximilians-Universität München, vor allem bei Professor Dr. Dr. Elmar Güthoff, Professor Dr. Dr. Helmuth Pree und Professor Dr. Armin Kreiner.

Bei den Leitungsgremien der katholischen Diözese Augsburg bedanke ich mich für deren Unterstützung.

An dieser Stelle möchte ich auch einigen Personen für Ihre Liebe und Unterstützung danken:

meinen Geschwistern Cecilia, Philip, Immaculeta, Jacinta, Chidimma, Lucy, Magnus mit ihren Familien, meinen Freunden und Bekannten, vor allem Elisabeth und Heinz, Gerhard und Erna, Christine und Werner mit Fabian und Lara, Gerlinde und Helmut, Luise und Alois mit Bettina, Karl-Heinz und Marlies mit ihren Kindern, Margret und Gottfried, Jürgen und Werner, Claudia und Willi, und allen Freunden, Bekannten und Gemeindemitgliedern aus Altdorf, Biessenhofen, Ebenhofen, Hörmanshofen und Obergünzburg. Danke für Alles.

München, im November 2015
Polycarp Ibekwe

Inhaltsverzeichnis

Vorbemerkung

Vor über fünfzig Jahren, am 11.10.1962, begann in Rom offiziell die größte kirchliche Versammlung des 20. Jahrhunderts, das II. Vatikanum. Dieses Konzil, das Johannes XXIII. einberufen hatte, wurde nach drei Jahren, am 8.12.1965, von seinem Nachfolger Paul VI. feierlich beendet. Die Konzilsväter brachten in ihren Erklärungen neue Erkenntnisse und ein neues Verständnis nicht nur über die Kirche in der Welt von heute zum Ausdruck,[1] sondern deuteten auch die Stellung und Aufgaben der Priester in der Kirche und Gesellschaft neu.[2] Das Konzil anerkannte und bekräftigte auch das gemeinsame Priestertum aller Christgläubigen aufgrund des Taufempfanges.[3] Es gibt, so das Konzil, trotz des gemeinsamen Priestertums aller kraft der Taufe, ein hierarchisches Priestertum oder ein Priestertum der Geweihten aufgrund des Weiheempfanges.[4] Während die Amtspriester kraft ihres Weiheempfanges ihren Dienst in persona Christi vollziehen und das Volk Gottes leiten,[5] wirken hingegen alle anderen Gläubigen aufgrund ihres Taufempfanges am königlichen Priestertum mit.[6] Die Unterscheidung des geweihten Priestertums vom allgemeinen Priestertum gilt dem Wesen und nicht dem Grade nach, denn beide Arten des Priestertums sind zueinander hingeordnet, so das Konzil.[7] Im Einklang mit dem Konzil fokussiert sich der Codex von 1983, besonders in den cc. 273–293, auf die Rechte und Pflichten der Kleriker (De Clericorum obligationibus et iuribus)[8], ihre Stellung und ihre Identität in der Kirche und Gesellschaft.

Mehr als fünfzig Jahre nach dem Konzil ist es aufgrund einer sich rasch verändernden Gesellschaft notwendig zu untersuchen, ob der katholische Priester seine Identität, seine Aufgaben und seine Stellung in der Kirche und

1 Vgl. Vat II, LG, Nr. 1.
2 Vgl. Vat II, PO, Nrn. 4, 5.
3 Vgl. Vat II, LG, Nr. 10.
4 Vgl. Vat II, LG, Nr. 10.
5 Vgl. Vat II, PO, Nr. 4. Vgl. dazu Vat II, LG, Nr. 10.
6 Vgl. Pius XI., Miserentissimus Redemptor, 171 f.
7 Vgl. Vat II, LG, Nr. 10.
8 Vgl. CIC/1983, cc. 273–293.

in der Welt von heute gemäß den Lehrdokumenten und dem Codex erfüllt.[9] Die heutige Situation in der Kirche, vor allem der Glaubens- und Priestermangel in Europa, die Vergrößerung der pastoralen Gebiete, die Gefühle von Verunsicherung oder Überforderung in der Pastoral, die immer weniger werdenden Kirchenbesucher, der sich häufende Verdacht auf Missbrauch von Kindern und Jugendlichen durch Priester und andere kirchliche Mitarbeiter, zwingt zu einer inneren und äußeren Reflexion über die Identität der katholischen Priester.[10] Diese Reflexion beschränkt sich nicht nur auf den europäischen Teil der katholischen Kirche, sondern gilt für die Weltkirche insgesamt, besonders auch für die Kirche in den Igbo-Diözesen in Nigeria. Im Vergleich zu sinkenden Zahlen in Europa hat sich die Zahl der Priester und Priesteramtskandidaten im Igbo-Land seit Konzilsende verdoppelt. Die Zahl der Diözesen hat sich ebenso verdoppelt, und bei den Christgläubigen ist ein enormes Wachstum festzustellen. Trotz dieser positiven Zeichen muss geprüft werden, ob diese Priester und Priesteramtskandidaten in den Igbo-Diözesen die richtigen Intentionen für ihre Berufswahl hatten und auch, ob sie im Einklang mit den vatikanischen Dokumenten ein authentisches priesterliches Leben führen.

Ziel dieser Studie

Diese Studie zielt vor allem darauf, die Identität der katholischen Priester mit Hilfe der Dokumente des II. Vatikanums und des geltenden Rechtes zu klären und zu deuten, denn angesichts „des gegenwärtigen kulturellen Klimas mag es nützlich sein, daran zu erinnern, dass die Identität des Priesters als Mann Gottes nicht überholt ist und dies niemals sein kann. Es schien opportun, die grundlegenden Elemente der Lehre zu unterstreichen, die im Mittelpunkt der Identität, der Spiritualität und der beständigen Weiterbildung der Priester stehen, damit sie ihnen helfen, die Bedeutung ihres Priesterseins und ihre exklusive Beziehung zu Christus, dem Haupt und Hirten, zu vertiefen: denn dies wird notwendigerweise dem Sein und Handeln des Priesters insgesamt zugute kommen."[11] Darüber hinaus wird

9 Vgl. Kongr. Klerus, Direktorium für Dienst und Leben der Priester, Nrn. 1–14.
10 Vgl. Kongr. Klerus, Direktorium für Dienst und Leben der Priester, Nr. 1.
11 Kongr. Klerus, Direktorium für Dienst und Leben der Priester, Einleitung.

diese Studie die Situation der priesterlichen Berufung von heute betrachten und einige Empfehlungen für ein authentisches priesterliches Leben, besonders in den Igbo-Diözesen Nigerias, aussprechen. Diese Betrachtung beschränkt sich jedoch nicht nur auf den Codex Iuris Canonici und die Lehramtsdokumente, sondern erstreckt sich auch auf andere Literatur, die sich mit diesem Thema befasst. Um das Ziel der Studie zu erreichen, sind folgende Fragen wichtig:

Leitfragen

Priester und priesterliche Berufung heute? Was sind die kanonischen Voraussetzungen für den Weiheempfang? Welche Aufgaben haben die Priester? Wie muss ihr priesterliches Leben gestaltet sein? Wie sollen sie mit dem Bischof, den anderen Priestern und mit den Laien zusammenwirken? Welche Rechte und Pflichten haben sie aufgrund ihres Weiheempfanges? Nach welchen Kriterien können sie ihres Amtes enthoben oder gegebenenfalls aus dem Klerikerstand ausgeschlossen werden? Wie zeigt sich die priesterliche Identitätskrise heute, vor allem in den Igbo-Diözesen Nigerias? Wie können die Igbo-Priester ihre Identität in der heutigen multikulturellen und -religiösen nigerianischen Gesellschaft bewahren?

Aufbau dieser Studie

Um das Thema schrittweise auszuführen und die Überprüfung des Anliegens der Konzilsväter und des geltenden Rechts zu erleichtern, wird diese Studie folgendermaßen gegliedert: Das erste Kapitel befasst sich mit dem Begriff ‚Priester und priesterliche Berufung‘ in Bezug auf das Alte und Neue Testament sowie die dogmatische Entwicklung des Priestertums. Im zweiten Kapitel werden die Voraussetzungen für den Empfang der Priesterweihe im Einklang mit dem Codex von 1983 dargestellt. Das dritte Kapitel beschäftigt sich mit der Identität der katholischen Priester in Bezug auf das II. Vatikanum und das geltende Recht. Kapitel vier befasst sich mit den priesterlichen Pflichten und Rechten. Zusätzlich wird das kirchliche Strafrecht in Bezug auf die Kleriker betrachtet. Das fünfte Kapitel beinhaltet eine kurze Darstellung über das traditionelle Priestertum des Igbo-Volkes vor der Missionierung. Ebenso wird ein kurzer Abriss der

Geschichte der Missionierung der Igbos dargestellt. Kapitel sechs befasst sich mit dem priesterlichen Leben der katholischen Igbo-Priester und den Schwierigkeiten eines authentischen priesterlichen Lebens. Im siebten und letzten Kapitel werden einige Empfehlungen zum authentischen priesterlichen Leben in Igbo-Diözesen Nigerias ausgesprochen.

1 Priester und priesterliche Berufung

Der Mensch ist ein religiöses Wesen, das den Kontakt und die Beziehung zu Gott, seinem Schöpfer, sucht und pflegt. Schon von der Antike her gab es immer Vermittler zwischen Gott und den Menschen. Solche Vermittler waren abgesondert und wurden von Gott aus den Menschen berufen, um als Mittler zwischen ihm (Gott) und den Menschen zu wirken. Ihre Hauptaufgaben bestanden vor allem in der Darbringung von Opfern (Brand- und Sühneopfer, Dankopfer und Reinigungsopfer) und in der Besänftigung der Götter. Sie waren auch zuständig, dem Volk den Willen Gottes zu verkünden und zu deuten; so waren und sind sie das Sprachrohr der Götter. Priester als Mittler zwischen Gott und den Menschen unterscheiden sich, so Haekel, von den Medizinmännern, Zauberern und Magiern, indem sie nicht im eigenen Namen, aus eigener Kraft und Initiative handeln, sondern im Namen des berufenden und beauftragenden Gottes. Sie unterwerfen sich also dem Willen der höheren Macht und wirken als Stellvertreter ihres Gottes bei den Menschen.[12] Die Priester und Priesterinnen in vielen Kulturen handeln somit im Namen des jeweiligen Gottes und werden „durch eine ‚amtliche' Bestellung durch die Gemeinschaft oder durch eine Gottheit [...] aus dem Bereich des Profanen ausgegliedert u[nd] dem Sakralbereich zugeordnet [...]."[13]

Ihre Aufgaben lagen nicht nur im kultischen Bereich, sondern hatten auch mit Kommunikation zwischen den Menschen und den Göttern zu tun.[14] In der Antike gab es neben den rituellen Priestern auch die Familienpriester, die im Namen ihrer jeweiligen Familie den Göttern Opfer darbrachten. Diese Aufgaben wurden von dem Familienoberhaupt ausgeführt. Sie galten nicht als professionelle Priester und wirkten nicht im Namen der Gemeinde; so können sie als Priester zweiten Grades bezeichnet werden.[15] Aufgrund der abgesonderten Stellung der professionellen Priester in der Gesellschaft waren sie einer gewissen Lebensweise verpflichtet, bzw. sie mussten jegliche

12 Vgl. Haekel, Priester, Priestertum, 735–736.
13 Vorgrimler, Vorgrimler, Neues Theologisches Wörterbuch, 517.
Vgl. Haekel, Priester Neues Theologisches Wörterbuch, 517.
14 Vgl. Vorgrimler, Neues Theologisches Wörterbuch, 517.
15 Vgl. Haekel, Priester, Priestertum, 735.

Formen der Reinheitspflichten beachten, sie durften keine geistigen oder körperlichen Behinderungen haben, sie mussten die Kleiderordnung beachten und vor allem mussten sie den Schutz und die Sicherheit des Tempels und des Schreins gewährleisten.[16]

1.1 Priestertum im Alten Testament

Die Existenz eines Priestertums war nach Gross in der Patriarchenzeit unbekannt. Während dieser Zeit wurden die Opfergaben vom Familienoberhaupt dargebracht.[17] Mit diesen Opferdarbringungen bat das Familienoberhaupt nicht nur für die Gesundheit und Fruchtbarkeit seiner Familie, sondern auch für den Schutz vor seinen Feinden. In Genesis wurde vor allem Abraham, obwohl er kein Priester war, als einer, der Gott Opfer darbrachte, dargestellt.[18] Nach der Kultreform des Königs Joschija (ca. 609 v. Chr.), so Vorgrimler, „wurden alle Priester in Israel als ‚Leviten' verstanden; wegen der Rückbindung der Religiosität an die Zeit Moses wurde der Beginn des levitischen P[riestertums] in dessen Bruder Aaron mit seinen Söhnen gesehen."[19] Das bedeutet vor allem, dass das alttestamentliche Priestertum vererblich war. Aufgrund der abgesonderten Stellung der Priester wurde eine eigene Amtstracht – meistens ein weißes langes Kleid – für den priesterlichen Dienst vorgeschrieben.[20] Solche Amtskleidung galt als Symbol des Lichtes, der Reinheit und der Autorität. Aaron wurde nun Hoher Priester genannt, und in seiner Familie blieb die Stelle des Hohenpriesters bis zur Makkabäerzeit.[21] Das Priestertum in der Zeit des Alten Testaments in Israel war ein Dienst, der nur Männern vorbehalten war. Es gab dort zu dieser Zeit keine Priesterinnen wie in manchen anderen archaischen Gesellschaften.

In der alten ägyptischen und griechischen Kultur z. B. dienten die Priesterinnen weiblichen Göttern, während die Priester für die männlichen Götter den Kultdienst versahen. Auf Grund ihrer Funktion als Vertreter Gottes vor den Menschen mussten sie besondere Lebens- und Verhaltensvorschriften

16 Vgl. Haekel, Priester, Priestertum, 737.
17 Vgl. Groß, Israelit. Priestertum, 741.
18 Vgl. Gen 22.
19 Vorgrimler, Neues theologisches Wörterbuch, 517.
20 Vgl. Ex 28, 39.
21 Vgl. Groß, Israelit. Priestertum, 741.

beachten.[22] Eine Zweiteilung des Priestertums begann in Israel nach dem Exil. Nun gab es die Hohenpriester in Jerusalem und die Landleviten mit Zulassung zum Tempeldienst.[23] Die alttestamentlichen Priester mussten aufgrund ihrer speziellen Tätigkeiten Jahwe erkennen. Diese Erkenntnis und die Befragung Jahwes war ihre größte Aufgabe.[24] Es gehörte auch zu ihren Aufgaben, das Volk in der Torah zu unterweisen.[25] Die Torah hatte einen besonderen Status in der ganzen jüdischen Geschichte. Dieser „Sonderstatus der ‚Torah' wird auch an den besonderen Torah-Denkzeichen deutlich, die in dieser Periode aufkamen und als Bekenntnis- und Abgrenzungszeichen dienten."[26] Während dieser Zeit gewannen die Schriftgelehrten jedoch mehr Autorität und Ansehen bei der Bevölkerung, besonders bei den Schriftauslegungen und Toraherklärungen.[27] Um ihre Stellung als Gelehrte zu sichern, brachten sie somit Laiengelehrte in ihre Kreise, die manche reservierten priesterlichen Tätigkeiten in Anspruch nahmen.[28]

Die Torah war nicht nur als Gotteswort anerkannt, sondern „als offenbarter Gotteswille ordnet [sie] prinzipiell auch das politische und öffentliche Leben. Aber selbst im Fall jüdischer Souveränität wie unter den Hasmonäern blieb eine – für viele verwirrende – Kluft zwischen Anspruch und Wirklichkeit, denn materialiter enthält die Torah keine eindeutigen, konkreten Anweisungen, sondern verschiedene Modelle."[29] Trotz dieser unterschiedlichen Betrachtungen blieb es die Aufgabe der Priester, das Volk besonders in der Torah zu unterweisen. Die Erfüllung des Befehls Jahwes und der Torah gehörte zum priesterlichen Leben wie das Recht zum König und wie die Vision zum Propheten.[30] Das Leben des Priesters war die Erfüllung des Willens Jahwes. Diesen erfüllte er besonders durch die Ausübung des Altardienstes.[31] Die alttestamentlichen Priester lebten vom Altar her,

22 Vgl. Groß, Israelit. Priestertum, 741.
23 Vgl. Vorgrimler, Neues Theologisches Wörterbuch, 517.
24 Vgl. 1. Sam 2, 12; Jer 2, 8.
25 Vgl. Dtn 31, 33.
26 Maier, Geschichte der jüdischen Religion, 48.
27 Vgl. Maier, Geschichte der jüdischen Religion, 48.
28 Vgl. Stadelmann, Ben Sira, 48.
29 Maier, Literatur des frühen Judentums, 56.
30 Vgl. Mi 3, 11; Jer 18, 18; Ex 7, 26.
31 Vgl. 2. König, 13, 10–11.

weil es keine priesterlichen Unterhaltsgesetze gab.[32] Obwohl sie kein Recht auf Landbesitz hatten, da sie von Opfergaben lebten, besaßen sie dennoch große Teile des Landes um Jerusalem.[33] Darüber hinaus hatten die Priester die Pflicht, das Orakel zu deuten, dem Volk Gottes Segen zu spenden[34] und es vor Irrwegen und Katastrophen zu warnen.[35] Sie verkündeten aber auch die Hoffnung auf kommendes Heil durch Jahwe.[36] Als Sprachrohr Gottes waren die Priester nicht immer beliebt, denn ihre Aufgaben führten notwendigerweise zu Konflikten, Verfolgung, Hass, Drohungen, Verbannung, Exil und sogar zum Tod.[37]

Der Priester fungierte primär als Mittler zwischen Jahwe und seinem Volk, so Müller, dazu brachte er „Opfer dar zur Sühne für die Sünden und [verband] die Menschen mit Gottes Leben und Versöhnungswillen."[38] Die priesterlichen Aufgaben in dieser Zeit begrenzten sich nicht nur auf Heilsvermittlung, sondern sie hatten auch königliche und prophetische Aufgaben zu erfüllen.[39] Die Priester als Propheten sprachen also *„von einer zukünftigen Herrschergestalt, durch die Jahweh ein Reich der Gerechtigkeit und des Friedens heraufführen werde, also vom Anbrechen einer ‚messianischen' Zeit im weiten Sinne."*[40] Als Könige waren und handelten sie als Hirten des Volkes Israel.[41] Es gehörte auch zu ihren Funktionen, als König die Armen zu schützen, ihnen Rechte zu gewähren und sie zu verteidigen.[42] In der Zeit des Alten Testamentes existierten in Israel zweierlei Arten von Propheten: die Berufspropheten und die charismatischen Propheten, die sich aufgrund ihrer Überzeugung besonders von Gott für diese Aufgaben berufen fühlten und sich deshalb als Sprachrohr Gottes verstanden.[43] Solche Propheten, so

32 Vgl. Lev 6, 19, 7, 1–32.
33 Vgl. Groß, Israelit. Priestertum, 742.
34 Vgl. 2. Sam, 6, 18; 1. König 8, 55.
35 Vgl. Jes 8, 18. Vgl. dazu Jer 16, 1–13.
36 Vgl. Nocke, Priesterweihe, 344.
37 Vgl. Jer 20, 1–6, 26, 8ff; Am 7, 12ff.
38 Müller, Katholische Dogmatik, 249.
39 Vgl. Nocke, Priesterweihe, 346.
40 Kesssler, Christologie, 254.
41 Vgl. 2. Sam 5, 2.
42 Vgl. Psalm 45, 7ff.
43 Vgl. Am 7, 14.

Nocke, hatten aber die größten Verkündigungsaufgaben inne.[44] In dieser früheren israelischen Geschichte gingen, wie Kessler mit Recht sagt, „charismatische Führung, prophetische, priesterliche und richterliche Handlungen noch ineinander über. In spätköniglicher und exilisch-nachexilischer Zeit konnte Mose zur Integrationsfigur der prägenden geschichtlichen und rechtlichen (Gesetzesmittler) Überlieferungen Israels werden, zum Typus und Maß für alle Propheten: [...].“[45] Als Vermittler zwischen Gott und den Menschen hatten die alttestamentlichen Priester charismatische Mittlerfunktion. Diese „*charismatische Mittlerfunktion – zumal dann die für Israel so bedeutsame prophetische – beruht auf einem unmittelbaren, persönlichen Kontaktverhältnis mit Gott:* Der Charismatiker bzw. der Prophet ist direkt und persönlich von Gott erweckt, von seinem Geist ergriffen (1 Sam 10) oder von Gott berufen (1 Sam 3 u.ö.). *Darin unterscheidet sich der charismatische Tat- oder Offenbarungsmittler von der an die Daviddynastie gebundenen Königsinstitution ebenso wie von dem am Stamm Levi und am Heiligtum haftenden Priestertum.*“[46] Zwar gab es individuelle Priester und Propheten, dennoch wurde das ganze Volk Israel als Knecht Gottes bezeichnet und galt als Priester, König und prophetisches Volk. Zusätzlich wurde es als Zeichen und Werkzeug für den Heilswillen Jahwes an alle Menschen benannt.[47]

1.2 Priestertum im Neuen Testament

Das Neue Testament hat ursprünglich nicht den Namen ‚Priester‘ für Hirten, Gemeindevorsteher und Lehrer der Kirche verwendet.[48] Vielmehr wurden die urchristlichen Gemeindelehrer und -vorsteher aufgrund ihrer Sendung von Jesus Apostel genannt. Im Hebräerbrief wird Jesus als Hoherpriester des Neuen Bundes benannt, nie aber wurde diese Bezeichnung für christliche Amtsträger verwendet.[49] Aufgrund seiner Verkündigungs- und Heiligungsdienste gilt Jesus im Neuen Testament als Priester, denn es gehört zu den

44 Vgl. Nocke, Priesterweihe, 346.
45 Kessler, Christologie, 252.
46 Kessler, Christologie, 252.
47 Vgl. Müller, Katholische Dogmatik, 250.
48 Vgl. Müller, Katholische Dogmatik, 742.
49 Vgl. Schmid, Priester im NT, 743.

priesterlichen Aufgaben, den Willen Gottes kund zu tun. Obwohl Jesus keine kultischen Opfer darbrachte, wurde er im Hebräerbrief als Hoherpriester genannt.[50] In der Antike war es die eigentliche Aufgabe der Hohenpriester, Besänftigungs- und Versöhnungsopfer für die Götter darzubringen.[51] Diese Versöhnungsaufgabe kann der Priester aber nur unter zwei Bedingungen erfüllen: „Der Hohepriester muss ein Mensch sein. […] Der Hohepriester muss von Gott eingesetzt werden […]. […] Wäre der Hohepriester nicht von Gott eingesetzt, könnte er nicht die Vergebung der Sünden bewirken. […] Die Einsetzung durch Gott sichert an der entscheidenden Stelle, dass Gott im Opferkult nichts empfängt, was er nicht selbst gegeben hat."[52] Diese beiden Voraussetzungen sind unabdingbar, denn um als Priester für die Menschen vor Gott wirken zu können, muss er leiden und fühlen wie diese, um deren Situation mit allen Stärken und Schwächen verstehen zu können.[53] Zusätzlich muss er von Gott eingesetzt werden, denn niemand kann sich selbst berufen. Jesus wurde Priester genannt, obwohl er sündenfrei war, und auch, weil er die Last von den Sündern hinweggenommen hat. Sein Tod war der Preis für die Liebe an alle Menschen.[54] Aufgrund seines Kreuzestodes wurde er Sühne für die Sünde der ganzen Menschheit.[55]

Obwohl die Apostel in ihrer Eigenschaft als Gemeindehirten, Vorsteher und Lehrer nicht als Priester benannt wurden, wurden sie aufgrund der apostolischen Tätigkeiten, besonders der Verkündigungsaufgaben,[56] dennoch als Priester bezeichnet.[57] Der Hebräerbrief nannte Jesus „Priester", obwohl er nicht vom Stamm Levi abstammte.[58] Im Sinne des damaligen Amtsverständnisses galt er weder als König noch als Priester. Allerdings konnte er wegen seiner prophetischen Verkündigungstätigkeiten Prophet genannt werden, fügt Nocke weiter an.[59] Als einen, der speziell von Gott berufen

50 Vgl. Hebr 7, 25–28.
51 Vgl. Hebr 8, 3.
52 Söding, Priester auf ewig, 66–67.
53 Vgl. Hebr 7, 28.
54 Vgl. Söding, Priester auf ewig, 76.
55 Vgl. Hebr 2, 21.
56 Vgl. Röm 5, 16.
57 Vgl. Müller, Katholische Dogmatik, 742.
58 Vgl. Hebr 3, 1.
59 Vgl. Nocke, Priesterweihe, 347.

wurde zur Erlösung der ganzen Menschheitsfamilie, konnten die Autoren des Neuen Testamentes später Jesus als König, Prophet und Priester bezeichnen und dadurch eine radikale Umdeutung dieser Titel bewirken.[60] Sein Priestertum unterschied sich jedoch grundlegend vom alttestamentlichen priesterlichen Verständnis. Während der alttestamentliche Priester verschiedene Opferdarbringungen, z.B. Sühneopfer, Reinigungsopfer, Heilungsopfer, Dankopfer und Besänftigungsopfer zu Jahwe vollzog, opferte sich Jesus als Priester selbst am Kreuz für die Sünden der ganzen Menschheit.[61] Die priesterlichen Dienste Jesu fanden ihre Erfüllung primär in seinem Kreuzestod für alle Menschen.[62] Deshalb war es für seine Nachfolger nicht mehr notwendig, kultische Opfergaben darzubringen, sondern geistliche Opfer, wohlgefällig vor Gott.[63] Nun wurde von den Gläubigen vor allem die Gabe des eigenen Lebens als der wahre und angemessene Gottesdienst erwartet.[64]

Die Männer, die von Jesus auserwählt und ihm nachgefolgt waren, wurden Apostel genannt. Ihre apostolischen Tätigkeiten, die priesterlichen Charakter hatten, vollzogen sie in Worten und Taten gemäß der Lehre und den Vorschriften ihres Meisters Jesus Christus. Dadurch galten sie als Gottes Werkzeuge mit der besonderen Aufgabe, die Kirche in Jerusalem[65] als priesterliches Volk Gottes aufzubauen.[66] Diese Stellvertretung Christi gilt somit als eigentliche Achse der Amtsentwicklung in der Kirche und als das eigentliche Gestaltprinzip der Apostel.[67] Darüber hinaus wurde damals nicht daran gedacht, einen Gegensatz zwischen den Amtsträgern und den Gläubigen aufzurichten.[68] Vielmehr ging es um die „zeichenhafte Vergegenwärtigung Christi bei der Verkündigung des Wortes, der Spendung der Sakramente und der Leitung der Glieder."[69] So gab es im Neuen Testament

60 Vgl. Nocke, Priesterweihe, 347.
61 Vgl. Hebr 10, 4–10.
62 Vgl. Löser, Priester, 422.
63 Vgl. 1. Petr 2, 5.
64 Vgl. Röm 12, 1 und Phil 2, 17.
65 Vgl. 1. Petr 2, 5, 9.
66 Vgl. Löser, Priester, 422.
67 Vgl. Scheffczyk, In persona Christi, 504.
68 Vgl. Scheffczyk, In persona Christi, 504.
69 Scheffczyk, In persona Christi, 504.

keine Kultpriester, sondern nur Gesandte.[70] Dies zeigt sich vor allem, so Koch, im irdischen Leben Jesu, der zugleich am Beginn seines öffentlichen Wirkens Jünger um sich gesammelt hatte, die sogenannten Zwölf.[71] Die Zwölf wurden nach den Evangelisten primär ausgesandt, um die Verkündigungsaufgabe zu vollziehen und das kommende Heil Gottes allen Menschen kundzutun.[72] Zugleich bestand ihre Sendung darin, „die alttestamentliche ‚qahal' wieder zu sammeln und zum Grundstock seiner Nachfolgegemeinschaft zu machen."[73] In diesem Zusammenhang sind die „Person Jesu und die Figur der Zwölf [...] das Neue am Neuen Testament."[74]

Es besteht also eine enge Verbindung zwischen den Gesandten (den Aposteln) und dem Sender (Christus). Diese besondere Bindung kommt „darin zum Ausdruck, dass sie auf eine spezifische Setzung Jesu zurückgeführt und als Ergebnis einer Berufung qualifiziert wird. Diese zeigt sich erstens darin, dass vor allem beim Evangelisten Lukas die Berufung der Zwölf die Frucht einer durchbeteten Nacht und umgekehrt das nächtliche Gebet Jesu der innere Ort der Berufung ist: [...]."[75] Dort, fügt Ratzinger hinzu, „in der einsamen Zwiesprache mit dem Vater ist der im strengen Sinn theologische Ort des Apostolats."[76] Die Dienste der Jünger sind also in Christus verankert. Das Apostolat der Jünger erscheint somit „als ein christologisch fundiertes Amt; wenn Sendung Repräsentation des Sendenden und insofern Vermittlung zum Sendenden hin bedeutet, dann ist dieses zentrale Amt der werdenden Kirche ohne Zweifel als Dienst der Vermittlung qualifiziert."[77] Das apostolische Amt dient also nicht dazu, um zu herrschen, sondern um die Botschaft Jesu zu vermitteln. Christus ist und soll der Mittelpunkt jedes apostolischen Amtes sein.[78] Diese Sendungsaufgabe wurde später auf alle Christgläubigen übertragen. So wurde das Volk Gottes aufgrund seines

70 Vgl. Koch, Treuhänder eines Anderen, 32–33.
71 Vgl. Koch, Treuhänder eines Anderen, 33.
72 Vgl. Mk, 3, 14.
73 Koch, Treuhänder eines Anderen, 33.
74 Lohfink, Gottes Volksbegehren, 259.
75 Koch, Treuhänder eines Anderen, 34.
76 Ratzinger, Der Gott Jesu Christi, 66.
77 Ratzinger, Priester als Mittler, 288.
78 Vgl. Söding, Jesus und die Kirche, 252 und 272.

Taufempfangs und Glaubens an Christus königliches und priesterliches Volk genannt.[79]

Mit diesem Begriff wurde die priesterliche Funktion somit nicht mehr nur an bestimmte Personen oder Stämme, wie den von Levi, gebunden, sondern an alle, die an Christus glaubten.[80] Alle, die an Christus glaubten und glauben, gehören nun zum gemeinsamen Priestertum. Mit diesem Begriff *gemeinsames Priestertum aller Gläubigen* aufgrund der Taufe wurden „die Gedanken der göttlichen Erwählung, Sammlung u[nd] Sendung der Kirche Jesu Christi, woran alle Gläubigen Anteil haben, ausgedrückt. Aufgrund v[on] Taufe, Firmung u[nd] Eucharistie wirken alle durch analoge Teilhabe des gemeinsamen sakramental begr[ündeten] Priestertums am Priestertum Jesu Christi mit."[81] Als Mitglieder des gemeinsamen Priestertums haben somit alle Getauften Rechte und Pflichten in der Kirche. Sie sind dazu verpflichtet, die kirchliche Heilssendung in der Welt zu erfüllen.[82] Darüber hinaus haben sie Teil an „*‚munus sacerdotale, propheticum et regale Christi*'"[83] (priesterliche, prophetische und königliche Aufgabe Christi). Die Getauften nehmen dazu an Gottesdiensten und sakramentalen Diensten der Kirche teil.[84] Allerdings muss man das gemeinsame Priestertum vom geweihten Priestertum unterscheiden. Ursprünglich wurden die Ratgeber des Hohenpriesters, die zugleich als Mitglieder des Synedriums von Jerusalem wirkten, als Presbyter, d. h. Älteste, bezeichnet.[85] Dementsprechend wurden auch die Leiter der jungen christlichen Gemeinden nach dem Vorbild des Synedriums Älteste genannt.[86] Diese Ältesten in Jerusalem wirkten zusammen mit den Zwölf, die später Apostel genannt wurden, unter der Leitung von Petrus. Ihre Hauptaufgaben waren Verkündigung und Heiligung im Namen Jesu, des Herrn. Allerdings, so Lecuyer, geht aus der Apostelgeschichte „nicht hervor, daß sie irgendeinen Anteil an einer priesterlichen Gewalt gehabt

---

79 Vgl. 1. Petr 2, 5, 9.
80 Vgl. 1. Petr 2, 5 ff.
81 Riedel-Spangenberger, Gemeinsames Priestertum, 44.
82 Vgl. CIC/1983, c. 204 § 1.
83 Riedel-Spangenberger, Gemeinsames Priestertum, 44.
84 Vgl. CIC/1983, cc. 210, 834 § 4, 836, 840, 849, 879, 898, 959, 998.
85 Vgl. Lecuyer, Priester in Ewigkeit, 38.
86 Vgl. Apg 15, 2–6.

haben."[87] Später, als die Verkündigungs- und Heiligungsaufgaben und die diakonischen Tätigkeiten der Apostel mehr wurden, wählten sie die sieben Männer von gutem Ruf und voll Geist und Weisheit mit Stephanus als Leiter.[88] Die Aufgaben dieser Männer waren diakonisch. Durch Handauflegung und Gebete der Apostel wurde ihnen die Vollmacht für ihre Aufgaben übertragen.[89] Dieser Handauflegungsritus galt von nun an als Zeichen der Dienstbeauftragung.[90] Barnabas und Paulus bestellten auch durch Handauflegung und Gebete Presbyter, die in jeder Ortskirche ihrer Missionsgebiete wirken sollten.[91]

Durch diese Handauflegung und Gebete, erklärt Müller weiter, „drückt sich doch der Glaube der frühen Kirche an die geschichtliche und inhaltliche Rückbindung der Ämter der Presbyter/Episkopen an die Kirche aufbauende Wirksamkeit der Apostel aufs deutlichste aus."[92] Die Handauflegung galt für ihn als Zeichen der Vollmachtübertragung für die Ausübung des Amtes. Schillebeeckx zweifelt bei diesen Gedanken Müllers allerdings an, ob die Handauflegung für alle Seiten als Voraussetzung für die Amtseinsetzung galt, hält es allerdings für einen sinnvollen Ritus.[93] Handauflegung galt als Möglichkeit der Übertragung von prophetischen Kräften, jedoch, so Nocke, der „eigentliche Geber der Geistesgabe ist Gott; darauf verweisen die Wendung ‚Gnadengabe Gottes' und die (den Gottesnamen umschreibende) Passivform ‚verliehen wurde' (Passivum divinum). Die Handauflegung ist nicht nur begleitender Gestus, sondern realisierendes Zeichen der Geistgabe: [...]."[94] Die Tradition der Handauflegung galt schon in den spätkanonischen Schriften als Voraussetzung für die Amtsübertragung und dieser Gestus wurde vermutlich aus dem Rabbinat übernommen.[95] Die Handauflegung

87 Lecuyer, Priester in Ewigkeit, 38.
88 Vgl. Apg 6, 3–9.
89 Vgl. Apg 6, 3–7.
90 Vgl. Vorgrimler, Neues theologisches Wörterbuch, 268.
91 Vgl. Müller, Empfänger des Weihesakramentes, 40.
92 Müller, Empfänger des Weihesakramentes, 40.
93 Vgl. Greshake, Priester sein in dieser Zeit, 90. Vgl. auch Schillebeeckx, Amt, Düsseldorf, 58 f.
94 Nocke, Priesterweihe, 349.
95 Vgl. Greshake, Priestersein, 56.

ist mehr als eine öffentliche Legitimierung der Amtsübergabe, sie fungiert vor allem als Zeichen der Geistverleihung.[96]

Da die Handauflegung alleine nicht für die Legitimierung eines Amtes gilt, zeigt sie vielmehr, so Ratzinger, „daß geistliche Vollmacht im Christlichen nicht von unten und von innen, sondern von oben und von außen kommt, [...].“[97] Die Handauflegung verleiht nicht nur den Geist an den Geweihten, sondern gilt als Zeichen der Vollmacht, in einer bestimmten Gemeinde Dienste leisten zu dürfen. Diese Dienste allerdings vollzieht der Amtsträger nicht in seinem eigenen Namen oder durch eigene Kraft und Initiative, sondern im Namen Christi, des Beauftragenden und der Gemeinde, seiner Kirche.[98] Er vollzieht also seinen Dienst in *persona Christi*, d.h. im Namen Christi. Die Handauflegung kann auch als Zeichen der Sukzession betrachtet werden, denn sie „weist den Geweihten auch in das Kollegium der Bischöfe oder Presbyter ein, das in formaler und materialer Sukzession mit dem Apostolischen Amt steht.“[99] Apostolische Sukzession soll nicht missverstanden werden als bloße Abfolge des Handauflegungsritus bei Weihespendung und -empfang, vielmehr gilt sie als „das unablässige Herabrufen des Heiligen Geistes auf von Gott gerufene [...] Kandidaten und deren Aufnahme in das apostolische Kollegium, das für die Vergegenwärtigung des normativen apostolischen Ursprungs der Kirche besondere Verantwortung trägt.“[100]

Die apostolische Sukzession zeigt sich primär durch den Empfang der Bischofsweihe, denn durch den Empfang dieser Weihe bringt „die sakramentale Struktur von Überlieferung und Nachfolge sich in besonderer institutioneller Weise zum Ausdruck [...].“[101] Dieses Überlieferungs- und Nachfolgeverständnis besteht in Formen eines persönlichen und individuellen Ausgewähltseins, der Beauftragung und der Bereitschaft der Kandidaten, solchen Dienst zu vollziehen, führt Wiedenhofer weiter aus.[102] Obwohl es am Anfang der urchristlichen Gemeinde die Tradition der Handauflegung

96 Vgl. Müller, Amt, 118. Vgl. auch Greshake, Priestersein, 57.
97 Ratzinger, Sinn des priesterlichen Dienstes, 376.
98 Vgl. Greshake, Priestersein, 58.
99 Greshake, Priestersein, 58.
100 Greshake, Priestersein, 58.
101 Wiedenhofer, Ekklesiologie, 134.
102 Vgl. Wiedenhofer, Ekklesiologie, 134.

gab, besteht jedoch keine deutliche Aussage über den Unterschied zwischen den Ämtern der Presbyteroi und Episkopoi.[103] Nach dem Brief des Heiligen Clemens von Rom an die Korinther wurden diejenigen, die ähnliche Funktionen wie Priester innehatten, auch als Episkopoi bezeichnet.[104] Eine deutliche Unterscheidung der bischöflichen von den priesterlichen Ämtern entstand erstmals in dem Brief des Heiligen Ignatius von Antiochien. Nach diesem Brief, so Lecuyer, gilt, dass „seit dem Anfang des zweiten Jahrhunderts in Syrien und Kleinasien die Kirchen ähnlich wie in Jerusalem zur Zeit des Jakobus organisiert waren, und zwar mit einem einzigen Bischof, der von einem Presbyterium, seinem Rat, umgeben war."[105] Wegen der besonderen Stellung des Bischofes verlangte Ignatius Gehorsam der Priester dem Bischof gegenüber. Ihre Dienste sollten sie zusammen mit dem Bischof vollziehen. Nach Ignatius gilt nur jene Eucharistiefeier als rechtmäßig, die unter dem Bischof oder seinem Beauftragten vollzogen wird.[106]

Die Bischöfe haben besonders aufgrund ihrer Sonderstellung die Aufgabe, die „Herde, die im Blut der Hingabe Christi Gottes Eigentumsvolk geworden ist"[107], zu weiden. Während der Bischof nun *summus sacerdos* ist, gilt der Priester als *secundi sacerdos* (Presbyter). Beide haben jedoch Anteil am priesterlichen Amt Christi.[108] Aufgrund ihrer abgesonderten Sendung in *persona christi capitis agere* zu wirken, haben die Geweihten die Hirtenaufgabe inne. Ihre Dienste sind nun *„cura pastoralis, munus pastorale"*[109] und die Gläubigen haben einen Rechtsanspruch darauf, führt Riedel-Spangenberger weiter aus.[110] Es wurde wegen der Besonderheit des Bischofsamtes von denjenigen, die es erstrebten, verlangt, dass sie vor allem nüchtern, besonnen, von würdiger Haltung, gastfreundlich, lehrfähig und gute Familienväter sind, denn wer seinem eigenen Hauswesen nicht

103 Vgl. Lecuyer, Priester in Ewigkeit, 38–39.
104 Vgl. Lecuyer, Priester in Ewigkeit, 39.
105 Lecuyer, Priester in Ewigkeit, 39.
106 Vgl. Lecuyer, Priester in Ewigkeit, 39.
107 Müller, Empfänger des Weihesakramentes, 41.
108 Vgl. Müller, Katholische Dogmatik, 742.
109 Riedel-Spangenberger, Gemeinsames Priestertum, 44.
110 Vgl. Riedel-Spangenberger, Gemeinsames Priestertum, 44. Vgl. auch CIC/1983, c. 213.

vorstehen kann, wie sollte der für die Kirche Gottes sorgen.[111] Die Ratschläge von Paulus an Timotheus bezüglich des Bischofsamtes sind sehr wichtig, denn im „*Bischofsamt ist die Verantwortung für die Kontinuität der apostolischen Überlieferung und ihre kirchliche Lebendigkeit und Gegenwartsbezogenheit in besonderer, sakramentaler und repräsentativer Weise institutionalisiert.*“[112] Selbstverständlich galten die Ratschläge auch für alle Mitglieder des Presbyteriums. Sie wurden aufgefordert, sich tadellos zu verhalten und auf den guten Ruf zu achten.[113] Die Diakone sollten auch ehrbar sein, nicht doppelzüngig, nicht dem Wein ergeben und nicht gewinnsüchtig. Vielmehr sollten sie Männer mit reinem Gewissen sein, die am Geheimnis des Glaubens festhalten.[114]

Die Zugehörigkeit zum Presbyterium bedingte gewisse Voraussetzungen, denn den Mitgliedern des Presbyteriums oblagen nicht nur die Leitungs- und Verkündigungsaufgaben, sondern sie vollzogen auch den Opferdienst oder die eucharistische Feier im Namen des Herrn. „Es ist, wenn auch durch das N[eue] T[estament] selbst nicht streng beweisbar, mindestens wahrscheinlich, daß schon in n[eu]t[estament]l[icher] Zeit die Gemeindevorsteher von den Aposteln an auch die Leitung des Herrenmahles innehatten, wie das für die spätere Zeit durch Did 15, 1 u[nd] 1 Clem 44, 4 bezeugt wird. Mit dem wachsenden Verständnis des Herrenmahles als Opferhandlung und des Todes Jesu als Opfertod konnte auch die Leitung der Eucharistiefeier als priesterl[iche] Funktion u[nd] der Presbyter als P[riester] deutlich werden.“[115]

1.3 Dogmatische Entwicklung des Priestertums

Anders als das alttestamentliche Priestertum wird das Priestertum des Neuen Testamentes auf Christus bezogen. Das Priestertum in der neutestamentlichen Zeit wird nun durch einen gültigen Weiheempfang übertragen.[116] Mit zunehmender Institutionalisierung des Leitungsamtes Ende des

111 Vgl. 1. Tim 3, 1–7. Vgl. dazu Müller, Empfänger des Weihesakramentes, 41.
112 Wiedenhofer, Ekklesiologie, 134.
113 Vgl. 1. Tim 5, 17–22.
114 Vgl. 1. Tim 3, 8–12.
115 Schmid, Priester im NT, 743.
116 Vgl. Rahner, Priester, 744.

1. Jahrhunderts nach Christus gingen die früheren prophetischen Dienste und Verkündigungsdienste der Urkirchen zurück. An ihre Stelle trat nun ein institutionelles Leitungsamt.[117] Diese Institutionalisierung des Amtes führte vor allem zu einer Differenzierung und Unterscheidung zwischen den Ämtern (Bischöfe, Presbyter und Diakone).[118] Die wachsende Zahl der Gläubigen, die Größe der Gemeinden und die daraus resultierenden vielfältigen Aufgaben führten, so Scheffczyk, zu einer Aufgliederung von Ämtern und charismatischen Diensten.[119] Sie wurden unter den Bezeichnungen Propheten, Hirten, Führer, Vorsteher, Lehrer, Evangelisten, Diakone, Episkopen und Presbyter eingeführt.[120] Speziell wurde das Amt des Episcopus von den Ämtern der presbyteroi und diakonoi unterschieden. Der Bischof ist aufgrund des Bischofsweiheempfangs die höchste Autorität in seiner Diözese. Während die Priester seine engsten Mitarbeiter sind, steht der Diakon auf der niedrigsten Stufe der Weihehierarchie.

Die Unterscheidung zwischen den Ämtern der Bischöfe von denen der Priester berührt allerdings nicht das gemeinsame Priestertum der Geweihten, denn beide, Bischöfe und Priester, nehmen jeweils Teil am priesterlichen Dienst Christi, und können die eucharistische Feier im Namen Christi und der Kirche vollziehen.[121] Der Bischof und die Priester haben nun allein das Leitungsamt in der Kirche inne, sie feiern auch die Eucharistie und nur sie alleine können die Wandlungsworte im Namen Christi sprechen.[122] Der Priester repräsentiert Christus vor seinem Volk und gilt, so Rahner, als „publicus ex officio … ad Deum pro nobis deprecator".[123] Der Bischof gilt aufgrund seines besonderen Amtes als Zeichen der Einheit und hat auch die Aufgabe, die ihm anvertraute Gemeinde zu leiten und zu führen.[124] Ursprünglich wurden die Bischöfe von der Gemeinde gewählt und durch die Handauflegung der anwesenden Bischöfe in ihrem Amt bekräftigt.[125] Nach

117 Vgl. Nocke, Priesterweihe, 350.
118 Vgl. Nocke, Priesterweihe, 350.
119 Vgl. Scheffczyk, In persona Christi, 503.
120 Vgl. Hammel, Entstehung und Entwicklung, 103–111.
121 Vgl. Müller, Katholische Dogmatik, 742–743.
122 Vgl. Rahner, Priester, 744–745.
123 Rahner, Priester, 744.
124 Vgl. Grabner-Haider, Diener Gottes, 19.
125 Vgl. Nocke, Priesterweihe, 350.

dem Heiligen Hippolyt dient die Handauflegung primär dazu, die Ausgießung des Heiligen Geistes auf den Kandidaten zu erbitten,[126] darüber hinaus ist die Handauflegung auch ein Zeichen der Einheit und der Aufnahme in das Bischofskollegium.[127]

Aufgrund der Sonderstellung des Bischofs in der Kirche ermahnte Ignatius von Antiochien die Priester, nur gemeinsam mit dem Bischof in kirchlichen Angelegenheiten zu handeln,[128] denn jene „Eucharistiefeier gelte als zuverlässig, die unter dem Bischof oder einem von ihm Beauftragten stattfindet. Wo der Bischof erscheint, dort soll die Kirche sein, [...]. Ohne den Bischof darf man weder taufen, noch das Liebesmahl halten; [...].“[129] Nach Müller wurde der Bischof in Didaskalia et Constitutiones apostolorum des 3. Jahrhunderts als der Erste der Priester bezeichnet. Er vollzieht seinen Dienst in der Verkündigung und als Mittler. Er leitet an der Stelle Gottes die Gemeinde, d.h. er repräsentiert Christus in seiner Kirche.[130] Diese „repräsentative“ Aufgabe der Priester aufgrund des Weiheempfanges oder der Ordinatio wurde allerdings von den Reformatoren bestritten. Für sie ist jeder Getaufte aufgrund seines Taufempfanges selbst in der Lage, diesen Dienst der repraesentatio Christi ohne Weiheempfang zu vollziehen (allgemeines Priestertum).[131] Nach dem Konzil von Trient jedoch existiert in der katholischen Kirche nicht nur das gemeinsame, sondern auch das Priestertum der Geweihten.[132] In ihren Kanones über das Sakrament der Weihe erklärten die Konzilsväter: „Wer sagt, in der katholischen Kirche gebe es außer dem Priestertum keine anderen Weihen, weder höhere noch niedere, durch die man gleichsam wie über Stufen auf das Priestertum zugeht: der sei mit dem Anathema belegt.“[133]

Die Konzilsväter bekräftigten also nicht nur die Gültigkeit des Sakramentes der Priesterweihe, vielmehr bestätigten sie, anders als Luther, seine Existenz und dass dieses Sakrament von Jesus Christus selbst eingesetzt

126 Vgl. Nocke, Priesterweihe, 350.
127 Vgl. Nocke, Priesterweihe, 350.
128 Vgl. Müller, Empfänger des Weihesakramentes, 67.
129 Müller, Empfänger des Weihesakramentes, 67.
130 Vgl. Müller, Empfänger des Weihesakramentes, 72.
131 Vgl. Denzinger, Kompendium, 1770–1771.
132 Vgl. Denzinger, Kompendium, 1767–1778.
133 Denzinger, Kompendium, 1772.

worden ist: „Wer sagt, der Weihestand bzw. die heilige Ordination sei nicht wahrhaft und im eigentlichen Sinne ein von Christus, dem Herrn, eingesetztes Sakrament, oder sie sei eine menschliche Erfindung, ausgedacht von Männern, die kirchlicher Dinge unkundig waren, oder sie sei nur ein Ritus, Diener des Wortes Gottes und der Sakramente auszuwählen: der sei mit dem Anathema belegt […].“[134] Nicht nur die Stellung der Bischöfe als die Hohenpriester in der Kirche wurde bestätigt, sondern auch, dass eine gültig empfangene Weihe unverlierbar ist, d. h. wer einmal gültig die Priesterweihe empfangen hat, bleibt immer Priester, auch wenn ihm die Ausübung des Priesterdienstes untersagt worden ist.[135] Die Weihe, verbunden mit der Handauflegung, ist allerdings nach Hippolyt nicht der einzige Weg, jemanden ins Amt zu berufen, denn ein bekennender Christ, der um des Namens Jesu willen Leiden auf sich genommen hat, hat deswegen den Rang eines Presbyters verdient. Sollte jener aber zum Bischof eingesetzt werden, ist die Handauflegung bei der Weihe notwendig.[136]

Mit der konstantinischen Wende, so Greshake, entstand eine neue Einheit von Staat und christlicher Religion. Nun übte „das Presbyterium zusammen mit dem Bischof auch ein munus publicum aus, das sich außer im öffentlichen Kult vor allem in administrativen und sozialen Aufgaben, die das öffentliche und private Wohl betreffen, konkretisiert. […] In all dem sind und bleiben die Presbyter Helfer des Bischofs.“[137]

1.4 Resümee

Der Mensch ist seit jeher ein religiöses Wesen. Von der Antike bis zur heutigen Zeit hat er immer versucht, Kontakt und Beziehung zu Gott, seinem Schöpfer, aufrechtzuerhalten, denn er hat eine angeborene Sehnsucht nach dem Schöpfer. So gibt es in jeder Epoche Menschen, die als Mittler zwischen Gott und den Menschen fungierten, die sogenannten Priester. Ihre primären Aufgaben waren und sind einerseits, die Menschen vor Gott zu vertreten und andererseits, Gottes Worte und Anweisungen den Menschen kund zu tun, sie sind somit Sprachrohr Gottes.

---

134 Denzinger, Kompendium, 1773.
135 Vgl. Denzinger, Kompendium, 1774.
136 Vgl. Nocke, Priesterweihe, 350.
137 Greshake, Priester sein in dieser Zeit, 29.

2 Priesterliche Berufung und Eignungskriterien

2.1 Vorbemerkung

Das Wort *Berufung* hat eine umfassende Bedeutung. Für manche ist Berufung ein Dienst, ein Job oder eine Lebensaufgabe. Im kirchlichen und theologischen Verständnis wird Berufung immer in Bezug auf Gott gesehen.[138] Denn Gott ist der, der jemanden für eine bestimmte Lebensaufgabe erwählt. Berufung ist deshalb „die Überzeugung eines Menschen, daß eine bestimmte Lebensform dem Willen Gottes entspricht u[nd] diesem gemäß eine Lebensaufgabe sein kann, die für sein ewiges Heil bei Gott von Bedeutung ist."[139] Es ist Gott, der den ruft, den er für eine bestimmte Lebensaufgabe für geeignet oder fähig findet. Berufung ist deshalb „gottgesetzte Wirklichkeit, noch bevor sie zur persönlichen Wahl wird. […] Weil die Berufung von Gott selbst geschaffen ist, ist sie vollkommen und trägt einen göttliche[n] Glanz auf die Erde."[140]

Durch die vielfältigen Unterschiede von Menschen und ihren Wünschen gibt es natürlich viele unterschiedliche Berufungen. So kann man auch von einer kirchlichen Berufung sprechen, wenn jemand bei der Caritas, in der Sozialstation, in Pflegeeinrichtungen oder als Mesner, oder ganz allgemein in kirchlichen Einrichtungen arbeitet. Politiker und Ärzte können ihre Aufgabe ebenfalls als Berufung bezeichnen, obwohl sich diese bei ihnen nicht zwangsläufig auf Gott bezieht.[141] Allgemein wird Berufung im geistlichen Sinne „als Synonym für ‚*Gottes Willen für mich*' gebraucht, also für jegliche Suche nach dem ‚wo Gott mich haben will'."[142] Dieses Begriffsverständnis von Wollbold zeigt vor allem, dass jeder Christ (Getaufte) von Gott berufen ist. Jedoch kann niemand seine Berufung allein erfüllen. Berufung verbindet also Menschen miteinander. Während Berufung zum Eheleben die Ehepaare

138 Vgl. Wollbold, Priester, 90.
139 Vorgrimler, Neues theologisches Wörterbuch, 89.
140 Wollbold, Priester, 86.
141 Vgl. Wollbold, Priester, 87.
142 Wollbold, Priester, 87.

verbindet, verbindet die Berufung zum Priester die Geweihten (Presbyterium). Trotz dieser Verbundenheit ist Berufung immer auch persönlich, so Wollbold.[143] Berufung ist deshalb auch eine Entscheidung oder eine Antwort auf Gottes Ruf, etwas Bestimmtes zu werden.[144]

In diesem Zusammenhang kann der Begriff Berufung auf vier verschiedene Weisen verwendet werden: „1. *Heilsberufung* bzw. Vorherbestimmung (Prädestination) zu Glaube, Taufe und Heiligkeit. 2. Persönlicher Wille Gottes für den einzelnen bzw. Vorsehung, Fügung und *Führung* Gottes. 3. *Geistliche Berufung* zum Priester- und Ordensstand [...]. 4. *Persönliche geistliche Berufung* zum Priester und/oder einem gottgeweihten Leben."[145] Diese vier Berufungsarten haben gemeinsam, dass die Menschen von Gott erwählt werden. Es ist Gott, der jeden für bestimmte Aufgaben erwählt. Insofern ist jede Berufung ein Ruf Gottes und kein Produkt menschlichen Erkennens und Fühlens, d.h. der Mensch wird von außen getroffen, und zwar von Gott.[146]

Im Alten Testament steht das Wort *Berufung* für die „Konkretisierung einer vor aller Zeit bereits geschehenen Erwählung durch Gott (Jr 1, 5; Is 46, 10f)."[147] Nach diesem Verständnis geht jede Berufung von Gott aus und geschieht nicht aus Verdienst, sondern aus Liebe von Gott her. Sie ist ein Geschenk Gottes.[148] Die alttestamentlichen Propheten sahen sich als von der Hand Gottes angepackt[149] oder erwählt, seine Boten zu sein. Sie wurden von den Menschen als Auserwählte Gottes betrachtet. Zu diesen Auserwählten gehörten u.a. Mose, Samuel, Jeremia, Jesaia, Ezechiel u.a.[150] Im Neuen Testament wurde Jesus Christus von den Evangelisten als der Auserwählte Gottes beschrieben. Er wurde gesehen als der, der gekommen ist, das kommende Heil Gottes zu verkünden.[151] Das II. Vatikanum (1962–1965) sprach nun sowohl von der allgemeinen als auch

143 Vgl. Wollbold, Priester, 91.
144 Vgl. Wollbold, Priester, 91.
145 Wollbold, Priester, 91.
146 Vgl. Wollbold, Priester, 101.
147 Neuhäusler, Berufung, 280.
148 Vgl. Neuhäusler, Berufung, 280.
149 Vgl. Neuhäusler, Berufung, 281.
150 Vgl. Neuhäusler, Berufung, 281.
151 Vgl. Lk 4, 18–19; Joh 1, 29–43.

von der speziellen Berufung der Menschen.[152] Die Konzilsväter bestätigten dadurch nicht nur die Berufung zum geistlichen Leben,[153] sondern auch die Notwendigkeit, solche Berufungen zu pflegen, zu unterstützen und zu fördern.[154] Die Berufung der Menschen, insbesondere der Christen, zu Missionstätigkeiten wurde ebenfalls anerkannt.[155] Anders als die weltliche Berufung fordert vor allem die priesterliche Berufung die Erfüllung bestimmter Eignungsvoraussetzungen für Weihebewerber.[156]

Solche Eignungskriterien sind vor allem persönliche Reife, Gesundheit, intellektuelle und charakterliche Befähigungen sowie die Fähigkeit, für das eigene Leben verantwortlich zu sein[157] und ordnungsgemäß in der Gemeinschaft der Kirche zu wirken.[158] Das Leben in der Familie wurde auch als Berufung anerkannt.[159] Die Berufung zum Laienstand wurde bestätigt.[160] Die persönliche Berufung jedes einzelnen Gläubigen wurde ebenso herausgestellt.[161] Die beiden katholischen Gesetzbücher CIC/1917 und CIC/1983 sprechen deutlich von Berufungen. „Während im Codex von 1917 die Wörter *vocatio* und *vocari* im Sinne eines Berufenseins durch Gott gerade 3-mal vorkommen, ist dies im CIC/1983 insgesamt 30-mal der Fall."[162] Der alte Codex (1917) bezieht Berufung primär auf das Priester- und Ordensleben.[163] Dieses Gesetzbuch „ging von der Berufung als einer im jungen Menschen aufkeimenden Wirklichkeit aus (‚vocationis germen', c. 1353), die im Seminar vom Bischof zwar geprüft, aber nicht eigentlich erst durch die Zulassung zur Weihe geschaffen wird (c. 1357 § 2)."[164] Im Einklang mit CIC/1917 sprach die Sakramentenkongregation von der Gefahr, jemanden zu weihen,

152 Vgl. Vat II, LG, Nr. 39–42.
153 Vgl. Vat II, AA, Nr. 11.
154 Vgl. Vat II, AG, Nr. 19. Vgl. auch Vat II, PO, Nr. 11.
155 Vgl. Vat II, AG, Nr. 23–24.
156 Vgl. Weinberger, Zulassung zum Priestertum, 32.
157 Vgl. Weinberger, Zulassung zum Priestertum, 32.
158 Vgl. Vat II, GS, Nrn. 2, 11.
159 Vgl. Vat II, GS, Nrn. 48, 49.
160 Vgl. Vat II, LG, Nrn. 31, 33.
161 Vgl. Vat II, LG, Nr. 11. Vgl. auch Vat II, CD, Nr. 15.
162 Bitterli, Priester, 7.
163 Vgl. CIC/1917, cc. 1353 § 2, 1357 § 2.
164 Wollbold, Priester, 103.

der nicht berufen ist, fügte Wollbold hinzu.[165] Dahingegen anerkennt der CIC/1983 nicht nur Priester- und Ordensleben als Berufung,[166] vielmehr wird die allgemeine Berufung der Menschen aufgrund ihres Menschseins (persönliche Berufung des Individuums)[167] und ihres Taufempfanges angedeutet.[168] Die Berufung zum Familienlebensstand wurde in c. 226 § 1 bestätigt. Es wurde auch festgestellt, dass die Gläubigen zu missionarischen Tätigkeiten berufen sind.[169]

2.1.1 Priesterliche Berufung

Nach dem katholischen kirchlichen Verständnis ist Priestersein eine Berufung, und nur diejenigen, die von Gott zum Priestertum berufen sind, empfangen die Priesterweihe. Es ist Christus, der ewige Hohe Priester, der selbst seine Nachfolger erwählt.[170] Jeder geweihte Priester ist deshalb durch Gott (Christus) berufen, in seiner Nachfolge zu wirken. Priester zu sein ist also nicht bloß ein Beruf, den man selbst wählt, sondern es ist Gott, der wählt, wen er will.[171] Die Zugehörigkeit zum Priesterstand ist deshalb ein Geschenk Gottes.[172] Dieser Ruf zum Nachfolger erfolgt aus Gottes Liebe zu den Menschen und nicht aufgrund menschlichen Verdienstes, weil keiner aus sich selbst heraus würdig ist, Priester zu sein. Gott ist der Einladende, der durch Christus Menschen erwählt.[173] Jeder Priester wird aus den Menschen herausgenommen und für die Menschen eingesetzt zum Dienst vor Gott.[174] Durch den Weiheempfang vollziehen die Priester im Namen Christi ihre Dienste. Sie handeln also in persona Christi.[175] Im Einklang mit Mt 19,21 (Komm und folge mir nach!) erkennt die Kirche damit „das Grundmodell, die Kraft und den Antrieb für ihre Berufungspastoral, das heißt für die ihr aufgetragene

---

165 Vgl. Wollbold, Priester, 103.
166 Vgl. CIC/1983, c. 574 § 2.
167 Vgl. CIC/1983, c. 387.
168 Vgl. CIC/1983, c. 204 § 1.
169 Vgl. CIC/1983, c. 385.
170 Vgl. Mt 19, 21, 27–30.
171 Vgl. Vat II, LG, Nrn. 17–19.
172 Vgl. Johannes Paul II., PDV, Nr. 35.
173 Vgl. Joh 15, 16.
174 Vgl. Hebr 5, 1.
175 Vgl. Vat II, LG, Nr. 10.

Sendung, sich um das Entstehen, das Erkennen und die Begleitung von Berufungen, insbesondere der Berufungen zum Priestertum, zu kümmern."[176] Nicht nur Priester wurden und werden für den Dienst in Gesellschaft und Kirche erwählt und berufen, sondern jede andere christliche Berufung hat ihre Grundlage ebenso in der unverdienten und zuvorkommenden Erwählung Gottes, der uns durch Christus gesegnet hat.[177]

Obwohl es Gott ist, der ruft, erfolgt die Berufung immer durch die Kirche und wird auch von ihr vollzogen,[178] dies wird von den kirchlichen Autoritäten bestätigt. Zwar ruft Gott den Menschen in seine Nachfolge, dieser Ruf sollte jedoch freiwillig und ohne Zwang beantwortet werden.[179] Die Freiheit oder die freiwillige Bereitschaft, dem Ruf zu folgen, heißt „Sich-Verschenken aus Liebe oder, besser, als Sich-Wiederverschenken an den Spender, das heißt, an Gott, der uns ruft, als Selbsthingabe [...]."[180] Die Notwendigkeit *einer freiwilligen Antwort* auf Gottes Ruf, in seinem Namen zu wirken und den Mitmenschen zu dienen,[181] wurde zu Recht von Paul VI. bestätigt: „Es kann nur freie Berufungen geben; das heißt nur Berufungen, die spontane, bewußte, selbstlose und totale Angebote der eigenen Person sind. [...] Darbringung, Hingabe: [...] der Selbstlosigkeit, des Opfers".[182] Aufgrund dieses besonderen Rufes Gottes ist die priesterliche Aufgabe anders als andere Aufgaben, denn es ist eine Berufung, sich für Gott und den Nächsten zu opfern.[183] Die Selbsthingabe und -opferung des Priesters aufgrund seiner Berufung ist auch ein Dialog zwischen Gott und den Menschen.[184] Es ist ein Dialog zwischen der Liebe Gottes, der den Menschen ruft, und der Freiheit und Bereitschaft diesem Ruf zu antworten und zu folgen.[185]

---

176 Johannes Paul II., PDV, Nr. 34.
177 Vgl. Johannes Paul II., PDV, Nr. 35.
178 Vgl. Johannes Paul II., PDV, Nr. 35.
179 Vgl. Johannes Paul II., PDV, Nr. 36.
180 Johannes Paul II., PDV, Nr. 36.
181 Vgl. Mt 4, 19–22.
182 Paul VI., Botschaft, 134–135.
183 Vgl. Johannes Paul II., PDV, Nr. 36.
184 Vgl. Johannes Paul II., PDV, Nr. 36.
185 Vgl. Johannes Paul II., PDV, Nr. 36.

Die priesterliche Berufung ist ein Geheimnis zwischen Gott und dem Menschen, so Johannes Paul II., anders als die weltlichen Berufe.[186] Priestersein ist also „ein unerforschliches Geheimnis, das die Beziehung miteinschließt, die Gott zum Menschen in seiner Einzigartigkeit und Unwiederholbarkeit herstellt, ein Geheimnis, das als ein Anruf wahrgenommen und empfunden wird, [...].“[187] Priester- oder Ordensberufung besteht allerdings, so Dander, aus äußeren und inneren Elementen.[188] Die äußere Berufung findet ihre Vollendung und Erfüllung beim Weiheempfang durch den Bischof, während die Berufung zum Ordensleben bei der Zulassung durch den Ordensoberen zur Ablegung des Gelübdes ihre Erfüllung findet.[189] Die innere Berufung ist nicht bloß eine starke, fühlbare, spontane Sehnsucht, Priester oder Ordensperson zu sein, vielmehr ist die Fähigkeit und Bereitschaft, eine objektive Berufseignung und Berufsabsicht zu haben, wichtig.[190] Jeder, der sich also zum Priester- oder Ordensleben berufen fühlt, muss, so das geltende Recht, nicht nur äußere und physische oder gesundheitliche Kriterien erfüllen, vielmehr ist ungeschmälerter Glauben erforderlich.[191] Diese notwendigen Eignungskriterien werden auch für diejenigen, die das Ordensleben anstreben, verlangt, vor allem ausdauerndes Pflichtbewusstsein, die Fähigkeit und Bereitschaft, in einer Gemeinschaft zu leben und die Fähigkeit und Bereitschaft, die evangelischen Räte zu leben.[192] Es soll gesagt werden, dass die Berufungsabsicht oder der Wunsch, Priester zu sein oder im Ordensstand zu leben, „in dem wohlüberlegten, festen Entschluß, Priester zu werden (sofern man von der Kirche angenommen wird) bzw. lebenslänglich in einem bestimmten Orden Gott zu dienen“[193], besteht. Es genügt also nicht nur ein bloßes starkes Gefühl, Priester werden zu wollen, sondern der Kandidat muss sein Berufungsziel gemäß der Lehre der Kirche anstreben. Dadurch ist jegliche Form eines Zwanges oder Druckes ausgeschlossen.[194]

---

186 Vgl. Johannes Paul II., PDV, Nr. 38.
187 Johannes Paul II., PDV, Nr. 38.
188 Vgl. Dander, Berufung, 284.
189 Vgl. Dander, Berufung, 284.
190 Vgl. Dander, Berufung, 284.
191 Vgl. CIC/1983, cc. 1024–1039, 1365.
192 Vgl. Dander, Berufung, 284.
193 Dander, Berufung, 285.
194 Vgl. Johannes Paul II., PDV, Nrn. 35, 37.

2.1.2 Eignungsprüfung und Kriterien für priesterliche Berufung

Berufung zum Priestertum geht von Gott aus.[195] Allerdings muss der Kandidat die Eignungsvoraussetzungen für die Weihe erfüllen. „Um von einer wirklichen Berufung sprechen zu können, genügen die richtige Absicht (‚recta intentio') und die Eignung (‚indoneitas'). Beide beruhen auf den entsprechenden Gaben der Gnade und der Natur, also z. B. einem festen Glauben, Liebe zur Kirche, Eifer für die Seelen, bewährter zölibatärer Keuschheit und allen menschlichen und geistlichen Voraussetzungen für ein Wirken als Priester. Ihre Echtheit bewährt sich in einem rechtschaffenen Lebenswandel und einer ausreichenden Kenntnis der theologischen Lehre."[196] So kann der Weihebewerber zum Weiheempfang erst zugelassen werden, fügte Wollbold hinzu, „wenn die begründete Hoffnung besteht, dass er in der Lage ist, die priesterlichen Aufgaben recht [zu] erfüllen und die Verpflichtungen des Priestertums in frommer Weise einzuhalten."[197] Allerdings muss wiederholt werden, dass eine echte Berufung nur von Gott ausgeht und Gott in ihr wirksam bleibt. Sie ist nicht bloße Interpretation eines seelischen Zustandes als Zuwendung Gottes, sondern sie muss authentisch sein und eigene gottwirkende Kraft haben.[198] Echte Berufung ist nicht bloße Schwärmerei, Begeisterung von einer Gemeinschaft und auch kein plötzlicher Entschluss oder ein Bauchgefühl.[199] Da es Gott ist, der ruft, ist jede Berufung ein Geschenk Gottes.[200] Sie ist „eine wirkliche ‚gratia operans', nicht nur eine ‚gratia cooperans', also ein Wirken Gottes, dem allein die eigentliche Prägung und Zielrichtung zukommt, und nicht nur eine Unterstützung von menschlichem Denken und Wollen."[201]

Obwohl es Gott ist, der ruft, hat jedoch das kirchliche Leitungsamt die Aufgabe, die Echtheit solcher Berufungen zu überprüfen[202] und diejenigen,

195 Vgl. Mt 19, 21; Joh 15, 16.
196 Wollbold, Priester, 102.
197 Wollbold, Priester, 102.
198 Vgl. Wollbold, Priester, 106.
199 Vgl. Wollbold, Priester, 106–107.
200 Vgl. Johannes Paul II., PDV, Nr. 35.
201 Wollbold, Priester, 106.
202 Vgl. Vat II, LG, Nrn. 8, 22.

die berufen sind, zu weihen.[203] Eine echte priesterliche Berufung fordert vor allem „die Bereitschaft des Kandidaten und seine Eignung, deren Kriterien im Laufe der Geschichte ständig wechselten. Grundlagen der Reifung einer personalen Identität zur Befähigung kirchlicher Aufgaben sind gesundheitliche, charakterliche und intellektuelle Eignung, sowie die Fähigkeit zur Verantwortung für das eigene Leben, für die Gemeinschaft der Kirche und für die Welt."[204] Aufgrund der besonderen Dienststellung der Priester verlangt die Kongregation für das katholische Bildungswesen „vor allem zu bedenken die menschliche und moralischen Voraussetzungen der Jungen Männer (z. B. Aufrichtigkeit der Gesinnung, affektive Reife, gute Umgangsformen, zuverlässiges Einhalten von Versprechungen, ständiges Streben nach Gerechtigkeit, Sinn für Freundschaft und für wahre Freiheit und Verantwortlichkeit, Fleiß, Bereitschaft zur Zusammenarbeit mit anderen usw.), die spirituellen Voraussetzungen (zum Beispiel Liebe zu Gott und dem Nächsten, das Streben nach Brüderlichkeit und Selbstverleugnung, Belehrbarkeit, gefestigte Keuschheit, gläubige und kirchliche Gesinnung, apostolischer und missionarischer Eifer) und die geistige Befähigung (zum Beispiel treffsichere und gesunde Urteilskraft, ausreichende Begabung zur Vollendung der kirchlichen Studien, ein richtiges Verständnis des Priesterberufes und seiner Voraussetzungen usw.), damit so beurteilt werden kann, ob sie für den priesterlichen Dienst geeignet sind oder nicht."[205] Um den Gesundheitszustand der Weihebewerber sicher festzustellen, wurde dazu verlangt, dass „sie im allgemeinen durch erfahrene Ärzte und andere (Fachleute), die in der Psychologie bewandert sind, auf ihre physische und psychische Gesundheit untersucht werden, wobei etwaige von der Familie ererbte Anlagen zu berücksichtigen sind."[206]

Anders als CIC/1917 reduzierte der Codex 1983 die Anzahl der die Gesundheit betreffenden Weihehindernisse.[207] Allerdings können Krankheiten oder Behinderungen wie Lähmungen, körperliche Verstümmelungen, Blindheit, Taubheit, gravierende Sprachstörungen und äußerlich wahrnehmbare

203 Vgl. Vat II, OT, Nr. 2.
204 Weinberger, Zulassung zum Priestertum, 32.
205 Kongr. Bildungswesen, Ratio Fundamentalis, Nr. 39.
206 Kongr. Bildungswesen, Ratio Fundamentalis, Nr. 39.
207 Vgl. Gorini, Ordine sacro, 167–170.

Missbildungen ein Hindernis für die Weihe sein.[208] In dieser Hinsicht legt der Codex von 1983 großen Wert auf das Scrutinium der Kandidaten für die Weihe.[209] Darüber hinaus sind der Regens und andere Ausbildungsverantwortliche dazu verpflichtet, „genaue Kenntnisse über die einzelnen Kandidaten sammeln. Diese Kenntnisse sollen aus eigener Beobachtung stammen sowie von Leuten, die die Kandidaten gut kennen, besonders von Pfarrern, (anderen) Priestern und ausgewählten Laien (wobei der Gewissensbereich zu wahren ist). Der Regens soll diese Kenntnisse dem Bischof mitteilen, damit dieser sich über die Berufung des Kandidaten ein klares Urteil bilden kann."[210] Der Weihebewerber soll auch rechtzeitig über die Zölibatsverpflichtungen informiert werden, denn nur diejenigen, „die mit Gottes Gnade freiwillig den Zölibat um des Himmelreiches willen ergreifen wollen [...]"[211], sollen zum Priester geweiht werden. Sie sollen deswegen den Zölibat als besondere Gabe Gottes betrachten und freiwillig annehmen.[212]

Ein geeigneter Kandidat für den Weiheempfang muss auch in der Lage sein, die Frohe Botschaft Christi in Worten und Taten zu verkünden und ein glaubwürdiges christliches Leben zu führen.[213] Nach Pius XII. besteht die priesterliche Berufung, so Bitterli, ihrem Wesen nach aus zwei Elementen: göttlichen und kirchlichen Elementen (elementum divinum und elementum ecclesiasticum).[214] Es existiert deshalb eine untrennbare Verbindung zwischen beiden Elementen, denn Gott ruft und das Leitungsamt der Kirche (Papst und Bischöfe) weiht. Diesen Gedanken von Pius XII. bestätigte die Kongregation für Seminare und Universitäten: „Bezüglich der zu definierenden priesterlichen Berufung wird Folgendes zur Beratung vorgelegt: Von Seiten Gottes ist sie der Akt der göttlichen Vorsehung, der jemanden zum Priestertum erwählt, indem er ihn mit den entsprechenden Gaben und Anlagen versieht und meistens geneigt macht; von Seiten der Kirche hingegen ist sie die Einladung bzw. Zulassung des rechtmäßigen Oberen, durch die

208 Vgl. Guaydier, Les irregularités, 97 f.
209 Vgl. CIC/1983, cc. 1050–1052.
210 Kongr. Bildungswesen, Ratio Fundamentalis, Nr. 41. Vgl. dazu CIC/1983, cc. 150–152, 994, 1000. Vgl. auch Pius XI., Ad catholici sacerdotii, 39 ff.
211 Kongr. Bildungswesen, Ratio Fundamentalis, Nr. 48. Vgl. Vat II, OT, Nr. 10.
212 Vgl. Paul VI., Sacerdotalis Caelibatus, Nrn. 72–82.
213 Vgl. Vat II, GS, Nrn. 2, 11.
214 Vgl. Bitterli, Priester, 11. Vgl. auch Pius XII., Sedes sapientiae, 357.

ein geeigneter Kandidat, der dies in rechter Absicht anstrebt oder annimmt, in den Priesterstand aufgenommen wird."[215] Das Dekret über die Priesterausbildung *Optatam totius*[216] bestätigte vor allem die Notwendigkeit der Eignungskriterien für die Weihekandidaten und legt fest, dass diese nicht nur die rechte Absicht haben müssen, vielmehr müssen sie freiwillig und ohne Druck ihrem Berufungsziel folgen.[217]

Es ist erforderlich, dass die zukünftigen Priester eine innige, freundschaftliche Beziehung mit Jesus entdecken und aufbauen.[218] Darüber hinaus ist erforderlich, dass die Priesterkandidaten die Lasten der priesterlichen Berufung, besonders die Pflicht zur Enthaltsamkeit und Frömmigkeit, zur Kenntnis nehmen.[219] Weder der Kirche noch den Kandidaten gereicht es zum Vorteil, wenn die Lasten des priesterlichen Lebens verschwiegen werden. Allerdings müssen nicht nur die Lasten des Priestertums angesprochen werden, sondern auch diese besondere Gottesliebe, die jemanden beruft, trotz seines Menschseins.[220] Es soll bedacht werden, „dass Gott niemandem eine bestimmte Berufung zukommen lässt, ohne dass er ihn gleichzeitig zur Realisierung dieser Berufung befähigt, indem er ihm die dafür nötigen Gaben, Talente und Fähigkeiten verleiht und ihn mit seiner Gnade unterstützt."[221] Auch wenn es tatsächlich beweisbar ist, dass ein Bewerber positive Eigenschaften für das priesterliche Amt besitzt, muss der zuständige Ordinarius oder der Ordensobere noch vor der Weihe sicherstellen, dass der Kandidat kanonisch geeignet ist. Dies kann durch Bekanntmachung der bevorstehenden Priesterweihe in der Heimatpfarrei oder dem Wohnort des Kandidaten erreicht werden, denn durch diese Bekanntmachung kann die Gemeinde Stellung zu Charakter und Eigenschaften des Weihekandidaten nehmen.[222] Der Gesetzgeber verlangt zusätzlich, dass alle Dokumente gemäß c. 1050 vor der Weihespendung vorgelegt werden müssen.[223] Darüber

215 Piux XII., Sedes sapientiae, 357.
216 Vgl. Vat II, OT, 713–727.
217 Vgl. Vat II, OT, Nr. 6.
218 Vgl. Vat II, OT, Nr. 8.
219 Vgl. Vat II, OT, Nr. 9.
220 Vgl. Johannes Paul II., PDV, Nrn. 35, 36.
221 Bitterli, Priester, 15. Vgl. Vat II, OT, Nr. 2.
222 Vgl. CIC/1983, c. 1029.
223 Vgl. CIC/1983, c. 1052.

hinaus muss sichergestellt werden, dass der Weihebewerber sein Studium ordnungsgemäß abgeschlossen hat.[224] Außerdem dürfen die Weihebewerber mit keinem Weihehindernis behaftet sein.[225] Sind alle Bedingungen erfüllt, kann der Kandidat die sakramentale Weihe empfangen.

2.2 Die sakramentale Weihe

Das Volk Gottes nimmt durch die Wiedergeburt (Taufe)[226] und die Salbung mit dem Heiligen Geist (Firmung)[227] am prophetischen und königlichen Priestertum Christi teil.[228] Die Gläubigen sind also durch die Taufe Christus eingegliedert in sein priesterliches, prophetisches und königliches Amt. Darüber hinaus sind sie gemäß ihrer eigenen Stellung berufen, die Sendung auszuüben, die Gott der Kirche in der Welt anvertraut hat.[229] Gemäß c. 204 nehmen alle Gläubigen an dem gemeinsamen Priestertum Christi teil. Allerdings unterscheidet sich dieses gemeinsame Priestertum aller Gläubigen von dem hierarchischen Priestertum. Dennoch sind sie einander zugeordnet: das eine wie das andere nämlich nimmt je auf besondere Weise am Priestertum Christi teil.[230] Während der Amtspriester *in persona Christi* das eucharistische Opfer vollzieht und es Gott darbringt, wirken die anderen Christgläubigen (Nichtgeweihte oder Laien) kraft ihres königlichen Priestertums an der eucharistischen Darbringung mit. Sie üben zusätzlich auch ihr Priestertum im Empfang der Sakramente, im Gebet, in den Danksagungen und durch das Zeugnis eines heiligen Lebens und tätiger Nächstenliebe aus.[231]

2.2.1 Das Weihesakrament

Nach der kirchlichen Lehre und ihrem Verständnis ist die Weihe ein Sakrament.[232] Das Weihesakrament wird durch Handauflegung und Weihegebet

224 Vgl. CIC/1983, cc. 1027, 1032.
225 Vgl. CIC/1983, cc. 1040–1049.
226 Vgl. CIC/1983, c. 849.
227 Vgl. CIC/1983, c. 879.
228 Vgl. Vat II, LG, Nr. 10.
229 Vgl. CIC/1983, c. 204 § 1.
230 Vgl. Pius XII., Magnificate Dominum, 669.
231 Vgl. Vat II, LG, Nr. 10.
232 Vg. CIC/1983, cc. 840, 841, 1008.

des Bischofs gespendet.[233] Es besteht zwischen dem Priester und Christus eine ontologische Bindung aufgrund des Weiheempfangs.[234] Demzufolge erhält der Geweihte somit eine geistliche Vollmacht und nimmt speziell teil am priesterlichen, königlichen und prophetischen Priestertum Christi.[235] Das Konzil von Trient (13. Dez. 1545–4. Dez. 1563) legte aufgrund der Auseinandersetzung mit den Reformatoren fest, dass das Weihesakrament von Christus eingesetzt ist.[236] Nach diesen Kanones über das Sakrament der Weihe gäbe es auch verschiedene Weihestufen, d. h. es gäbe niedere und höhere Weihestufen.[237] Während der Codex 1917 deutlich auslegte, dass es mehrere Weihestufen gab und der Empfang dieser Weihe, egal welcher Stufe, den Kleriker vom Laien unterscheidet, erklärt der CIC/1983, dass es nur drei Weihestufen gibt.[238] Obwohl unter allen Gläubigen aufgrund ihrer Wiedergeburt in Christus eine wahre Gleichheit in Würde und Tätigkeit besteht, hat Christus der Herr jedoch Dienstträger eingesetzt, die auf das Wohl des ganzen Leibes (der Kirche) ausgerichtet sind.[239] Allerdings sind die geweihten Amtsträger nicht von Christus bestellt, „um die ganze Heilsmission der Kirche an die Welt allein auf sich zu nehmen, sondern daß es ihre vornehmliche Aufgabe ist, die Gläubigen so als Hirten zu führen und ihre Dienstleistungen und Charismen so zu prüfen, daß alle in ihrer Weise an dem gemeinsamen Werk einmütig zusammenarbeiten“.[240]

Diese Amtsträger (Diakone, Priester und Bischöfe) sind mit heiliger Vollmacht ausgestattet und stehen im Dienste ihrer Brüder und Schwestern (der Gläubigen), damit alle zum Heile gelangen.[241] Sie sind von Gott berufen, den Gläubigen durch ihre Weihe zu dienen. Durch das Sakrament der Weihe und kraft göttlicher Weisung wurden sie unauslöschlich geprägt (character indelebilis) und zu geistlichen Amtsträgern bestellt.[242] Jedoch, das gemeinsame

233 Vgl. CIC/1983, cc. 1011 § 2, 1012, 1009 § 2.
234 Vgl. Vat II, LG, Nrn. 10, 17, 18.
235 Vgl. Vat II, LG, Nr. 10.
236 Vgl. Denzinger, Kompendium, 1764, 1766, 1773.
237 Vgl. Denzinger, Kompendium, 1765, 1772.
238 Vgl. CIC/1917, c. 934.
239 Vgl. CIC/1983, c. 208.
240 Vat II, LG, Nr. 30.
241 Vgl. Vat II, LG, Nr. 18.
242 Vgl. CIC/1983, c. 1008.

Priestertum aller Gläubigen und das Priestertum des Dienstes (hierarchisches Priestertum) „unterscheiden sich zwar dem Wesen und nicht bloß dem Grade nach. Dennoch sind sie einander zugeordnet: das eine wie das andere nämlich nimmt je auf besondere Weise am Priestertum Christi teil."[243] Demzufolge ist Zusammenarbeit zwischen den Laien und den Klerikern erforderlich. Das Weihesakrament wird im Codex 1983, cc. 1008–1054, ausführlich behandelt. Durch den Empfang der sakramentalen Weihe wird der Empfänger *Alter Christus*. Der Priester repräsentiert Christus nicht bloß rechtlich, sondern Seinhaft, d.h. er vollzieht seinen Dienst nicht nur im Namen Christi, sondern es ist Jesus, der diesen Dienst selbst leistet.[244] Mit dem Empfang der Weihe wird der Priester deshalb „innerlich umgewandelt und auf diese Weise befähigt, Christus zu repräsentieren."[245]

Das Weihesakrament wird theologisch als *sacramentum ordinis* bezeichnet.[246] Das Wort *ordo* wurde ursprünglich, so Aymans/Mörsdorf in der römischen Sozialordnung verwendet. Dem Status des römischen Bürgers mit seinen Rechten und Pflichten stand der *ordo* – Stand höherer Ordnung mit besonderen Rechten und Pflichten – gegenüber.[247] Die Alte Kirche übernahm diesen Begriff *ordo* und wendete ihn für die Stellung der Kleriker an. Es gab deswegen den *status laicorum* und den *ordo clericorum*.[248] Durch den Empfang der Weihe werden die „Gläubigen mittels eines untilgbaren Prägemals zu geistlichen Amtsträgern [...]"[249], d.h. zu Klerikern in der Kirche bestellt. Die Geweihten, d.h. Diakone, Priester und Bischöfe, gehören somit in den „*ordo clericorum*"[250]. Sie werden dazu beauftragt, im Namen Christi (in persona Christi) die Ämter der Lehre, der Heiligung und des Leitens auszuüben.[251] Diese Sendung, *in persona Christi mitzuwirken*,[252] hat eine

243 Vat II, LG, Nr. 10.
244 Vgl. May, Priester und priesterliche Lebensform, 12.
245 May, Priester und priesterliche Lebensform, 13.
246 Vgl. Aymans/Mörsdorf, KanR III, 228.
247 Vgl. Aymans/Mörsdorf, KanR III, 228–229.
248 Vgl. Plöchl, Geschichte des Kirchenrechts, 63.
249 Hirnsperger, Weihesakrament, 1005.
250 Aymans/Mörsdorf, KanR III, 229.
251 Vgl. CIC/1983, c. 1008. Vgl. auch CCEO, cc. 743, 323.
252 Vgl. Hallermann, Mann, 768.

kommunitäre Dimension, ist Kooptation in einen ordo.[253] Diese Aufgabe dürfen nur Männer ausüben. Die Sendung geschieht seit der apostolischen Zeit immer durch Handauflegung und Gebet des Weihespenders (Bischof) innerhalb der gottesdienstlich versammelten Gemeinde.[254] Denn durch diese Handauflegung und die Gebete wird der Betroffene (Ordinierte) einerseits in das Apostolische Amt der Kirche und in die Gemeinschaft der Amtsträger (*ordo clericorum*) aufgenommen[255] und andererseits wird ihm auch die Gabe des Heiligen Geistes zur Ausübung seiner Sendung zugesprochen und zugeteilt.[256]

Nur Personen, die die sakramentalen Weihen empfangen haben, d.h. die Kleriker, sind berechtigt und fähig, Jurisdiktionsgewalt in der Kirche zu tragen.[257] Allerdings können Laien an der Ausübung der Leitungsgewalt, solange sie nicht rechtlich (Kirchenstrafe) verhindert sind, mitwirken.[258] Den Geweihten wird *character indelebilis* verliehen und sie können somit sowohl im Namen Gottes als auch der Kirche wirken.[259] Das bedeutet auch, dass der Empfänger befähigt ist, in der Person Christi, des Hauptes, zu handeln.[260] Es ist dabei zu beachten, dass die Diakonweihe den Empfänger nicht befähigt, *in persona Christi capitis* zu handeln (d.h. vor allem, dass er nicht Eucharistie feiern, Beichte abnehmen und Krankensalbung spenden darf), da durch den Empfang des Weihesakramentes alleine noch niemand eine Leitung in der Kirche hat und diese Leitung wesentlich ist, um in *persona Christi capitis* handeln zu können.[261] Die Kirchenkonstitution legt nämlich fest, dass die Diakonweihe, obwohl sie sakramentale Gnade vermittelt, nicht zum Priestertum, sondern nur zur Dienstleistung, die in Gemeinschaft mit dem Bischof und seinem Presbyterium erfolgt, befähigt.[262]

---

253 Vgl. DBK, Das priesterliche Amt, 42–45.
254 Vgl. CIC/1983, c. 1009 § 2.
255 Vgl. CIC/1983, cc. 1008–1009.
256 Vgl. Vat II, LG, Nrn. 11, 21.
257 Vgl. CIC/1983, c. 274 § 1.
258 Vgl. Heimerl/Pree, Kirchenrecht, 110.
259 Vgl. CIC/1983, c. 1008.
260 Vgl. Vat II, LG, Nr. 28. Vgl. auch Vat II, PO, Nrn. 2, 3.
261 Vgl. Hallermann, Weihesakrament, 870.
262 Vgl. Vat II, LG, Nr. 29.

Die Bestellung zum diakonischen Dienst, so Weiß, „ist ein zweidimensionaler Vorgang. Die Weihe befähigt den D[iakon], Aufgaben übertragen zu bekommen, welche die Diakonenweihe voraussetzen. Ohne kanonische Sendung; d. h. ohne die Übertragung einer Stelle od[er] die Zuweisung eines konkreten Aufgabenbereiches durch das Ernennungsdekret, könnten aber nur die allein auf der Weihe fußenden Dienste wahrgenommen werden."[263] Allerdings hat der Diakon von Rechts wegen die Aufgaben, zu verkündigen (predigen),[264] das Taufsakrament zu spenden,[265] die heilige Eucharistie oder Kommunion zu spenden[266] und eucharistische Segnungen bei eucharistischen Andachten vorzunehmen.[267] Der Diakon kann auch die Krankenkommunion bringen.[268] Jedoch ist es ihm untersagt, die Krankensalbung zu erteilen,[269] er darf aber dem Priester oder dem Bischof bei Messfeiern assistieren.[270]

Bischöfen „werden durch die Bischofsweihe die *tria munera* des Heiligens, des Lehrens und des Leitens mit hoheitlicher Leitungsvollmacht übertragen, d. h., dass die frühere Unterscheidung, wonach die *potestas ordinis* durch das W[eihesakrament] u[nd] die *potestas iurisdictionis* durch *missio canonica* v[om] Papst verliehen wird, überwunden u[nd] so die Einheit des W[eihesakramentes] wieder hergestellt wird."[271] Während in der lateinischen Kirche drei Weihestufen (Diakonat, Presbyterat und Episkopat) bestehen,[272] gelten für die Ostkirche noch zusätzlich die niedrigeren Weihen (ordines minores).[273] Diese ordines minores wurden in der lateinischen Kirche nach dem II. Vatikanischen Konzil abgeschafft und von Paul VI. im

263 Weiß, Diakon, 413.
264 Vgl. CIC/1983, c. 764.
265 Vgl. CIC/1983, c. 861 § 1.
266 Vgl. CIC/1983, c. 910 § 1.
267 Vgl. CIC/1983, c. 943.
268 Vgl. CIC/1983, c. 911 § 2.
269 Vgl. CIC/1983, c. 1003 § 1.
270 Vgl. CIC/1983, c. 835 § 3.
271 Hallermann, Weihesakrament, 869.
272 Vgl. CIC/1983, c. 1009.
273 Vgl. CCEO, c. 327.

Jahre 1972 durch die neuen Dienste Lektorat und Akolythat ersetzt.[274] Nach c. 1012 kann nur ein gültig geweihter Bischof das Weihesakrament spenden.

2.2.2 Anforderungen an die Weihekandidaten

Der Codex 1983 beschreibt einige Voraussetzungen, die Weihebewerber erfüllen müssen, um eine gültige Weihe empfangen zu können.[275] Durch den sakramentalen Weiheempfang wird der Kleriker beauftragt, im Namen Gottes dem Volk Gottes zu dienen. Der kirchliche Gesetzgeber normiert zwei Anforderungen an den Weihebewerber, die ausdrücklich die Gültigkeit des Weiheempfanges betreffen, und zwar in gleicher Weise für Diakonat, Presbyterat und Episkopat. Diese Grundvoraussetzungen sind Empfang der Taufe und Zugehörigkeit zum männlichen Geschlecht.[276] Die vorliegende verbindliche Regelung, argumentiert Althaus, „läßt keine Ausnahme zu, was das Adjektiv *solus* zu erkennen gibt."[277] Jedoch bleibt nach Althaus offen, ob beide Anforderungen [männlich (vir) – getauft (baptizatus)] rein kirchlichen oder göttlichen Rechts sind.[278] Für Holkenbrink ist aber die Taufbedingung eine Forderung des göttlichen Rechts.[279]

2.2.2.1 Der Empfang der Taufe

Durch den Empfang der sakramentalen Taufe wird ein Christ nicht nur in die Gemeinschaft der Kirche eingegliedert, sondern er tritt „in Gemeinschaft mit dem einen und dreifaltigen Gott, der ihm das eigene göttliche Leben mitteilt, um ihn in seinem einzigen Sohn als Kind anzunehmen; [...]."[280] Die heilige Taufe gilt also als Pforte zum Empfang der anderen Sakramente.[281] Mit dem Taufempfang erhält der Getaufte seine Rechtsstellung in der

---

274 Vgl. CIC/1983, c. 1009 § 1. Vgl. dazu CCEO, cc. 325, 327. Vgl. auch Paul VI., Ministeria quaedam, 529–534.
275 Vgl. CIC/1983, cc. 1026–1032. Vgl. dazu CCEO, cc. 758–761.
276 Vgl. CIC/1983, c. 1024.
277 Althaus, Empfänger der Weihe, c. 1024, Rd.-Nr. 2.
278 Vgl. Althaus, Empfänger der Weihe, c. 1024, Rd.-Nr. 2.
279 Vgl. Holkenbrink, Weihebewerber, 862.
280 Kongr. Klerus, Direktorium für Dienst und Leben der Priester, Nr. 3.
281 Vgl. CIC/1917, c. 737 § 1.

Kirche.[282] Demzufolge ist die Taufe zum Heil der Menschen notwendig,[283] denn durch den Empfang der Taufe werden die Menschen von der Sünde befreit, zu Kindern Gottes neu geschaffen, eingegliedert in die Kirche und Christus gleichgestaltet.[284] Durch den Taufempfang werden unauslöschliche Prägmale an den Täufling verliehen und er ist als Kind Gottes wiedergeboren, dadurch hat er die Aufgabe, Gott zu ehren und seine Wirkung zu bekennen.[285] Ein gültig empfangenes Taufsakrament kann nicht wiederholt werden.[286] Durch den Taufempfang nehmen die Gläubigen teil am göttlichen Leben Christi.[287] Beim Empfang der heiligen Taufe handelt es sich um eine Grundvoraussetzung des göttlichen Rechts, d. h. sie hat eine rechtliche Dimension.[288] Deswegen kann niemand gültig zum sakramentalen Dienst und zum Handeln *in persona Christi capitis*[289] in der Kirche bestellt oder befähigt werden, wenn er nicht tatsächlich durch die Taufe in der Kirche inkorporiert ist.[290]

Dies bedeutet: Ist jemand nicht oder nicht gültig getauft, kann er nicht gültig das Weihesakrament empfangen.[291] Daher zählt die Taufurkunde zu den unabdingbaren, vor der Diakonenweihe vorzulegenden Dokumenten.[292] Der Codex verlangt ebenso vom Weihebewerber, dass er alle Sakramente empfangen hat, die zur vollen christlichen Initiation erforderlich sind.[293] Diese Sakramente sind: die heilige Taufe, Firmung und Eucharistie.[294] Ein Ungetaufter ist nicht nur rechtlich unfähig (*inhabilis*), sondern auch ontologisch unfähig (*incapax*),[295] das Sakrament der Weihe zu empfangen, weil

---

282 Vgl. CIC/1917, c. 87.
283 Vgl. Vat II, LG, Nr. 14.
284 Vgl. CIC/1983, c. 849.
285 Vgl. CIC/1983, c. 849.
286 Vgl. CIC/1983, c. 845 § 1.
287 Vgl. Vat II, SC, Nr. 6.
288 Vgl. Aymans/Mörsdorf, KanR III, 199–200.
289 Vgl. CIC/1983, cc. 1008–1009.
290 Vgl. CIC/1983, c. 1024.
291 Vgl. CIC/1983, c. 1024. Vgl. auch CCEO, c. 754.
292 Vgl. CIC/1983, c. 1050 § 3.
293 Vgl. CIC/1983, c. 842 § 2.
294 Vgl. CIC/1983, cc. 849, 889, 897, 898, 1024, 1033, 246 § 1.
295 Vgl. CCEO, c. 675 § 2.

er nicht in den Leib Christi eingegliedert ist.[296] Sollte allerdings die Taufe oder deren Gültigkeit trotz sorgfältiger Nachforschung unsicher oder zweifelhaft sein, ist dem Betreffenden die Taufe bedingungsweise zu spenden.[297] Bei einer Taufe in einer nichtkatholischen christlichen Gemeinschaft ist nur dann bedingungsweise zu taufen, wenn ein ernsthafter Grund besteht, an der Gültigkeit der Taufe zu zweifeln. Bleibt jedoch die Gültigkeit der Taufe zweifelhaft, darf die Taufe erst gespendet werden, nachdem dem Betroffenen, sofern es sich um einen Erwachsenen handelt, die Lehre über das Taufsakrament dargelegt wurde und ihm, oder falls es sich um ein Kind handelt, seinem Erziehungsberechtigten, die Gründe für die Zweifel an der Gültigkeit der gespendeten Taufe erklärt wurden.[298] Durch den Empfang der sakramentalen Taufe wird der Getaufte in den Leib Christi, die Kirche, eingegliedert und erhält somit die Rechte und Pflichten, die den Christen gemäß ihrer jeweiligen Stellung, d. h. als Geweihte oder Laien, eigen sind.[299]

Eine gültig empfangene Taufe verleiht unverlierbare Prägmale und kann somit nicht wiederholt werden. Während von jedem erwachsenen Taufbewerber der erforderliche Glauben und der Wille zum Empfang des Sakramentes vorausgesetzt werden, ist bei Kindern die Zustimmung der Eltern oder Erziehungsberechtigten notwendig.[300] Die Taufe in der lateinischen Kirche wird nur durch Waschung mit normalem (wirklichem) Wasser und der gebotenen Formel: *Ich taufe dich im Namen des Vaters und des Sohnes und des Heiligen Geistes*, gespendet.[301] Nach dem Katechismus der Katholischen Kirche besteht der wesentliche Taufritus darin, „daß der Täufling in Wasser getaucht oder daß sein Kopf mit Wasser übergossen wird unter Anrufung der heiligsten Dreifaltigkeit, des Vaters, des Sohnes und des Heiligen Geistes."[302] Diese Spendungsformel umfasst zum einen die trinitarische Formel, zum anderen einen Erklärungstext, der den Inhalt der Handlung

296 Vgl. CIC/1983, c. 1008.
297 Vgl. CIC/1983, c. 845 § 2.
298 Vgl. CIC/1983, c. 869.
299 Vgl. CIC/1983, cc. 96, 208–228, 849, 860, 864.
300 Vgl. CIC/1983, cc. 865, 851, 852 § 2, 867.
301 Vgl. CIC/1983, c. 849. Vgl. auch Ordo Baptisimi Pavulorum, Editio typica altera, II, Nr. 23.
302 KKK, Nr. 1278.

birgt.[303] Obwohl der Gesetzgeber im Codex 1983, c. 849 verlangt, dass nur durch die Waschung mit wirklichem Wasser in Verbindung mit der gebotenen Taufformel von einer gültigen Taufspendung zu sprechen ist, muss allerdings gesagt werden, dass die Taufspendung anderer christlicher Konfessionen – auch mit Untertauchen im Wasser – gültig ist, wenn sie die trinitarische Taufformel verwenden.[304]

So ist eine Taufe ohne trinitarische Formel ungültig und unwirksam, denn die Taufformel geht auf göttliches Recht zurück.[305] Deshalb kann man sagen, der Täufling wird im Auftrag Christi durch die Hand seines Dieners getauft. Der Austritt aus der katholischen Kirche berührt die Gültigkeit einer empfangenen Taufe nicht, sie bleibt in jedem Fall unwiderruflich.[306] Die ordentlichen Taufspender sind die Geweihten (Bischof, Priester und Diakone).[307] Das bedeutet, dass ein nicht geweihter Taufspender diesen Dienst außerordentlich vollzieht. Jedoch kann jeder Getaufte andere gültig taufen, wenn der ordentliche Spender verhindert ist.[308] Außer den Geweihten können andere christliche Mitglieder rechtmäßig taufen (z. B. Katechist), wenn sie eine Erlaubnis vom Ortsordinarius haben.[309] Es ist sinnvoll, dass der Ortsordinarius die Taufspendung der Erwachsenen vollzieht. Diese Aufgabe kann er jedoch an Priester übertragen.[310] Der Taufspender ist allerdings verpflichtet, die rechte Intention bei der Taufe zu haben, d. h. er muss den Willen zur Taufe haben. Darüber hinaus darf die Taufe nicht bloß einem sozialen Zweck dienen, sondern soll die Eingliederung in die Gemeinschaft der Kirche ermöglichen. Um die Gültigkeit einer Taufe festzustellen zu können, ist durch den zuständigen Ortspfarrer ein Taufzeugnis auszustellen. Es genügt auch eine eidesstattliche Erklärung.[311] Die Gültigkeit des Taufempfanges ist notwendig für den Empfang anderer christlicher Sakramente,

---

303 Vgl. CIC/1983, c. 849.
304 Vgl. Päpstlicher Rat, La recherche de 1'unité, Nr. 95a.
305 Vgl. Althaus, Bedeutung der Taufe, c. 849, Rd.-Nr. 1 b. Vgl. auch Mt 28, 19–20.
306 Vgl. Güthoff, Kirchenstrafrechtliche Aspekte, 124.
307 Vgl. CIC/1983, c. 861 § 1.
308 Vgl. CIC/1983 cc. 230 § 3, 861, §§ 1, 2, 862.
309 Vgl. CIC/1983, c. 861 § 2.
310 Vgl. CIC/1983, cc. 863, 882–888.
311 Vgl. CIC/1983, c. 876.

z. B. Firmung, Kommunion, Ehe oder Weihe und auch für andere Aufgaben in der Kirche.[312]

2.2.2.2 *Die Firmung*

Der Empfang der sakramentalen Firmung ist ein weiterer Schritt auf dem Weg der christlichen Initiation.[313] Durch sie wird der Getaufte vollkommener mit der Kirche verbunden und mit der Gabe des Heiligen Geistes ausgestattet und gestärkt sowie zum Zeugen Christi berufen. Die Firmung hat den *character indelebilis* in sich, d. h. sie verleiht ein Prägmal.[314] Der kirchliche Gesetzgeber legt jedoch nirgendwo fest, dass die Firmung eine unverzichtbare Gültigkeitsvoraussetzung für die Weihe sei. Allerdings wird bei der Aufnahme ins Priesterseminar, in das Noviziat oder bei der Patenschaft zur Taufe der Empfang der sakramentalen Firmung verlangt.[315] Auch wenn der Empfang der sakramentalen Firmung nur zur Erlaubtheit verlangt wird,[316] bleibt klar, dass bei jemandem, der sich durch das Weihesakrament ganz in den Dienst des Gottesvolkes stellen will, die christliche Initiation abgeschlossen sein sollte.[317] Bei Weihebewerbern, die in einer Ostkirche getauft wurden, geht man davon aus, dass sie schon gefirmt sind, da die Firmung dort in das Taufgeschehen integriert ist.[318] Das gleiche gilt auch für erwachsene Taufbewerber in der lateinischen Kirche. Mit der Taufe werden sie zugleich gefirmt.[319]

In der lateinischen Kirche wird das Firmsakrament durch die Salbung mit Chrisam auf die Stirn der Firmbewerber gespendet.[320] Obwohl das Gesetzbuch keine ausdrücklichen Worte für die Firmspendung festgelegt hat, sollen jedoch die gebilligten liturgischen Worte verwendet werden.[321] Im deutschsprachigen Raum wird die Firmung mit den folgenden Worten

---

312 Vgl. Ahlers, Taufzeugnis, 663.
313 Vgl. CIC/1983, c. 842 § 2.
314 Vgl. CIC/1983, c. 879.
315 Vgl. CIC/1983, cc. 241 § 2, 645 § 1, 874 § 1 3°, 893, 1033, 1065 § 1.
316 Vgl. CIC/1983, c. 1033.
317 Vgl. CIC/1983, c. 866.
318 Vgl. CCEO, cc. 694–695 § 1.
319 Vgl. CIC/1983, c. 866.
320 Vgl. CIC/1983, c. 880 § 1.
321 Vgl. CIC/1983, cc. 880, 881.

gespendet: ‚Sei besiegelt durch die Gabe Gottes, den Heiligen Geist'. Nach dem Codex von 1983 bleibt der Bischof der ordentliche Spender des Firmsakramentes, jedoch kann er anderen Priestern diese Aufgabe übertragen oder delegieren.[322] Von Rechts wegen, so Hierold, „erfreuen sich dieser Vollmacht: Diejenigen, die vom Recht dem Diözesanbischof gleichgestellt werden, (...).“[323] Der Bischof als ordentlicher Spender der Firmung kann diesen Dienst überall in seiner Diözese vollziehen, aber er kann auch auswärtigen Gläubigen, die in seiner Diözese wohnen, sofern kein Verbot des zuständigen Ortsordinarius vorliegt, das Firmsakrament spenden.[324] Wie bei der Taufe ist auch bei der Firmung ein Pate erforderlich.[325] Der Nachweis des Firmungsempfanges wird aufgrund der Eintragung in die Firmbücher erbracht oder durch die Bestätigung eines glaubwürdigen Zeugens.[326] Für den Weiheempfang ist jedoch ein schriftlicher Auszug aus dem Taufbuch (Matrik) erforderlich.[327]

2.2.2.3 Männliches Geschlecht als Voraussetzung für die Weihe

Die heilige Weihe kann nach dem Gesetzgeber nur ein getaufter Mann (Sacram ordinationem valide recipit solus vir baptizatus) gültig empfangen.[328] Eine ähnliche Formulierung gilt im Codex 1917: Nur der gültig getaufte Mann kann ordiniert werden, die Frau, die auch getauft ist, ist vom Empfang der Weihe ausgeschlossen.[329] Eine Frau kann in der lateinischen Kirche also keine gültige Weihe empfangen. Trotz der Gleichstellung der Frau mit dem Mann auf der Ebene der ekklesialen Funktionen verlangt der Gesetzgeber, dass nur Männer gültige Weihen empfangen können.[330] Zusätzlich werden gemäß c. 230 § 1 nur männliche Laien, die das *Alter* und die *Begabung* haben, für die Dienste des Lektors und des Akolythen bestellt, da diese beiden Dienstämter Durchgangsstufen zur Priesterweihe

322 Vgl. CIC/1983, cc. 882, 883.
323 Hierold, Firmung, 700.
324 Vgl. CIC/1983, c. 886.
325 Vgl. CIC/1983, c. 892.
326 Vgl. CIC/1983, cc. 894, 876.
327 Vgl. CIC/1983, c. 1050 § 3.
328 Vgl. CIC/1983, c. 1024. Vgl. auch CCEO, c. 754.
329 Vgl. CIC/1917, c. 968 § 1. Vgl. auch CIC/1983, c. 1024.
330 Vgl. Puza, Katholisches Kirchenrecht, 212 f.

sind.[331] Obwohl im Neuen Testament kein ausdrückliches wörtliches Verbot eines Frauenpriestertums erwähnt ist, hat die Kirche dieses Amt jedoch immer Männern vorbehalten.[332] Trotz dieser Unbestimmtheit in der Heiligen Schrift soll erinnert werden, „daß Jesus in den Kreis der Zwölf nur Männer berufen hat."[333] Dies kann so verstanden werden, dass Jesus nur Männer als Priester haben wollte.[334] Diese rein männliche Berufung (der Zwölf) konnte nicht als zufällig oder aus bloßer Rücksichtnahme auf die damalige jüdische politische und religiöse Situation betrachtet werden, fügt Aymans/Mörsdorf weiter hinzu, denn Jesus hatte Frauen in seiner Gefolgschaft, die auch die Frohe Botschaft der Auferstehung verkündet haben.[335]

Nur Jesus Christus selbst weiß, warum er Frauen nicht in die Schar der Apostel oder Leviten berufen hat. Die Kirche hat deshalb diese Tradition weitergeführt; das bedeutet allerdings nicht, dass die Kirche die Frauen als minderwertig betrachtet,[336] sondern vielmehr, dass sie ihrer Tradition treu bleibt. Es soll betont werden, dass es im Mittelalter herausragende Frauengestalten gab, die kirchliche Positionen und Funktionen innehatten, allerdings wirkten sie nicht als Priester.[337] Demzufolge versteht die Kirche den Vorbehalt des Weiheempfanges für das männliche Geschlecht primär als *iuris divini* (Gottes Gesetz oder Gottes Regelung).[338] Diesen Vorbehalt jedoch allein für eine Offenbarungswahrheit zu halten, ist nicht ausreichend, vielmehr, so Aymans/Mörsdorf lassen ihre „Wertung durch die Tradition, vor allem die der Offenbarung unmittelbar folgende, dann aber auch die Kontinuität, [...] biblische Weisungen als göttlichen Rechts erscheinen. Es ist deshalb vollkommen ausgeschlossen, daß heutzutage gültige Erkenntnisse aus der Offenbarung gewonnen werden können, die der gesamten Tradition widersprechen. Die Frage ist von so großem Gewicht, daß ein Abweichen von der Tradition unweigerlich zur Kirchenspaltung führen

331 Vgl. CIC/1983, c. 1035 § 1.
332 Vgl. Aymans/Mörsdorf, KanR III, 239.
333 Aymans/Mörsdorf, KanR III, 239.
334 Vgl. Mk 3, 14.
335 Vgl. Aymans/Mörsdorf, KanR III, 239–240.
336 Vgl. Vat II, LG, Nr. 32.
337 Vgl. Aymans/Mörsdorf, KanR III, 240.
338 Vgl. Aymans/Mörsdorf, KanR III, 240.

würde. Das müssen sich alle gesagt sein lassen, die das Feuerchen schüren. Es ist wahrhaftig ein Spiel mit dem Feuer."[339]

Diese Aussage von Aymans/Mörsdorf steht im Einklang mit dem Lehramt der katholischen Kirche, denn der Apostolische Stuhl hat in den vergangenen Jahren immer wiederholt, dass eine Frau die Weihe nicht gültig empfangen kann. In dieser Hinsicht erklärte Johannes Paul II. in seinem apostolischen Schreiben *Ordinatio sacerdotalis*: „Obwohl die Lehre über die nur Männer vorbehaltene Priesterweihe sowohl von der beständigen und umfassenden Überlieferung der Kirche bewahrt als auch vom Lehramt in den Dokumenten der jüngeren Vergangenheit mit Beständigkeit gelehrt worden ist, hält man sie in unserer Zeit dennoch verschiedenenorts für diskutierbar, oder man schreibt der Entscheidung der Kirche, Frauen nicht zu dieser Weihe zuzulassen, lediglich eine disziplinäre Bedeutung zu. Damit also jeder Zweifel bezüglich der bedeutenden Angelegenheit, die die göttliche Verfassung der Kirche selbst betrifft, beseitigt wird, erkläre ich kraft meines Amtes, die Brüder zu stärken (vgl. *Lk* 22,32), daß die Kirche keinerlei Vollmacht hat, Frauen die Priesterweihe zu spenden, und daß sich alle Gläubigen der Kirche endgültig an diese Entscheidung zu halten haben."[340] Diese Erklärung von Johannes Paul II. bekräftigte die Aussage der Glaubenskongregation in der Erklärung *inter insigniores*, dass sich die Kirche aus Treue zum Vorbild ihres Herrn für nicht dazu berechtigt hält, die Frauen zur Priesterweihe zuzulassen. So ist die Frage der Priesterweihe für Frauen definitiv entschieden und es kann somit gesagt werden: Priester kann nur ein Mann sein.[341]

Mit dem Dokument *Ordinatio sacerdotalis* und dem Motu proprio *Ad tuendam fidem,* und bestätigt durch c. 750 § 2, kann man sagen, dass der Apostolische Stuhl (der Papst) die Weihe von Frauen zu Priesterinnen deutlich ausschließt.[342] Zusätzlich hat die Glaubenskongregation in einem Responsum erklärt, dass die in *Ordinatio sacerdotalis* vorgelegte Lehre über die den Männern vorbehaltene Priesterweihe unfehlbar ist und deshalb eine

339 Aymans/Mörsdorf, KanR III, 240–241.

340 Johannes Paul II., Ordinatio Sacerdotalis, Nr. 4.

341 Vgl. Kongr. Glaubenslehre, Zulasssung der Frauen zum Priesteramt, S. 11–29.

342 Vgl. Weinberger, Zulassung zum Priestertum, 624.

endgültige Zustimmung jedes katholischen Gläubigen erfordert.[343] Diese Aussage lässt zumindest, so Puza, annehmen, dass c. 1024 unabänderbar und somit göttlichen Rechtes ist.[344] Diese Erklärung des Apostolischen Stuhles wurde nicht überall bereitwillig akzeptiert, da die Frage auch in manchen theologischen und katholischen Kreisen umstritten ist. Um eine Erklärung zu geben, nahm Johannes Paul II. Bezug auf sein Dokument *Mulieris dignitatem*: „Wenn Christus nur Männer zu seinen Aposteln berief, tat er das völlig frei und unabhängig. Er tat es mit derselben Freiheit, mit der er in seinem Gesamtverhalten die Würde und Berufung der Frau betonte, ohne sich nach den herrschenden Sitten und nach der auch von der Gesetzgebung der Zeit gebilligten Tradition zu richten".[345] Gleichzeitig erinnerte Johannes Paul II. an die Tradition der Urkirche, die bei der Zulassung zum Amtspriestertum wie der Herr nur Männer erwählte, die der Grundstein seiner Kirche sind. Dieser Tradition wurde auch bei den Aposteln gefolgt, als sie Mitarbeiter erwählten, die ihnen in ihrem Amt nachfolgen sollten.[346] In diese Wahl, so Lumen Gentium, waren auch jene eingeschlossen, die seitdem die Kirche fortführen sollten, Christus zu vergegenwärtigen.[347]

Die Deutsche Bischofskonferenz bekräftigte in einer Erklärung zur Frage der Zulassung der Frauen zum Priesteramt, dass der Herr das Apostelamt den Frauen nicht anvertraut hat, jedoch die Ausgeschlossenheit der Frauen vom Priestertum keineswegs als ein Hindernis für den Abbau tatsächlicher Diskriminierungen der Frauen zu verstehen ist.[348] Nach Karl Lehmann gibt es zwei Gründe für diese Erklärung: „1. Die natürliche Ähnlichkeit zwischen Christus und dem Amtsträger, der ihn in seiner apostolischen Tätigkeit vertritt, verweist auf den Mann; daß Jesus als Mann Mensch geworden ist, wird in diese Linie eingeordnet. 2. Das Geheimnis des Verhältnisses zwischen Gott und seinem Volk – im Neuen Testament als Brautbeziehung zwischen Jesus Christus und der Kirche bestimmt – legt nahe, daß die Repräsentation Jesu Christi von einem Mann dargestellt wird. [...] Die

343 Vgl. Kongr. Glaubenslehre, Zulassung der Frauen zum Priesteramt, 11–29.
344 Vgl. Puza, Grundlagen, 33.
345 Johannes Paul II., Mulieris Dignitatem, Nr. 26.
346 Vgl. Johannes Paul II., Christifideles laici, Nr. 51.
347 Vgl. Vat II, LG, Nrn. 20, 21.
348 Vgl. Kongr. Glaubenslehre, Erklärung der Pressestelle, 59–60.

‚Erklärung' weist ferner darauf hin, daß es in der Kirche kein persönliches Anrecht für ein öffentliches Amt gibt, sondern daß die Erwählung durch Gott und die Bestätigung der Berufung durch die Kirche für jede Teilhabe am Amt maßgebend sind. Also könne man auch den Zugang der Frau zum Priestertum nicht aufgrund der Gleichheit der Rechte der menschlichen Person fordern."[349] Der Vorbehalt des Priestertums nur für Männer steht in Verbindung mit der Offenbarungswahrheit,[350] die besagt, „dass ohne diese das *depositum fidei* als Ganzes nicht recht bewahrt und dargelegt werden kann."[351]

Somit kann gesagt werden, dass der Ausschluss der Frauen vom Priesteramt keine dogmatische Lehre ist, sondern es „handelt sich um einen Akt des ordentlichen Lehramtes des Papstes, nicht um eine feierliche Definition ‚ex cathedra', auch wenn inhaltlich dabei eine als definitiv zu betrachtende Lehre vorgelegt wird. [...] Eine in der Kirche schon existierende, nun aber in Zweifel gezogene Gewißheit wird mit der Autoriät des Papstes explizit als solche bestätigt; es wird ihr eine konkrete Gestalt gegeben, die das immer schon Gelebte auch in eine verbindliche Form bringt, [...]."[352] Wichtig festzustellen, fügte Lehmann hinzu, ist die Tatsache, „daß die prinzipielle Gleichheit aller Getauften und dieselbe Würde von Mann und Frau nicht am Innehaben eines kirchlichen Amtes, sondern an der persönlichen Heiligkeit gemessen werden müssen."[353] Paul VI. ergänzte in seiner Rede an das Komitee für das internationale Jahr der Frau: „Wir können das Handeln des Herrn nicht verändern noch auch den Ruf, den er an die Frauen gerichtet hat. Wohl aber müssen wir die Aufgabe der Frau in der Sendung der Evangeliumsverkündigung und für das Leben der christlichen Gemeinschaft erkennen und fördern."[354]

Dreizehn Jahre später äußerte sich Johannes Paul II. dazu ähnlich: „Es ist unbedingt notwendig, von der theoretischen Anerkennung der aktiven und verantwortlichen Präsenz der Frau in der Kirche zur praktischen

---

349 Lehmann, Kommentar, 62–63.
350 Vgl. CIC/1983, c. 750 § 1.
351 Bitterli, Priester, 52.
352 Ratzinger, Grenzen kirchlicher Vollmacht, 342–343.
353 Lehmann, Kommentar, 64.
354 Paul VI., Jahr der Frau, 266.

Verwirklichung zu kommen."[355] Beide Aussagen zeigen, dass die Frauen in der Kirche nicht diskriminiert werden, denn alle Christgläubigen haben, unabhängig vom Geschlecht, aufgrund ihrer Wiedergeburt in Christus eine wahre Gleichheit in ihrer Würde und Tätigkeit sowie gleiche Rechte und Pflichten,[356] besonders die Pflicht, die Erklärungen des Lehramtes als Glaubensgut anzunehmen, zu bewahren und zu erhalten.[357] Der Kandidat für die Weihe muss demzufolge nicht nur zum männlichen Geschlecht gehören, sondern er muss sich zugleich auch als Mann fühlen. Diese Anforderung ist aufgrund der verschiedenen sexuellen Identitätsstörungen und -krisen heutzutage wichtig.[358]

2.2.2.4 *Weitere notwendige Eignungskriterien des Weihekandidaten*

Zusätzlich zu dem Empfang der Initiationssakramente[359] und der Zugehörigkeit zum männlichen Geschlecht[360] stellt der kirchliche Gesetzgeber weitere Bedingungen für die Weihekandidaten auf. Gemäß c. 1025 müssen vor der Erteilung der Diakon- oder Priesterweihe die Kandidaten über die notwendigen Eigenschaften verfügen,[361] sie dürfen mit keinerlei Irregularitäten und Hindernissen behaftet sein[362] und sie müssen die Voraussetzungen von cc. 1033–1039 erfüllen. Das Dekret über die Priesterausbildung des II. Vatikanischen Konzils verlangt ebenso, dass dem Alter und dem Entwicklungsstand der einzelnen Kandidaten entsprechend die rechte Absicht und der freie Wille, ihre geistliche, moralische und intellektuelle Eignung und die erforderliche physische und seelische Gesundheit geprüft werden müssen.[363] Der Gesetzgeber legt außer Geisteskrankheit nicht ausdrücklich fest, welche Arten von physischen und psychischen Krankheiten eine Weihe irregulär

355 Johannes Paul II., Christifideles laici, Nr. 51.
356 Vgl. CIC/1983, cc. 208–231. Vgl. auch Vat II, LG, Nr. 32.
357 Vgl. CIC/1983, c. 750.
358 Vgl. Weinberger, Zulassung zum Priestertum, 94–96.
359 Vgl. CIC/1983, cc. 842, 849, 889, 912, 1024, 1033, 1050 3°.
360 Vgl. CIC/1983, c. 1024.
361 Vgl. CCEO, cc. 758–761, 769–775. Vgl. auch Kongr. Bildungswesen, Ratio fundamentalis, Nr. 39.
362 Vgl. CIC/1983, cc. 1040–1049. Vgl. auch CCEO, cc. 762–768.
363 Vgl. Vat II, OT, Nr. 6.

machen.[364] Allerdings gibt es verschiedene Formen von Krankheiten oder Veranlagungen, die die Ausübung der priesterlichen Dienste schwer oder gar unmöglich machen oder zu öffentlichen Ärgernissen führen können, z. B. Homosexualität, Pädophilie, Sexsucht, Alkoholismus oder Drogensucht.

Zwar wird Homosexualität vom Gesetzgeber nicht ausdrücklich als Weihehindernis genannt, sondern nur „geahndet, wenn es dabei um Sünden von Klerikern gegen das sechste Gebot (cc. 1387, 1395) geht“[365], dennoch gilt gleichgeschlechtliche Neigung (oder Homosexualität) nach dem Katechismus der Katholischen Kirche als unnormal.[366] Da Homosexualität nicht ausdrücklich als Weihehindernis genannt wurde, führt sie somit nicht zur Einschränkung der Rechtsstellung eines Christen.[367] Jedoch bleibt die Frage, ob homosexuelle Männer zum Priesteramt zugelassen werden dürfen. Denn nach Bier handelt es sich bei Homosexualität „weder um eine psychische Erkrankung [...], die irregulär machen würde (c. 1041 n. 1), noch um einen Umstand, der – die allen Weihekandidaten gebotene sexuelle Enthaltsamkeit vorausgesetzt – Anlass zu Zweifeln an der Untadeligkeit und Charakterstärke des Bewerbers gäbe (c. 1029); auch die Nützlichkeit eines Kandidaten für den Dienst der Kirche (c. 1025 § 2) dürfte von dessen H[omosexualität] weitgehend unabhängig sein.“[368] Nach dieser Erklärung gehört Homosexualität weder einer Geisteskrankheit noch einer psychischen Erkrankung an[369] und somit stellt sie kein Weihehindernis dar. Auch wenn homosexuelle Neigungen nach dem Codex 1983 primär kein Weihehindernis sind, hängt die kanonische Qualifizierung der physischen Ursachen „nicht von ihrer psychopathologischen Natur ab, sondern von ihrer faktischen Wirkung auf den Vernunftgebrauch, auf die *discretio iudicii* oder auf die psychische Unfähigkeit zur Übernahme der wesentlichen Pflichten.“[370]

Außer Homosexualität können Krankheiten wie Alkoholsucht oder Drogenmissbrauch zu Persönlichkeitsstörungen und Dienstunfähigkeit führen. Insofern der Gesetzgeber diese nicht als Krankheit bezeichnet hat, wird

364 Vgl. CIC/1983, cc. 1029, 1041 1°.
365 Bier, Homosexualität, 396.
366 Vgl. KKK, Nr. 2357.
367 Vgl. KKK, Nrn. 2357–2358.
368 Bier, Homosexualität, 397.
369 Vgl. Heinz, Homosexualität und geistliche Berufe, 682.
370 Zubert, Bisexualität und Ehekonsensunfähigkeit, 708.

erwartet, dass die Weihekandidaten einen solchen Lebenswandel führen, der kein öffentliches Ärgernis erregt. Die Fähigkeiten der Kandidaten, die Lasten des Priesteramtes und -berufes zu tragen und die pastoralen Aufgaben zu meistern, müssen ordnungsgemäß geprüft werden.[371] Der Regens, seine Mitarbeiter und der zuständige Ordinarius sind verpflichtet, sich ein gerechtes Urteil zu den Voraussetzungen zu bilden.[372] Darüber hinaus wird erwartet, dass alle Dokumente gemäß c. 1050 vorliegen und das Scrutinum vor der Weihe sorgfältig durchgeführt worden ist.[373] Es wird außerdem verlangt, dass der Weihebewerber nach dem Urteil seines Oberen oder Ortsbischofs nicht nur nützlich für seine Teilkirche, sondern auch für die Gesamtkirche einsetzbar ist.[374]

Gemäß c. 1025 muss der zuständige Obere (Ordinarius) sicher sein, dass die Weihekandidaten frei von jeglichen Irregularitäten und Hindernissen sind.[375] Bevor jemand zur Diakonats- oder Priesterweihe zugelassen wird, muss er den Dienst des Lektors und des Akolythen übernehmen und eine angemessene Zeit ausüben.[376] Diese kann sechs Monate oder länger betragen,[377] damit der Kandidat sich besser für den künftigen Dienst am Wort und am Altar vorbereiten kann. Es ist dem Heiligen Stuhl vorbehalten, diese Kandidaten von der Übernahme dieser Dienste zu dispensieren.[378] Es ist zu beachten, dass der Weihebewerber eine eigenhändige schriftliche Erklärung mit seiner Unterschrift abgibt, in der er seine Bereitschaft, die Weihe zu empfangen, erklärt und in der er um die Zulassung zum Weiheempfang bittet.[379] Diese Erklärung ist notwendig, weil zum Empfang des Weihesakramentes die freie Entscheidung des Kandidaten erforderlich ist.[380] Während der Gesetzgeber von den Kandidaten für die Priesterweihe die Bereitschaft und Erklärung der Zölibatspflicht verlangt, ist es wichtig, dass

371 Vgl. Vat II, OT, Nr. 9.
372 Vgl. Vat II, OT, Nr. 6.
373 Vgl. CIC/1983, cc. 1025, 1033–1039, 1050–1051.
374 Vgl. CIC/1983, c. 1025 § 2.
375 Vgl. CIC/1983, cc. 1040–1044.
376 Vgl. CIC/1983, c. 1035 § 1.
377 Vgl. CIC/1983, c. 1035 § 2.
378 Vgl. Paul VI., Ad Pascendum, Nr. 11.
379 Vgl. CIC/1983, c. 1036.
380 Vgl. CIC/1983, c. 1026.

die Kandidaten für das Ständige Diakonat, so sie schon verheiratet sind, die Zustimmung ihrer Frauen vorlegen.[381] Vor dem Empfang der Weihe muss sich der Kandidat mindestens fünf Tage geistlichen Exerzitien unterziehen. Der Ortsordinarius oder der Ordensobere für Mitglieder einer Ordensgemeinschaft legt Ort und Weise der Exerzitien fest.[382] Zur erlaubten Erteilung der Weihen müssen die folgenden Dokumente vorgelegt werden: Zeugnis über den Empfang der Initiationssakramente,[383] Zeugnis über den ordnungsgemäßen Abschluss der Studien,[384] Zeugnis über die Eheschließung und die Zustimmung der Ehefrau für die Bewerber des Ständigen Diakonats,[385] Zeugnis für den Empfang der Diakonatsweihe bei Priesteramtskandidaten.[386]

Die sorgfältige Beurteilung der Weihekandidaten geht deswegen der Weihe voran, damit einerseits kein kanonisch Geeigneter vom Empfang der Weihe abgehalten wird[387] und andererseits verhindert wird, dass ein Ungeeigneter aufgrund seiner Lebens- und Amtsführung Verwunderung hervorruft oder gar zum Ärgernis für das Volk Gottes wird.[388] Es darf allerdings nicht vergessen werden, so Althaus, dass aufgrund der bisherigen Kenntnis der Fähigkeiten und Eigenschaften des Kandidaten abzuwägen ist, ob er nach menschlichem Ermessen in Zukunft fruchtbar im Volke Gottes arbeiten kann. Sollten diesbezüglich Zweifel bestehen, argumentiert Althaus weiter, darf der Ordinarius den Kandidaten nicht zur Weihe zulassen und man muss nach seinem Einspruch dessen Eignung nochmals durch geeignete Maßnahmen überprüfen. Dabei ist aber zu beachten, dass es sich stets um ein Gewissensurteil des Ordinarius handelt.[389]

---

381 Vgl. CIC/1983, cc. 1031 § 2, 1037.
382 Vgl. CIC/1983, c. 1039.
383 Vgl. CIC/1983, cc. 875, 876, 894, 1035, 1050 3°.
384 Vgl. CIC/1983, cc. 1032, 1050 1°.
385 Vgl. CIC/1983, c. 1050 3°.
386 Vgl. CIC/1983, cc. 1026–1029, 1032–1039, 1050.
387 Vgl. Aymans/Mörsdorf, KanR III, 243.
388 Vgl. Althaus, Voraussetzungen für Weihespendung, c. 1025, Rd.-Nr. 5. Vgl. dazu CIC/1983, c. 1026. Vgl. auch CCEO, c. 756.
389 Vgl. Althaus, Voraussetzungen für Weihespendung, c. 1025, Rd.-Nr. 5.

2.2.2.5 *Zusätzliche Anforderungen an den Weihekandidaten*

Das nachsynodale apostolische Dokument *Pastores dabo Vobis* erinnert die zukünftigen Priester an die Notwendigkeit, nicht nur eine persönlich richtige und angemessene Reife und Selbstverwirklichung zu entwickeln, sondern richtet ihren Blick auf ihren zukünftigen Dienst und den dazu notwendigen starken und freien Charakter.[390] Zugleich wurden die Priesterkandidaten an die Wichtigkeit der menschlichen und moralischen Voraussetzungen, vor allem Zuverlässigkeit, Fleiß, wahre Freiheit und Verantwortlichkeit und die Notwendigkeit der Zusammenarbeit erinnert.[391] Im Einklang mit dieser Aufforderung legt der Gesetzgeber die weiteren notwendigen Anforderungen vor dem Weiheempfang dar. Dies sind: Verfügung über die notwendige Freiheit, sorgfältige Ausbildung, gründliche Kenntnis über den Priesterberuf, ungeschmälerter Glaube und reifes Alter.[392]

2.2.2.5.1 Verfügen über die notwendige Freiheit

Freiheit ist die Fähigkeit des Menschen, ohne Zwang oder äußeren Druck (*ab extrinseco*) eigene Entscheidungen zu treffen oder einen Akt zu erfüllen.[393] Der Mensch ist dadurch gekennzeichnet, eine freie Entscheidung treffen zu können und die freie Wahl zu haben, etwas zu tun oder zu unterlassen, d. h. in eigener Verantwortung zu handeln.[394] Der Mensch hat nicht nur das Recht auf freie Wahl des Lebensstandes,[395] zugleich ist ihm von Natur aus gestattet, seine Religion und Berufswahl selbst zu bestimmen.[396] Nach c. 1026 müssen die Weihebewerber über die notwendige Freiheit verfügen, entweder das Weihesakrament zu empfangen oder sich für einen anderen Lebensstand entscheiden zu können. Die notwendige Freiheit der Weihebewerber bedeutet vor allem, „daß der Kandidat frei sein muß von unwiderstehlichem Zwang (125 § 1), aufgrund dessen er keinen

390 Vgl. Johannes Paul II., PDV, Nr. 43.
391 Vgl. Paul VI., Ratio Fundamentalis, Nr. 39.
392 Vgl. CIC/1983, cc. 1026–1032.
393 Vgl. Brugger, Philosophisches Wörterbuch, 112.
394 Vgl. CIC/1983, c. 212 § 1.
395 Vgl. CIC/1983, c. 219.
396 Vgl. CIC/1983, cc. 216, 217.

actus humanus setzen könnte; die Weihe wäre sonst ungültig, […].“[397] Um sicherzustellen, dass ein Kandidat unfreiwillig die Weihe empfangen möchte oder hat, ist Folgendes nötig: „Der Zwang muss von außen (ab extrinseco) auf die handelnde Person ausgeübt werden und von einer ‚causa libera‘ – d.h. von einer oder mehreren Personen – herrühren.“[398] Darüber hinaus muss der Betroffene keine Möglichkeit haben, sich von diesem Zwang zu befreien oder ihm zu widerstehen.[399]

Allerdings soll beachtet werden: „Nicht vom Tatbestand erfaßt sind demnach innere Zwänge (insbesondere aufgrund psychischer Defekte, vgl. 1095, 2°) wie auch solche äußeren Einflüsse, die zwar den Menschen unter Zwang setzen, aber keiner freien, zurechenbaren menschlichen Handlung entspringen, wie etwa Naturgewalten; unmittelbar bevorstehender Tod aufgrund von Krankheit oder aufgrund äußerer Ereignisse wie z.B. Schiffsuntergang; Zwangseinflößung durch eine nicht zurechnungsfähige (handlungsunfähige) Person.“[400] Ein Weihebewerber soll deshalb schriftlich erklären, dass er die Weihe freiwillig empfangen möchte.[401] Es darf daher nicht der Fall sein, dass jemand auf irgendeine Weise oder aus irgendeinem Grund zum Weiheempfang gezwungen wird oder ein kanonisch geeigneter Kandidat von der Weihe abgehalten wird.[402] Dieses Freiheitserfordernis ist nicht nur menschenrechtlich, sondern auch kanonisch begründet.[403] Der Ansatzpunkt dieser Begründung liegt dabei in der Würde der menschlichen Person[404] und verbietet jegliche Zwangsanwendung, egal ob im Beruf oder in Glaubensangelegenheiten.[405] In dieser Hinsicht gilt diese freie menschliche Entscheidung als eine positive Antwort des Menschen an Gott, der ihn in der Liebe anruft.[406]

397 Althaus, Entscheidungsfreiheit des Kandidaten, c. 1026, Rd.-Nr. 3.
398 Weinberger, Zulassung zum Priestertum, 342.
399 Vgl. Pree, Rechtsakt, c. 125, Rd.-Nr. 4.
400 Pree, Rechtsakt, c. 125, Rd.-Nr. 5.
401 Vgl. CIC/1983, c. 1036.
402 Vgl. CIC/1983, c. 1026.
403 Vgl. CIC/1983, c. 219.
404 Vgl. CIC/1983, c. 208.
405 Vgl. Luf, Glaubensfreiheit und Glaubensbekenntnis, 701.
406 Vgl. Johannes Paul II., PDV, Nr. 36.

So gehört die Freiheit als wesentlicher Teil zur Berufung[407] und diese Freiheit ist die positive Antwort dieser tiefen persönlichen Verbundenheit mit Gott.[408] Es kann also nur freie Berufungen geben, „das heißt nur Berufungen, die spontane, bewußte, selbstlose und totale Angebote der eigenen Person sind. […] Damit sieht sich die Freiheit vor ihr größtes Wagnis gestellt: das Wagnis der Hingabe, der Selbstlosigkeit, des Opfers".[409] Das Erfordernis der Freiheit bedeutet konkret vor allem, dass der Weihebewerber frei von unwiderstehlichem Zwang ist. Denn wenn „eine Handlung dadurch zustande kommt, daß einer Person von außen her Zwang zugeführt wurde, dem sie auf keine Weise widerstehen konnte, gilt diese Handlung als nicht vorgenommen."[410] Niemandem soll deshalb die Weihe erteilt werden, der irgendeinem inneren moralischen Druck, realer oder vermeintlicher Erwartungshaltung der Familie, der Freunde, der Vorgesetzten oder der Gesellschaft ausgesetzt ist.[411] Ein die Willensfreiheit ausschaltender Zwang macht die empfangene Weihe ungültig.[412] Eine Entscheidung, argumentiert Althaus weiter, ist dann von der notwendigen Freiheit getragen, wenn der Kandidat, ohne Nachteile befürchten zu müssen, die Weihe auch ablehnen könnte.

Der Gesetzgeber verbietet streng als frevelhaft (*nefas est*), so Althaus, jemanden zum Weiheempfang zu zwingen (*cogere*).[413] Er verwirft auch jedes Handeln, das zu einer Beeinträchtigung der Freiheit der Weihebewerber führt, angefangen bei einem moralisierenden Zureden. Den Schutz der Freiheit der Kandidaten, sich zu entscheiden, und die Bereitschaft, auf sie zukommende Verpflichtungen des Priesters/Diakons zu übernehmen, muss immer im Blick sein.[414] Nur Priesterkandidaten, die schon die Diakonweihe empfangen haben, können unter bestimmten Voraussetzungen einen Rechtsanspruch darauf erheben, zur Priesterweihe zugelassen zu werden, wenn dem keine bis dahin nicht bekannten kanonischen Hindernisse

407 Vgl. CIC/1983, c. 212.
408 Vgl. Johannes Paul II., PDV, Nr. 36.
409 Paul VI., Botschaft, 134–135.
410 CIC/1983, c. 125 § 1.
411 Vgl. Althaus, Entscheidungsfreiheit des Kandidaten, c. 1026, Rd.-Nr. 3.
412 Vgl. CIC/1983, c. 125.
413 Vgl. Althaus, Entscheidungsfreiheit des Kandidaten, c. 1026, Rd.-Nr. 3.
414 Vgl. Althaus, Entscheidungsfreiheit des Kandidaten, c. 1026, Rd.-Nr. 4.

entgegenstehen.[415] In einem solchen Fall muss der zuständige Obere oder Ortsordinarius den Fall prüfen und bewerten. Dies kann allerdings zum Ausschluss vom Empfang der Weihe führen.[416]

2.2.2.5.2 Adäquate und sorgfältige Ausbildung

Die katholische Kirche hat immer die Notwendigkeit einer adäquaten und sorgfältigen Bildung ihrer zukünftigen Priester betont.[417] In früheren Zeiten gab es keine besonderen Einrichtungen oder Priesterseminare, wie es heute der Fall ist. Jeder Weihebewerber konnte seinen Ausbildungsort frei auswählen.[418] Um ein einheitliches Ausbildungssystem für die zukünftigen Priester zu gewährleisten, beschloss das III. Laterankonzil die Anstellung eines Magisters an der Kathedralkirche, der für die Ausbildung der Bewerber zuständig war. Nach dem IV. Laterankonzil sollte wenigstens in jeder Metropolitankirche ein Theologe die Heilige Schrift lehren und für Fragen der Pastoraltheologie zur Verfügung stehen.[419] Der Codex von 1917 sprach für die Errichtung einer Institution, die zuständig für die Ausbildung der Priesterkandidaten sein soll.[420] Es existiert seitdem in manchen Ländern das sogenannte Knabenseminar. Jeder Priesterkandidat musste nach c. 972 § 1 des Codex von 1917 sein ganzes theologisches Studium in einem Seminar absolvieren, es sei denn, der Ortsordinarius traf aus schwerwiegenden Gründen eine andere Entscheidung. Während das Knabenseminar der humanistischen Ausbildung der Kandidaten diente, war/ist das große Seminar für das philosophische und theologische Studium, besonders für Liturgie, Pastoral und Ekklesiologie, zuständig.[421]

Im Einklang mit dem Codex von 1917 verlangt das geltende Recht, dass sich die Kandidaten für Diakonat und Presbyterat einer sorgfältigen und entsprechenden Ausbildung unterziehen müssen.[422] Die geforderte Ausbildung muss im Priesterseminar oder einer ähnlichen Institution absolviert

415 Vgl. Aymans/Mörsdorf, KanR III, 243.
416 Vgl. Aymans/Mörsdorf, KanR III, 243. Vgl. auch CIC/1983, c. 1030.
417 Vgl. CIC/1983, c. 232.
418 Vgl. Jedin, Seminar Geschichte, 647.
419 Vgl. Bitterli, Priesterseminar, 6.
420 Vgl. CIC/1917, c. 972.
421 Vgl. May, Seminar im Kirchenrecht, 649.
422 Vgl. CIC/1983, c. 1027.

werden und kann nicht in einer Privatschule erfolgen.[423] Während ihrer Ausbildung müssen die rechte Absicht und der freie Wille der Kandidaten, ihre geistlichen, moralischen und intellektuellen Eignungen geprüft werden, zusätzlich muss die erforderliche physische und seelische Gesundheit beachtet und überprüft werden.[424] Die geistliche Formung der Kandidaten muss mit der wissenschaftlichen und pastoralen Ausbildung eng verbunden sein.[425] Die Kandidaten müssen über die Lasten des Priesteramtes und die pastoralen Anforderungen informiert werden.[426] Vor Beginn der eigentlichen kirchlichen Studien ist es notwendig, dass die Kandidaten „den Grad humanistischer und naturwissenschaftlicher Bildung erreichen, der in ihrem Land zum Eintritt in die Hochschulen berechtigt."[427] Obwohl nicht nur akademische und wissenschaftliche Klugheit und Intelligenz die Schwerpunkte der Bildung sind, ist es dennoch notwendig, dass die Priesterkandidaten ein angemessenes intellektuelles Niveau aufweisen.[428] Ebenso müssen die Kandidaten für das Ständige Diakonat gemäß den Vorschriften der Bischofskonferenz eine wenigstens dreijährige Ausbildung erhalten.[429] Sie sollen, so Paul VI., „in einem besonderen Studienhaus aufgenommen werden, wo sie erprobt, zu einem echten Leben nach dem Evangelium herangebildet und zur rechten Erfüllung ihrer besonderen Aufgaben unterrichtet werden".[430]

Anders als der Codex von 1917, der verlangte, dass die Tonsur erst nach dem Beginn des theologischen Studiums erteilt wird und das Subdiakonat erst nach Abschluss des dritten theologischen Studiums und das Diakonat zu Beginn des vierten theologischen Jahres übertragen wird,[431] legte der Codex von 1983 nach der Abschaffung der niederen Weihen fest, dass die Weihe für das Diakonat der Priesterkandidaten erst nach Abschluss des

423 Vgl. CIC/1917, c. 976 § 3.
424 Vgl. Vat II, OT, Nr. 7. Vgl. dazu CIC/1983, c. 259 § 2.
425 Vgl. Kongr. Bildungswesen, Ratio fundamentalis, Nr. 45.
426 Vgl. Vat II, OT, Nr. 9.
427 Vat II, OT, Nr. 13. Vgl. dazu Kongr. Bildungswesen, Ratio fundamentalis, Nr. 65.
428 Vgl. Vat II, OT, Nr. 15.
429 Vgl. CIC/1983, c. 236.
430 Paul VI., Sacrum diaconatus ordinem, Nr. 6.
431 Vgl. CIC/1917, c. 976.

fünften Jahres im philosophisch-theologischen Studiengang erteilt wird.[432] Die Priesterkandidaten sind also nach geltendem Recht verpflichtet, vor dem Empfang der Diakonatsweihe ein mindestens fünfjähriges philosophisch-theologisches Studium erfolgreich abzuschließen.[433] Die Weihe darf nur denen erteilt werden, die die vom Apostolischen Stuhl vorgeschriebenen Studien abgeschlossen haben.[434] Um sicher zu sein, dass der Weihekandidat das Studium erfolgreich abgeschlossen hat, muss „ein Zeugnis über den ordnungsgemäßen Abschluß der Studien nach Maßgabe von can. 1032"[435] eingereicht werden. Nach Abschluss des Studienganges und der Diakonweihe müssen die Kandidaten für eine angemessene Zeit – mindestens sechs Monate – ihre Diakonatsdienste ausüben, bevor sie die Priesterweihe empfangen können.[436] Solche praktische Erfahrungen können die Kandidaten unter der Leitung eines erfahrenen und vorbildlichen Priesters sammeln, damit sie eine größere Berufsreife und Festigkeit erlangen können.[437] Jedoch ist nicht rechtlich vorgegeben, dass der Diakon nach seinem Studium mehrere Jahre das Diakonat vor der Priesterweihe ausübt, weil dies, so Althaus, „dem Zweck des Gesetzes widerspreche und der Ausdruck *per tempus congruum* Spielraum für alles Notwendige eröffne [...]."[438] Es ist zu beachten, dass es dem Gesetzgeber nicht bloß um die Erreichung eines Studiumzeitraumes geht, sondern es müssen alle anderen kanonischen Weiheanforderungen erfüllt sein.[439]

Es ist die Aufgabe der zuständigen Bischofskonferenz und der beteiligten Diözesanbischöfe, die Verantwortung für die Ausbildungsordnung ihrer Priesterkandidaten zu tragen.[440] Der Gesetzgeber legt auch fest, dass jedes Priesterseminar einen Rektor[441] und mindestens einen Spiritual haben

432 Vgl. CIC/1983, c. 1032 § 1.
433 Vgl. CIC/1983, c. 1025 § 2.
434 Vgl. Althaus, Ausbildung, c. 1032, Rd.-Nr. 1 b.
435 CIC/1983, c. 1050 1°.
436 Vgl. CIC/1983, c. 1032 § 2.
437 Vgl. Kongr. Bildungswesen, Ratio fundamentalis, Nr. 42.
438 Althaus, Ausbildung, c. 1032, Rd.-Nr. 1 b.
439 Vgl. Althaus, Ausbildung, c. 1032, Rd.-Nr. 2.
440 Vgl. CIC/1983, cc. 236, 242.
441 Vgl. CIC/1983, cc. 239 § 1, 260, 261.

muss.[442] Zusätzlich sollten genügend Lehrkräfte und Professoren in den philosophischen, theologischen und kirchenrechtlichen Disziplinen vorhanden sein.[443] Für die Zulassung zu den Weihen und zur Übernahme der kirchlichen Dienste ist nicht nur das Erreichen des Mindestalters notwendig, sondern der Kandidat muss auch ein ausreichendes Wissen und ausreichende Kenntnisse über philosophische, theologische und pastorale Sachverhalte besitzen.[444]

2.2.2.6 *Gründliche Unterrichtung der Priesterkandidaten über die Weihe und ihre Verpflichtungen*

Der Gesetzgeber fordert in c. 1028 einerseits, dass die Kandidaten gründlich über die Weihe und die Verpflichtung des Weiheempfangs unterrichtet werden müssen. Diese Aufgabe sollen der zuständige Ortsordinarius und der zuständige Obere erfüllen. Andererseits müssen die Kandidaten die Weihespendung freiwillig erbitten und ihre Bereitschaft, sich dem christlichen Dienst zu widmen, erklären.[445] Damit die Kandidaten die diesbezügliche Entscheidung frei und verantwortlich treffen können, ist die Erkenntnis der damit verbundenen Verpflichtungen unabdingbar.[446] Solche Verpflichtungen sind z. B. Gehorsam gegenüber dem Papst und Ordinarius,[447] Zusammenwirken zum Aufbau des Leibes Christi, besondere Bemühungen um die Heiligung des Lebens,[448] Verpflichtung zu Ehelosigkeit und Keuschheit,[449] Weiterbildung,[450] bescheidene Lebensführung und Residenzpflicht,[451] die

442 Vgl. Kongr. Bildungswesen, Ratio fundamentalis, Nr. 45. Vgl. dazu CIC/1983, c. 239 § 2.
443 Vgl. CIC/1983, cc. 239, 240, 253–254, 259, 263. Vgl. dazu Kongr. Bildungswesen, Ratio fundamentalis, Nr. 32.
444 Vgl. Althaus, Ausbildung, c. 1032, Rd.-Nr. 2.
445 Vgl. CIC/1983, cc. 1028, 1036.
446 Vgl. CIC/1983, cc. 276, 277.
447 Vgl. CIC/1983, cc. 273, 274 § 2, 275.
448 Vgl. CIC/1983, c. 276.
449 Vgl. CIC/1983, c. 277.
450 Vgl. CIC/1983, c. 279.
451 Vgl. CIC/1983, cc. 282 § 1, 283 § 1, 285 §§ 1, 2.

Notwendigkeit des Tragens geistlicher Kleidung[452] und das Vermeiden von unangemessenen Tätigkeiten.[453]

Ebenso sollen die Kandidaten für Diakonat oder Priesterweihe auf keinen Fall über irgendetwas im Unklaren gelassen oder gar im Blick auf ihre Weihebitte getäuscht werden.[454] Dabei geht es, so Althaus, „nicht allein um eine rein theoretische Kenntnis, sondern um ein tiefes Verstehen der mit dem Klerikerstand verbundenen Obliegenheiten, damit sie innerlich nachvollzogen und bewußt und zustimmend angenommen werden, wofür das Wissen die unabdingbare Voraussetzung bildet [...].“[455] Es soll nicht der Fall sein, dass den Kandidaten die Schwierigkeiten, die das priesterliche Leben mit sich bringen kann, vorenthalten werden.[456]

2.2.2.7 *Forderung nach ungeschmälertem Glauben*

Es ist für den Weihebewerber erforderlich, dass er einen ungeschmälerten Glauben (*fides integra*) hat.[457] Nach geltendem Recht dürfen nur diejenigen zur Weihe zugelassen werden, die alle kanonischen Voraussetzungen erfüllt haben, und eine dieser Voraussetzungen ist der ungeschmälerte Glaube.[458] Dies bedeutet, dass der Weihebewerber einerseits ein authentisches Glaubensleben führt, eine echte Frömmigkeit in der Glaubenspraxis mit der zusätzlichen Bemühung um ein heiliges Leben ausübt und dass andererseits seine persönliche Glaubensüberzeugung mit den Aussagen des kirchlichen Lehramtes übereinstimmt.[459] Es wird auch gefordert, dass der Kandidat von der rechten Absicht (intentio recta) geleitet wird.[460] Jeder Weihebewerber muss zeigen, dass er die rechte Intention hat, seine Fähigkeiten und sein Leben im selbstlosen Dienst für Gott und seine Kirche (Volk Gottes) zu widmen. Es ist eine falsche Intention, fügt Althaus weiter hinzu, wenn jemand die Weihe nur empfangen will, um eine gute Arbeitsstelle zu haben

---

452 Vgl. CIC/1983, c. 284.
453 Vgl. CIC/1983, cc. 285 § 1, 286.
454 Vgl. CIC/1983, c. 1036.
455 Althaus, Unterweisung über die Weihe, c. 1028, Rd.-Nr. 2.
456 Vgl. CIC/1983, cc. 247 § 2, 1028.
457 Vgl. CIC/1983, c. 1029.
458 Vgl. CIC/1983, c. 1029.
459 Vgl. CIC/1983, cc. 276, 749–752, 1041.
460 Vgl. Althaus, Persönliche Eignung, c. 1029, Rd.-Nr. 4.

oder um Ansehen zu erreichen oder irdische Vergünstigungen zu erlangen.[461] Zugleich verlangt der Gesetzgeber, dass der Weihebewerber nicht nur über das erforderliche philosophische und theologische Wissen verfügt, sondern auch ausreichende pastorale und seelsorgerische Erfahrung besitzt.[462]

Damit er für das Gottesvolk glaubwürdig ist, muss er einen guten Ruf haben. Der Kandidat darf „nicht in einem Ruf stehen, der die Glaubwürdigkeit seines zu übernehmenden Dienstes in irgendeiner Weise beeinträchtigen könnte."[463] Zugleich muss er eine tadellose Lebensführung auf der Grundlage der christlichen Ethik und der katholischen Morallehre aufweisen.[464] Der Weihebewerber muss auch über die entsprechenden physischen und psychischen Eigenschaften verfügen.[465] Auch wenn keine bestimmte Krankheit, außer Geisteskrankheit, als Weihehindernis festgelegt wurde, sollen Weihebewerber, die an Zöliakie, Alkoholismus, Spielsucht und Ähnlichem leiden, nicht zum Weiheempfang zugelassen werden.[466] Zöliakie ist der medizinische Begriff für eine Überempfindlichkeit gegen Klebereiweiß in bestimmten Getreidearten. Die Betroffenen reagieren mit Krankheitssymptomen, wie z. B. Durchfall, auf das enthaltene Klebereiweiß. Der Empfang des eucharistischen Brotes, das mit Weizenmehl gebacken wurde, kann zu gesundheitlichen Schädigungen führen. So stellt sich die Frage, ob die Betroffenen zum Weiheempfang zugelassen werden sollen,[467] da das eucharistische Brot hauptsächlich aus Weizenmehl gebacken sein muss.[468] Nach c. 924 § 2 dürfen keine anderen Lebensmittel wie Zucker oder Honig zugefügt sein.

Ähnliches gilt auch für den Messwein. Der Gesetzgeber verlangt ausdrücklich, dass der Wein für die eucharistische Feier naturrein aus Weintrauben gewonnen sein muss und nicht verdorben sein darf. Für den Ersatz von Wein durch Mineralwasser, Saft oder Ähnliches gibt es keine gesetzliche Genehmigung, was einen alkoholkranken Priester rechtlich daran hindert,

---

461 Vgl. Althaus, Persönliche Eignung, c. 1029, Rd.-Nr. 4.
462 Vgl. CIC/1983, cc. 1029, 1032.
463 Althaus, Persönliche Eignung, c. 1029, Rd.-Nr. 4.
464 Vgl. CIC/1983, cc. 277, 1041.
465 Vgl. CIC/1983, c. 1029.
466 Vgl. Weinberger, Zulassung zum Priestertum, 111.
467 Vgl. Weinberger, Zulassung zum Priestertum, 112–115.
468 Vgl. CIC/1983, c. 924 § 2.

die Eucharistie zu feiern.[469] Es ist somit nicht ratsam, jemanden zu weihen, der an einer schwerwiegenden Erkrankung leidet, kaum belastbar, kommunikativ beeinträchtigt und süchtig in irgendeiner Art ist.[470] Wie schon geäußert ist eine Überprüfung der tadellosen Lebensführung des Weihebewerbers sehr wichtig, denn der zukünftige Priester muss eine integre Person sein.

2.2.2.8 *Reifes Alter*

Das geltende Recht verlangt auch, dass der Bewerber für das Diakonat und Presbyterat ein ausreichendes Alter und eine ausreichende Reife hat.[471] Die Notwendigkeit des reifen Alters vor dem Empfang der Weihe besteht nicht nur für das Diakonat und die Priesterweihe, sondern auch für den Empfang der Bischofsweihe.[472] Während der Codex von 1917 festlegte, dass die Kandidaten für den Klerikerstand mindestens das 21. Lebensjahr vor dem Subdiakonat vollenden müssen, das Diakonat nicht vor der Vollendung des 22. Lebensjahres und die Priesterweihe nicht vor der Vollendung des 24. Lebensjahres empfangen dürfen, verlangte der neue Codex von 1983 nach Abschaffung der niederen Weihen, dass ein Weihebewerber für das Diakonat nicht jünger als 23 Jahre und für die Priesterweihe nicht jünger als 25 Jahre sein darf.[473] In Ausnahmefällen kann der Ortsordinarius einen Dispens erteilen. Der Heilige Stuhl ist allerdings anzugehen, wenn das Mindestalter um mehr als ein Jahr unterschritten wird.[474] Die Zustimmung der Ehefrauen bei verheirateten Diakonbewerbern ist vorher einzuholen und die Bewerber sollen nicht jünger als 35 Jahre sein.[475] Wichtig zu erwähnen ist, dass der Gesetzgeber zwar ein Mindestalter für den Weiheempfang festlegte, es aber nach oben keine Beschränkung hinsichtlich des Alters gibt. Die Bischöfe können jedoch gegebenenfalls auch ein höheres Lebensalter vor dem Empfang der Weihe festlegen.[476]

469 Vgl. CIC/1983, c. 924 § 3.
470 Vgl. CIC/1983, c. 1051 1°.
471 Vgl. CIC/1983, c. 1031 § 1.
472 Vgl. CIC/1983, cc. 378 § 1 3°, 1031 § 1.
473 Vgl. CIC/1917, c. 975. Vgl. dazu CIC/1983, c. 1031 § 1.
474 Vgl. CIC/1983, c. 1031 §§ 3, 4.
475 Vgl. CIC/1983, c. 1050 3°.
476 Vgl. CIC/1983, c. 1031 § 3. Vgl. auch Vat II, OT, Nr. 12.

Unverheiratete Bewerber für das Ständige Diakonat müssen das 25. Lebensjahr vollendet haben und die Verheirateten müssen, wie schon gesagt, das 35. Lebensjahr erreicht haben.[477] Auch wenn der Ordinarius gegebenenfalls vom Mindestalter dispensieren kann, muss beachtet werden, dass in manchen Situationen ein höheres Alter für fruchtbare diakonische und priesterliche Dienste sinnvoll ist. Für einen Dispens für mehr als ein Jahr ist der Apostolische Stuhl zuständig.[478] Die angesprochene Reife, so Althaus, „umfaßt nicht nur die Fähigkeit, aufgrund der intellektuellen, spirituellen und psychischen Entwicklung eine verantwortliche Entscheidung über den künftigen Lebensweg als Kleriker im Dienste der Kirche zu fällen, sondern auch charakterliche Festigkeit zur Ausübung des Dienstes, zur Begegnung mit Menschen gerade in außergewöhnlichen Situationen und zum Handeln in Stellvertretung Christi, des Hauptes [...].“[479]

2.3 Verwehrung der Weihe

Der Gesetzgeber erklärt, dass es möglich ist, einem Bewerber die Weihe zu verwehren. Allerdings kann dies nur der Ortsordinarius oder ein höherer Ordensoberer seinen untergebenen Diakonen und nur aus einem kanonischen Grund vorenthalten, auch wenn dieser sogenannte Grund geheim ist.[480] Als geheim gilt eine Sache, von der zwar der Betroffene weiß, die aber nicht entsprechend der Rechtsvorschriften bewiesen werden kann.[481]

Zwar hat niemand Rechtsanspruch auf den Empfang der Priesterweihe, jedoch ein „kanonisch Geeigneter darf vom Weiheempfang nicht ausgeschlossen werden.“[482] In dieser Hinsicht ist es weder erlaubt noch sinnvoll, einem kanonisch ungeeigneten Bewerber die sakramentale Weihe zu erteilen. Um festzustellen, ob ein Weihebewerber kanonisch geeignet ist, verlangt der Gesetzgeber eine gründliche Prüfung der Kandidaten.[483] Die sorgfältige Überprüfung der Weihekandidaten ist sinnvoll, nicht nur für die Kirche,

477 Vgl. CIC/1983, c. 1031 § 2.
478 Vgl. CIC/1983, c. 1031 § 4.
479 Althaus, Mindestalter, c. 1031, Rd.-Nr. 2.
480 Vgl. CIC/1983, c. 1030.
481 Vgl. Althaus, Begrenztes Recht auf Priesterweihe, c. 1030, Rd.-Nrn. 5, 6.
482 Aymans/Mörsdorf, KanR III, 243. Vgl. dazu CIC/1983, c. 1026.
483 Vgl. CIC/1983, cc. 1050–1052.

sondern auch für die zukünftigen priesterlichen Aufgaben des Kandidaten selbst. Weder der Codex von 1917 noch das geltende Recht nennen solche geheimen kanonischen Gründe, so bleibt es die Aufgabe der Oberen oder gegebenenfalls des zuständigen Ordinarius, eine gerechte und ehrliche Entscheidung im Gewissen zu treffen, die auch kanonisch rechtmäßig sein muss.[484] Die zuständige Autorität (Bischof oder Ordensoberer) ist daher verpflichtet, dem betroffenen Weihebewerber zumindest die Gründe für die Weiheverwehrung mitzuteilen und ihm die Möglichkeit des Rekurses zu geben.[485]

Es ist weder rechtmäßig, den Betroffenen über die Verwehrungsgründe im Unklaren zu lassen noch diese nur als Willen Gottes zu interpretieren. Obwohl keiner das Recht auf Weihe hat, besteht jedoch „für einen Priesteramtskandidaten, der die Diakonenweihe bereits empfangen hat, [...] ein bedingter Rechtsanspruch darauf, zur Priesterweihe zugelassen zu werden, es sei denn, erst jetzt werden – möglicherweise auch sonst nicht bekannte – *kanonisch anerkannte Gründe* entdeckt, die dem Empfang der Priesterweihe entgegenstehen könnten. In einem solchen Fall hat der zuständige Oberhirte diese zu prüfen und zu bewerten."[486] Die Bewertung der Beweise, argumentierten Aymans/Mörsdorf weiter, kann einerseits zur Weiheverwehrung führen, andererseits aber auch die Zulassung zur Weihe ermöglichen.[487] Bei der Prüfung der sogenannten geheimen kanonischen Gründe, die zur Weiheverwehrung führen könnten, soll der Oberhirte vor allem sicherstellen, ob der betroffene Kandidat aus einem der nachfolgenden Gründe ungeeignet für die Priesterweihe ist:[488]

„– Erst vor der Priesterweihe wird ein gravierender Umstand bekannt, der zu einer grundsätzlich anderen Beurteilung der Eignung und Nützlichkeit des Kandidaten führt und bei dessen Bekanntsein der Kandidat nicht zum Diakonat zugelassen worden wäre.

---

484 Vgl. CIC/1983, c. 1028.
485 Vgl. Althaus, Begrenztes Recht auf Priesterweihe, c. 1030, Rd.-Nr. 1 b.
486 Aymans/Mörsdorf, KanR III, 243.
487 Vgl. Aymans/Mörsdorf, KanR III, 243.
488 Vgl. CIC/1983, c. 1038.

– Die Lebens- bzw. Amtsführung des Diakons weisen unvorhergesehene schwerwiegende Mängel auf; die Prieserweihe ist aufzuschieben, bis diese Defizite behoben sind und keine Gefahr des Rückfalles zu erwarten steht."[489]

Nach der endgültigen Verwehrung der Weihe muss der Oberhirte ein Verwaltungsdekret über seine Entscheidung erstellen, ein solches Dekret soll vor allem die Gründe für die Weiheverwehrung beinhalten und einen Beweis dafür, dass der Betroffene das Recht auf Verteidigung bekommen hat.[490] Der Betroffene kann auch gemäß cc. 1732–1739 Rekurs einlegen.

2.3.1 Voraussetzung für die Weihespendung

Um die sakramentale Weihe zu empfangen, gibt das geltende Recht einige Voraussetzungen vor. Es ist erforderlich, dass die Weiheanwärter die Initiationssakramente (Taufe, Firmung und Eucharistie) empfangen haben.[491] Auch wenn der Empfang der sakramentalen Firmung nicht als Voraussetzung für einen gültigen Empfang der Weihe vorgesehen ist, ist es trotzdem notwendig, dass der Weihekandidat schon die Initiationssakramente abgeschlossen hat. Denn wer sein Leben dem Dienst der Kirche für immer widmen will, muss auch ganz in die Kirche eingegliedert sein.[492] Die Bewerber sollen nicht nur über das gesetzliche Mindestalter verfügen, sondern auch eine ausreichende Bildung gemäß den Gesetzen besitzen.[493] Für die Erteilung der Weihe ist die Aufnahme zur Kandidatur gemäß cc. 1016–1019 eine unbedingte Voraussetzung. Für Mitglieder der Ordensinstitutionen wird das ewige Gelübde vorausgesetzt.[494] Vor der Zulassung zur Weihe muss der Weihebewerber eine schriftliche Bitte um Zulassung zur Weihe und eine eigenhändig abgefasste und unterschriebene Erklärung an den Ordinarius oder bei Mitgliedern von Orden an den höheren Oberen abgeben, durch die er zu bekunden hat, frei die heilige Weihe zu empfangen und sich dem christlichen Dienst sein Leben lang zu widmen.[495]

---

489 Althaus, Begrenztes Recht auf Priesterweihe, c. 1030, Rd.-Nr. 7.
490 Vgl. CIC/1983, cc. 50, 51, 1030.
491 Vgl. CIC/1983, cc. 842 § 2, 1024, 1033.
492 Vgl. CIC/1983, cc. 842 § 2, 1033.
493 Vgl. CIC/1983, cc. 1031 §§ 1, 2, 1032, 1034.
494 Vgl. CIC/1983, cc. 1031–1035.
495 Vgl. CIC/1983, cc. 1034 § 1, 1036.

Ähnliche Voraussetzungen sind auch im Motu proprio von 1972 verankert. Nach diesem Dokument muss der Bewerber in voller Freiheit einen eigenhändig geschriebenen und unterschriebenen Antrag stellen und der zuständige kirchliche Obere die Annahme schriftlich bestätigen, kraft derer die kirchliche Berufung zustande kommt.[496] „Für Mitglieder priesterlicher Ordensgemeinschaften und Genossenschaften, die bereits ihre Gelübde abgelegt haben und sich auf das Priestertum vorbereiten, ist dieser Ritus nicht vorgeschrieben."[497] Zugleich soll der Kandidat, wenn er sich nicht für das Ständige Diakonat entschieden hat, sich verpflichten, den Zölibat zu leben. Natürlich muss sich der Kandidat auch mindestens fünftägigen Exerzitien unterziehen.[498] Vor der Erteilung der Weihe muss der Ortsordinarius oder Ordensobere feststellen, dass der Weihebewerber alle kanonischen Voraussetzungen nach geltendem Recht erfüllt hat und dass keine Weihehindernisse bestehen.[499]

Nach Annahme der schriftlichen Bitte um Weihezulassung soll der Ordinarius dem Kandidaten einen schriftlichen Bescheid über den Erhalt des Antrags zusenden.[500] Während der Ortsordinarius solche Reskripte an seine Kandidaten (Weltpriester) erteilt, ist es die Aufgabe der höheren Ordensoberen, Reskripte an Mitglieder ihres Ordens zu erteilen.[501] Der Weihebewerber muss über die Zulassung zur Weihe oder Verwehrung informiert werden. Die liturgische Feier zur Weihe muss nach geltendem Recht gestaltet werden. Der Weihekandidat wird während der Feier bei seinem Namen gerufen und er muss dann vor allem seine Bereitschaft erklären, dieses Amt zu übernehmen, die Aufgaben zu erfüllen und sein Leben lang den Dienst auszuführen. Im Gegenzug erklärt der Ordinarius oder sein Beauftragter die Annahme des Kandidaten zur Weihe.[502] Es ist erforderlich, dass die Weihe an einem Sonntag oder Feiertag stattfindet und in einer geeigneten Kirche.[503]

---

496 Vgl. Paul VI., Ad Pascendum, 530–540.
497 Althaus, Bitte und Zulassung, c. 1034, Rd.-Nr. 1.
498 Vgl. CIC/1983, cc. 1037, 1039.
499 Vgl. CIC/1983, cc. 1033–1039, 1040–1049.
500 Vgl. CIC/1983, c. 48.
501 Vgl. CIC/1983, c. 1019 § 1.
502 Vgl. Althaus, Bitte und Zulassung, c. 1034, Rd.-Nr. 5.
503 Vgl. Althaus, Bitte und Zulassung, c. 1034, Rd.-Nr. 6.

2.3.2 Irregularitäten und Hindernisse des Weiheempfangs

Weihe-Irregularität „ist das kirchenrechtliche Verbot, das Weihesakrament zu empfangen (c. 1041) oder auszuüben (c. 1044 §1).“[504] Dieses Verbot, die sakramentale Weihe zu empfangen oder, wenn sie bereits empfangen wurde, diese auszuüben, entstand, so Lüdicke, in Bezug auf den ersten Timotheusbrief (1. Tim 3,1–13). Die kirchenrechtlichen Anforderungen für Weihebewerber waren anfangs allerdings variabel, bis Gregor IX. in seinem Dekret eine endgültige Regelung festlegte, fügt Lüdicke weiter hinzu.[505] „Unter einer I[rregularität] versteht der Gesetzgeber ein dauerhaftes Hindernis (*impendimentum perpetuum*), das so mit einer Person verbunden ist, dass diese kirchlicherseits v[om] Empfang des Weihesakramentes abzuhalten (*arcere*) ist, d. h. in keinem Fall zugelassen werden kann (c. 1040).“[506] Das geltende Recht unterscheidet jedoch zwischen impendimenta simplicia und impedimentum perpetuum.[507] Während einfache Weihehindernisse (impendimenta simplicia) mit dem Wegfall der Hindernisursache von selbst aufhören, so Müller, bleiben die qualifizierten Irregularitäten auch beim Wegfall der Ursache weiter bestehen und können nur durch Dispens der Autorität behoben werden.[508] So kann gesagt werden, die sogenannten Irregularitäten bestehen als „ein dem Wesen nach dauerndes Hindernis weiter, selbst wenn der sie begründende Tatbestand entfällt, und [können] nur durch oberhirtliche Befreiung aufgehoben werden. Einfache Weihehindernisse hingegen hören nicht nur durch Dispens auf, sondern auch bei Fortfall des zugrundeliegenden Umstands.“[509]

Der Sinn der Irregularitäten dient nichts anderem, als die Integrität des Weiheempfängers sicherzustellen.[510] Der Codex von 1983 nannte einige Irregularitäten zum Empfang der sakramentalen Weihe.[511] Er sprach von vierzehn Hindernissen, z. B. Geisteskrankheit, Häresie, Apostasie oder Schisma,

504 Lüdicke, Irregularität, 427.
505 Vgl. Lüdicke, Irregularität, 427–428.
506 Riedel-Spangenberger, Irregularität, 320.
507 Vgl. CIC/1983, cc. 1040–1042.
508 Vgl. Müller, Die Ordination, 726–727.
509 Hirnsperger, Die Ordination, 876.
510 Vgl. Müller, Die Ordination, 726.
511 Vgl. CIC/1983, cc. 1041, 1042, 1044.

Eheschließung oder deren Versuch, Mord oder Suizidversuch.[512] Die oben aufgezählten Hindernisse verbieten eindeutig den Weiheempfang, während die Hindernisse in cc. 1042–1044 die Ausübung der empfangenen Weihe verbieten.[513] Einfache Hindernisse, fügt Hirnsperger hinzu, treten einfach von Rechts wegen ein, auch wenn der Betroffene nichts von ihrer Existenz wusste. Allerdings schützt und befreit Unkenntnis oder Unwissenheit nicht von ihnen.[514] Der Gesetzgeber führt auch Hindernisse, die den Empfang und die Ausübung der empfangenen Weihe irregulär machen,[515] auf. Gehindert am Weiheempfang sind auch verheiratete Männer, Ausnahmen hiervon sind Ständige Diakone und Neugetaufte ohne ausreichende Bewährung.[516]

Es ist die Aufgabe des Ortsordinarius oder des Ordensoberen, sorgfältig festzustellen, dass die Kandidaten für die Weihe keine Hindernisse oder Irregularitäten aufweisen. Deswegen ist das Scrutinium wichtig.[517] Eine bereits empfangene Weihe darf nicht ausüben, wer, bereits beim Weiheempfang mit einer Irregularität behaftet, die Weihen unrechtmäßig empfangen hat und wer Straftaten wie Apostasie, Häresie oder Schisma öffentlich begangen hat.[518] Die Weihe darf auch von denen nicht ausgeübt werden, die an schwerer geistiger oder sonstiger seelischer Erkrankung leiden, da die Betroffenen die Reichweite und Auswirkung der Erkrankung selber nicht einschätzen und kontrollieren können.[519] Der Ortsordinarius kann aber von einigen Irregularitäten und Hindernissen dispensieren, sofern sie nicht dem Apostolischen Stuhl vorbehalten sind.[520]

512 Vgl. CIC/1983, c. 1041 1° – 6°.
513 Vgl. Müller, Die Ordination, 726.
514 Vgl. CIC/1983, c. 1045.
515 Vgl. Hirnsperger, Die Ordination, 875–876.
516 Vgl. CIC/1983, c. 1042.
517 Vgl. CIC/1983, cc. 1050–1052.
518 Vgl. CIC/1983, cc. 1044, 1041.
519 Vgl. Müller, Die Ordination, 727.
520 Vgl. CIC/1983, cc. 1047–1049.

2.3.3 Dispens von Weihehindernissen und Irregularitäten

Dispens ist der kirchenrechtliche Begriff für „die Aufhebung der Verpflichtung eines rein kirchlichen Gesetzes im Einzelfall (c. 85). D[ispens] ist ein Verwaltungsakt, der in Form eines Reskripts ergeht."[521] Außer dem Apostolischen Stuhl können auch Bischöfe und die ihnen rechtlich Gleichgestellten von Irregularitäten und Hindernissen dispensieren.[522] Allerdings sind einige Irregularitäten dem Apostolischen Stuhl von Rechts wegen vorbehalten.[523] Auch wenn die Kirche den Christgläubigen die Möglichkeit einer Dispens gibt, hat jedoch niemand einen Rechtsanspruch darauf, denn die Erteilung der Dispens ist nur ein Gnadenakt der Autorität.[524] Nur diejenigen, die Vollmacht zur Dispensierung haben, können rechtlich Dispens erteilen, daher, so Lüdicke, setzt Dispenserteilung beim Geber eine *potestas regiminis exsecutiva* voraus, d.h. „Vollmacht zur D[ispens] haben: der Gesetzgeber und der ihm übergeordnete Gesetzgeber in vollem Umfang kraft Bezugs zur Norm (c. 85); […]."[525] Der Apostolische Stuhl bzw. der Papst hat die Vollmacht, von allen Hindernissen, außer dem der Geisteskrankheit, zu dispensieren.[526] Der Papst kann auch von allen öffentlich bekannten Straftaten dispensieren.[527]

Allerdings sind in Fällen geheimer Strafen oder Hindernisse zum Weiheempfang die ongregaton für Gottesdienst und die Apostolische Pönitentarie zuständig, soweit sie in c. 1041 3° genannt sind, außerdem nur in öffentlich bekannt gewordenen Fällen und soweit sie in 4° desselben Kanons genannt sind.[528] Der Ortsordinarius kann auch andere Hindernisse dispensieren, sofern diese nicht dem Apostolischen Stuhl vorbehalten sind.[529] Damit die Apostolische Pönitentarie ihre Aufgaben, besonders die Dispensierung von Hindernissen, sorgfältig überprüfen und gegebenenfalls dispensieren kann,

521 Wegan, Dispens, 458.
522 Vgl. CIC/1983, cc. 87, 89, 1079 §§ 2, 3, 1080 § 1.
523 Vgl. Wegan, Dispens, 459.
524 Vgl. Lüdicke, Dispens, 202.
525 Lüdicke, Dispens, 203.
526 Vgl. CIC/1983, c. 1041 1°.
527 Vgl. CIC/1983, c. 1047 § 2 2°.
528 Vgl. Aymans/Mörsdorf, KanR III, 250.
529 Vgl. CIC/1983, c. 1047 § 4.

ist es erforderlich, dass der Bittsteller alle diese Hindernisse sorgfältig anführt.[530] In Fällen von Irregularitäten oder Hindernissen wegen Mordes „muß sogar die Zahl der Straftaten zur Gültigkeit der Dispens genannt werden (c. 1049 § 2)."[531] Nach c. 1049 § 3 gilt eine allgemeine Dispens von Irregularitäten und Hindernissen auch für den Empfang aller Weihen, d. h. wenn ein Weihebewerber für das Priesteramt bereits eine Dispens bei der Diakonatsweihe erhalten hat, benötigt er für die Priesterweihe keine erneute Dispenserteilung für dieselbe Straftat.[532]

2.3.4 Erforderliche Dokumente und Skrutinium vor der Weihespendung

Die Kirche hat immer die Notwendigkeit der persönlichen Eigenschaften, die Befähigung, Würdigung und den Glauben der Weihebewerber hoch geschätzt. Um sicher zu sein, dass der Weihebewerber positive Eignungen hat, ist das Skrutinium wichtig.[533] Das deutsche Wort Skrutinium (lat. scrutari) = *erforschen, untersuchen* bedeutet, so Aymans/Mörsdorf, „die zusammenfassende Untersuchung der Eignung eines Kandidaten für den Empfang einer Weihe."[534] Das Skrutinium zielt darauf, die Eignung oder Nicht-Eignung eines potentiellen Weihekandidaten festzustellen.[535] Der Gesetzgeber fordert, dass der Oberhirte diese Aufgabe ausführt, jedoch kann er sie an andere delegieren.[536] Nach dem Konzil von Trient hat der Ortspfarrer die Pflicht, ein Zeugnis über die Eigenschaften eines Weihebewerbers für die niederen Weihen zu stellen.[537] Ähnliches gilt auch für die Bewerber für die höheren Weihen. Sie müssen sich „einen Monat vor der Weihespendung mit ihrem selbstverfassten Gesuch bei der bischöflichen Kurie melden, woraufhin der Bischof den Heimatpfarrer oder eine andere passende Person

530 Vgl. CIC/1983, cc. 1046, 1049 § 1.
531 Aymans/Mörsdorf, KanR III, 251. Vgl. auch CIC/1983, cc. 1041, 4°, 1049 § 2.
532 Vgl. CIC/1983, c. 1049 § 3.
533 Vgl. Aymans/Mörsdorf, KanR III, 252.
534 Aymans/Mörsdorf, KanR III, 252.
535 Vgl. CIC/1983, cc. 1050–1052.
536 Vgl. CIC/1983, c. 1052.
537 Vgl. Weinberger, Zulassung zum Priestertum, 388.

mit der öffentlichen Bekanntmachung der bevorstehenden Ordination bzw. mit der Untersuchung […] beauftragt."[538]

Der Codex von 1917 nannte einige Regelungen für das Skrutinium der Weihebewerber, vor allem in cc. 544 § 3 und 993 3°. Das nachkonziliare Dokument Ratio fundamentalis institutionis sacerdotalis stellte fest, dass es nicht nur die Aufgabe eines Regens allein ist, das Skrutinium eines Weihebewerbers oder Seminaristen zu führen, sondern die anderen Mitglieder des Ausbildungskollegiums sollen dabei mitwirken.[539] Dessen ungeachtet muss der Regens als die höchste Autorität im Priesterseminar genaue Kenntnisse über die einzelnen Kandidaten haben.[540] Obwohl Ratio fundamentalis institutionis sacerdotalis (RFIS) dem Regens und den anderen Christgläubigen die Möglichkeit des Skrutiniums des Weihebewerbers zugeschrieben hat, hat der Bischof die alleinige und volle Verantwortung bei der Prüfung über die Eignung eines Kandidaten vor der Weihe.[541]

Nach dem geltenden Recht sollen bei dem Skrutinium alle erforderlichen Dokumente überprüft werden. Nur wenn alles den kanonischen Anforderungen entspricht, besteht eine Möglichkeit zur Weihezulassung.[542] Zusätzlich soll der Regens, so der Gesetzgeber, ein eigenes Zeugnis über den Kandidaten ausstellen bzw. über die erforderlichen Eigenschaften, seine Rechtgläubigkeit, seine echte Frömmigkeit und seinen guten Lebenswandel, seine Eignung für die Ausübung des priesterlichen Dienstes, seinen physischen und psychischen Gesundheitszustand u. a. eine Beurteilung aussprechen.[543] Eine objektive und begründete Analyse der positiven und negativen Eigenschaften der Weihekandidaten kann nur bei einem sorgfältigen Skrutinium sichergestellt werden.[544] Dabei dürfen weder Sympathie noch Antipathie, Familienverhältnisse oder Äußerlichkeiten eine Rolle spielen. Die Feststellung der Eignung eines Kandidaten für die Weihe muss aufgrund positiver Eigenschaften und moralischer Integrität getroffen werden. Darüber hinaus dürfen die zuständigen Ordinarien nicht nur nach ihrer

538 Weinberger, Zulassung zum Priestertum, 388.
539 Vgl. Kongr. Bildungswesen, Ratio fundamentalis, Nrn. 32–39.
540 Vgl. Kongr. Bildungswesen, Ratio fundamentalis, Nr. 41.
541 Vgl. CIC/1983, c. 1052 § 1.
542 Vgl. CIC/1983, c. 1050.
543 Vgl. CIC/1983, c. 1051.
544 Vgl. Weinberger, Zulassung zum Priestertum, 388–389.

Überzeugung oder Intuition vorgehen, sondern die Meinungen und Ratschläge kompetenter und erfahrener Personen wie z. B. des Regens oder des Spirituals müssen berücksichtigt werden.[545]

Der Ortsordinarius oder Ordensobere kann dann nach einem erfolgreichen Skrutinium seinen Untergebenen zur Weihe zulassen. Nach der Weihespendung muss ein Dokument darüber erstellt werden – das Weihezeugnis, das vor allem den Namen des Geweihten, des Weihespenders sowie Ort und Zeit der Weihespendung enthält.[546] Eine Kopie dieses Zeugnisses muss in einem speziellen Diözesanarchiv aufbewahrt werden.[547]

2.4 Resümee

Jeder Priester ist von Gott berufen, Dienste für die Menschen im Namen Gottes und seiner Kirche zu vollziehen. Gott gilt als das Fundament und die Quelle jeder priesterlichen Berufung.[548] Die Berufung zum katholischen Priester ist ein Geschenk Gottes,[549] und somit hat keiner das subjektive Recht auf die Priesterweihe. Zwar ist es Gott, der den Menschen für diesen Dienst auserwählt und beruft, jedoch ist es die Aufgabe der Kirche festzustellen, ob der jeweilige Kandidat den festgelegten Eignungskriterien entspricht. Die Kandidaten für das Priesteramt müssen ebenso die Grundvoraussetzungen für den Empfang der sakramentalen Weihe erfüllen.[550] Um die sakramentale Weihe empfangen zu können, wird vorausgesetzt, dass dem Anwärter keine Weihehindernisse entgegenstehen.[551] Grundsätzlich liegt aber die Beurteilung über die Eignung der Weihebewerber im Ermessensspielraum des zuständigen kirchlichen Ordinarius. Nach katholischem Verständnis gelten Priester als kirchliche Amtsträger, „die durch ihre Person, ihr Wort und Tun den P[riester]-Dienst Christi vergegenwärtigen und dadurch am Aufbau der Kirche mitwirken."[552] Die Dienste der katholischen

545 Vgl. Althaus, Prüfungsrecht und –pflicht, c. 1052, Rd.-Nr. 2.
546 Vgl. CIC/1983, c. 1053 § 1.
547 Vgl. CIC/1983, cc. 1053–1054.
548 Vgl. Körner, Antwort geben, 11.
549 Vgl. Johannes Paul II., PDV, Nr. 36.
550 Vgl. CIC/1983, cc. 1026–1039.
551 Vgl. CIC/1983, cc. 1040–1052.
552 Löser, Priester, 422.

Priester begrenzen sich nicht nur auf das Darbringen von Opfergaben, das heißt die Feier der Eucharistie, sondern die Priester spenden auch die anderen Sakramente. Sie haben auch die Aufgabe, das Wort Gottes zu verkünden und mit der kirchlichen Autorität die Gemeinschaft der Kirche aufzubauen. Die Anwärter für das katholische Priesteramt werden durch den Empfang des Weihesakramentes in das Priesteramt eingesetzt.

3 Das II. Vatikanum und die Identität der katholischen Priester

3.1 Vorbemerkung

Das II. Vatikanum war die größte kirchliche Versammlung in der Kirchengeschichte unserer Zeit. Das Konzil (1962–1965), das von Papst Johannes XXIII. einberufen wurde, „soll ‚Licht, Erbauung und Fröhlichkeit des ganzen christlichen Volkes' bewirken, und es stellt eine ‚freundliche und erneute Einladung an die Gläubigen der getrennten Kirche [dar], mit uns an diesem Gastmahl der Gnade und Brüderlichkeit teilzunehmen, das sich so viele Seelen aus allen Teilen der Erde sehnlich wünschen'."[553] Der Schwerpunkt des Konzils sollte vor allem auf geistlichen Ereignissen liegen und zum *Aggiornamento* oder der Erneuerung der Kirche führen. Von Anfang an war klar, das II. Vatikanum „sollte nicht vorwiegend Fragen der Lehre und der Disziplin klären, sondern sich um das Zeugnis der Kirche in der modernen Welt kümmern. Es sollte ein [...] ‚pastorales', ein ‚seelsorgliches' Konzil sein."[554] Ebenso sollte das Konzil Brüderlichkeit zwischen den verschiedenen Konfessionen fördern und die Zeichen der Zeit beachten.[555]

Auch wenn das Konzil, so Hünermann, von vielen Theologen als ökumenisch angesehen wurde, bleibt es ein Konzil, das dem Heil der Seele dienen sollte.[556] Nach Hans Küng ist das Konzil die „*‚Magna Charta' für die katholische Kirche der Gegenwart und der Zukunft* [...]"[557], da es der ganzen katholischen Welt eine neue Hoffnung und Richtlinie gibt. Darüber hinaus wurde in vielen Dokumenten die Situation der Kirche in der Gesellschaft von heute analysiert,[558] besonders die Situation der Priester, ihre Identität, ihre Aufgaben, ihr Leben und ihre Spiritualität.[559] Die Konzilsväter waren sich auch bewusst, dass eine sorgfältige Ausbildung der Priester und der

553 Melloni, „Questa festiva recorrenza", 21.
554 Pesch, Das Zweite Vatikanische Konzil, 46.
555 Vgl. Hünermann, Der Text, 22.
556 Vgl. Hünermann, Der Text, 22.
557 Küng, Zur Lage der Katholischen Kirche, 14–15.
558 Vgl. Vat II, LG, Nrn. 1–69.
559 Vgl. Vat II, PO, Nrn. 1–22.

zukünftigen Priesteramtskandidaten notwendig ist, besonders in einer sich schnell verändernden Gesellschaft.[560]

3.1.1 Das Priesterbild vor dem II. Vatikanum

Das vorkonziliare Priesterbild entsprach dem eines ‚Übermenschen'. Der Priester wurde von vielen über den Raum des Menschlichen hinausgehoben.[561] Aufgrund seiner erhobenen Stellung in der Kirche und Gesellschaft wurde der Priester von vielen als Maßstab aller Frömmigkeit, Spiritualität, Intelligenz und Tugend gesehen. Er galt nicht nur als *Stellvertreter Christi/ Alter Christus*, sondern hatte Macht und Autorität über den Leib Jesu Christi[562], die Kirche. Die Kirche wurde damals (vor dem Konzil) von vielen als Kirche der Priester bezeichnet, denn der Priester gehört nicht zu den Gläubigen, sondern steht über ihnen.[563] Das Priesterbild des Spätmittelalters, so Zirker, war somit bestimmt vom sozialen Ansehen der Kleriker. „Sozial gesehen war der Priester Kleriker. [...] die Weihe war viel weniger Amt und Würde als Mittel zum Zweck, der Erlangung eines Benefiziums [...]. Es gab keine Verbindung zwischen Priestertum und pastoraler Verpflichtung."[564] Der Unterschied zwischen den niederen und höheren Ämtern, d. h. dem niederen und höheren Klerus, war sehr deutlich zu merken. Eines der Kriterien zur Erlangung des höheren Klerikerstandes war der gesellschaftliche Rang. Es war deshalb das Anliegen des Tridentinums, eine Reform und ein verbessertes Priesterbild in der Kirche einzubringen.[565]

Das Konzil von Trient verstand den priesterlichen Dienst ausschließlich als Opferdarbringung oder eucharistische Feier.[566] Das Priestertum, so das Konzil, ist auf sakramentalen Ordo gegründet, „der seinerseits kultisch sacerdotal verengt gesehen wird... der sakramentale Charakter machte den Priester zum geeigneten Werkzeug in der Hand Gottes... die priesterlichen Amtsvollmachten werden so hoch eingeschätzt, daß sie sogar alle Macht

560 Vgl. Vat II, OT, Nrn. 1–22.
561 Vgl. Lehmann, Das priesterliche Amt, 83.
562 Vgl. Pius XI., Ad Catholici Sacerdotii, 37–52.
563 Vgl. Arens, Entwicklung des Priesterbildes, 11.
564 Jedin, Das Leitbild des Priesters, 104.
565 Vgl. Baumgartner, Wandel des Priesterbildes, 6.
566 Vgl. Zirker, Leben im Dialog, 6.

der Engel übersteigen... (daraus ergibt sich) ein Bild des Priesters als eines hoch über der Menge stehenden Mittlers zwischen Himmel und Erde."[567] Da Stellung und Status des Priesters demnach sehr erhoben waren, wurde selbstverständlich ein besonderes Lebensverhalten von ihm erwartet. Er sollte ein Mann der Heiligkeit, der Klugheit, der Gelehrsamkeit und ein Mann ungeschmälerten und gefestigten Glaubens sein.[568] Darüber hinaus hatte das Konzil von Trient die Absicht, „die dogmatischen Grundlagen des katholischen Priestertums, die sakramentale Weihe und den Opfercharakter der Messe gegen den Protestantismus [...]"[569] zu sichern.

Zusätzlich lebte die Mehrzahl der Weltpriester „bis 1600 recht weltlich und unterschied sich zwar durch heilige Handlungen, kaum aber durch ein heiliges Verhalten von der Bevölkerung [...]."[570] Nach Dupuy ist dazu zu bedenken: „Häufig ist der Priester um 1600 seinen Zeitgenossen nur zu nahe; er ist nur allzusehr dazu geneigt, nicht nur ihre Arbeit zu teilen, sondern auch ihre Unwissenheit und ihre Laster."[571] Deswegen versuchte das Konzil von Trient, trotz des Widerstands einiger Geistlicher, eine Reform in den priesterlichen Lebensverhältnissen einzuleiten. Als im Laufe der Zeit (ca. 17. Jahrhundert) die Priester versuchten, ihr Leben gemäß der kirchlichen Lehre und der Heiligen Schrift zu führen, wurden sie, so Wollbold, von einigen als weltfremd bezeichnet.[572]

Pius XI. warnte die Priester in seiner Enzyklika *Ad Catholici Sacerdoti* vor der Gefahr, sich zu weltlich zu verhalten, denn es „wäre ein schwerer und gefährlicher Irrtum, wenn ein Priester aus falschem Eifer die eigene Heiligung vernachlässigte, um in den äußeren Arbeiten seines Priesterberufes, so wertvoll sie auch sind, ganz unterzugehen. Denn dadurch brächte er nicht nur sein eigenes ewiges Heil in Gefahr [...]; nein, er würde sich auch der Gefahr aussetzen, wenn nicht Gottes Gnade selbst, dann sicher jene Salbung des Heiligen Geistes zu verlieren, die dem äußeren Apostolat eine wunderbare Kraft und Wirksamkeit verleiht."[573] Zusätzlich war es

567 Zirker, Leben im Dialog, 6.
568 Vgl. Catechismus Romanus, 239.
569 Jedin, Das Leitbild des Priesters, 115.
570 Wollbold, Priester, 54.
571 Dupuy, Bérulle et le sacerdoce, 248.
572 Vgl. Wollbold, Priester, 55.
573 Pius XI., Ad Catholici Sacerdotii, Nr. 31.

das Anliegen des Konzils, Missbräuche zu verhindern, die Ausbildung der Kleriker zu verbessern und Priester nach dem Bild des Guten Hirten zu formen. Es ist, so Baumgartner, „das Bild des Guten Hirten, das uns in verschiedenen Ausformungen bis in unsere Gegenwart herauf begegnet. Seine Funktion war es, das Realbild, das Erscheinungsbild des Priesters zu heben, ihm Gestalt und Würde zu geben. Man stellte dem Klerus eine höhere Idee des Priestertums vor Augen: die des Hirten, der vor Gott Verantwortung trägt."[574] Dieses Bild des Priesters, der nicht zur Gemeinde gehört, sondern über ihr steht, wurde jedoch vom II. Vatikanum neu definiert.

3.1.2 Das Priesterbild des II. Vatikanums

3.1.2.1 Vorbemerkung

Der Priester, so das II. Vatikanum, ist nun nicht mehr nur Stellvertreter Christi, sondern er nimmt am priesterlichen Amt Christi wie jeder andere Gläubige aufgrund der Taufe teil.[575] Aufgrund der besonderen Dienstfunktion des geweihten Priesters unterscheidet jedoch das II. Vatikanische Konzil das besondere Priestertum des Geweihten von dem allgemeinen Priestertum aller Getauften.[576] Nach dem Konzil lebt Christus, der ewige Hohe Priester, im Dienst seiner Diener, der Priester, weiter.[577] Der Priester steht also nach *Presbyterorum ordinis* mitten in der Gemeinde und nicht über ihr.[578] Aufgrund seines Weiheempfanges steht der Priester jedoch in sakramentaler Verbindung mit Christus und mit anderen Mitbrüdern.[579] Dadurch gehört er zum Presbyterium der Kirche oder Diözese.[580] Die Priester nehmen somit mit den Bischöfen aufgrund der empfangenen Weihe besonders am priesterlichen Amt Christi teil, anders als die Laien, die nur Anteil an dem gemeinsamen Priestertum haben.[581] Die Priester und Bischöfe sind deswegen verpflichtet, die Einheit der Geweihten zu bewahren und einander

574 Baumgartner, Wandel des Priesterbildes, 7.
575 Vgl. Vat II, PO, Nr. 2.
576 Vgl. Vat II, PO, Nrn. 3, 6. Vgl. dazu Vat II, LG, Nrn. 10–12, 18–21.
577 Vgl. Vat II, SC, Nr. 7.
578 Vgl. Vat II, PO, Nr. 9. Vgl. dazu Vat II, SC, Nr. 14. Vgl. auch Vat II, LG, Nr. 9.
579 Vgl. Vat II, PO, Nr. 7.
580 Vgl. Vat II, PO, Nr. 8. Vgl. dazu Vat II, LG, Nr. 28.
581 Vgl. 1. Petr 2, 4–10. Vgl. dazu Vat II, LG, Nr. 12.

gegenseitig zu helfen.[582] Das II. Vatikanum hat so das Verhältnis der Priester zur Welt von heute verändert.

In jüngerer Zeit, so die Deutsche Bischofskonferenz in ihrer Erklärung über das Priesteramt,[583] werden viele Fragen und viel Kritik über die Priester, ihr Wirken und ihre Identität geäußert. Es ist nun vor allem der Fall, „daß Zweifel und Kritik [am Priestertum] nicht mehr, wie bisher, bloß von außen, von Nichtgläubigen und Andersgläubigen an uns herangetragen werden, sondern daß im Innern der katholischen Theologie und des kirchlichen Bewußtseins selbst die Fragen sich in zunehmender Schärfe stellen: Darf es in der Gemeinde des Neuen Bundes überhaupt Priester geben, oder ist nicht der Unterschied zwischen heilig und profan, zwischen geistlich und weltlich und auch zwischen Priester und Laie fragwürdig geworden oder gar endgültig aufgegeben?“[584] Die Bischöfe nahmen die Situation der Priester zur Kenntnis, vor allem die Probleme der Säkularisierung, der Entsakralisierung und der Gottlosigkeit der Gesellschaft.[585] Die Konzilsväter beschäftigten sich nicht nur mit der Stellung der Geweihten (Amtspriestertum), sondern sie sprachen vom gemeinsamen Priestertum aller Gläubigen aufgrund des Taufempfanges.

3.1.2.2 Das Priesteramt nach dem II. Vatikanum

Das II. Vatikanum wollte, so Forster, „in seinen Aussagen zum priesterlichen Dienstamt [...] den ekklesiologischen Ort und den christologischen Horizont für den sakramentalen Charakter des neutestamentlichen Priestertums im Anschluß an das neutestamentliche Zeugnis und an die theologische Tradition deutlich machen.“[586] Diese ekklesiologische, christologische und sakramentale Deutung des Priesteramtes und seiner priesterlichen Funktion dient vor allem der Klarstellung, dass das priesterliche Amt im Amtspriestertum Christi verwurzelt ist. Es zeigt auch:

582 Vgl. Vat II, PO, Nr. 7.
583 Vgl. DBK, Das priesterliche Amt.
584 DBK, Das priesterliche Amt, 5.
585 Vgl. DBK, Das priesterliche Amt, 2–8.
586 Forster, Priester und Kirche, Nr. 7.

– „das priesterliche Amt wurzelt in der geschenkten Teilhabe am Amt des einzigen Priesters, des Gottmenschen Jesus Christus, (d. h. der Priester ist nicht einfachhin Stellvertreter Gottes)

– der Priester steht nicht über der Gemeinde, sondern in ihr und ihr gegenüber

– das Priesteramt ist kollegial bestimmt (das unum presbyterium ist eine spirituell begründete Gemeinschaft mit dem Ortsbischof und der Priester untereinander). [...].

– in der Aufzählung der Aufgaben des Priesters steht der Dienst der Verkündigung an erster Stelle. [...].

– die Priester sollen mit den Laien zusammenarbeiten, ihre Würde und ihre eigenständige Berufung zum Apostolat anerkennen und fördern.“[587]

Das Konzil ist sich auch „der grundlegenden Gleichheit aller Getauften, unabhängig von geistlichem Amt und geistlicher Stellung neu bewußt geworden.“[588] Deswegen muss der Priester sich wie der Gute Hirte verhalten, der gekommen ist, sein Leben für seine Schafe hinzugeben. Dieses Bild des Guten Hirten, der immer für seine Herde da sein muss, hat das Priesterbild des II. Vatikanums sehr beeinflusst.[589] Das Konzil hat das Priesterbild in einen vertieften christologischen Horizont und in eine grundsätzliche Ortsbestimmung des Priesters eingeordnet.[590]

Es gab seitdem verschiedene priesterliche Bilder. Der Priester wurde nun oft als „Verkünder des Evangeliums in Sendung und im Namen der Kirche“[591] gesehen. Diese Erklärung Rahners hat jedoch nicht den Opfercharakter des Priestertums berücksichtigt, da die priesterliche Hauptfunktion, so Rahner, primär in der Verkündigung besteht. Nach Kasper ist der Priester mit dem Dienst an der Einheit beauftragt.[592] Er hat auch eine besondere Vollmacht, die kirchliche Gemeinde zu leiten.[593] Der Priester, trotz verschiedener Dienstfunktionen, nimmt aufgrund des Weiheempfanges speziell teil am priesterlichen Amt Christi und hat somit die drei *munera*

---

587 Baumgartner, Wandel des Priesterbildes, 14.
588 Weber, Priesterbild, 190.
589 Vgl. Vat II, LG, Nr. 6.
590 Vgl. DBK, Das priesterliche Amt, 56.
591 Rahner, Schriften zur Theologie 9, 371.
592 Vgl. Kasper, Funktion des Priesters, 381–383.
593 Vgl. Küng, Wozu Priester?, 100.

inne (Leitung, Heilung, Verkündigung).[594] Das priesterliche Amt wurzelt somit in der durch die Weihe geschenkten Teilhabe am Amt Christi.[595] Es ist auch im apostolischen Dienst verankert,[596] denn „Jesus Christus hat nicht nur die Voraussetzungen für das kirchliche Amt geschaffen, das im apostolischen Dienst seine Verwurzelung hat, [...]. Er lebt vielmehr im Dienst seiner Diener weiter."[597] Der Priester vollzieht deshalb seine Dienste im Auftrag der Kirche und im Namen Christi. Es ist Christus selber, der die Dienste durch die Hände seines Dieners vollzieht.[598]

Der Priester gehört trotz dieses besonderen Anteils am Priestertum Christi zu den Christgläubigen. Er nahm zuerst aufgrund seiner Taufe teil am gemeinsamen Priestertum aller Gläubigen, bevor er durch den Weiheempfang teil am geweihten Priestertum nimmt.[599] Der Priester steht „der Gemeinde freilich auch *gegenüber*, sofern er in Person und Auftrag Jesu Christi als des Hauptes der Kirche handelt."[600] Gegenüber der Gemeinde zu stehen darf nicht als eine distanzierende Erhöhung über andere Christgläubige (Laien) verstanden werden, sondern es handelt sich um einen spezifischen Dienst, der den Priester dem Volk Gottes zuordnet.[601] Die Kirche und die Gemeinde sind nicht Seelsorgeobjekt, sondern Subjekt im Glaubensvollzug.[602] Der Priester soll eine besondere Beziehung zu seiner Gemeinde haben, denn sein Dienst ist ein Dienst in *communio*, d.h. ein Dienst im Kollegium mit dem Bischof und anderen Priestern.[603] Er vollzieht seine Aufgaben in dieser Gemeinschaft.[604] Der priesterliche Dienst findet somit seine Erfüllung in einer sakramentalen Bruderschaft mit dem Bischof und anderen Priestern.[605]

Anders als das Konzil von Trient bestätigte das II. Vatikanum, dass der Verkündigungsdienst die Hauptaufgabe des Priesters ist, denn das „Volk

594 Vgl. Vat II, PO, Nr. 2.
595 Vgl. Vat II, PO, Nr. 1.
596 Vgl. Vat II, LG, Nrn. 17, 28. Vgl. dazu Vat II, PO, Nr. 4.
597 Hillenbrand, Geistliche Menschen, 15.
598 Vgl. Vat II, PO, Nr. 13.
599 Vgl. Vat II, LG, Nr. 11. Vgl. dazu Vat II, PO, Nr. 3.
600 Hillenbrand, Geistliche Menschen, 15.
601 Vgl. Vat II, PO, Nr. 9.
602 Vgl. Vat II, LG, Nr. 26. Vgl. dazu Hillenbrand, Geistliche Menschen, 15.
603 Vgl. Vat II, PO, Nr. 7.
604 Vgl. Vat II, LG, Nr. 28.
605 Vgl. Vat II, PO, Nr. 7. Vgl. dazu Vat II, LG, Nr. 28.

Gottes wird an erster Stelle geeint durch das Wort des lebendigen Gottes, das man mit Recht vom Priester verlangt. Da niemand ohne Glaube gerettet werden kann, ist die erste Aufgabe der Priester als Mitarbeiter der Bischöfe, allen die frohe Botschaft zu verkünden, um so [...] das Gottesvolk zu begründen und zu mehren."[606] Dieser Verkündigungsauftrag ist mehr als bloßes Predigen an Sonn- und Feiertagen, vielmehr ist Verkündigung ein „umfassendes Lebenszeugnis, das sich in verschiedenster Weise im Dienst des Priesters entfaltet, wobei das innere Kriterium jeweils die Herstellung der Gemeinschaft mit Christus ist."[607] Es besteht aber, so das Konzil, eine enge Beziehung zwischen Wort und Sakramenten. Beides sind „Geheimnisse des Glaubens, der aus der Predigt hervorgeht und durch die Predigt genährt wird."[608] Die eucharistische Darbringung ist die Quelle und der Höhepunkt aller kirchlichen Feiern und gilt als „das Heilsgut der Kirche in seiner ganzen Fülle."[609] Die Priester sind in besonderer Weise zum Streben nach Vollkommenheit verpflichtet. Dieser Anforderung nach Vollkommenheit wird leichter entsprochen in kollegialer Verbindung mit dem Bischof und den anderen Priestern.[610]

3.1.3 Gemeinsames Priestertum und Priestertum der Geweihten in Bezug auf das II. Vatikanum

3.1.3.1 Das Priestertum aller Gläubigen

Alle Christgläubigen nehmen aufgrund ihres Taufempfanges teil am Priestertum Christi. Sie gehören, so Petrus, zum königlichen, prophetischen und priesterlichen Volk.[611] Nicht nur die Geweihten haben deshalb das *munus-regendi-Amt* inne, sondern auch die Laien.[612] Zusätzlich nehmen die Laien sowie die Geweihten an den *munera Christi* teil.[613] Das Vatikanische Konzil

---

606 Vat II, PO, Nr. 4. Vgl. dazu 1. Petr 1, 23; Apg 6, 7; 12, 24; Mal 2, 7; Tim 4, 5; Mk 16, 16.
607 Hillenbrand, Geistliche Menschen, 16.
608 Vat II, PO, Nr. 4. Vgl. dazu Vat II, SC, Nr. 35.
609 Vat II, PO, Nr. 5.
610 Vgl. Vat II, PO, Nr. 12.
611 Vgl. 1. Pt 2, 4–10.
612 Vgl. Vat II, LG, Nrn. 36, 37.
613 Vgl. Vat II, LG, Nrn. 34, 35. Vgl. dazu CIC/1983, cc. 759, 835 § 4.

nahm auch Bezug auf „die Tradition der neutestamentlichen Gemeinden und der frühesten Kirche [...], die lediglich von Jesus Christus und dem Volk als Priester sprechen."[614] Mit der Bestätigung der Teilnahme aller Gläubigen an dem priesterlichen, königlichen und prophetischen Amt Christi setzt das Konzil einen neuen Akzent in der Kirche und in der Welt. Der kirchliche Sendungsauftrag ist nicht mehr dem Priester allein vorbehalten, sondern alle Getauften nehmen an dieser Sendung teil, wenn auch in unterschiedlichem Grade.[615] Christus, der einzige Mittler zwischen Gott und den Menschen, „hat seine heilige Kirche, die Gemeinschaft des Glaubens, der Hoffnung und der Liebe, hier auf Erden als sichtbares Gefüge verfaßt und trägt sie als solches unablässig; so gießt er durch sie Wahrheit und Gnade auf alle aus."[616] Es ist deshalb die Aufgabe jedes Gläubigen, den Glauben, die Hoffnung und die Liebe weiter zu verbreiten.[617]

Das II. Vatikanum unterscheidet jedoch zwischen dem gemeinsamen Priestertum und dem Priestertum der Geweihten.[618] Diese Unterscheidung besteht nur im Wesen, nicht aber dem Grad nach,[619] denn eine Unterscheidung dem Grad nach würde bedeuten, „dass beide Sachverhalte im Grunde identisch wären, sich lediglich in der qualitativen Ausgestaltung unterscheiden und damit in unterschiedlicher Weise annäherungsfähig wären. Behauptet wird also mit diesem Wort vom ‚wesentlichen Unterschied', dass es sich um zwei verschiedene Sachverhalte auf zwei verschiedenen Ebenen handelt. [...] Obwohl es sich um verschiedene Sachverhalte handelt, sind beide doch aufeinander bezogen. [...] In Bezug auf das Priestertum der Glaubenden und in Bezug auf den ‚priesterlichen Dienst' der Amtsträger wird festgestellt, dass sie auf ihre je eigentümliche Weise ‚am einen Priestertum Christi' teilhaben."[620] Demzufolge nimmt das heilige Volk Gottes (Geweihte und Laien) teil am Priestertum Christi, vor allem durch das Zeugnis eines heiligen Lebens in Glaube und Liebe.[621] Alle Gläubigen sind

614 Hünermann, Kommentar zu Lumen Gentium, 375.
615 Vgl. Vat II, LG, Nr. 10.
616 Vat II, LG, Nr. 8.
617 Vgl. Vat II, LG, Nr. 8.
618 Vgl. Vat II, LG, Nrn. 10, 18–29.
619 Vgl. Vat II, LG, Nr. 10.
620 Hünermann, Kommentar zu Lumen Gentium, 376.
621 Vgl. Vat II, LG, Nr. 12.

ebenso aufgrund ihrer Wiedergeburt in Christus zur Vollkommenheit und zum heiligen Leben je nach ihrer Stellung in der Welt und in der Kirche berufen.[622] Sie haben auch die Aufgabe, die apostolischen Tätigkeiten und die Sendung der Kirche nicht nur zu unterstützen, sondern selbst aktiv zu werden.[623] Daraus folgt, dass die Laien mit Vertretern der kirchlichen Hierarchie vertrauensvoll zusammenarbeiten sollen.[624] Als Teilnehmer am priesterlichen Amt Christi sind die Laien aufgefordert, durch ihr Leben und Wirken reiche Früchte des Geistes hervorzubringen, besonders durch Gebete, apostolische Unternehmungen, ein ordentliches und christliches Ehe- und Familienleben und Engagement in der Gesellschaft.[625]

Während der Codex von 1917 den Laien oder Ungeweihten nur als denjenigen sieht, der von den Klerikern geleitet und geführt wird,[626] stellte das II. Vatikanum nicht nur die Einheit des Volkes Gottes heraus, sondern bestätigte das gemeinsame Priestertum aller Gläubigen aufgrund der Taufe.[627] Das geltende Recht CIC/1983 spricht in Liber II von ‚De Populo Dei' – De Christifidelibus[628] und bestätigt zusätzlich die Rechte und Pflichten aller Christgläubigen.[629] Trotz der Anerkennung der Gleichstellung aller Gläubigen in ihrer Würde und Tätigkeit[630] besteht allerdings ein Unterschied in ihren Tätigkeiten und Stellungen in der Kirche, z. B. unterscheiden sich die Geweihten kraft ‚göttlicher Weisung' und aufgrund des Weiheempfangs von den Laien.[631] Diese Aussage zeigt vor allem, dass man Kleriker und Laien als zwei verschiedene und unterschiedliche Personen und Gruppen betrachten muss.[632] Daraus wird gefolgert, dass es in der Kirche kraft göttlicher Weisung unter den Gläubigen geistliche Amtsträger (Kleriker) gibt, während die übrigen Christgläubigen einfach Laien genannt werden.[633]

---

622 Vgl. Vat II, LG, Nrn. 39, 40.
623 Vgl. Vat II, LG, Nr. 33.
624 Vgl. Vat II, LG, Nr. 33.
625 Vgl. Vat II, LG, Nrn. 30–38.
626 Vgl. CIC/1917, c. 948.
627 Vgl. Vat II, LG, Nrn. 9, 10.
628 Vgl. CIC/1983, cc. 204–231.
629 Vgl. CIC/1983, cc. 208–231.
630 Vgl. CIC/1983, c. 208.
631 Vgl. CIC/1983, cc. 1008, 207 § 1.
632 Vgl. Ahlers, Grundstellung der Christgläubigen, 231.
633 Vgl. CIC/1983, c. 207 § 1.

Diese Unterscheidung, so Müller, ist „eingebettet in die fundamentale Gleichheit aller Gläubigen. Die bislang ausschließlich im Vordergrund stehende Unterscheidung von Klerikern und Laien tritt zurück – ohne natürlich völlig aufgegeben zu werden – gegenüber der Hervorhebung der Gemeinsamkeit, die unter allen Christgläubigen besteht."[634] Es kann also gesagt werden, dass der innerkirchliche *Communio*-Gedanke keine Unter-, sondern die Zuordnung einzelner Gruppen des Gottesvolkes darstellt.[635] Jedoch, so Riedl: „Ein Verzicht auf den Begriff des Laien würde unter solchen Prämissen nicht nur dem innerkirchlichen *Communio*-Gedanken widerstreiten; er hätte mit einiger Wahrscheinlichkeit auch schwindendes Interesse *der* Laien und *am* Laien innerhalb des einen Volkes Gottes zur Folge."[636] Die Verwendung des Begriffes *Laien* darf deshalb nicht so verstanden werden, als hätten nur die Geweihten allein Teil an den drei *munera* Christi, denn auch die Laien haben daran Anteil.[637] Aufgrund dieser Anteilnahme aller Gläubigen am Priestertum Christi haben die Laien auch Vollmacht in manchen kirchlichen Bereichen.[638]

Dennoch ist die hierarchische Struktur der Kirche notwendig, um die sakramentale Struktur zu erhalten, denn die Kirche ist sakramental.[639] Die hierarchische Struktur der Kirche ist nicht demokratisch, so Ratzinger, sondern „sakramental, folglich hierarchisch; denn die auf der apostolischen Sukzession gegründete Hierarchie ist unabdingbare Bedingung, um zur Kraft, zur Wirklichkeit des Sakramentes zu gelangen."[640] Hierarchie bedeutet allerdings nicht „‚heilige Herrschaft'"[641], vielmehr bedeutet es „‚heiliger Ursprung'"[642]. Die Hauptaufgabe der Kirche ist also „den ‚heiligen Ursprung' des Christusereignisses zu schützen und zu tradieren, damit

634 Müller, Weihe, 106–107.
635 Vgl. Aymans/Mörsdorf, KanR II, 9–20.
636 Riedl, Die Laien, 234.
637 Vgl. CIC/1983, cc. 129 § 2, 145, 212, 225, 226 § 2, 228, § 1, 759, 793, 796 § 2, 798, 1421 § 2, 1424, 1428 § 2, 1429, 1435.
638 Vgl. Vat II, AA, Nrn. 1, 2, 33. Vgl. dazu Vat II, LG, Nrn. 31, 33. Vgl. auch Vat II, SC, Nrn. 28, 41.
639 Vgl. Koch, Treuhänder eines Anderen, 40.
640 Ratzinger, Zur Lage des Glaubens, 49.
641 Koch, Treuhänder eines Anderen, 40.
642 Scheffczyk, Petrusamt, 146.

er in der Geschichte weiterwirken und sich auch in der heutigen Kirche auslösen und seinen befreienden Lauf nehmen kann."[643] Christus selbst ist der Ursprung und das Fundament des gemeinsamen Priestertums aller Gläubigen.[644] Er ist der einzige Priester und alle Gläubigen nehmen deswegen Teil an seinem Priestertum.[645]

Das gemeinsame Priestertum aufgrund des Taufempfanges „hat im Hinblick auf das Selbstverständnis und den Vollzug christlicher Existenz fundamentalen und universalen Rang. Dieses Priestertum bildet gleichsam die Basis für das gesamte Tun und Lassen eines Christen, für seine aktive Teilnahme am Leben und Tun in der Kirche, für sein Zeugnis, für die Ausrüstung mit dem Glaubenssinn, für die Gnade des Wortes, für die volle, bewusste und tätige Teilnahme an den liturgischen Feiern, für die Teilnahme am prophetischen Dienst in der Welt, für den missionarischen Einsatz der Weitergabe des Glaubens."[646] Alle Gläubigen sind also aufgrund des Taufempfanges Priester.[647] Dies bedeutet aber nicht, dass es keine geweihten Priester mit besonderer Vollmacht gibt,[648] denn das Priestertum aller Getauften hat seine „Berechtigung nur als Ausdruck der gemeinsamen Sendung aller Christen: Gott zu ehren und den Nächsten zu lieben. [...] Alle Christgläubigen jeglichen Standes oder Ranges sind zur Fülle des christlichen Lebens und zur Vollkommenheit berufen."[649] Die Teilnahme aller am Priestertum Christi soll jedoch nicht als Parallelamt in der Kirche verstanden werden,[650] denn alle Christgläubigen, Geweihte und Laien, sind, unabhängig von ihrem Stand in der Kirche, von Gott berufen, ihre eigentümliche Aufgabe auszuüben und somit durch das Zeugnis ihres Lebens Hoffnung und Liebe Gottes an andere Menschen weiterzuschenken.[651] Die Christgläubigen sind kraft ihres Priestertums ebenso berechtigt, an der

643 Koch, Treuhänder eines Anderen, 41.
644 Vgl. Vat II, LG, Nrn. 10, 34.
645 Vgl. Hebr 8, 1–13; 10, 9–22; Offb 3, 21.
646 Augustin, Priestertum Christi, 100. Vgl. dazu Vat II, LG, Nr. 12, 35. Vgl. auch Vat II, SC, Nr. 14; Vat II, AA, Nr. 10; Vat II, AG, Nr. 15.
647 Vgl. Augustinus, Gottesstaat XX, 10.
648 Vgl. Vat II, LG, Nr. 18. Vgl. dazu Vat II, PO, Nrn. 1, 2.
649 Augustin, Priestertum Christi, 101.
650 Vgl. Karrer, Aufbruch der Christen, 88.
651 Vgl. Vat II, LG, Nr. 31. Vgl. auch Johannes Paul II., Christifideles Laici, Nr. 15.

eucharistischen Darbringung mitzuwirken, und durch sakramentalen Empfang, Gebet, Danksagungen und im Zeugnis eines heiligen Lebens die Kirche mit aufzubauen.[652]

3.1.3.2 Das Priestertum der Geweihten im Einklang mit dem II. Vatikanum

Bischöfe, Priester und Diakone gehören zum Priestertum der Geweihten.[653] Die Priester und Bischöfe sind durch die empfangene Priesterweihe zum Dienst für Christus als Lehrer, Priester und König bestellt.[654] Aufgrund des Weiheempfangs haben Priester und Diakone die Aufgabe zum Aufbau der Kirche und bleiben Mitarbeiter der Bischöfe.[655] Sie sind durch den Empfang der Weihe auch lebendige Werkzeuge Christi, des ewigen Priesters, geworden.[656] Die Weihe verleiht dem Priester einen *character indelebilis*, denn in „der Tradition der Kirche wird diese durch die Weihe verliehene Befähigung ‚character indelebilis' – unauslöschliches Prägemal – genannt. Unauslöschlich ist es deshalb, weil es in der unverbrüchlichen Verheißung und im reuelosen Willen Christi gründet, durch den Dienst des Geweihten sein Heilswerk weiterzuvermitteln."[657] Es ist auch deshalb unauslöschlich, weil die Befähigung, dieses Amt innezuhaben und zu verrichten, von Gott selbst stammt.[658] Es soll betont werden, dass diese Prägemale keine „ungebührende Vorzugsstellung des Priesters gegenüber der Gemeinde, sondern primär eine letzte Unabhängigkeit seiner amtlichen Aufgaben von seiner persönlichen Heilssituation vor Gott"[659] konstituieren.

Als Geweihter gilt der Priester also als Vertreter oder Repräsentant Christi (*repraesentatio Christi capitis*). Er repräsentiert Christus in seinen sakramentalen Handlungen,[660] nicht aufgrund seines persönlichen Glaubens, seiner charismatischen Begabungen oder seines guten Willens, sondern

652 Vgl. Vat II, LG, Nr. 10.
653 Vgl. Vat II, LG, Nrn. 18, 19.
654 Vgl. Vat II, PO, Nrn. 1–4.
655 Vgl. Vat II, PO, Nr. 12.
656 Vgl. Pius XI., Ad Catholici Sacerdotii, Nr. 10.
657 Greshake, Priester sein in dieser Zeit, 282.
658 Vgl. Vat II, LG, Nr. 28. Vgl. dazu 2. Kor 3, 5 ff.
659 DBK, Das priesterliche Amt, 53.
660 Vgl. Vat II, LG, Nr. 28.

aufgrund seines sakramental verliehenen Weiheamtes.[661] *Repraesentatio Christi* bedeutet deshalb nicht „Herrschaftsideologie, sondern Ausdruck der Glaubensüberzeugung der Kirche, dass Christus allein Herr der Kirche ist."[662] Der Herr lässt sich also im Amt durch den Priester repräsentieren, damit die christlichen Heilswerke auch durch die Weihe legitimiert werden.[663] Aufgrund dieser Repräsentation bildet der geweihte Priester „kraft seiner heiligen Gewalt, die er innehat, das priesterliche Volk heran und leitet es; er vollzieht in der Person Christi das eucharistische Opfer und bringt es im Namen des ganzen Volkes Gott dar; [...]."[664] Seine Hauptaufgabe als besonderer Teilnehmer am priesterlichen Amt Christi ist die eucharistische Darbringung.[665] Diese besondere priesterliche Funktion „des Aufbauens und Führens und des Darbringens des Opfers der Eucharistie ist somit dem Priestertum des Dienstes eigen. Sie ist ihm dank der *sacra potestas*, der ‚heiligen Gewalt', aufgetragen, die dem Priester durch das Sakrament der Weihe verliehen ist."[666]

Es ist Christus selbst, der dem geweihten Priester diesen Dienst übertragen hat. „Es ist der gleiche Priester, Christus Jesus, dessen heilige Person sein berufener Diener vertritt. Durch die Priesterweihe dem Hohenpriester angeglichen, besitzt er die Vollmacht, in der Kraft und an Stelle der Person Christi selbst zu handeln [...]."[667] Die Priester haben dadurch die Aufgabe, im Namen des Bischofs die Familie Gottes zu versammeln und sie durch Christus im Geist zu Gott, dem Vater, zu führen.[668] Sie sind verpflichtet, beim Aufbau der Kirche nach dem Beispiel Christi allen Menschen als Brüder und Schwestern zu dienen. Als Werkzeug Christi gehört es auch zu ihren Aufgaben, die ihnen anvertraute Gemeinde zur Vollkommenheit zu führen.[669] Die Geweihten (besonders die Priester und die Bischöfe) vollziehen ihre Dienste

661 Vgl. Greshake, Priester sein in dieser Zeit, 109.
662 Pottmeyer, Der Papst, 60.
663 Vgl. Greshake, Priester sein in dieser Zeit, 112.
664 Vat II, LG, Nr. 10.
665 Vgl. Vat II, PO, Nr. 2.
666 Schönborn, Die Freude, Priester zu sein, 25–26.
667 KKK, Nr. 1548.
668 Vgl. Vat II, LG, Nr. 28.
669 Vgl. Vat II, PO, Nr. 12.

in persona Christi, „ille sacerdos vice Christi vere fungitur.“ [670] Es besteht somit ein enges und untrennbares Verhältnis oder eine Beziehung zwischen Christus und den Priestern (agere in persona christi).[671] Sie vollziehen ihre Dienste nicht nur *in persona Christi*, sondern *in persona Christi capitis.*[672] Die priesterliche Handlung in persona Christi soll nicht als rein äußeres Rechtsverhältnis verstanden werden, sondern der Priester vollzieht diese Dienste kraft seiner Weihe.[673] Der Begriff, seinen Dienst *in persona Christi capitis* zu vollziehen, zielt „auf eine tiefere, seinshafte Gemeinsamkeit, die eine irgendwie geartete Lebenseinheit zwischen dem Sendenden und dem Gesandten meint.“[674]

Darum, so das II. Vatikanum, „setzt das Priestertum der Amtspriester zwar die christlichen Grundsakramente voraus, wird aber durch ein eigenes Sakrament übertragen. Dieses zeichnet die Priester durch die Salbung des Heiligen Geistes mit einem besonderen Prägemal und macht sie auf diese Weise dem Priester Christus gleichförmig, so daß sie in der Person des Hauptes Christus handeln können.“[675] Durch die Priesterweihe empfängt der Kandidat also „nicht eine rein äußerliche Amtsfunktion, er nimmt auf besondere Weise am Priestertum Christi teil, so daß er in der Gemeinde und ihr gegenüber Christus repräsentiert, [...].“[676] Der Priester ist trotz dieses engen Verhältnisses und der Beziehung zu Christus abhängig von ihm[677] und aus „dieser sakramental-seinshaften Abhängigkeit des Priesters von Christus resultiert die Zeugenschaft für das Evangelium der Gnade und die Ausspendung der Geheimnisse im Dienst der Sendung der Kirche.“[678] Dieser Dienstcharakter ist nicht mit der Gnade des Weihesakramentes identisch, fügt Scheffczyk hinzu, sie ist jedoch in jedem Fall innerlich mit ihr verwandt.[679] *In persona Christi* darf auch nicht als bloße mystische

---

670 Cyprian von Karthago, Epistula LXIII, 14.
671 Vgl. Thomas von Aquin, S. th. III q. 82 ad 1.
672 Vgl. Vat II, LG, Nr. 10.
673 Vgl. Scheffzcyk, In Persona Christi, 506.
674 Scheffzcyk, In Persona Christi, 506.
675 Vat II, PO, Nr. 2. Vgl. dazu Vat II, LG, Nr. 10.
676 *Das priesterliche Dienstamt*, 507.
677 Vgl. Vat II, PO, Nr. 2.
678 Scheffzcyk, In Persona Christi, 507.
679 Vgl. Scheffzcyk, In Persona Christi, 508.

Identifikation des Priesters mit Christus verstanden werden, vielmehr deutet es eine Echteinheit im amtlichen Handeln des Priesters mit Christus, besonders in der eucharistischen Darbringung und in den sakramentalen Spendungen.[680] Als Repräsentant Christi vollzieht der Priester seinen Dienst im Namen Christi mit dem Ziel der Verherrlichung Gottes.[681] Die Priester und Bischöfe haben nicht nur Anteil an der Vollmacht des Amtes Christi, sondern versammeln im Namen Gottes sein Volk in einer echten Gemeinschaft und Einheit.[682] Die Priester sind daher aufgefordert, aufgrund ihrer besonderen Dienste in einer echten Einheit mit Christus zu leben. Sie sollen diese Beziehung pflegen im Bewusstsein, dass sie nur durch die Kraft Gottes ihre Dienste rechtmäßig erfüllen können.[683]

3.1.3.3 Unterschied zwischen gemeinsamem Priestertum und Priestertum der Geweihten

Nach dem kirchlichen Verständnis nehmen alle Getauften am Priestertum Christi teil.[684] Jedoch haben die Geweihten aufgrund ihres Weiheempfanges einen besonderen und speziellen Anteil am Priestertum Christi, indem sie nicht nur in der *persona Christi capitis* handeln, sondern Christus repräsentieren (*repraesentatio Christi*)[685]. Die ganze priesterliche Identität leitet sich von dieser speziellen Teilnahme am Priestertum Christi ab. Die Unterscheidung zwischen gemeinsamem und geweihtem Priestertum soll nicht als Trennung oder Teilung zwischen Christgläubigen verstanden werden, denn das gemeinsame Priestertum der Gläubigen und das Priestertum des Dienstes unterscheiden sich zwar dem Wesen und nicht bloß dem Grade nach. Dennoch, so Lumen gentium, sind die beiden einander zugeordnet.[686] Jeder Christgläubige hat also seine eigene spezifische Berufung in der Kirche und in der Gesellschaft.[687]

---

680 Vgl. Vat II, SC, Nr. 7.
681 Vgl. Vat II, PO, Nr. 2.
682 Vgl. Vat II, LG, Nr. 20. Vgl. auch Vat II, PO, Nr. 6.
683 Vgl. Vat II, PO, Nr. 22.
684 Vgl. Vat II, LG, Nrn. 10, 11, 31.
685 Vgl. Vat II, LG, Nrn. 10, 19, 28, 34.
686 Vgl. Vat II, LG, Nr. 10.
687 Vgl. Kongr. Evang., Pastorale Leitlinien, 1586–1588. Vgl. dazu Vat II, LG, Nrn. 30–38.

Die Unterscheidung zwischen gemeinsamem Priestertum und Amtspriestertum ist nicht als Herabstufung der Laien gemeint, denn Christus selbst hat die Amtsträger durch die Macht des Heiligen Geistes zum Dienst an den Gläubigen berufen.[688] Daher soll jeder Christ sich immer bewusst sein: „An die Stelle Christi, der durch die legitimen Hirten beruft, weiht und sendet, kann sich keine Gemeinde setzen, die sich – womöglich in einer Notlage befindlich – auf andere als von der Kirche vorgesehene Weise ihren eigenen Priester geben möchte: das Priestertum beruht auf einer Erwählung durch Jesus und nicht auf der Entscheidung der Gemeinde (vgl. *Joh* 15,16)."[689] Es ist somit notwendig, die eingerichtete Ordnung in der Kirche zu behalten und zu bewahren und zugleich die Klerikalisierung der Laien zu vermeiden.[690] Trotz dieser Unterscheidung darf nicht vergessen werden, dass das Amtspriestertum und das gemeinsame Priestertum unter einem Herrn (Christus) stehen. Zugleich soll jedoch die kirchliche Struktur nicht monarchisch verstanden werden, denn alle Mitglieder sind Brüder und Schwestern in Christus.[691]

3.1.3.4 Der Geweihte als Repraesentatio Christi

Aufgrund des Weiheempfanges vollziehen Priester und Bischöfe ihre Dienste als Stellvertreter und *in persona Christi*. Repräsentation heißt vor allem „eine Wirklichkeit, die für eine andere steht, u[nd] zwar in der Weise, dass die repräsentierende die repräsentierte Wirklichkeit in versch[iedenen] Graden vergegenwärtigt."[692] Christus repräsentieren bedeutet auch Christus gegenwärtig und wirksam machen. Der Repräsentant, so May, „bringt etwas zur Wirksamkeit in der Gegenwart, was ohne ihn nicht sichtbar erscheinend und tätig wäre."[693] Die Möglichkeit der Repräsentation „beruht letztlich auf dem durchgehenden Seins-, Wirkungs- u[nd] Sinnzusammenhang zwischen Gott u[nd] dem endlichen Seienden und zwischen diesem untereinander."[694]

---

688 Vgl. Kongr. Klerus, Direktorium für Dienst und Leben der Priester, Nr. 27.
689 Kongr. Klerus, Direktorium für Dienst und Leben der Priester, Nr. 27.
690 Vgl. Johannes Paul II., Ansprache an die Schweizer Bischöfe, 1784.
691 Vgl. Vat II, PO, Nr. 7.
692 Gänswein, Repräsentation, 435.
693 May, Priester und priesterliche Lebensform, 9.
694 Rahner, Repräsentation, 1244.

Der Priester trägt aufgrund seiner Weihe diese repräsentative Funktion. Obwohl der Priester Christus in der sakramentalen Handlung repräsentiert, löst er ihn jedoch nicht als den Mittler zwischen Gott und den Menschen ab.[695] Vielmehr macht der Priester durch seine Dienste Christus gegenwärtig, er bleibt somit Werkzeug Gottes.[696]

Die priesterliche repräsentative Vollmacht ist „nicht zu verstehen im modernen Sinn einer juristisch bevollmächtigten Vertretung, sondern im zeichenhaft-sakramentalen Sinn als ein ‚Vergegenwärtigen', genauer: als ein wirksames in Erscheinung-Treten, ja Sich-Ereignen des abbildlich Vergegenwärtigten."[697] Als Repräsentant Christi vollzieht der Priester seinen Dienst somit nicht nur im Namen Christi, sondern es ist Christus selber, der die Dienste vollzieht durch sein Werkzeug – den Priester. Nach katholischem Verständnis kann dies nur geschehen „unter der Voraussetzung einer realen inneren Vermittlung der repräsentierten durch die repräsentierende Wirklichkeit [...]."[698] Aufgrund dieser Repräsentationsvollmacht wirken die Priester „– wie Christus selbst – als ‚mediator' zwischen Gott und den Menschen [...]."[699] Die Priester und Bischöfe repräsentieren Christus nicht nur vor seiner Kirche, sondern stehen auch da als Repräsentanten des Volkes Gottes, d. h. sie sind Stellvertreter der Kirche vor Gott.[700]

Diese repräsentative Doppelfunktion der Geweihten kommt bei der eucharistischen Feier und bei allen anderen sakramentalen Spendungen deutlich zum Ausdruck.[701] Die Priester und Bischöfe spenden die Sakramente weder in ihrem eigenen Namen noch aufgrund ihrer eigenen Kraft und Frömmigkeit, sondern im Namen des gekreuzigten Herrn und seiner Kirche.[702] Diese Sakramente verleihen ihre Kraft und ihre Wirkung durch Christus selbst, denn „Christi Hingabe an den Vater war wirklich menschliche Hingabe. Und doch hat diese menschliche Hingabe Christi nicht aus der menschlichen Natur ihre Würde und Sicherheit, beim Vater anzukommen,

695 Vgl. 1. Tim 2, 5.
696 Vgl. May, Priester und priesterliche Lebensform, 14.
697 Greshake, Priester sein in dieser Zeit, 102.
698 Gänswein, Repräsentation, 436.
699 Persson, Repraesentatio Christi, 88.
700 Vgl. Persson, Repraesentatio Christi, 88.
701 Vgl. Vat II, SC, Nr. 7.
702 Vgl. Mt 28, 18–20.

sondern aus der Würde der göttlichen Person, die den menschlichen Handlungen Christi eine göttliche Würde mitteilt und daher auch die Sicherheit, angenommen zu werden."[703] Auch wenn diese repräsentative Funktion ein rein menschlicher Akt ist, ist sie trotzdem gnadenreich, denn sie ist im Gnadenwillen Gottes begründet.[704] Die repräsentativen Funktionen der Geweihten werden weiter gedeutet in den Ämtern, die sie in der Kirche innehaben. „Indem der Priester vermöge der Weihe gegenüber der Gemeinde Christus vertritt und ‚Christi Rolle spielt', repräsentiert er auch – nämlich weil er dadurch zum Träger des gleichen priesterlichen Mittleramts wird, das Christus einst ausübte – wie Christus die übrigen Glieder der Kirche vor Gott. Er ist nicht bloß Christi und damit Gottes Repräsentant gegenüber dem ‚Volk', sondern auch Repräsentant des ‚Volkes' vor Gott."[705]

Dieses repräsentative Amt des Priesters gilt auch bei der eucharistischen Feier, indem der Priester das Opfer Christi für das Heil der ganzen Welt durch die Wandlungsworte vergegenwärtigt. In der eucharistischen Feier bringt der Priester „das Opfer für die ganze Kirche und in ihrem Namen dar, aber er tut das nicht, weil ihm vom ‚Volk' irgendeine Vollmacht erteilt worden wäre, an dessen Stelle zu handeln. Ausschließlich auf Grund seiner Weihe repräsentiert er Christus und ‚spielt dessen Rolle', wie er gleichzeitig auch das Volk repräsentiert und ‚dessen Rolle' spielt."[706] Das priesterliche repräsentative Amt soll jedoch nicht als Delegation (delegatur) verstanden werden, sondern es ist „etwas, das durch die Weihe auf Christus selbst zurückgeht, so ist er gerade als Repräsentant Christi doch *auch* Repräsentant des ‚Volkes' ‚coram Deo'."[707] Er ist, wie Christus selbst, „nobis non sibi sacerdos"[708], d.h. „Priester nicht um seiner selbst, sondern ‚um unsertwillen', denn er redet und handelt stellvertretend für alle Glieder der Kirche."[709] Er repräsentiert also nicht nur Christus vor dem Volk, sondern tritt bei der eucharistischen Feier an die Stelle des Volkes vor Gott. Er bringt das Opfer und das Anliegen des Volkes zu Gott und von Gott bringt

---

703 Semmelroth, Das geistliche Amt, 138.
704 Vgl. Persson, Repraesentatio Christi, 89.
705 Persson, Repraesentatio Christi, 89.
706 Persson, Repraesentatio Christi, 91.
707 Persson, Repraesentatio Christi, 91.
708 Pius XII., Mediator Dei, 552. Vgl. dazu Persson, Repraesentatio Christi, 91.
709 Persson, Repraesentatio Christi, 91.

er Heilung zum Volk. „Illud tamen in memoriam revocandum ducimus, *sacerdotem nempe idcirco tantum populi vices agere, quia personam gerit Domini Jesu Christi.*“[710]

Obwohl der Priester Christus bei dem eucharistischen Opfer repräsentiert, bleibt die Messe eine Gemeindefeier, d.h. eine *Concelebratio*. Auch wenn der Priester die Messe allein (Privatmesse) feiert, feiert er sie nicht *absente populo*, sondern mit dem Volk.[711] Die Opferhandlungen vollzieht er allerdings kraft des Weiheempfanges allein, während das Opfer der Laien per sacerdotis manus (durch die Hände des Priesters) geschieht. Der Priester als Repräsentant Christi tritt an seine Stelle dadurch, dass er Gebete, Lob und Opfer in seinem Namen darbringt.[712] Es kann gesagt werden, dass die Priester primär die Opferhandlungen darbringen, während die Laien nur mitopfern.[713] Kraft dieser repräsentativen Vollmacht bleibt das Messopfer unabhängig von der Mitwirkung der versammelten Gemeinde auch gültig. „Damit ist klar, daß auch die für die römisch-katholische Frömmigkeit so charakteristische Privatmesse, zelebriert ohne Anwesenheit oder Kommunion der Gemeinde, letzten Endes in der Konsequenz der Auffassung von der Christus-Repräsentation des Amtes liegt und ihre theologische Begründung aus dieser für die ganze Ekklesiologie fundamentalen Vorstellung erhält.“[714]

Die Wirkung und die Kraft des Messopfers bezieht sich auf und hängt einzig an Christus selbst, der selbst der Priester, der Altar und das Opferlamm ist.[715] Die Eucharistie ist deshalb Opfer Christi. Und das „hängt einzig und allein davon ab, daß es von jemandem dargebracht wird, der durch seine Weihe an Christi Stelle steht und mit einer Vollmacht handelt, die von Christus stammt und nicht aus der Gemeinde kommt. So wie Christus einst sein Opfer *allein* darbrachte, ohne daß dessen Wirkung durch jemand anderes oder etwas anderes bedingt war als durch die mit der Inkarnation selbst erfolgte ‚Weihe‘ zum Opferamt des Priesters, so muß dieses selbe Opfer in der Kirche von demjenigen *allein* dargebracht werden, der jetzt Träger

710 Pius XII., Mediator Dei, 553.
711 Vgl. Vat II, SC, Nr. 26, 27.
712 Vgl. Persson, Repraesentatio Christi, 92.
713 Vgl. Pascher, Eucharistia, 278.
714 Persson, Repraesentatio Christi, 94.
715 Vgl. Vat II, SC, Nrn. 46–48.

dieses selben Amtes ist. Die Integrität und Gültigkeit dieses Opfers darf daher auch jetzt durch nichts anderes bedingt sein als durch seine Weihe zum Repräsentanten Christi und damit zum Opferpriester."[716] Es soll jedoch gesagt werden, dass, auch wenn der Priester Christus in sakramentalen Handlungen repräsentiert, dies nicht bedeutet, dass er Christus aufgrund seiner persönlichen Begabungen und seiner Tüchtigkeit vertritt, sondern kraft seiner durch die Weihe übertragenen Vollmacht.[717] Die Priester müssen bedenken, dass Christus allein der Herr der Kirche ist.[718]

Die *repraesentatio Christi* bedeutet auch, dass es Ämter in der Kirche gibt, die nicht der *repraesentatio Christi* zuzuordnen sind,[719] da die Kirche hierarchisch strukturiert ist. Vom Wesen der Kirche als hierarchische Institution her, so May, „bestimmen sich Rang und Würde der Kirchenämter nach dem Vorhandensein und der Intensität der Repräsentation Christi, die durch den Empfang des Weihesakramentes und die Übertragung von Hirtengewalt geschaffen wird. Der revidierte Codex Iuris Canonici kennt nicht mehr die bisher übliche grundlegende Unterscheidung zwischen unbepfründeten (officia) und bepfründeten Ämtern (beneficia)."[720] Obwohl alle Christgläubigen kraft ihres Tauf- und Firmempfanges teil am Amt Christi nehmen, unterscheidet sich jedoch das Repräsentationsamt des Priesters von dem der Laien, denn der „Amtsträger repräsentiert Christus gerade als den ‚Herrn der Kirche', als den, der sich selbst sein Volk zusammenruft, zusammenhält und zum gemeinsamen Ziel führt [...]. Die ‚Christus-Repräsentation' erfordert eine sakramentale Ermächtigung. Nur so kann ein Mensch Wort und Handeln Christi weitergeben und nur so ist der Priester dann auch die unerlässliche Bedingung dafür, dass Kirche, dass gemeinsames Priestertum ausüben kann – in der Dopplung der Grundvollzüge von Communio und Missio. Die Christus-Repräsentanz des Priesters hat somit nur ein einziges Sinnziel: Die Kirche erfährt an den Knotenpunkten ihres Lebens ganz konkret, dass Jesus Christus selbst ihr Herr (‚Leiter') ist: Hirte, Priester, Lehrer. Keine Form von Gemeindeleitung, keine anderen Dienste

716 Persson, Repraesentatio Christi, 95.
717 Vgl. Greshake, Priester sein in dieser Zeit, 109.
718 Vgl. Pottmeyer, Der Papst, 60.
719 Vgl. Scheffczyk, Christusrepräsentation, 367–386.
720 May, Kirchenamt, 176.

in der Kirche im Großen und in den Gemeinden im Kleinen dürfen diese Wahrheit verdunkeln."[721]

Die kirchliche Gemeinde ist somit fundamental abhängig von Jesus Christus, sie lebt nicht aus sich selbst und ist nicht für sich selbst da. Ebenso liegt der Sinn der *repraesentatio Christi* „nicht in einer Überordnung eines Standes oder gar eines einzelnen über andere, des Priesters über das Volk, zumal dieses ja [...] auch Anteil am Priesteramt Christi hat."[722] Vielmehr liegt er im Empfang der Weihe.[723] Der Priester repräsentiert Christus ohne Differenzierung und ist ein *alter Christus*, da er seine Person vergegenwärtigt.[724] Als Repräsentanten Christi sollen die Priester vollkommen sein wie Christus selbst. Sie sollen frei von Sünden sein, tugendhaft leben und allen Menschen das Licht Gottes vermitteln.[725] Die Priester handeln somit als Repräsentanten Christi und zwar nicht nur im Namen der Person Christi, sondern sie vergegenwärtigen ihn. Der Priester hat deshalb eine besondere Beziehung zu Christus, d. h. es existiert eine „besondere Relation zwischen Dargestelltem und Darstellendem [...]"[726], zwischen Christus, dem Repräsentierten, und dem Priester, dem Repräsentanten. Diese Relation ist weder mit Tätigkeiten noch mit Zeiten beschränkt, sondern sie besteht immer, führt Cordes weiter aus.[727]

3.2 Die Identität des katholischen Priesters im Einklang mit dem II. Vatikanum

3.2.1 Vorbemerkung

Die katholische priesterliche Identität „muss im Rahmen des göttlichen Heilswillens betrachtet werden, weil sie Frucht des sakramentalen Handelns des Heiligen Geistes, Teilhabe am Heilshandeln Christi ist und weil sie vollständig auf den Dienst dieses Handelns in der Kirche, in ihrer beständigen

721 Greshake, Priester sein in dieser Zeit, 103–104.
722 Scheffzcyk, In Persona Christi, 509.
723 Vgl. Cordes, Warum Priester?, 140.
724 Vgl. Denzinger, Kompendium, 3755–3756.
725 Vgl. Cordes, Warum Priester?, 142.
726 Cordes, Warum Priester?, 146.
727 Vgl. Cordes, Warum Priester?, 146.

Entwicklung im Lauf der Geschichte, ausgerichtet ist."[728] Der katholische Priester leitet seine Identität primär aufgrund seiner spezifischen Teilhabe am Priestertum Christi ab.[729] Er hat kraft der Weihe eine sakramentale Identifikation mit Christus, dem ewigen Hohenpriester, und somit Anteil an dessen Hirtenaufgabe.[730] Die priesterliche Identität ist ebenso in der Liebe des dreifaltigen Gottes verwurzelt,[731] und somit werden die Priester durch den Weiheempfang mit Christus sakramental vereint. Ihr Leben und ihr Dienst sind eine Weiterführung des Lebens und des Tuns Christi selbst. Das ist ihre Identität, ihre wahre Würde und die Quelle ihrer Freude und die Gewissheit ihres Lebens.[732] Die priesterliche Identität ist in trinitarischen, christologischen, pneumatologischen, ontologischen und ekklesiologischen Dimensionen verwurzelt.

3.2.2 Trinitarische Dimension der priesterlichen Identität

Durch den Taufempfang leben die Gläubigen in Gemeinschaft mit dem Vater, dem Sohn und dem Heiligen Geist und sind somit in die Kirche eingegliedert.[733] Der Priester wird durch das Weihesakrament in eine besondere und spezifische Beziehung mit dem dreifaltigen Gott gesetzt. In dieser Hinsicht hat die priesterliche Identität also „ihren tiefsten Ursprung in der Liebe des Vaters."[734] Aufgrund dieser Identität gilt der Priester als sichtbare Weiterführung und sakramentales Zeichen Christi, der selbst sowohl der Kirche als auch der Welt als dauernder und immer neuer Ursprung des Heils gegenübersteht.[735] Seine Identität leitet sich also „vom *ministerium verbi et sacramentorum* ab, das wesenhaft in Beziehung steht: zum Dienst der rettenden Liebe des Vaters [...]."[736] Die besondere Beziehung zwischen dem Amtspriester und der allerheiligsten Dreifaltigkeit Gottes

728 Kongr. Klerus, Der Priester, Nr. 5.
729 Vgl. Vat II, PO, Nrn. 2–5.
730 Vgl. Vat II, PO, Nr. 6.
731 Vgl. Kongr. Klerus, Direktorium für Dienst und Leben der Priester, Nrn. 2, 3, 29.
732 Vgl. Johannes Paul II., Botschaft, 18.
733 Vgl. CIC/1983, c. 849.
734 Kongr. Klerus, Direktorium für Dienst und Leben der Priester, Nr. 3.
735 Vgl. Johannes Paul II., PDV, Nr. 16.
736 Kongr. Klerus, Direktorium für Dienst und Leben der Priester, Nr. 4.

wird erkenntlich durch die Salbung mit dem Heiligen Geist bei der Weihe und durch die Ausrichtung seines Lebens auf die Verherrlichung Gottes des Vaters in Christus.[737]

3.2.3 Christologische Dimension der priesterlichen Identität

Die priesterliche Identität hat auch eine christologische Dimension. Diese leitet sich vom Sakrament ab, das ontologisch mit Christus, dem Priester, Lehrer und Hirten seines Volkes, gleichgestaltet ist.[738] In diesem Sinn unterscheidet sich die Identität des Priesters von jener aller Christen, die aufgrund des Taufempfanges schon am einzigen Priestertum Christi teilhaben und dazu berufen sind, die Heilssendung Christi in der Welt weiterzuführen.[739] Darüber hinaus ist die christologische Dimension der priesterlichen Identität auch durch die unauslöschliche Teilnahme des Priesters am Priestertum Christi begründet. Wie Christus leitet der Priester somit die ihm anvertraute Gemeinde, verkündet das Wort Gottes und spendet die Sakramente.[740] Seine Identität ist in diesem Sinn neu im Vergleich mit jener der anderen Christgläubigen, die durch die Taufe auch teilhaben am Priestertum Christi.[741] Der Priester ist durch seine Weihe Christus gleichförmig und gilt deshalb als lebendiges Werkzeug Christi, des ewigen Priesters,[742] deshalb muss er sich immer bewusst sein, „dass sein Leben als ein Geheimnis in einer neuen Art ganz eingetaucht ist in das Mysterium Christi und der Kirche und dass ihn dies im pastoralen Dienst ganz fordert und seinem Leben Sinn gibt."[743]

Die christologische Dimension der Identität der Priester ist auch auf die ontologische Bindung an Christus gegründet, denn der Priester ist geweiht, als Diener wie Christus zu wirken. „Sein ontologisch Christus gleichgestaltetes Wesen stellt die Grundlage für seine Weihe für den Dienst an der

---

737 Vgl. Vat II, PO, Nr. 2.

738 Vgl. Vat II, LG, Nrn. 18–31. Vgl. dazu Vat II, PO, Nr. 2. Vgl. auch CIC/1983, c. 1008.

739 Vgl. Vat II, AA, Nr. 3. Vgl. dazu Johannes Paul II., Christifideles Laici, Nr. 14.

740 Vgl. Vat II, LG, Nr. 10. Vgl. auch Vat II, PO, Nr. 2.

741 Vgl. Vat II, AA, Nr. 3.

742 Vgl. Johannes Paul II., PDV, Nr. 20. Vgl. dazu Vat II, PO, Nrn. 2, 12. Vgl. auch Vat II, AA, Nr. 3.

743 Kongr. Klerus, Direktorium für Dienst und Leben der Priester, Nr. 6. Vgl. Johannes Paul II., PDV, Nrn. 13, 14.

Gemeinschaft dar. Die völlige Zugehörigkeit zu Christus, [...], bewirkt, dass der Priester allen zu Diensten steht."[744] Der Priester darf sich deshalb nicht als Sozialarbeiter oder bloßer Leiter heiliger Riten sehen und seinen Dienst auf reine Pflichterfüllung reduzieren, vielmehr muss er seinen Dienst als Berufung sehen, um Gottes große Taten zu verkünden und die Heilssendung Gottes an die Mitmenschen zu bringen.[745] Er soll sein Leben so gestalten, dass die Mitmenschen ihn als Diener Gottes sehen. Die christologische Dimension der priesterlichen Identität verpflichtet ihn ebenso, wie Christus die Frohe Botschaft zu verkünden. Er hat eine missionarische Verpflichtung, denn er ist erwählt und geweiht, wie Christus zu verkünden.[746] Seine Verkündigungsaufgabe ist nicht bloß eine reine äußerliche Vertretungsfunktion, sondern er ist Werkzeug Christi für die Menschen.[747]

Es kann gesagt werden, „dass die Konfiguration mit Christus den Priester durch die sakramentale Weihe im Schoß des Gottesvolkes einsetzt und ihn in eigener Weise, der heiligenden, lehrenden und pastoralen Vollmacht Jesu Christi selbst teilhaftig werden lässt, des Hauptes und Hirten der Kirche."[748] Er handelt in *persona Christi capitis* und zugleich ist er *alter Christus*, und darin ist auch seine Identität begründet.[749] Der Priester ist somit Diener der wesentlichen Heilstaten.[750] Seine Identität ist auch auf seine Fähigkeit, als Heilsvermittler zwischen Gott und den Menschen zu wirken, zurückzuführen.[751] Er ist deshalb berufen, das immerwährende Opfer Christi gegenwärtig zu machen, und darin liegt seine eigentliche Identität.[752] Seine Identität zeigt sich auch durch die Vollmacht, im Namen Christi und seiner Kirche Sünden zu vergeben.[753] Trotz dieser Dienstvollmacht ist der Priester

744 Kongr. Klerus, Der Priester, Nr. 5.
745 Vgl. Benedikt XVI., Ansprache zum Priesterjahr, l.c.324.
746 Vgl. Kongr. Glaubenslehre, Dominus Iesus, Nr. 13–15.
747 Vgl. Lk 10, 16.
748 Kongr. Klerus, Direktorium für Dienst und Leben der Priester, Nr. 8. Vgl. dazu auch Johannes Paul II., PDV, Nr. 18.
749 Vgl. Vat II, SC, Nr. 33. Vgl. dazu Vat II, LG, Nrn. 10, 28, 37. Vgl. auch Vat II, PO, Nrn. 2, 6, 12.
750 Vgl. Kongr. Klerus, Tota Ecclesia, Nr. 7. Vgl. dazu Johannes Paul II., PDV, Nr. 15.
751 Vgl. Paul VI., Katechese, 958.
752 Vgl. Vat II, LG, Nr. 10.
753 Vgl. Vat II, PO, Nr. 2.

selbst nicht die Quelle des geistlichen Lebens, sondern Christus selber.[754] Diese Handlung in der Person Christi capitis erfolgt allerdings „nicht nur durch die Tätigkeit der Evangelisierung, der Sakramentenspendung und der Pastoral. Sie verwirklicht sich auch in der Selbsthingabe und der Sühne, das heißt in der liebevollen Annahme der Leiden und Opfer, die mit dem Priesteramt verbunden sind."[755]

3.2.4 Pneumatologische Dimension der priesterlichen Identität

Ebenso hat die Identität der Priester auch eine pneumatologische Dimension, denn durch das Weihesakrament wird dem Priester *character indelebilis*, d.h. ein unauslöschliches Prägmal verliehen. Er wird somit beauftragt, im Namen Jesu Christi seinen Dienst zu vollziehen.[756] Darüber hinaus empfängt er bei der Weihe das Siegel des Heiligen Geistes, welches aus ihm einen Menschen macht, der mit dem sakramentalen Prägmal bezeichnet ist.[757] Er kann somit sein Leben lang Diener Christi und seiner Kirche sein.[758] Die priesterliche Identität besteht deswegen nicht nur individuell, sondern in *communio* mit dem Heiligen Geist.[759] Durch den Heiligen Geist, den der Priester bei der Weihe empfangen hat, kann er die Verkündigungsaufgabe richtig erfüllen.[760] Der Priester ist durch seine Diensttätigkeiten mit dem Heiligen Geist und der ganzen Kirche in Gemeinschaft verbunden, denn in jeder sakramentalen Spendung vollzieht er seinen Dienst im Namen Christi.[761]

---

754 Vgl. Kongr. Klerus, Der Priester, Nrn. 8, 18.
755 Kongr. Klerus, Direktorium für Dienst und Leben der Priester, Nr. 8. Vgl. dazu Vat II, PO, Nr. 12.
756 Vgl. CIC/1983, c. 1008.
757 Vgl. Joh 14, 16–17.
758 Vgl. Kongr. Klerus, Direktorium für Dienst und Leben der Priester, Nr. 9.
759 Vgl. Kongr. Klerus, Direktorium für Dienst und Leben der Priester, Nr. 10.
760 Vgl. Vat II, DV, Nr. 10. Vgl. dazu Vat II, PO, Nr. 4.
761 Vgl. Kongr. Klerus, Direktorium für Dienst und Leben der Priester, Nr. 11. Vgl. dazu Vat II, PO, Nr. 5.

3.2.5 Ontologische Dimension der priesterlichen Identität

Die priesterliche Identität hat dennoch eine ontologische Dimension, die auf Christus bezogen und auf Christus gegründet ist.[762] Dadurch ist Priestersein oder priesterliche Berufung etwas anderes als bloße Sozialdienstleistung, denn der Priester ist aufgrund des Weiheempfanges ein Mann Gottes, der durch Wort und Tat den Menschen zu Gott führen soll.[763] Die priesterliche Identität hat deswegen ihre spezielle Bedeutung aufgrund der besonderen Berufung, Gott und den Menschen zu dienen,[764] denn der Priester „wird aus den Menschen ausgewählt und für die Menschen eingesetzt zum Dienst vor Gott (*Hebr.* 5,1). Er verkündet den Seelen das Geheimnis Christi, in dessen Licht allein das Geheimnis des Menschen ganz verstanden werden kann."[765] Der Priester ist erwählt, geweiht und gesandt, die Sendung Christi weiterzuführen, besonders in der eucharistischen Darbringung.[766] Sein Dienst ist nicht bloße Funktion oder reine äußerliche Vertretungsfunktion, vielmehr ist er ein Werkzeug Christi.[767] Der Priester ist aufgrund seines Weiheempfanges konfiguriert in Christus, daher hat er die heiligende, lehrende und pastorale Vollmacht Christi inne.[768] Er handelt somit in *persona Christi capitis*. Die Gleichgestaltung des Priesters mit Christus soll nicht nur in Pastoral-, Leitungs- und Heiligungsdiensten gesehen werden,[769] sondern auch in der Selbsthingabe und in der Annahme der Leiden und Opfer, die mit dem priesterlichen Dienst verbunden sind,[770] Erfüllung finden.

---

762 Vgl. Vat II, LG, Nrn. 10, 17, 18.
763 Vgl. Johannes Paul II., PDV, Nrn. 13–14.
764 Vgl. Vat II, LG, Nr. 18. Vgl. dazu Vat II, PO, Nr. 6.
765 Kongr. Klerus, Direktorium für Dienst und Leben der Priester, Nr. 7. Vgl. dazu Vat II, GS, Nr. 22.
766 Vgl. Vat II, PO, Nr. 5.
767 Vgl. Kongr. Glaubenslehre, Dominus Iesus, Nrn. 13–15. Vgl. dazu Kongr. Klerus, Direktorium für Dienst und Leben der Priester, Nr. 8.
768 Vgl. Johannes Paul II., PDV, Nr. 18.
769 Vgl. Kongr. Klerus, Direktorium für Dienst und Leben der Priester, Nr. 8.
770 Vgl. Kongr. Klerus, Direktorium für Dienst und Leben der Priester, Nr. 8. Vgl. dazu Vat II, PO, Nr. 12.

3.2.6 Ekklesiologische Dimension der priesterlichen Identität

Da die Ausübung des priesterlichen Dienstes nicht bloß eine Privatbeschäftigung, sondern ein Dienst in der Kirche für Gott und den Menschen ist, hat die priesterliche Identität eine ekklesiologische Dimension. Die Identität findet ihre Erfüllung in und gegenüber der Kirche.[771] Obwohl er von Gott berufen ist, ist es die Kirche, die diese Berufung bei der Weihe bestätigt.[772] So findet der Priester seinen natürlichen Dienstort und seine Sendungserfüllung in dieser kirchlichen Gemeinschaft,[773] denn er ist in das Geheimnis der Kirche eingefügt. Das priesterliche Handeln zielt vor allem darauf, den Sendungsauftrag der Kirche zu entfalten und zu vollziehen.[774] Der Priester muss sich im Glauben bewusst werden, nicht aus sich selbst zu sein, sondern aus der Gnade Christi im Heiligen Geist.[775] Diese besondere ekklesiologische priesterliche Identität in und gegenüber der Kirche ist in der eucharistischen Darbringung ausgedrückt. Denn in der eucharistischen Feier repräsentiert der Priester nicht nur Christus, vielmehr lädt er das Volk Gottes ein,[776] die „Herzen zum Herrn in Gebet und Danksagung zu erheben und [...] sich in jenem Gebet [zu vereinen], das er im Namen der ganzen Gemeinschaft durch Jesus Christus im Heiligen Geist an Gott den Vater richtet".[777]

Der Priester ist durch die Weihe mit in das Geheimnis Christi eingefügt und somit braucht und benötigt die kirchliche Gemeinschaft das Priesteramt, um den priesterlichen Dienst Christi zu vergegenwärtigen.[778] Demzufolge sind der Priester und seine Diensttätigkeiten für den Lebens- und Sendungsauftrag der Kirche notwendig, denn er führt das Heilswerk Christi weiter.[779] Die ekklesiologische Dimension der priesterlichen Identität ist nicht ohne hierarchische Bedeutung,[780] d. h. der priesterliche Dienst ist mit Vollmacht verbunden und kann nur in Gemeinschaft mit dem Bischof und anderen

771 Vgl. Kongr. Klerus, Direktorium für Dienst und Leben der Priester, Nr. 13.
772 Vgl. Johannes Paul II, PDV, Nr. 16.
773 Vgl. Kongr. Klerus, Direktorium für Dienst und Leben der Priester, Nr. 13.
774 Vgl. Kongr. Klerus, Direktorium für Dienst und Leben der Priester, Nr. 13.
775 Vgl. Johannes Paul II., PDV, Nr. 16.
776 Vgl. Vat II, LG, Nr. 10.
777 Missalis Romani, Nr. 78.
778 Vgl. Johannes Paul II., Ansprache Vollversammlung, 214–215.
779 Vgl. Vat II, LG, Nr. 10. Vgl. dazu Vat II, PO, Nr. 5.
780 Vgl. Vat II, LG, Nr. 18.

Mitbrüdern im Presbyterium vollzogen werden.[781] Es ist keine persönliche Aufgabe, sondern Auftrag, im Namen der Kirche (*in nomine ecclesiae*) und ihrer Autorität der kirchlichen Gemeinschaft zu dienen. Dieser priesterliche Dienstauftrag, so Johannes Paul II., „nimmt aber nicht seinen Ausgang von dieser Gemeinschaft, als wäre es diese, die ‚beruft' oder ‚delegiert', sondern es ist fürwahr ein Geschenk für diese Gemeinschaft und geht von Christus selbst aus, von der Fülle seines Priestertums. [...] Dieser Realität bewusst, verstehen wir, auf welche Weise unser Priestertum ‚hierarchisch', d.h. verbunden mit der Vollmacht, das priesterliche Volk zu formen und zu leiten, und eben deswegen ein ‚Priestertum des Dienstes' ist. Wir führen dieses Amt aus, durch welches Christus selbst unaufhörlich dem Vater beim Werk unseres Heiles ‚dient'. Unsere ganze priesterliche Existenz ist und muss tief von diesem Dienst durchdrungen sein, wenn wir auf angemessene Weise das eucharistische Opfer ‚in persona Christi' vollbringen wollen."[782]

Der Priester vollzieht seine Tätigkeiten in der Kirche und ist auf besondere Weise befähigt, im Namen Christi seine Dienste auszuüben. Er ist somit gerufen, die Gemeinschaft der Glieder mit dem Haupt und untereinander zu erhalten.[783] Der Priester nimmt ebenso besonderen Anteil am Leitungsamt Christi. Er leitet die ihm anvertraute Gemeinde im Namen Christi und in Gemeinschaft mit dem Bischof.[784] Der Priester ist somit ein „Mann der Gemeinschaft [...]."[785] Als solcher ist er berufen, die Menschen zu Gott zu führen. Deshalb verlangt die Kirche vor allem, dass er seine wahre Identität durch sein christliches Vorbild und beispielhaftes Leben gegenwärtig macht.[786] Die sakramentale Gleichgestaltung an Christus soll die Priester neu motivieren, die Heiligkeit und Vollkommenheit zu erlangen.[787] Obwohl alle Christgläubigen zur Heiligkeit des Lebens und Vollkommenheit berufen

781 Vgl. Johannes Paul II., PDV, Nr. 16.
782 Johannes Paul II., Novo incipiente, Nr. 4.
783 Vgl. Kongr. Klerus, Der Priester, Nr. 9.
784 Vgl. Johannes Paul II., PDV, Nr. 21.
785 Johannes Paul II., PDV, Nr. 18.
786 Vgl. Johannes Paul II., PDV, Nr. 26.
787 Vgl. Vat II, PO, Nr. 12.

sind,[788] ist dennoch der Priester aufgrund des Weiheempfanges berufen, ein lebendiges Werkzeug des Heilswerkes Christi zu sein.[789]

3.3 Die besondere Teilnahme der Priester an den drei Munera Christi

3.3.1 Vorbemerkung

Aufgrund des Weiheempfanges nehmen die Priester speziell Anteil an den drei *munera Christi* (Verkündigungsaufgaben oder Lehren, Leitungsaufgaben und Heiligungsdienste).[790] Diese zentrale Stellung des Priesteramtes kommt darin zum Ausdruck, weil der Empfang des Weihesakramentes eine notwendige Voraussetzung für eine besondere Anteilnahme am Amt Christi ist. Die Ausübung der Weihegewalt setzt den Empfang der Weihe voraus.[791] Dies ist nur möglich, weil die durch die Weihe erteilte Vollmacht unverlierbar ist. Sie kann nur aus schwerwiegenden Gründen entzogen werden.[792] Die Identität des priesterlichen Amtes mit dem Amt Christi und der Kirche, so Persson, „bedeutet, daß seine im priesterlichen Werk gipfelnde Mittlerfunktion in der Kirche heute von anderen Menschen fortgesetzt wird,“[793] denn „das Heil wird nach dem Willen Christi durch Menschen vermittelt, wie es uns auch ursprünglich durch ihn als Menschen zuteil geworden ist.“[794] Der eigentliche Sinn und die Wirkung der Anteilnahme am Amt Christi bestehen darin, dass dadurch die Menschen geheiligt oder geheilt werden,[795] da die Träger dieses Amtes an Christi Stelle stehen und sein Werk, das er beim Letzten Abendmahl gestiftet hat, fortsetzen.[796] Das Letzte Abendmahl gilt somit als „die erste Priesterweihe und bedeutete nicht nur die Einsetzung der Eucharistie, sondern auch des ‚sacramentum

788 Vgl. Vat II, LG, Nrn. 39, 40.
789 Vgl. Vat II, PO, Nr. 12. Vgl. dazu CIC/1983, c. 271 § 1.
790 Vgl. CIC/1983, c. 1008.
791 Vgl. CIC/1983 c. 274 § 1.
792 Vgl. CIC/1983, cc. 290, 1333 § 1.
793 Persson, Repraesentatio Christi, 67.
794 Premm, Katholische Glaubenskunde, 520.
795 Vgl. Lialine, Ordo och jurisdictio, 136.
796 Vgl. Feckes, Kirche als Herrenleib, 33.

ordinis'."[797] In dieser Hinsicht ist nach Pius XI. die Eucharistische Darbringung der primäre Sinn des Priesteramtes,[798] während der eigentliche Zweck die Priesterweihe (die Übergabe der sacerdotalen Amtsgewalt oder *potestas ordinis*) ist.[799]

3.3.2 Die Teilnahme der Priester am Verkündigungsdienst Christi

Alle Christgläubigen nehmen aufgrund des Taufempfanges am prophetischen, königlichen und priesterlichen Amt Christi teil.[800] Der prophetische Auftrag geschieht „durch den Dienst am Wort Gottes, der unter dem Beistand des Heiligen Geistes von der Kirche dadurch ausgeübt wird, daß sie die ihr anvertraute Offenbarungswahrheit unversehrt bewahrt, tiefer erforscht, getreu verkündigt und erklärt. Kraft ihres Wesens weiß sich die Kirche in die Pflicht genommen und beansprucht daher das Recht, unabhängig von jeder menschlichen Gewalt allen Völkern das Evangelium und die daraus folgenden sittlichen Grundsätze zu verkündigen."[801] Nach geltendem Recht ist der Dienst am Wort die Hauptaufgabe des kirchlichen Lehramtes.[802] Das verkündete Wort ist Leben und Heil, denn es ist Christi Wort und hat somit sakramentalen Charakter.[803] Es besteht eine untrennbare Verbindung zwischen Christus, seinem Wort, dem Priester und seiner Kirche. „Nur wo Christus selbst lebendige Gegenwart ist, wie er es in seiner Kirche ist, da ist auch sein Wort und damit Christus selbst lebendigmachende Wirklichkeit. Das Wort Christi von Christus selbst, das heißt von seiner Gegenwart ablösen, hieße es zu einem toten Buchstaben machen."[804]

Das verkündete Wort Gottes findet seine Lebendigkeit durch die Auslegung des kirchlichen Lehramtes.[805] In dieser Hinsicht werden die Worte der Bibel durch die Verkündigung des Lehramtes zu Worten des Heils und

797 Persson, Repraesentatio Christi, 69.
798 Vgl. Pius XI., Ad Catholici Sacerdotii, Nr. 10.
799 Vgl. Persson, Repraesentatio Christi, 70.
800 Vgl. Vat II, LG, Nr. 12.
801 Aymans, Lehramt, 659. Vgl. dazu CIC/1983, c. 747. Vgl. auch CCEO, c. 595.
802 Vgl. CIC/1983, c. 747.
803 Vgl. Persson, Repraesentatio Christi, 46.
804 Söhngen, Symbol und Wirklichkeit, 23.
805 Vgl. Persson, Repraesentatio Christi, 47.

des Lebens verwandelt.[806] Demzufolge, so Persson, ist die Schrift nur durch die lebendigmachende Vermittlung der Kirche Gottes heilbringendes Wort, denn durch die Auslegung spricht Christus selbst durch den Priester zu seinem Volk, daher wird Christus von dem Priester repräsentiert und der Priester predigt an Stelle Christi.[807] Die Autorität, an Stelle Christi das Wort Gottes zu verkündigen, wurzelt im empfangenen Weihesakrament. So kann gesagt werden: Es ist Christus selbst, der in seiner Kirche heute das Lehramt innehat.[808] Die Erfüllung des Verkündigungsauftrages ist jedoch nicht nur den Priestern allein überlassen, sondern alle Christgläubigen nehmen aufgrund ihres Tauf- und Firmempfanges teil an dieser Aufgabe (*munus docendi* der Kirche).[809]

Es ist dennoch notwendig, so Aymans, die allgemeine Lehraufgabe von der hierarchischen Verkündigungsaufgabe der Kirche zu unterscheiden. „Zwar haben beide es mit demselben Inhalt zu tun, denn Glaube und Bekenntnis der Kirche sind unteilbar. Formal jedoch gründet die amtliche Lehrverkündigung des kirchlichen Lehramtes im umfassenden Sinne nicht allein in Taufe und Firmung; vielmehr hat das Lehramt einen eigenständigen Existenzgrund in dem apostolischen Amt der Kirche. [...] Die Sendung in Vollmacht ist vermittels der Fülle des Weihesakramentes auf die Bischöfe übergegangen."[810] Diese Vollmacht hat ihren Ursprung im Wirken des Heiligen Geistes am Pfingsttag in Jerusalem.[811] Die göttliche Offenbarung an alle Menschen zu verkünden, bleibt also die Aufgabe der Kirche und ihrer Hierarchie.[812] Demzufolge ist die Evangelisierung aller Völker die eigentliche Berufung der Kirche.[813]

---

806 Vgl. Henry, La Bible, 970.
807 Vgl. Persson, Repraesentatio Christi, 47.
808 Vgl. Persson, Repraesentatio Christi, 47–49.
809 Vgl. Vat II, LG, Nr. 35. Vgl. dazu Vat II, AA, Nrn. 3, 16.
810 Aymans, Lehramt, 660. Vgl. dazu Vat II, LG, Nrn. 19, 21, 24.
811 Vgl. Vat II, LG, Nr. 19. Vgl. dazu Apg 1, 8.
812 Vgl. Vat II, DV, Nr. 7.
813 Vgl. Denzinger, Kompendium, 4573.

3.3.2.1 *Der Verkündigungsdienst der Priester nach geltendem Recht*

Die Kirche hat den Auftrag von Christus bekommen, den geoffenbarten Glauben zu erforschen und weiter zu verkünden.[814] Demzufolge besteht die Aufgabe des kirchlichen Lehramtes primär darin, die Reinheit des Evangeliums zu bewahren und es zu verkünden.[815] Das Evangelium (Gottes Wort) wurde zuerst durch die Propheten verheißen und dann durch Christus selbst verkündet.[816] Die Geweihten als Nachfolger der Apostel haben nach geltendem Recht die Aufgabe, durch Predigt, Homilie und katechetische Instruktionen das Wort Gottes zu verbreiten.[817] Der Papst mit den Bischöfen hat das ordentliche und universale Lehramt in der Kirche inne,[818] und somit können sie Glaubens- oder Sittenlehren für die gesamte Kirche für verbindlich erklären.[819] Der Codex von 1917 unterschied zwischen dem katechetischen Unterricht, der heiligen Predigt und der missionarischen Tätigkeit des Priesters.[820] Obwohl die beiden Codices (1917/1983) dem Papst und den Bischöfen *den Hauptverkündigungsauftrag* zuordneten, haben die Priester aufgrund ihres Weiheempfanges ebenso die Befugnis, zu verkündigen.[821] Die Priester sind dazu verpflichtet, mit dem Bischof im Hinblick auf die ihnen anvertraute Gemeinde das Evangelium sichtbar zu machen.[822] Ordenspersonen haben gemäß c. 758 auch den Verkündigungsauftrag inne.

Der Dienst am Wort richtet sich auf die vollständige und getreue Vorlage des Geheimnisses Christi, gestützt auf Schrift und Tradition, auf Liturgie, Lehramt und Leben der Kirche.[823] Kraft des Weiheempfanges ist der Priester verpflichtet, die ihm anvertraute Gemeinde zu leiten, zu lehren und

---

814 Vgl. CIC/1983, c. 747 § 1. Vgl. dazu Vat II, DV, Nrn. 7, 10, 21, 22.
815 Vgl. CIC/1983, c. 749.
816 Vgl. Vat II, DV, Nrn. 14–23.
817 Vgl. CIC/1983, cc. 756–780.
818 Vgl. CIC/1983, cc. 749, 762, 763. Vgl. dazu Vat II, CD, Nr. 44. Vgl. auch Kongr. Klerus, Directorium Catechisticum Generale 97–176.
819 Vgl. CIC/1983, c. 749 § 2.
820 Vgl. CIC/1917, cc. 1329–1351.
821 Vgl. CIC/1983, c. 1008.
822 Vgl. CIC/1983, c. 757.
823 Vgl. CIC/1983, c. 760.

die Sakramente zu spenden.[824] Er muss dafür Sorge tragen, „daß denen, die sich in der Pfarrei aufhalten, das Wort Gottes unverfälscht verkündigt wird; [...]."[825] Darüber hinaus soll es der Pfarrer als Gemeindeleiter als eine seiner Hauptaufgaben betrachten, den Gläubigen die Glaubenswahrheit zu vermitteln, besonders bei der sonntäglichen Homilie.[826] Die Priester als Gemeindeleiter „nehmen die erstrangige Aufgabe der Verkündigung wahr in Abhängigkeit von dem zuständigen Bischof und bedürfen seiner Sendung; diese kann ausdrücklich oder durch die Übertragung eines entsprechenden Amtes verliehen werden."[827] Es ist aber zu bedenken, dass nicht nur die Priester und Bischöfe die Verkündigungsaufgabe innehaben, auch die Diakone sind kraft ihrer Weihe zum Verkündigungsdienst berufen.[828]

Nach dem Codex von 1983 haben die Gläubigen das Recht auf Gottes Wort und die Priester sind verpflichtet, ihnen dieses Recht zu gewähren.[829] Die Priester, besonders diejenigen in der Seelsorge (Pfarreien), müssen Sorge dafür tragen, dass das Evangelium in ihrer Pfarrei ordentlich ausgelegt wird.[830] Während der Codex von 1917 feststellte, dass die Geweihten nicht kraft des Weiheempfangs die Vollmacht zur Verkündigung des Evangeliums haben, sondern ihnen diese durch die *Missio Canonica* übertragen wurde,[831] erklärt das geltende Recht, dass die Geweihten die Vollmacht, kraft des Weiheempfanges zu predigen, innehaben,[832] denn die Geweihten haben gemäß ihrer Weihestufen die Vollmacht zu predigen (Lehramt), zu leiten (Hirtenamt) und Sakramente zu spenden (Heiligungsamt). Dazu sind sie auch Leiter des gesamten Dienstes am Wort Gottes.[833] Die Priester vollziehen ihre Lehrfunktionen besonders durch Predigen (Homilie) und katechetische Instruktionen. Obwohl der Priester von Rechts wegen predigen

824 Vgl. CIC/1983, c. 519.
825 CIC/1983, c. 528 § 1.
826 Vgl. CIC/1983, c. 528 § 1.
827 Aymans, Lehramt, 665.
828 Vgl. CIC/1983, cc. 767, 785.
829 Vgl. CIC/1983, c. 213. Vgl. dazu CCEO, c. 404 § 1.
830 Vgl. CIC/1983, c. 762.
831 Vgl. CIC/1917, c. 1328.
832 Vgl. CIC/1983, cc. 1008, 759.
833 Vgl. CIC/1983, c. 756 § 2.

darf, kann der Bischof ihn jedoch von diesem Dienst aus schwerwiegenden Gründen entbinden.[834]

3.3.2.2 Der Priester als Diener des Wortes

Als Vertreter Christi sind die Priester verpflichtet, Diener des Wortes zu sein.[835] Sie sind berufen, das Evangelium im Einklang mit dem Wort Jesu zu verkünden: Geht hinaus „und macht alle Menschen zu meinen Jüngern; tauft sie auf den Namen des Vaters und des Sohnes und des Heiligen Geistes, und lehrt sie, alles zu befolgen, was ich euch geboten habe. Seid gewiss: Ich bin bei euch alle Tage bis zum Ende der Welt."[836] Kraft dieses Auftrages wurde den Geweihten dieses Verkündigungsamt übertragen. Sie sind berufen, das Volk Gottes durch das Evangelium zu nähren.[837] Als Glaubensträger sind die Priester deshalb verpflichtet, allen Menschen Anteil an der Wahrheit des Evangeliums kundzutun.[838] Allerdings, so das Zweite Vatikanische Konzil, müssen die Priester dafür Sorge tragen, die Frohe Botschaft gemäß der Lehre der Kirche und nicht nach ihrem eigenen Gutdünken zu verkünden.[839] In ihren Verkündigungsdiensten müssen sie die Zeichen der Zeit berücksichtigen und in nicht-christlichen Ländern und Gemeinschaften versuchen, die Menschen zum Glauben und zum sakramentalen Heil zu führen.[840]

Die eigentliche Sendung der Kirche besteht vor allem darin, das Evangelium Christi überall auf der Welt zu verkünden.[841] Kraft dieses Auftrages des Herrn[842] versteht sich die Kirche deshalb als Botin und Zeugin des Evangeliums.[843] Der Dienst am Wort[844] ist und bleibt ein unveräußerliches Recht der Kirche und zugleich eine Pflicht des Priesters und aller Christgläubigen.[845]

834 Vgl. CIC/1983, c. 764.
835 Vgl. Vat II, PO, Nr. 13.
836 Mt 28, 19–20.
837 Vgl. Vat II, PO, Nr. 4.
838 Vgl. Gal 2, 5; 1. Petr 2, 12.
839 Vgl. Vat II, SC, Nrn. 22, 35, 52.
840 Vgl. Mt 28, 19; Mk 16, 16.
841 Vgl. Vat II, LG, Nr. 19.
842 Vgl. Mt 28, 19–20; Mk 3, 13–19; Lk 6, 13.
843 Vgl. Lehmann, Evangelium und Dialog, 407.
844 Vgl. Apg 6, 4.
845 Vgl. Vat II, LG, Nr. 19.

Da die Predigt ein Teil der heiligen liturgischen Handlung ist, ist der Priester besonders beauftragt, das Wort gewissenhaft zu verkünden.[846] Er hat die Aufgabe, kraft des Weiheempfanges zusammen mit dem Bischof das Evangelium zu verkünden.[847] Die Vermittlung des Glaubens geschieht durch Bekenntnis, Zeugnis und Weitergabe der universalen Heilssendung Christi, und die Erfüllung dieser Aufgabe bleibt der Hauptdienst der Geweihten.[848] Der Priester schuldet deswegen der ihm anvertrauten Gemeinde, die Wahrheit des Evangeliums zu verkünden.[849] Er repräsentiert Christus kraft des Weiheempfanges in der Verkündigung und ist somit verpflichtet, Christi Präsenz darzustellen.

Bei der Verkündigung muss der Priester darauf achten, (nur) die Wahrheit des Evangeliums darzulegen, damit die Heilkraft des Evangeliums sichtbar wird.[850] Daher ist es wichtig, dass das Wort Gottes unverkürzt und unverfälscht ausgelegt wird.[851] „Der Priester darf nicht der Versuchung nachgeben, ein bequemes Gesetz zu verkündigen. Das wäre Verrat an Christus. Es wäre aber auch ein Betrug an den Menschen. Die Menschen haben Anspruch auf eine ungebrochene, eindeutige und konkrete Verkündigung auch der letzten Forderungen Gottes. Das ist der Dienst, den die Kirche und der Priester ihnen zu leisten haben."[852] Durch den Dienst des Wortes teilen Priester die Kraft Gottes, den Glauben zum Heil mit, denn sie sind kraft des Weiheempfanges nach dem Bild Christi beauftragt, das Heil Gottes weiterzuführen.[853]

Der Priester als Leiter, Lehrer und Diener des Sakramentes in der ihm anvertrauten Gemeinde soll sich bewusst werden: „In der Heiligen Schrift spricht die Verkündigung des Gottesreiches nicht nur von der Herrlichkeit Gottes, sondern läßt sie aus eben dieser Verkündigung hervorgehen. Das in der Kirche verkündete Evangelium ist nicht nur Botschaft, sondern eine göttliche Heilshandlung, die von denen, die glauben, die die Botschaft

846 Vgl. Vat II, SC, Nr. 35.
847 Vgl. CIC/1983, c. 1008.
848 Vgl. Wiedenhofer, Ekklesiologie, 111.
849 Vgl. Vat II, PO, Nr. 4.
850 Vgl. PO, Nr. 4. Vgl. dazu Gal 2, 5.
851 Vgl. May, Priester und priesterliche Lebensform, 24.
852 May, Priester und priesterliche Lebensform, 24–25.
853 Vgl. Vat II, LG, Nr. 26.

hören, ihr folgen und sie annehmen, erfahren wird."[854] Der priesterliche Dienst am Wort (Verkündigung) soll nicht bloß als eine akademische Weitergabe einer Botschaft verstanden werden, sondern er muss ein Wort des Lebens sein.[855] Der Priester als Diener des Wortes muss auch dafür Sorge tragen, dass sein persönliches Verhalten keine Barriere zur Wirkungskraft des Wortes ist. Deshalb muss er „zuallererst selber eine große persönliche Vertrautheit mit dem Wort Gottes entwickeln: [...] Der Priester muß der erste ‚Glaubende' des Wortes sein in dem vollen Bewußtsein, daß die Worte seines Dienstes nicht ‚seine', sondern die Worte dessen sind, der ihn ausgesandt hat."[856] Es widerspricht also dem Geist des Evangeliums, wenn Priester sich selbst als *Herrn des Wortes* betrachten, vielmehr müssen sie bedenken, dass sie nur Diener des Wortes sind.[857] Der Priester soll sich deshalb nicht als der alleinige Besitzer des Wortes sehen, er schuldet das Wort Gottes der Gemeinde und er muss auch sein Leben nach dem Wort ausrichten.[858]

Von den Priestern wird also eine aufrichtige und lebendige Liebe zum Wort Gottes verlangt.[859] Darüber hinaus soll der Priester als Diener des Wortes ein Mann des Gebetes sein, denn es besteht eine untrennbare Verbindung zwischen persönlichem Gebet und Verkündigung.[860] Demzufolge muss der Verkünder erst das Wort Gottes im persönlichen Gebet betrachten und meditieren, um es authentisch auslegen zu können. Er soll ebenso bedenken, dass es „der Vorrang des gelebten Zeugnisses [ist], das die Macht der Liebe Gottes entdecken läßt und sein Wort überzeugend macht"[861]. Denn Verkündigungsdienst heißt nicht bloß, seine eigene Weisheit vorzutragen, sondern es muss Gottes Wort sein.[862] Damit der Dienst am Wort wirksam und fruchtbar wird, soll der Verkünder dafür Sorge tragen, dass er nur Christus verkündet. Eine fruchtbare Botschaft des Evangeliums gründet auf „einen vollständigen und wohlbegründeten, leidenschaftlichen Dienst am Wort mit

854 Kongr. Klerus, Der Priester, Lehrer des Wortes, 17.
855 Vgl. Röm 1, 16.
856 Johannes Paul II., PDV, Nr. 26.
857 Vgl. Johannes Paul II., PDV, Nr. 26.
858 Vgl. Paul VI., Evangelii Nuntiandi, Nr. 15.
859 Vgl. Vat II, DV, Nrn. 8, 10. Vgl. dazu Johannes Paul II., PDV, Nr. 26.
860 Vgl. Kongr. Klerus, Der Priester, Lehrer des Wortes, 19.
861 Kongr. Klerus, Tota Ecclesia, Nr. 45.
862 Vgl. Vat II, PO, Nr. 4.

klarem theologischem, spirituellem, liturgischem und moralischem Inhalt, der auf die konkreten Bedürfnisse der Menschen, die erreicht werden sollen, achtet."[863] Denn der Verkündigungsdienst des Priesters „heißt nämlich, mit allen zur Verfügung stehenden ehrlichen und geeigneten Mitteln die Inhalte der geoffenbarten Wahrheiten [...] zu verkünden und zu verbreiten. Und es heißt zugleich auch, durch die moralische und geistliche Bildung diese Wahrheiten ins konkrete Leben, in Zeugnis und missionarischen Einsatz umzusetzen."[864]

In Erfüllung des Verkündigungsauftrages ist die Nutzung der modernen Kommunikationsmittel unumgänglich,[865] jedoch muss der Verkünder „aus einer echten Sicht des Glaubens sprechen, aber mit Worten, die in den verschiedenen Milieus verständlich sind, und nie in einem Fachjargon und auch nicht mit Zugeständnissen an den Geist der Welt."[866] Es ist nicht hilfreich, Sprüche und Worte zu verwenden, die der Gemeinde fremd und unbrauchbar sind. Darüber hinaus ist eine gute Kenntnis der kulturellen Situation der ihm anvertrauten Gemeinde notwendig. Die Predigt muss nicht immer lang sein und soll auch keine Drohbotschaft sein, sondern eine befreiende Botschaft, die dem Menschen das wahre Leben und die wahre Hoffnung schenkt.[867] „Da Gott in der Heiligen Schrift durch Menschen nach Menschenart gesprochen hat, muß der Schrifterklärer, um zu erfassen, was Gott uns mitteilen wollte, sorgfältig erforschen, was die heiligen Schriftsteller wirklich zu sagen beabsichtigten und was Gott mit ihren Worten kundtun wollte."[868] Der Priester muss deshalb immer bereit sein, mit seinen Zuhörern über die Heilige Schrift, besonders bei den sogenannten Bibelstunden, zu sprechen[869] und ihnen den geistigen Zugang zur Heiligen Schrift ermöglichen.

Darüber hinaus muss er in seiner biblischen Auslegung die lebendige Überlieferung und die Analogie des Glaubens der Gesamtkirche berücksichtigen.[870]

863 Kongr. Klerus, Der Priester, Lehrer des Wortes, 20.
864 Kongr. Klerus, Der Priester, Lehrer des Wortes, 21.
865 Vgl. Vat II, IM, Nrn. 2, 3.
866 Kongr. Klerus, Der Priester, Lehrer des Wortes, 24.
867 Vgl. Vat II, DV, Nr. 21.
868 Vat II, DV, Nr. 12.
869 Vgl. Vat II, AG, Nrn. 6, 8.
870 Vgl. Benedikt XVI., Verbum Domini, 34.

Nur durch eine sorgfältige Berücksichtigung der kirchlichen Tradition und Lehre „kann man von einer theologischen Exegese sprechen, die allein der Heiligen Schrift angemessen ist.“[871] Der Priester als Diener des Wortes muss immer bedenken, dass er dazu berufen, geweiht und gesandt ist, „allen das Evangelium vom Reich Gottes zu verkünden, indem er jeden Menschen zum Glaubensgehorsam ruft und die Gläubigen zu einer immer tieferen Kenntnis und Gemeinschaft des Geheimnisses Gottes führt, das uns in Christus geoffenbart und mitgeteilt wurde. Darum muß der Priester [...] sich dem Wort mit bereitem und betendem Herzen nähern, damit es tief in seine Gedanken und Gefühle eindringt und in ihm eine neue Gesinnung erzeugt – ‚den Geist Christi‘ (*1 Kor* 2,16) [...].“[872] Auch müssen die priesterlichen „Worte, Entscheidungen, Einstellungen und Haltungen zunehmend eine Transparenz, eine Verkündigung und ein Zeugnis des Evangeliums darstellen.“[873] Nur so kann der Priester ein vollkommener Diener des Wortes werden, die Wahrheit erkennen und so wirklich frei werden.[874]

Die Priester als Diener des Wortes müssen sich immer bewusst sein, dass sie auch kraft ihrer Berufung und Weihe in Gott hineingezogen sind, „indem sie in das Wort Gottes eingetaucht werden. Das Wort Gottes ist gleichsam das Bad, das sie reinigt, die schöpferische Macht, die sie umformt in Gottes Sein hinein.“[875] Sie sind also angehalten, eine tiefe persönliche Beziehung zum Wort Gottes zu pflegen, insbesondere in der *lectio divina*, denn aus dieser Beziehung nährt sich die Berufung selbst: Im Licht und in der Kraft des Wortes Gottes kann die eigene Berufung entdeckt, verstanden, geliebt und befolgt und die eigene Sendung erfüllt werden.[876]

3.3.2.3 Der Priester und die Homilie

Die Homilie hat große Bedeutung in der Liturgie, besonders bei der eucharistischen Feier, denn sie ist ein Teil der liturgischen Handlungen.[877] Der

871 Benedikt XVI., Beitrag, 19.
872 Johannes Paul II., PDV, Nr. 26.
873 Johannes Paul II., PDV, Nr. 26.
874 Vgl. Johannes Paul II., PDV, Nr. 26.
875 Benedikt XVI., Homilie, 355.
876 Vgl. Johannes Paul II., PDV, Nr. 47.
877 Vgl. Vat II, SC, Nrn. 24, 52.

Priester als Verkünder hat vor allem „die Aufgabe, ein tieferes Verstehen und eine umfassendere Wirksamkeit des Wortes Gottes im Leben der Gläubigen zu fördern."[878] Kraft des Weiheempfanges ist der Priester verpflichtet, das Wort Gottes an die ihm anvertraute Gemeinde auszulegen. Es ist daher eine seiner höchsten Aufgaben, an Sonn- und Feiertagen bei der eucharistischen Feier die Predigt (Homilie) zu halten.[879] Diese Pflicht kann nur aus schwerwiegenden Gründen entfallen,[880] denn das Volk Gottes hat das Recht, von den Priestern die Predigt zu verlangen.[881] Auch an Wochentagen darf Homilie gehalten werden,[882] diese Predigt darf nur vom Priester oder gegebenenfalls dem Diakon vorgetragen werden.[883] Während der Codex von 1917 die Prediger zur rechten Ausübung des Predigtdienstes ermahnt,[884] legt das geltende Recht im Einklang mit den Konzilsaussagen kurz Inhalt, Form und Methode der Predigt dar.[885] Nach dem Codex von 1983 sind die Priester bei der Homilie verpflichtet, „den Gläubigen vor allem darzulegen, was zur Ehre Gottes und zum Heil der Menschen zu glauben und zu tun nötig ist."[886] Außerdem müssen sie den Gläubigen die Lehre aufzeigen, „die das Lehramt der Kirche vorträgt über die Würde und die Freiheit der menschlichen Person, über die Einheit und Festigkeit der Familie und deren Aufgaben, über die Pflichten, die den Menschen in der Gesellschaft aufgegeben sind, wie auch über die nach der gottgegebenen Ordnung zu regelnden weltlichen Angelegenheiten."[887]

Die Priester, die Pfarreitätigkeiten ausüben, müssen dafür Sorge tragen, dass die kirchliche Lehre zeitgemäß und angepasst vorgetragen wird.[888] Deshalb müssen sie ihre Predigt sorgfältig vorbereiten, indem sie sich auf

---

878 Benedikt XVI., Sacramentum Caritatis, Nr. 46.
879 Vgl. CIC/1983, cc. 762, 767, 771.
880 Vgl. CIC/1983, c. 767 § 2.
881 Vgl. CIC/1983, c. 213.
882 Vgl. CIC/1983, c. 767 § 3.
883 Vgl. CIC/1983, c. 767 § 1. Vgl. dazu CCEO, c. 614 § 4.
884 Vgl. CIC/1917, c. 1347.
885 Vgl. Mussinghoff, Predigt des Wortes Gottes, vor c. 762, Rd.-Nr. 5. Vgl. dazu CIC/1983, cc. 768–769.
886 CIC/1983, c. 768 § 1.
887 CIC/1983, c. 768 § 2.
888 Vgl. CIC/1983, c. 769.

eine angemessene Kenntnis der Heiligen Schrift stützen.[889] Darüber hinaus sollen Priester bei der Predigtauslegung oberflächliche und abstrakte Worte sowie Begriffe, die den Gläubigen unverständlich sind, vermeiden. Die Homilie oder das verkündete Wort Gottes muss in Verbindung mit der sakramentalen Feier stehen,[890] denn wenn die Gläubigen das Wort Gottes hören und ihr Leben danach ausrichten, schöpfen sie Kraft und Rückhalt für ihr Leben.[891] Die Homilie kann u. a. Bußpredigt, Heilsansage oder Wort des Trostes sein,[892] und wird auch bei Begräbnissen oder Hochzeiten und zusätzlichen Gottesdiensten in der Advents- und Fastenzeit empfohlen.[893]

3.3.2.4 Der Priester und die katechetische Unterweisung

Die Priester sind nach geltendem Recht nicht nur dazu verpflichtet zu predigen, sondern auch durch katechetische Unterweisung das Wort Gottes auszulegen, um die Gläubigen zu erreichen.[894] Zwar haben alle Christgläubigen kraft ihres Taufempfanges die Verkündigungsaufgaben inne, jedoch ist der Seelsorger verantwortlich für Predigt, Homilie und katechetische Instruktion.[895] Jeder Priester muss immer bedenken: „Glaubensvermittlung gehört zu den Grundfunktionen des seelsorgerlichen Dienstes. Unterlassung oder Vernachlässigung ist eine strafbare Dienstverletzung (c. 1389).“[896] Der Bischof als Hauptverkünder des Evangeliums ist zuständig für die Förderung, Koordination und Überwachung der katechetischen Tätigkeiten in seiner Diözese.[897] Allerdings darf er Teile dieser Aufgaben an geeignete Priester delegieren.[898] Der Pfarrer als Leiter der ihm anvertrauten Gemeinde ist ebenso berufen, die katechetische Instruktion in der Pfarrei rechtmäßig zu leiten.[899]

889 Vgl. Kongr. Klerus, Direktorium für Dienst und Leben der Priester, Nr. 62.
890 Vgl. Vat II, SC, Nr. 52.
891 Vgl. Vat II, DV, Nr. 21.
892 Vgl. Mussinghoff, Predigt des Wortes Gottes, vor c. 762, Rd.-Nr. 7.
893 Vgl. Vat II, SC, Nr. 52.
894 Vgl. CIC/1983, cc. 761, 773, 774, 777. Vgl. dazu CCEO, c. 609.
895 Vgl. CIC/1983, c. 774 § 1.
896 Stoffel, Verkündigung, 675.
897 Vgl. Stoffel, Verkündigung, 675.
898 Vgl. CIC/1983, c. 775 § 1.
899 Vgl. CIC/1983, cc. 776, 528 § 1.

Die Laien können nach Absprache mit dem Ortsgeistlichen ausgewählte katechetische Tätigkeiten wie z. B. sakramentale Vorbereitungen vollziehen.[900] Der Priester muss dennoch kraft seines Amtes dafür Sorge tragen, dass alle, vor allem Kinder, ordnungsgemäß vor dem sakramentalen Empfang unterrichtet werden,[901] besonders vor dem Empfang des Erstkommunions- und des Firmungssakramentes.[902] Diese Aufgabe kann er jedoch mit erfahrenen Laien gestalten.[903] Menschen mit körperlichen oder geistigen Behinderungen sollen unterrichtet werden, soweit es ihre Situation zulässt.[904] Ebenso müssen die Priester dafür sorgen, dass Jugendliche und Erwachsene im Glauben unterrichtet werden.[905] Nach c. 779 ist die Verwendung katechetischer Hilfsmittel wie Zeitschriften, Testbücher und audiovisueller Mittel erlaubt.

3.3.2.5 Die priesterlichen missionarischen Dienste

Die Kirche hat den Auftrag, die Heilssendung Christi in der Welt zu verwirklichen. „So müht sie sich gemäß dem innersten Anspruch ihrer eigenen Katholizität und im Gehorsam gegen den Auftrag ihres Stifters, das Evangelium allen Menschen zu verkünden."[906] In dieser Hinsicht hat die Kirche missionarischen Charakter.[907] Missionarische Kirche bedeutet, „Bereitschaft zum missionarischen Zeugnis einzubringen. Dies gilt für jeden, der getauft und gefirmt ist, und es gilt an allen Orten, an denen Frauen und Männer als Christen leben. Wie das gemeinsame Priestertum der Getauften alle zum Aufbau der kirchlichen Gemeinschaft befähigt (Communio), so sind auch alle in die Sendung (Missio) und damit zum missionarischen Zeugnis gerufen."[908] Die Kirche als Leib Christi hat dennoch die Aufgabe, vor allem das Wort der Wahrheit zu verbreiten und somit die Herrlichkeit und

900 Vgl. CIC/1983, c. 776. Vgl. dazu CCEO, c. 624.
901 Vgl. CIC/1983 c. 774 § 1.
902 Vgl. CIC/1983, c. 777 2°.
903 Vgl. CIC/1983, c. 777 1°–3°.
904 Vgl. CIC/1983, c. 777 4°.
905 Vgl. CIC/1983, c. 777 5°.
906 Vat II, AG, Nr. 1.
907 Vgl. Vat II, AG, Nr. 2.
908 Lehmann, Zum Geleit, 5.

Barmherzigkeit Gottes zu vergegenwärtigen.[909] Um Gottes Heil auf der Welt zu vollenden, hat Christus, der Herr, die Kirche gegründet und sie in die Welt gesandt. Nach dem Evangelisten Matthäus ist die Mission die eigentliche Aufgabe der Kirche.[910] Alle Christgläubigen haben somit kraft des Empfanges der Initiationssakramente die Pflicht zu missionieren.[911] Obwohl alle missionieren können, ist die Mission primär die Aufgabe der kirchlichen Autorität, vor allem des Papstes mit den Bischöfen und den Priestern.[912] Da zu missionieren die eigentliche Aufgabe der Geweihten ist, sind entsprechendes Wissen und Kenntnis der Mission (Studium) wichtig,[913] ebenso bedürfen die Missionare auch der Sendungsmacht (*missio canonica*).[914]

Ursprünglich galten die missionarischen Tätigkeiten der Bekehrung der heidnischen Völker (*missio externa*). Ab dem 18. Jahrhundert wurden Änderungen vorgenommen.[915] Die Mission beschränkte sich nun nicht mehr primär auf die Spendung des Taufsakramentes, sondern stellte die Verbreitung des Evangeliums in den Vordergrund. Mit der Erklärung über das Verhältnis der Kiche zu den nichtchristlichen Religionen, Nostra aetate, anerkannte die Kirche nach vielen Jahrhunderten die Gottespräsenz in den anderen Religionen.[916] Paul VI. öffnete in seiner Enzyklika Ecclesiam suam den Weg für den Dialog mit den nichtchristlichen Religionen und bestätigte, dass Gottes Präsenz in allen Religionen gegenwärtig ist.[917] Trotz dieser Erklärungen bleibt die Kirche, so Lumen Gentium, das universale Sakrament des Heiles für alle Menschen[918] und die Evangelisierung der Völker ist ihre Grundaufgabe.[919] Sie erfüllt diese Pflicht insbesondere bei denen, die das Evangelium noch nicht gehört haben oder bei denen es noch nicht verwurzelt ist.[920]

909 Vgl. Vat II, AG, Nr. 5.
910 Vgl. Mt 28, 19.
911 Vgl. Ohm, Mission, 454.
912 Vgl. CIC/1983, cc. 782–785.
913 Vgl. Glazik, Missionar, 457.
914 Vgl. Ohm, Mission, 453.
915 Vgl. Mörsdorf, Missio Canonica, 452.
916 Vgl. Vat II, NA, Nrn. 1–5.
917 Vgl. Johannes Paul II., Pastor Bonus, Art. 85.
918 Vgl. Vat II, LG, Nr. 48.
919 Vgl. Vat II, LG, Nrn. 35, 48, 59.
920 Vgl. Vat II, LG, Nr. 6.

Für die Überprüfung des ordnungsgemäßen Dienstes der Missionierung ist die Kongregation für die Evangelisierung der Völker zuständig.[921] Diese Grundsätze haben ihren Niederschlag in der von der Kongregation für die Evangelisierung der Völker veröffentlichten Instruktion Quo aptius vom 24.2.1969.[922] In dieser Instruktion, so Mussinghoff/Kahler, stellte die Kongregation „die lehrmäßigen Grundlagen und Richtlinien für die Umsetzung der missionarischen Zusammenarbeit von Heiligem Stuhl und Ortskirche zusammen."[923] Mit der Enzyklika Redemptoris Missio von 1990 gab Johannes Paul II. den missionarischen Tätigkeiten und dem Wirken der Kirche neue Impulse.[924] Durch diese Enzyklika wurden das Verhältnis und die Beziehung zwischen der katholischen Kirche und anderen Religionen vertieft. In der Begegnung mit Andersgläubigen sollen Katholiken durch das Zeugnis eines guten Lebens, durch Frömmigkeit, Nächstenliebe, Offenheit und Gastfreundschaft die anderen gewinnen.[925] Die friedliche Aufnahme der Andersgläubigen in den christlichen Kreis gilt als Zeugnis ohne Worte.[926] Durch die missionarischen Tätigkeiten der Priester wird „die Heilssendung des Sohnes gleichsam in der Geschichte fortgesetzt, damit ihr ursprüngliches Ziel, alle Menschen mit dem Heilsratschluss Gottes bekannt zu machen, erreicht werden kann."[927] Der Priester in der Gemeinschaft mit dem Bischof hat eine universale Sendung, die er jedoch ohne Mitwirkung der Laien nicht erfolgreich durchführen kann.[928] Es ist deshalb erforderlich, dass der Priester aktiv mit den Laien zusammenarbeitet, um die Frohe Botschaft zu verkünden. Denn die kirchliche missionarische Sendung ist mit Christus verbunden und zugleich mit allen Menschen.[929]

Der Priester als Missionar tritt aufgrund seiner Weihe gleichsam in die Sendung Christi ein, gleichzeitig wird durch seinen Dienst am Wort und durch das Zeugnis seines Lebens die missionarische Sendung Christi

921 Vgl. Paul VI., Ecclesiae sanctae, III 13–14.
922 Vgl. Kongr. Evang., Quo aptius ad effectum, 276–281.
923 Mussinghoff/Kahler, Missionstätigkeit, Einleitung vor c. 781, Rd.-Nr. 7.
924 Vgl. Johannes Paul II., Redemptor Missio, 249–340.
925 Vgl. DBK, Zeit zur Aussaat, 16.
926 Vgl. DBK, Zeit zur Aussaat, 16–17.
927 Krämer, Geht hinaus, 128.
928 Vgl. Vat II, AA, Nr. 6.
929 Vgl. Vat II, AG, Nrn. 23–24.

fortgesetzt,[930] und deshalb soll er die ihm anvertraute Gemeinde immer wieder neu mit dem Anspruch Jesu konfrontieren. Nicht nur soll er dem einzelnen Christen seine jeweilige Sendung bewusst machen, sondern ihm helfen, diese Sendung wahrzunehmen und auszuüben.[931] Die kirchliche universale Heilssendung wird vor allem dort erfahrbar und vergegenwärtigt, „wo der Priester durch die Art und Weise, in der er seinen Dienst wahrnimmt, deutlich macht, dass er niemals im exklusiven Sinn nur für eine bestimmte Gruppe ‚zuständig' sein kann, sondern grundsätzlich ‚für alle' da ist. Dem bewussten Überschreiten bestehender Grenzen, dem am Beispiel Jesu orientierten Zugehen auf Menschen, die am Rande stehen oder von den gegenwärtigen Strukturen pastoralen Handelns nicht erreicht werden, kommt dabei eine Vorbildfunktion zu, [...]."[932] In ähnlicher Weise sollen die Bischöfe dafür Sorge tragen, ihren missionarischen Dienst nicht nur in allen Bereichen der ihnen anvertrauten Teilkirche auszuüben, sondern im Zusammenhang mit dem Bischofskollegium Verantwortung für die universale Sendung Christi zu übernehmen.[933] Es ist deshalb erforderlich, dass einige Diözesanpriester für einen begrenzten Zeitraum in die Missionsgebiete ausgesandt werden.[934]

Darüber hinaus müssen Priester als engste Mitarbeiter des Bischofs zusammen mit ihm die Verantwortung für die Mission tragen.[935] Die Priester als ‚Missionare' „müssen offen sein für die Bedürfnisse der Kirche und der Welt"[936] und so bereit sein, überall auf der Welt zu missionieren, besonders bei den Armen und Geringen.[937] In allen ihren Diensten und Aktivitäten müssen sie das rechte Herz und die rechte Mentalität für die Mission haben,[938] d. h. ihre missionarischen Methoden müssen in voller Übereinstimmung mit der Lehre der Kirche sein.[939] Wenn auch in manchen Situationen

930 Vgl. Paul VI., Evangelii Nuntiandi, 41.
931 Vgl. Krämer, Geht hinaus, 135.
932 Krämer, Geht hinaus, 137–138.
933 Vgl. Vat II, LG, Nr. 23. Vgl. dazu Vat II, AG, Nr. 38.
934 Vgl. Vat II, AG, Nrn. 23–25.
935 Vgl. Kongr. Klerus, Direktorium für Dienst und Leben der Priester, 16.
936 Johannes Paul II., Redemptoris Missio, Nr. 67.
937 Vgl. Kongr. Klerus, Identität des Priesters, 307.
938 Vgl. Johannes Paul II., Redemptoris Missio, Nr. 67.
939 Vgl. Kongr. Klerus, Direktorium für Dienst und Leben der Priester, 16.

die Mission unwirksam und erfolglos erscheint, sollen die Priester trotzdem nicht mutlos werden und ihre Tätigkeit aufgeben,[940] denn die Evangelisierung bleibt die zentrale Aufgabe der Kirche. Als Missionar muss der Priester die Zeichen der Zeit berücksichtigen, vor allem die Verhältnisse in der Gesellschaft überprüfen und mit allen Mitteln herausfinden, wie man den Menschen unserer Zeit die christliche Botschaft näherbringen kann,[941] unabhängig von Geschlecht und Kultur.

3.3.2.6 *Der priesterliche missionarische Auftrag nach geltendem Recht*

Während der Codex von 1917 von äußerer Mission sprach und dem Papst die Vollmacht der missionarischen Dienste reservierte,[942] werden im Codex von 1983 allen Christgläubigen missionarische Aufgaben übertragen,[943] allerdings mit dem Papst und den Bischöfen als den ordentlichen Zuständigen für die Mission.[944] Obwohl der Papst als sichtbarer Repräsentant der Einheit der Kirche Hauptsorge für die missionarischen Dienste der Kirche tragen soll,[945] haben ebenfalls die Kongregation für die Evangelisierung der Völker und das Bischofskollegium in der weltweiten Ausbreitung des Evangeliums mitzuwirken.[946] Das II. Vatikanum forderte in seiner Missionstheologie ein Lebenszeugnis aller Getauften und einen aktiven missionarischen Einsatz,[947] deshalb wurde Priestern und Bischöfen kraft des Weiheempfanges die Vollmacht übertragen, das Evangelium in ihrem jeweiligen Seelsorgebereich zu verkünden (*communio hierarchia*).[948] Obwohl Priester kraft des sakramentalen Weiheempfanges mit den Bischöfen missionarische Dienste leisten

940 Vgl. Kongr. Klerus, Direktorium für Dienst und Leben der Priester, 17.
941 Vgl. Paul VI., Evangelii Nuntiandi, Nr. 3.
942 Vgl. CIC/1917, c. 1350 § 2.
943 Vgl. CIC/1983, c. 781.
944 Vgl. CIC/1983, cc. 781–783. Vgl. auch CCEO, cc. 584–594.
945 Vgl. CIC/1983 c. 782 § 1. Vgl. dazu Vat II, LG, Nr. 2. Vgl. auch Vat II, AG, Nr. 29.
946 Vgl. CIC/1983, cc. 756 § 1, 782, 342. Vgl. dazu Vat II, AG, Nr. 29.
947 Vgl. Vat II, AG, Nr. 11.
948 Vgl. CIC/1983, cc. 747, 1453 § 1. Vgl. dazu Vat II, AG, Nr. 39. Vgl. auch Vat II, CD, Nr. 30.

müssen,[949] sind auch Ordenspersonen verpflichtet, je nach der Eigenart ihrer Normen (Konstitutionen) in besonderer Weise zu verkünden.[950] Zwar sind Priester in einer bestimmten Teilkirche (Diözese oder Ordensgemeinschaft) eingebunden, sie müssen jedoch bereit sein, überall auf der Welt die Frohe Botschaft zu verkünden. Demzufolge darf es nicht der Fall sein, dass die Priester oder die kirchlichen Gemeinden nur auf sich selbst fixiert sind und dabei die anderen aus dem Blick verlieren, denn die kirchlichen und priesterlichen missionarischen Aufträge überschreiten jede Grenze.[951]

Die Tätigkeit des Ordensinstitutes ist unverzichtbar, um die kirchlichen missionarischen Aufgaben zu erfüllen.[952] Die Mitglieder der Institute des geweihten Lebens sind kraft ihrer Weihe bzw. Konsekration verpflichtet zu missionieren.[953] Ordensmitglieder müssen bereit sein, ihre missionarische Arbeit überall in der Welt zu verrichten.[954] Missionarische Tätigkeit soll nicht nur als Auslandseinsatz verstanden werden, sondern sie kann z. B. auch im eigenen Land stattfinden. Jeder Missionar, ob Laie oder Geweihter, muss bedenken, dass das Ziel der Missionstätigkeit die Einpflanzung des Evangeliums ist, besonders in Ländern und Gruppen, in denen die Kirche noch nicht verwurzelt ist.[955] Diese Aufgabe der Kirche, das Evangelium in den Menschen einzupflanzen, kann auch von Laien, Katecheten, Ordensfrauen und Ordensmännern erfüllt werden.[956] Die Missionare, vor allem die Priester, sollen durch das Zeugnis ihres Lebens und ihres Wortes die Ungläubigen überzeugen.[957] In allem müssen sie bedenken, dass ihre Hauptaufgabe die Verkündigung der Frohen Botschaft ist.[958] In ihrem missionarischen Eifer sollen sie jeglichen Akt von Glaubenszwang vermeiden, denn niemand hat „das Recht, Menschen zur Annahme des katholischen Glaubens gegen ihr

---

949 Vgl. CIC/1983, c. 757.
950 Vgl. CIC/1983, cc. 758, 783.
951 Vgl. Krämer, Geht hinaus, 138.
952 Vgl. Mussinghoff, Aufgabe der Ordensleute, c. 783, Rd.-Nr. 1.
953 Vgl. CIC/1983, c. 758.
954 Vgl. CIC/1983, c. 784.
955 Vgl. CIC/1983, c. 786.
956 Vgl. CIC/1983, cc. 784, 785 § 1.
957 Vgl. CIC/1983, c. 787. Vgl. dazu Vat II, AG, Nr. 12.
958 Vgl. Vat II, AG, Nr. 1.

Gewissen durch Zwang zu bewegen."[959] Durch Dialog und Zeugnis eines christlichen Lebens, Solidarität mit den Notleidenden und Liebe zu allen werden sie die Menschen erreichen.[960]

In einer Welt mit unterschiedlichsten Kulturen müssen die Missionare den Traditionen, Religionen und Kulturen der Missionsgebiete mit Achtung, Respekt und Dialogbereitschaft begegnen.[961] Gemäß dem Missionsdekret ist Zusammenarbeit zwischen den einheimischen Priestern und Missionaren oder Priestern aus dem Ausland erforderlich. „Die einheimischen Priester sollen in den jungen Kirchen mit Eifer das Werk der Glaubensverkündigung in Angriff nehmen; dabei sollen sie mit den auswärtigen Missionaren zusammenarbeiten, [...] und zwar nicht nur zur Betreuung der Gläubigen und zur Feier des Gottesdienstes, sondern auch zur Predigt des Evangeliums denen, die draußen sind."[962] Um diesen missionarischen Aufgaben gerecht zu werden, sind geeignete Helfer, vor allem Katecheten, erforderlich.[963] Darüber hinaus ist es die Aufgabe der Bischöfe, Dialogmöglichkeiten miteinander zu finden, damit genügend Missionare zur Verfügung stehen.[964] Jeder Priester soll sich immer bewusst sein, dass er für die ganze kirchliche missionarische Sendung Verantwortung trägt und deswegen ist es erforderlich, dass die Missionare nicht nur die Sprache und Kultur des jeweiligen Missionslandes verstehen und respektieren, sondern ihre Hauptpriorität soll der Verkündigungsdienst sein.[965]

Durch besondere Berufung sind diejenigen gezeichnet, die im Besitz der erforderlichen natürlichen Anlagen geeignet sind, die Missionsarbeit auf sich zu nehmen.[966] Um eine erfolgreiche missionarische Tätigkeit möglich zu machen, muss der Missionar „initiativfreudig sein, beharrlich in der Durchführung von Unternehmen und ausdauernd in Schwierigkeiten. Geduldig und starkmütig muß er Einsamkeit, Ermüdung und Mißerfolge tragen lernen. In geistiger Aufgeschlossenheit und Offenheit des Herzens

959 CIC/1983, c. 748 § 2.
960 Vgl. CIC/1983, c. 787 § 1. Vgl. dazu CCEO, c. 592 § 2.
961 Vgl. CIC/1983, cc. 787 § 1, 769, 779. Vgl. dazu Vat II, AG, Nr. 11.
962 Vat II, AG, Nr. 20.
963 Vgl. CIC/1983, c. 785 § 1. Vgl. dazu Vat II, AG, Nr. 20.
964 Vgl. CIC/1983, cc. 790–792.
965 Vgl. Vat II, AG Nr. 26.
966 Vgl. Vat II, AG, Nr. 23.

muß er auf die Menschen zugehen können. [...] In aller Eintracht und in gegenseitiger Liebe wird er mit seinen Mitbrüdern und allen, die sich der gleichen hohen Aufgabe widmen, im Team zusammenarbeiten."[967] Wer sich zu einem anderen Volk begeben will, muss dessen Erbe, Sprache und Brauchtum hochachten, so das Konzil weiter.[968]

3.4 Priesterliches Leitungsamt

3.4.1 Allgemeine priesterliche Leitungsaufgaben

Aufgrund des Weiheempfanges haben die Priester nicht nur die Aufgabe zu heiligen und zu verkünden, sondern auch zu leiten.[969] Das Weihesakrament bildet und befähigt den Bischof und die Priester zur Ausübung ihrer Leitungsaufgabe, die es aufgrund göttlicher Einsetzung in der Kirche gibt.[970] Die Priester üben im Auftrag der zuständigen kirchlichen Autorität (Bischof oder Ordensoberer) die Leitung der Gemeinde oder kirchlichen Verbände aus. Sie repräsentieren dadurch die jeweilige kirchliche Autorität.[971] Da nur Kleriker solche Ämter innehaben können, zu deren Ausübung Weihe oder Leitungsvollmacht erforderlich ist,[972] wird vorausgesetzt, „daß die Weihevollmacht im Weihesakrament selbst verliehen wird und nicht entzogen werden kann (c. 1338 § 2); sie kann nur in ihrer Ausübung – auch strafrechtlich – eingeschränkt oder gänzlich untersagt werden (cc. 292, 1333 § 1, n. 1)."[973] Die kirchliche Leitungsbefugnis ist allerdings nicht dazu da, um zu herrschen und zu regieren wie in einem normalen staatlichen Leitungsverständnis, sondern die Priester sind hauptsächlich berufen zu dienen.[974] Der Priester hat kraft des Weiheempfanges heilige und geistliche Vollmacht, jedoch besteht ein Unterschied zwischen der Weihevollmacht (*potestas ordinis*) und Leitungs- bzw. Jurisdiktionsvollmacht (*potestas regiminis*).[975]

967 Vat II, AG, Nr. 25.
968 Vgl. Vat II, AG, Nr. 26.
969 Vgl. CIC/1983, c. 1008.
970 Vgl. CIC/1983, c. 129 § 1.
971 Vgl. Hallermann, Novus aut Antiquus Habitus Mentis?, 243–244.
972 Vgl. CIC/1983, cc. 150, 274 § 1.
973 Krämer, Vollmacht, 151.
974 Vgl. Joh 10, 11.
975 Vgl. Krämer, Vollmacht, 149.

Nach Lumen Gentium stehen „Amtsträger, die mit heiliger Vollmacht ausgestattet sind, [...] im Dienste ihrer Brüder, damit alle, die zum Volke Gottes gehören und sich daher der wahren Würde eines Christen erfreuen, in freier und geordneter Weise sich auf das nämliche Ziel hin ausstrecken und so zum Heile gelangen."[976] Die priesterliche Leitungsvollmacht kann jedoch nicht unabhängig vom Bischof ausgeübt werden.[977] Als *alter Christus* müssen und sollen Priester und Bischöfe sich wie der Gute Hirte verhalten, der gekommen ist, nicht um sich bedienen zu lassen, sondern um zu dienen und sein Leben hinzugeben für seine Herde.[978] Das Zweite Vatikanum bevorzugt den Begriff *munus* (Dienstamt) anstatt *potestas* und unterscheidet dadurch zwischen *munus regendi, munus docendi* und *munus sanctificandi.*[979] Der Priester hat allerdings nicht nur externe Leitungsfunktion (sein Leitungsamt ist also nicht nur für das *forum externum*), sondern auch Leitungsfunktion im inneren Bereich (*forum internum*),[980] und bildet kraft seiner „Gewalt, die er innehat, das priesterliche Volk heran und leitet es [...]"[981] zusammen mit dem Bischof. Eine enge Zusammenarbeit in hierarchischer Gemeinschaft mit dem Bischof ist deshalb unumgänglich.

Da die kirchliche Sendung vor allem in der Verkündigung des Erbarmens Gottes an alle Menschen durch die kirchlichen Autoritäten besteht,[982] soll der Priester sich vor allem die „innere Einstellung des Meisters zu eigen machen und wie Er als Geschenk für seine eigenen Brüder leben [...]. Deshalb muß er lernen, sich mit der Opfergabe innig zu vereinen, indem er auf dem Opferaltar sein ganzes Leben als sichtbares Zeichen der freien und zuvorkommenden Liebe Gottes darbringt."[983] Sein Leitungsamt soll vor

---

976 Vat II, LG, Nr. 18. Vgl. dazu Vat II, LG, Nrn. 10, 27. Vgl. auch Vat II, PO, Nr. 2.

977 Vgl. Vat II, CD, Nr. 15. Vgl. dazu Vat II, LG, Nr. 28. Vgl. auch Vat II, PO, Nr. 6.

978 Vgl. Joh 10, 1–28; 21, 15–17; Mt 20, 24–28.

979 Vgl. Heimerl/Pree, Kirchenrecht, 109.

980 Unter forum externum verstehen wir solche Leitungsfunktion, die im äußeren Bereich beweisbar ist, z. B. Gemeindeleitung. Forum internum bedeutet die Vorgänge, die nur im internen Bereich, d. h. im Gewissensbereich (z. B. Sündenvergebung) stattfinden.

981 Vat II, LG, Nr. 10.

982 Vgl. Johannes Paul II., Dives in Misericordia, Nr. 13.

983 Kongr. Klerus, Tota Ecclesia, Nr. 48.

allem Zeugnis der unbegrenzten Liebe Gottes an die Menschen geben. Auch als Leiter der Gemeinde soll er bedenken, dass sein Dienst ein Geschenk Gottes ist, und in seinem täglichen Leben soll er nach Gottes Willen fragen. Als Diener Gottes müssen Priester „sich daher als lebendige Zeichen und Träger des Erbarmens betrachten, das sie nicht als ihr *Eigentum*, sondern als Geschenk *Gottes* anbieten. Ja, sie sind Diener der Liebe Gottes zu den Menschen, Diener des Erbarmens. Der Wille zum Dienst gehört als wesentliches Element zur Ausübung des Priesteramtes, was wiederum beim einzelnen auch die entsprechende moralische Disposition erfordert."[984]

Der priesterliche Dienst ist mit Opfergaben verbunden und kann nicht von Opferdarbringungen getrennt werden.[985] Das Leitungsamt des Priesters im Namen Christi und der Kirche muss immer in Einheit und Gemeinschaft mit dem Bischof ausgeübt werden, denn beide versammeln das Volk Gottes und führen es zusammen durch Christus zu Gott, dem Vater.[986] Darüber hinaus ist das priesterliche Leitungsamt nicht nur soziologisch zu verstehen wie in der politischen Welt und gemäß gesellschaftlicher Auffassung, denn es ist aus dem Weiheempfang entstanden.[987] Nach Lumen Gentium hat der Priester kraft des Weihesakramentes die Aufgabe, die Frohe Botschaft zu verkünden, den Hirtendienst auszuüben und die Gottesdienste im Namen Christi zu feiern.[988] Als Repräsentant Christi haben die Priester eine beachtliche Autorität gegenüber den Gläubigen.[989] Sie wissen jedoch, die „Gegenwart Christi im Amtsträger ist nicht so zu verstehen, daß dieser gegen alle menschlichen Schwächen gefeit wäre: gegen Herrschsucht, Irrtümer, ja gegen Sünde."[990] Deshalb brauchen sie Unterstützung und Gebet der Gläubigen.

Die Leitungsdienste der Amtsträger haben hauptsächlich das Ziel, „die ihnen anvertraute Gemeinde zur vollen Entfaltung ihres geistlichen und

984 Kongr. Klerus, Der Priester, Lehrer des Wortes, 41.
985 Vgl. Johannes Paul II., Schreiben an die Priester zum Gründonnerstag 1997, Nr. 4.
986 Vgl. Vat II, PO, Nr. 6.
987 Vgl. Kongr. Klerus, Der Priester, Lehrer des Wortes, 43.
988 Vgl. Vat II, LG, Nr. 28.
989 Vgl. Vat II, LG, Nr. 19.
990 KKK, Nr. 1550.

kirchlichen Lebens zu führen".[991] Der Priester als Leiter soll deshalb die Situation der ihm anvertrauten Gemeinde kennen, ihre Schwächen, Stärken und ihre Eigenheiten, damit er ihnen mit echter Menschlichkeit begegnen kann.[992] In seinen Leitungstätigkeiten muss er jegliche Formen der Diskriminierung vermeiden. Jedem Gemeindemitglied muss er mit Achtung und Liebe begegnen und darf nicht zu ideologischem und parteiischem Verhalten neigen, sondern soll sich als Bote des Evangeliums und Werkzeug Gottes verstehen.[993] Obwohl der Priester Leitungsaufgaben innehat, dürfen diese nicht mit bürokratischen und organisatorischen Tätigkeiten verwechselt werden, denn sein Amt ist primär zum Dienen da.[994] *In persona Christi* die Gemeinde zu leiten setzt voraus, dass der Priester seine Dienste nach dem Vorbild Christi vollzieht. Als zuverlässiger Mitarbeiter des Bischofs und unter der Führung des Heiligen Geistes soll er die Gemeinde nicht nur mit Liebe und Achtung leiten, sondern das Mysterium Christi, besonders die Eucharistie, gemäß der Tradition und Lehre der Kirche vollziehen.[995] Als Diener der Gemeinde muss der Priester immer bedenken, dass Christus die Mitte der Gemeinde ist und nicht er, darüber hinaus soll er seine eigene Person und sein Ego zurücknehmen zugunsten der Person des Herrn.[996]

Es ist deshalb erforderlich, dass der Priester seinen Dienst nicht als unterdrückende Herrschaft über die ihm anvertraute Gemeinde versteht, jedoch soll er sich nicht scheuen, seine Autorität mit Liebe auszuüben.[997] Er muss dabei aber beachten: „In enger Gemeinschaft mit dem Bischof und mit allen Gläubigen soll er vermeiden, in sein Hirtenamt Formen eines improvisierten Autoritarismus oder ‚demokratistische' Führungsbedingungen einzuführen, die der tieferen Wirklichkeit des Dienstamtes fremd sind und als Folge zur Säkularisierung des Priesters und zur Klerikalisierung der Laien führen."[998] Die priesterliche Leitungsaufgabe setzt nicht nur seine tatsächliche Präsenz in der Gemeinde voraus, sondern als Diener Gottes und der Menschen

991 Johannes Paul II., Ansprache bei Generalaudienz, 1254.
992 Vgl. Vat II, PO, Nr. 6.
993 Vgl. Vat II, PO, Nr. 6.
994 Vgl. Kongr. Klerus, Der Priester, Lehrer des Wortes, 44.
995 Vgl. Stroppel, Wider die Ausdünnung und Zerrissenheit, 20–21.
996 Vgl. Stroppel, Wider die Ausdünnung und Zerrissenheit, 39.
997 Vgl. Kongr. Klerus, Der Priester, Lehrer des Wortes, 44.
998 Kongr. Klerus, Der Priester, Lehrer des Wortes, 45.

muss er bereit sein, jedem mit freundschaftlicher und brüderlicher Liebe zu begegnen.[999] In dieser Hinsicht „ist die pastorale Bedeutung der Disziplin bezüglich der kirchlichen Kleidung zu verstehen, über die er nicht hinweggehen darf, weil sie dazu dient, seine zeitlich und räumlich uneingeschränkte Hingabe an den Dienst für Christus, für die Brüder und für alle Menschen in der Öffentlichkeit kundzutun."[1000]

Der Priester ist deshalb in seiner Dienstausübung aufgefordert, darauf zu achten, „nicht in die widersprüchliche Haltung zu verfallen, auf Grund welcher er sich der Ausübung der Autorität in seinen direkten Zuständigkeitsbereichen entziehen könnte, [...]."[1001] Er soll ein leuchtendes Beispiel und Vorbild für seine Gemeinde sein.[1002] In Gemeinschaft mit dem Bischof soll er dafür Sorge tragen, dass die Heilssendung Christi überall auf der Welt verbreitet wird.[1003] Der Priester als Leiter der ihm anvertrauten Gemeinde soll für sie leben, für sie sorgen, beten, arbeiten und sogar bereit sein, sein Leben für sie hinzugeben.[1004] Das Handeln des Priesters soll vor allem zeigen, dass er seine Gemeinde liebt, indem er jedem einzelnen Gemeindemitglied dient, diesem die Wahrheit des Gotteswortes offenbart und mit brüderlicher Achtung dessen Verfehlungen korrigiert und verzeiht.[1005] Als Stellvertreter des Guten Hirten muss er die Gefahr vermeiden, „im Hinblick auf einen persönlichen Vorteil den großen Respekt und die Verehrung zu missbrauchen, die die Gläubigen dem Priestertum und der Kirche entgegenbringen."[1006] In allem soll er bedenken, dass die Gemeinde keine herrschsüchtigen und arroganten Priester will, ihr Wunsch ist vielmehr ein gutmütiger und respektvoller Seelsorger.

---

999 Vgl. Kongr. Klerus, Der Priester, Lehrer des Wortes, 45.
1000 Kongr. Klerus, Der Priester, Lehrer des Wortes, 45.
1001 Kongr. Klerus, Der Priester, Lehrer des Wortes, 45.
1002 Vgl. Johannes Paul II., PDV, Nr. 26.
1003 Vgl. Johannes Paul II., PDV, Nr. 18.
1004 Vgl. Johannes Paul II., PDV, Nrn. 22–23. Vgl. dazu Johannes Paul II., Mulieris dignitatem, Nr. 26.
1005 Vgl. Kongr. Klerus, Direktorium für Dienst und Leben der Priester, Nr. 77. Vgl. dazu Vat II, PO, Nr. 6. Vgl. auch CIC/1983, c. 529 § 1.
1006 Kongr. Klerus, Direktorium für Dienst und Leben der Priester, Nr. 77.

3.4.2 Priesterliche Leitungsaufgaben nach geltendem Recht

Der Priester hat kraft des Weiheempfanges die Vollmacht, die Leitungsfunktion in der kirchlichen Gemeinde zu vollziehen.[1007] Nach geltendem Recht gilt ordentliche Leitungsgewalt als jene, die von Rechts wegen mit einem Amt verbunden ist.[1008] Während Weihegewalt unverlierbar ist, ist Hirtengewalt (Jurisdiktionsgewalt), die in der kanonischen Sendung übertragen wird und von der Person des Geweihten abtrennbar ist, verlierbar.[1009] Der Priester hat ordentliche Leitungsgewalt in der ihm anvertrauten Gemeinde oder Pfarrei. Sie kann eigenberechtigt sein (*propria*) oder eine einfache stellvertretende *vicaria*.[1010] Ordentliche Leitungsgewalt oder *potestas ordinaria* setzt Folgendes voraus: Ihr Träger muss ein Kirchenamt innehaben (c. 145) und die Leitungsgewalt muss aufgrund objektiven Rechts mit dem Amt verbunden sein (c. 145 § 2).[1011] Darüber hinaus setzt auch eine ordentliche Leitungsgewalt in der Pfarrei einen gültigen Weiheempfang voraus.[1012] Deswegen muss der Inhaber solcher Gewalt rechtgläubig und rechtschaffen sein und auch Seeleneifer haben.[1013]

Der Ortsordinarius ist zuständig für die Übertragung der Pfarreienstelle. In einer Pfarrei mit mehreren Priestern darf nur einer das Leitungsamt innehaben,[1014] während die anderen Priester Vikare sind. Nach c. 130 ist die Leitungsfunktion in zweierlei Bereiche zu unterscheiden, nämlich in *forum internum* und *forum externum*. „Im äußeren Bereich (*forum externum*) wird kirchliche Leitungsvollmacht in einer rechtlich *öffentlichen*, beweisbaren Form (durch *actus publici*, wie Erlaß von Gesetzen usw.) ausgeübt. Die Rechtswirkungen treten ohne jede Beschränkung ein und sind von jedermann zu beachten, nach außen hin wie auch im geheimen. Im inneren Bereich (*forum internum*) bleiben die Ausübung der Leitungsvollmacht und ihre Rechtswirkungen geheim: entweder im Rahmen des Bußsakramentes

1007 Vgl. CIC/1983, c. 1008. Vgl. auch CCEO, cc. 332 § 1, 743.
1008 Vgl. CIC/1983, c. 131 § 1.
1009 Vgl. Krämer, Vollmacht, 153.
1010 Vgl. Pree, Leitungsvollmacht, 160.
1011 Vgl. Pree, Leitungsvollmacht, 160.
1012 Vgl. CIC/1983, c. 521 § 1.
1013 Vgl. CIC/1983, c. 521 §§ 2, 3.
1014 Vgl. CIC/1983, cc. 526, 517 § 1.

(*forum internum sacramentale*; vgl. cc. 508, 1079 § 3, 1357 u.a.) oder außerhalb desselben (*forum internum extrasacramentale*; vgl. cc. 1079 § 3, 1080 § 1, 1082)."[1015] Die priesterliche Leitungsvollmacht gehört zur *potestas regiminis*, die er aufgrund des Weiheempfanges innehat. Daraus vollzieht er seine Dienste *in persona Christi* capitis.[1016] Er übt deshalb seinen Leitungsdienst für die ihm anvertrauten Gläubigen im Namen der Kirche und unter der Autorität des Bischofs aus.[1017] Nicht nur der Pfarrer, sondern alle Kleriker haben kraft des Weiheempfanges die *Tria Munera* gemäß ihren Weihestufen auszuüben.[1018] Die Priester „sind insofern z[ur] umfassenden Mitarbeit mit den B[ischö]f[en] bei der Ausübung ihres Dienstamtes im Gesamtbereich der T[ria Munera] befähigt (vgl. z.B. c. 369). Sie bedürfen dazu allerdings – über ihre sakramentale Grundbefähigung hinaus – noch der Übertragung eines entspr[echenden] Amtes, der Delegation einzelner Vollmachten od[er] Befugnisse od[er] der Betrauung mit einer sonstigen Aufgabe durch die zuständige kirchliche Autorität."[1019] Der Pfarrer ist ebenso verpflichtet, das Evangelium zu verkünden, die heilige Eucharistie zum Mittelpunkt der Gemeinde zu machen,[1020] Begräbnisse vorzunehmen, das Taufwasser zu segnen und andere feierliche Segnungen durchzuführen und die Gaben der Gläubigen dem pfarrlichen Vermögen zuzuführen.[1021]

3.5 Priesterliches Heiligungsamt

3.5.1 Vorbemerkung

Der Codex 1983 übernahm in Liber IV (De ecclesiae munere sanctificandi) die sakramentale theologische Lehre des II. Vatikanischen Konzils[1022] und bestätigte somit, dass die Sakramente nicht nur Handlungen Christi selber sind, sondern auch Handlungen der Kirche. Sie sind zugleich Zeichen und

1015 Pree, Leitungsvollmacht, 156.
1016 Vgl. CIC/1983, cc. 129, 1008.
1017 Vgl. Hallermann, Leitung, 728.
1018 Vgl. CIC/1983, cc. 1008, 1009.
1019 Witsch, Tria-Munera, 716.
1020 Vgl. CIC/1983, c. 528 § 2.
1021 Vgl. CIC/1983, cc. 528, 883, 530–532.
1022 Vgl. Gerosa, Kirchliches Recht, 59.

Mittel des Glaubens und der Heiligung.[1023] Er bestätigte auch, dass die kirchliche Heiligungsaufgabe primär ein liturgischer Akt ist. Der Priester als Diener des Sakramentes vollzieht also seine Dienste im Namen Gottes und als rechtmäßiger Beauftragter der Kirche.[1024] Die Kirche, so Lumen Gentium, hat eine sakramentale Dimension, denn sie ist Zeichen und Werkzeug der innigsten Verbindung zwischen Gott und dem Menschen.[1025] Die kirchlichen sakramentalen Handlungen sind keine Privatangelegenheiten des Spenders,[1026] sondern sie sind eine Feier der Kirche, die das Sakrament der Einheit zwischen Gott und den Menschen ist.[1027] Obwohl die sakramentalen Handlungen eine ekklesiologische Dimension haben, sind sie christologisch bedeutsam,[1028] denn in jeder liturgischen sakramentalen Handlung ist Christus gegenwärtig und somit selbst handelnd.[1029]

Die Sakramente haben auch eine pneumatologische Bedeutung, denn durch den Geist wird die Kirche geleitet.[1030] Diese Communio-Gedanken wurden von Augustinus als das ‚*opus proprium*' des Geistes genannt.[1031] In c. 843 § 1 wurde der Zusammenhang zwischen den Sakramenten und der kirchlichen *Communio* betont und die daraus hervorgehenden Pflicht der Amtsträger hervorgehoben, die Sakramente an die Gläubigen, die rechtlich nicht gehindert sind, zu spenden.[1032] Wie in Sacrosanctum Concilium bestätigte der kirchliche Gesetzgeber auch, dass die sakramentalen Handlungen durch die liturgischen Feiern vollzogen werden.[1033] Durch diese gesetzliche Anerkennung oder Bestätigung erweckte der Codex von 1983 „den Eindruck, daß die Verwirklichung des priesterlichen Heiligungsamtes Jesu Christi sich in der Feier der Sakramente (Cann. 840–1165), in den sonstigen gottesdienstlichen Handlungen (Cann. 1166–1204) und in den heiligen

---

1023 Vgl. CIC/1983, c. 840. Vgl. dazu Vat II, LG, Nr. 1.
1024 Vgl. CIC/1983, cc. 834, 835. Vgl. dazu Vat II, LG, Nrn. 18–21.
1025 Vgl. Vat II, LG, Nrn. 1, 8.
1026 Vgl. CIC/1983, c. 837 § 1. Vgl. dazu Vat II, LG, Nr. 11.
1027 Vgl. Vat II, SC, Nr. 26.
1028 Vgl. Vat II, PO, Nr. 5.
1029 Vgl. Vat II, SC, Nr. 7.
1030 Vgl. Gerosa, Kirchliches Recht, 59.
1031 Vgl. Ratzinger, Der Heilige Geist, 223–238.
1032 Vgl. Gerosa, Kirchliches Recht, 59.
1033 Vgl. Vat II, SC, Nr. 7. Vgl. dazu Vat II, LG, Nr. 37. Vgl. auch CIC/1983, c. 834 § 1.

Orten und Zeiten (Cann. 1205–1253) erschöpfe."[1034] Wenn sich die Verwirklichung des priesterlichen Heiligungsamtes in den Sakramentendiensten erschöpft, stellt sich die Frage, ob das ‚Wort' (Verkündigungsamt, c. 836) überhaupt sinnvoll ist.[1035] Es muss jedoch daran erinnert werden, dass die sakramentale Feier den Glauben voraussetzt, um gültig und fruchtbringend zu sein.[1036]

Für den Glauben ist aber die Verkündigung wesentlich, und deshalb darf die Kirche nicht nur in der sakramentalen Ebene wirken, sondern auch im Wort.[1037] Der kirchliche Gesetzgeber betont im Einklang mit SC Nr. 9 die große Bedeutung des Glaubens bei den sakramentalen Feiern[1038] und erinnert zugleich alle Christgläubigen an die Notwendigkeit des Glaubens für den Sakramentenempfang.[1039] Dieser Hinweis des kirchlichen Gesetzgebers zeigt deutlich, „daß die innere rechtliche Dimension der Sakramente als vom objektiven und subjektiven Glauben dessen, der sie feiert, gesetzte Kommunikationszeichen eng mit ihrer pastoralen Bedeutsamkeit zusammenhängt."[1040] Der Empfang der Sakramente geschieht bei der liturgischen Feier. Obwohl die Liturgie dem Höhepunkt des Kirchentuns zustrebt,[1041] erschöpft sich allerdings alles kirchliche Tun nicht in der Liturgie, denn Gebete, caritative Aktivitäten und andere fromme Übungen gehören dazu.[1042]

3.5.2 Priesterliche Heiligungsaufgaben

Der Priester nimmt kraft des Weiheempfanges teil an den drei *munera Christi*, das sind Leitungs-, Verkündigungs- und Heiligungsamt.[1043] Durch diese besondere Teilnahme an den drei *munera Christi* erfüllen die Priester das ursprüngliche Ziel der Kirche, nämlich die Fortsetzung der Sendung

1034 Gerosa, Kirchliches Recht, 60.
1035 Vgl. Gerosa, Kirchliches Recht, 60.
1036 Vgl. Gerosa, Kirchliches Recht, 62–63.
1037 Vgl. Biffi, Io credo, 90.
1038 Vgl. CIC/1983, cc. 836, 840.
1039 Vgl. CIC/1983, cc. 836, 843 § 2.
1040 Gerosa, Kirchliches Recht, 63.
1041 Vgl. Vat II, SC, Nr. 10.
1042 Vgl. Vat II, SC, Nr. 9. Vgl. dazu CIC/1983, c. 839.
1043 Vgl. CIC/1983, c. 1008.

Christi.[1044] Die Kirche sieht sich aufgrund bestimmter biblischer Stellen des Neuen Testamentes[1045] verpflichtet, die drei Ämter Christi (prophetisch, priesterlich und pastoral) weiterzuführen.[1046] Der kirchliche Heiligungsdienst ist in besonderer Weise erfüllt durch die heilige Liturgie.[1047] Die heiligen liturgischen Dienste gelten als die primäre priesterliche Aufgabe. Darin wird die Heiligung der Menschen, so Müller, durch sinnenhafte Zeichen vollzogen.[1048] Die kirchlichen liturgischen Dienste sollen als *sacerdotale munus Christi* betrachtet werden, denn sie haben eine doppelte Dimension: Heiligung des Menschen und Verehrung Gottes; zugleich werden diese liturgischen Dienste im Namen Christi und seiner Kirche vollzogen. Es ist die Kirche, die den Priester beauftragt, diese Dienste zu vollziehen.[1049] Darum stellte Sacrosanctum Concilium Folgendes heraus: „Wenn Riten gemäß ihrer Eigenart auf gemeinschaftliche Feier mit Beteiligung und tätiger Teilnahme der Gläubigen angelegt sind, dann soll nachdrücklich betont werden, daß ihre Feier in Gemeinschaft – im Rahmen des Möglichen – der vom Einzelnen gleichsam privat vollzogenen vorzuziehen ist. Das gilt vor allem für die Feier der Messe – wobei bestehen bleibt, daß die Messe in jedem Fall öffentlichen und sozialen Charakter hat – und für die Spendung der Sakramente.“[1050]

Nach geltendem Recht ist der Bischof der Hauptträger der Heiligung oder liturgischen Dienste der Kirche.[1051] Jedoch ist der Priester kraft des Weiheempfanges bzw. seiner speziellen Teilnahme am Priestertum Christi berechtigt, diese Dienste zu vollziehen, insofern als er von Rechts wegen nicht gehindert ist.[1052] Die Diakone und die Laien sollen an der Feier der liturgischen Dienste nach Maßgabe der Rechtsvorschriften beteiligt

---

1044 Vgl. Vat II, LG, Nrn. 1–5, 8, 10, 12.
1045 Vgl. Mt 28, 16–20; Mk 16, 15–17; Lk 24, 47–49; Joh 20, 21–22; 1. Tim 3, 15; 1. Kor 11, 26; Hebr 5, 1–5, 13, 15; 1. Petr 2, 4–10; 1. Joh 2, 20, 27; 1. Thess 20, 13.
1046 Vgl. Erdö, Kirche, 15.
1047 Vgl. Vat II, SC, Nr. 7.
1048 Vgl. CIC/1983, c. 834 § 1. Vgl. auch Vat II, SC, Nr. 7.
1049 Vgl. Müller, Liturgie, 778. Vgl. dazu CIC/1983, cc. 835 § 4, 837 § 1.
1050 Vat II, SC, Nr. 27.
1051 Vgl. CIC/1983, c. 835 § 1.
1052 Vgl. CIC/1983, c. 835 § 2.

werden.[1053] Diese Aussage der ‚Beteiligung' soll nicht als Erniedrigung der Diakone und Laien aufgefasst werden,[1054] sie dient vielmehr dazu, zu deuten, dass die Priester und Bischöfe von Rechts wegen (kraft des Weiheempfanges) die ordentlichen Vollzieher des Heiligungsdienstes sind.[1055] Nach Lumen Gentium ist der Diakon zur Dienstleistung und nicht zum Priestertum geweiht.[1056] Die Laien haben dagegen aufgrund des Empfanges der Initiationssakramente die Möglichkeit, am liturgischen Dienst mitzuwirken, und sie können sogar Leitungsaufgaben innehaben.[1057] Dabei ist zu beachten, dass jeder Heiligungsdienst nach kirchlicher Rechtsordnung vollzogen werden muss.[1058] Der Bischof als Hauptträger der liturgischen Dienste in seiner Teilkirche muss dafür Sorge tragen, dass die liturgischen Dienste nach den Richtlinien der Kirche ausgeführt werden.[1059]

3.5.3 Der Priester als Mitträger der liturgischen Dienste

Der eigentliche Träger der liturgischen Dienste ist die Kirche durch die Hände ihrer Geweihten,[1060] denn in den liturgischen Handlungen und Heiligungshandlungen ist Christus gegenwärtig.[1061] Gegenwärtig ist er auch „in seinem Wort, da er selbst spricht, wenn die heiligen Schriften in der Kirche gelesen werden."[1062] Aus der Heiligen Schrift werden Lesungen vorgetragen, die Homilie deutet sie aus. Es werden Psalmen gesungen, liturgische Gebete werden verrichtet, und daraus empfangen liturgische Handlungen und Zeichen ihren Sinn.[1063] Der Priester vollzieht alle seine priesterlichen

1053 Vgl. CIC/1983, cc. 835 §§ 3, 4, 230.
1054 Vgl. CIC/1983, c. 230 §§ 2, 3. Vgl. dazu Vat II, LG, Nrn. 29–32.
1055 Vgl. CIC/1983, cc. 834 § 2, 835 § 1, 2. Vgl. dazu Vat II, LG, Nr. 21. Vgl. auch Vat II, PO, Nrn. 3, 4.
1056 Vgl. Vat II, LG, Nr. 29.
1057 Vgl. CIC/1983, c. 230 § 3.
1058 Vgl. Müller, Liturgie, 784.
1059 Vgl. CIC/1983, cc. 835, 838, 839.
1060 Vgl. CIC/1983, c. 837 § 1.
1061 Vgl. Vat II, SC, Nr. 7.
1062 Vat II, SC, Nr. 7.
1063 Vgl. Vat II, SC, Nr. 24.

Dienste durch liturgische Handlungen, denn er macht besonders bei der eucharistischen Feier das Opfer Christi für den Menschen gegenwärtig.[1064]

Im heiligen liturgischen Dienst wird der priesterliche Dienst Christi von der Kirche ausgeübt,[1065] denn der Kernbestand der Liturgie geht zurück auf ihn, den Herrn und das Haupt der Kirche.[1066] Das heißt, dass es Christus selbst ist, der die heiligen liturgischen Dienste durch die Hände seines Dieners vollzieht.[1067] Die priesterlichen liturgischen Dienste gelten als Zeichen der Verehrung Gottes und unterscheiden sich von Privatfeiern,[1068] denn kirchliche liturgische Dienste müssen im Namen der Kirche vollzogen werden, und zwar von deren Amtsträgern[1069] (Diakone, Priester und Bischöfe), d.h. von *ministri sacri*.[1070] Liturgische Dienste müssen ebenso gemäß den gebilligten kirchlichen Richtlinien vollzogen werden, denn es ist die Kirche, die die liturgischen Handlungen darstellt und sie erfüllt.[1071] Obwohl die Amtsträger im Namen der Kirche liturgische Dienste vollziehen, bleibt es jedoch eine Gemeindefeier und die Gläubigen müssen sich beteiligen und aktiv mitfeiern.[1072]

3.5.4 Der Priester und die Eucharistie

„Die Kirche lebt von der Eucharistie“[1073], denn die eucharistische Darbringung ist das Haupt und die Quelle aller kirchlichen Handlungen.[1074] Zugleich ist die heilige Eucharistie der Höhepunkt des christlichen Lebens,[1075] denn in der Eucharistie ist „die heilbringende Gegenwart Jesu in der Gemeinschaft der Gläubigen und ihre geistliche Nahrung [...]“[1076] spürbar.

1064 Vgl. Vat II, SC, Nr. 7.
1065 Vgl. CIC/1983, c. 834.
1066 Vgl. Althaus, Heiligungsdienst und Liturgie, c. 834, Rd.-Nr. 2.
1067 Vgl. CIC/1983, c. 1008. Vgl. dazu Vat II, SC, Nr. 33.
1068 Vgl. Vat II, SC, Nr. 26.
1069 Vgl. Vat II, SC, Nr. 22.
1070 Vgl. Althaus, Heiligungsdienst und Liturgie, c. 834, Rd.-Nr. 3.
1071 Vgl. Müller, Liturgie, 784–786.
1072 Vgl. CIC/1983, c. 837 § 2.
1073 Johannes Paul II., Ecclesia de Eucharistia, Nr. 1.
1074 Vgl. Vat II, LG, Nr. 11. Vgl. dazu Vat II, SC, Nr. 10.
1075 Vgl. Vat II, LG, Nr. 11.
1076 Johannes Paul II., Ecclesia de Eucharistia, Nr. 9.

Die eucharistische Darbringung hat ihren Ursprung in Jesus Christus, der beim Letzten Abendmahl den Jüngern den Auftrag gab, diese Feier immer wieder zu vollziehen.[1077] Nach der Erklärung des IV. Laterankonzils[1078] ist es Christus selber, dessen Leib und Blut im Sakrament des Altars unter den Gestalten von Brot und Wein enthalten ist. Dieses Sakrament kann nur durch einen gültig geweihten Priester vollzogen werden.[1079] Die Kirche als Leib Christi lebt also von der heiligen Eucharistie, denn in ihr ist Christus, der Herr, selber gegenwärtig.[1080] In der Eucharistie schenkt uns Christus sich selbst und führt uns weiter im Leben.[1081] Die Eucharistie baut die Kirche auf und durch die Kirche wird sie realisiert.[1082]

Diese besondere Möglichkeit der Kirche, die Eucharistie zu verwirklichen, ist verwurzelt in der Selbsthingabe des Herrn an die Kirche.[1083] Die heilige und erhabene Eucharistie ist somit grundlegend für das Sein und Handeln der Kirche. Ohne die Eucharistie gäbe es keine Kirche, denn die Kirche lebt von ihr.[1084] In der eucharistischen Darbringung ist die *Realpräsenz* Christi spürbar, denn diese Feier gilt als Opfer, Mahl und Vergegenwärtigung von Tod und Auferstehung des Herrn.[1085] Sie ist nicht *bloße Erinnerungsfeier* oder Wiederholung des Kreuzesopfers, vielmehr gilt sie als der Gipfelpunkt und Quelle allen Gottesdienstes.[1086] Obwohl es die Aufgabe der Geweihten (Priester und Bischöfe) ist, die eucharistische Darbringung zu vollziehen,[1087] sind die Laien aufgefordert, aktiv an der Feier teilzunehmen und in tiefer Andacht dieses Sakrament zu empfangen,[1088] denn es ist Christus selber, der die eucharistische Handlung durch die Hände seiner Diener

1077 Vgl. Mt 26, 26–29; Mk 14, 22–25; Lk 22, 17–20; 1. Kor 11, 23–26.
1078 Vgl. Denzinger, Kompendium, 800–802.
1079 Vgl. Denzinger, Kompendium, 802.
1080 Vgl. Johannes Paul II., Ecclesia de Eucharistia, Nr. 1. Vgl. dazu Vat II, SC, Nr. 7.
1081 Vgl. Benedikt XVI., Sacramentum Caritatis, Nr. 14.
1082 Vgl. Johannes Paul II., Redemptor Hominis, Nr. 20.
1083 Vgl. Benedikt XVI., Sacramentum Caritatis, Nrn. 9–10.
1084 Vgl. Johannes Paul II., Ecclesia de Eucharistia, Nrn. 1, 21.
1085 Vgl. Lk 22, 19–20.
1086 Vgl. Johannes Paul II., Ecclesia de Eucharistia, Nrn. 11, 12.
1087 Vgl. CIC/1983, cc. 899 §§ 1, 2; 900 § 1.
1088 Vgl. CIC/1983, c. 898.

vollzieht.[1089] Jeder Christgläubige soll bedenken, dass die Eucharistie „das wertvollste Gut [ist], das die Kirche auf ihrem Weg durch die Geschichte haben kann"[1090] und deshalb an dieser Feier mit Achtung und Ehrfurcht teilnehmen.

3.5.5 Der Priester als Mitträger der eucharistischen Darbringung

Die Priester haben mit den Bischöfen die Vollmacht, das Opfer Christi (Eucharistie) zu vollziehen.[1091] In der Feier der Eucharistie stehen Priester und Bischof „in sakramental-zeichenhafter Weise für Christus als den eigentlich priesterlich Handelnden."[1092] In dieser Hinsicht ist Christus selbst der ewige Hohepriester, der die eucharistische Feier durch die Hände seines Priesters vollzieht. Dieser erfüllt diesen Dienst somit *in persona Christi.*[1093] *In persona Christi* bedeutet „mehr als nur ‚im Namen' oder ‚in Stellvertretung' Jesu Christi. *‚In der Person'* d.h. in der spezifischen, sakramentalen Identifizierung mit dem ewigen Hohenpriester, der Urheber und hauptsächliches Subjekt dieses seines eigenen Opfers ist, bei dem er in Wahrheit von niemandem ersetzt werden kann"[1094]. Kraft des *character indelebilis* sind die Priester und Bischöfe die einzigen rechtmäßigen Diener der eucharistischen Feier.[1095] Darüber hinaus machen die Priester kraft des Weiheempfanges „in der von Christus bestimmten Heilsordnung deutlich, dass die von ihnen gefeierte Eucharistie *eine Gabe ist, die auf radikale Weise die Vollmacht der Gemeinde überragt.*"[1096]

Die Vollmacht der eucharistischen Darbringung wird beim priesterlichen Weiheempfang übertragen. Deswegen kann „das eucharistische Geheimnis in keiner Gemeinde gefeiert werden, es sei denn durch die Hände eines geweihten Priesters, [...]."[1097] Man muss stets bedenken, dass die eucharistische Feier die Mitte und Wurzel des ganzen priesterlichen Dienstes

1089 Vgl. CIC/1983, c. 899 § 2.
1090 Johannes Paul II., Ecclesia de Eucharistia, Nr. 9.
1091 Vgl. CIC/1983, c. 900 § 1.
1092 Greshake, Priester sein in dieser Zeit, 93.
1093 Vgl. Vat II, PO, Nr. 2. Vgl. auch Vat II, LG, Nrn. 10, 28.
1094 Johannes Paul II., Dominicae Cenae, Nr. 8.
1095 Vgl. CIC/1983 c. 900 § 1.
1096 Johannes Paul II., Ecclesia de Eucharistia, Nr. 29.
1097 Kongr. Glaubenslehre, Sacerdotium Ministeriale, III. 4, 1106.

ist.[1098] Die tägliche Messfeier ist besonders für die Priester in der Pfarrseelsorge erforderlich, denn die „Pfarrei ist nämlich eine Gemeinschaft von Getauften, die ihre Identität vor allem durch die Feier des eucharistischen Opfers ausdrücken und geltend machen. Dazu aber ist ein Priester notwendig, denn nur ihm steht es zu, *in persona Christi* die Eucharistie darzubringen."[1099] Jeder Christgläubige soll bedenken, dass nur durch die Eucharistie die christliche Gemeinschaft aufgebaut wird, denn in ihr findet sie ihre Wurzel und Überlebenskraft.[1100] Darüber hinaus muss bedacht werden, dass die eucharistische Feier nicht vorrangig ein Kult ist,[1101] denn „in der eucharistischen Anamnese, d. h. in der erinnernden Vergegenwärtigung nimmt Christus selbst, sakramental vergegenwärtigt durch den Liturgen, die Gemeinde in sein Lebensopfer hinein und gibt ihr Anteil an dessen Frucht, wodurch dann ihrerseits die Gemeinde zum Mitopfer mit Christus befähigt wird."[1102] Für die kirchliche Aufgabe, allen Menschen Christi Botschaft nahezubringen, ist das Messopfer unerlässlich, denn Christus ist in diesem Opfer gegenwärtig.[1103]

Die Priester üben deswegen ihr heiliges Amt vorrangig „in der eucharistischen Feier oder Versammlung aus, wobei sie in der Person Christi handeln und sein Mysterium verkünden, die Gebete der Gläubigen mit dem Opfer ihres Hauptes vereinigen und das einzige Opfer des Neuen Bundes; [...] vergegenwärtigen und zuwenden."[1104] Darüber hinaus soll der Priester als Leiter der eucharistischen Feier jegliche Form von Formalismus bei diesem Dienst vermeiden. Vielmehr muss er die Feier mit größter und absoluter Hingabe vollziehen.[1105] Als Stellvertreter Christi muss er durch seine Liebe zur Eucharistie das geistige Opfer der Gläubigen in Einheit mit dem Opfer Christi vollenden.[1106] Darum sind die Priester „aufgefordert, das

1098 Vgl. Vat II, PO, Nr. 14. Vgl. dazu Johannes Paul II., Ecclesia de Eucharistia, Nr. 31.
1099 Johannes Paul II., Ecclesia de Eucharistia, Nr. 32.
1100 Vgl. Vat II, PO, Nr. 6.
1101 Vgl. Greshake, Priester sein in dieser Zeit, 94.
1102 Greshake, Priester sein in dieser Zeit, 94.
1103 Vgl. Vat II, PO, Nr. 5.
1104 Vat II, LG, Nr. 28.
1105 Vgl. Johannes Paul II., Ecclesia de Eucharistia, Nr. 52.
1106 Vgl. Vat II, LG, Nr. 11.

nachzuahmen, was sie vollziehen; weil sie das geheimnisvolle Geschehen des Todes unseres Herrn vergegenwärtigen […].“[1107] Allen Christgläubigen soll bewusst sein, dass in der eucharistischen Feier nicht der Priester die Hauptperson ist, sondern dass Christus selbst der Gastgeber ist.

3.5.6 Die priesterlichen eucharistischen Dienste nach geltendem Recht

Obwohl alle Christgläubigen Teil am priesterlichen Amt Christi nehmen, ist der geweihte Priester der einzige berechtigte Vollzieher der eucharistischen Darbringung.[1108] Er zelebriert dieses Sakrament, insofern er nicht kanonisch daran gehindert ist.[1109] Da die Feier der Eucharistie eine Handlung Christi selbst und der Kirche ist, bringt Christus durch *die Hände seines Dieners* (Priester) unter den Gestalten des Brotes und des Weines sich selbst wesenhaft gegenwärtig.[1110] Die Befähigung der Bischöfe und der Priester, *in persona christi capitis* die eucharistische Darbringung zu vollziehen, ist nicht nur unverlierbar, sondern auch unentziehbar. Sie kann nur hinsichtlich der Erlaubtheit beschränkt werden.[1111] Die Fähigkeit, die Eucharistie im Namen Christi zu vollziehen, „erhält jeder Priester mit der Priesterweihe; sie ist an kein Kirchenamt oder einen besonderen Auftrag gebunden und kann nicht verloren gehen. Etwaige Beschränkungen und Verbote betreffen allein die Erlaubtheit. Hat jemand nicht oder nicht gültig die Priesterweihe empfangen, kann er nicht gültig die Eucharistie feiern.“[1112] In dieser Hinsicht seien die Priester und die Bischöfe kraft des Weiheempfanges verbunden und nur sie können die eucharistische Feier vollziehen.[1113] Obwohl Bischöfe, Priester und Diakone die ordentlichen Spender der Heiligen Kommunion sind,[1114]

1107 Vgl. Vat II, PO, Nr. 13.
1108 Vgl. CIC/1983, c. 900 § 1. Vgl. dazu Vat II, LG, Nr. 10.
1109 Vgl. CIC/1983, c. 900 § 2. Vgl. dazu Vat II, LG, Nrn. 10, 17, 26, 28. Vgl. auch Vat II, CD, Nr. 15; Vat II, PO, Nrn. 2, 3; Vat II, SC, Nr. 7.
1110 Vgl. CIC/1983, c. 899 § 1.
1111 Vgl. CIC/1983, cc. 290, 292, 1331–1333.
1112 Althaus, Zelebration, c. 900, Rd.-Nr. 2 a, b.
1113 Vgl. CIC/1983, cc. 899 § 2, 900. Vgl. dazu Vat II, LG, Nr. 28. Vgl. auch Vat II, CD, Nr. 15.
1114 Vgl. CIC/1983, c. 910.

können auch Akolythen und Kommunionhelfer als außerordentliche Spender die Beauftragung haben, die Heilige Kommunion auszuteilen.[1115]

3.6 Zusätzliche priesterliche Heiligungsdienste

Die priesterlichen Heiligungsaufgaben begrenzen sich nicht nur auf eucharistische Darbringungen, vielmehr haben die Priester kraft ihres Weiheempfanges die Vollmacht, andere Sakramente zu spenden. Solche Sakramente sind Taufe (c. 861 § 1), Firmung (cc. 882, 883 2°, 3°), Buße (cc. 965, 966), Krankensalbung (c. 1003) und Ehesakrament (c. 1008 § 1).

3.6.1 Priester als Spender des Taufsakramentes

Die ordentlichen Spender des Taufsakramentes sind der Bischof, der Priester und der Diakon.[1116] Unbeschadet der Vorschrift des c. 861 § 1 dürfen außerordentliche Spender im Notfall das Sakrament der Taufe spenden.[1117] Jeder Taufspender muss die wahre Intention haben, dem Täufling das Taufsakrament spenden zu wollen. Die Taufe von Erwachsenen soll dem Bischof überlassen werden.[1118] Die Taufe ist durch Untertauchen oder Übergießen zu spenden, dabei muss gemäß den liturgischen Vorschriften gesegnetes Wasser verwendet werden.[1119] Es ist dringend erforderlich, dass die trinitarische Tauffomel angewandt wird, d. h. ‚ich taufe dich im Namen des Vaters und des Sohnes und des Heiligen Geistes'.

3.6.2 Priester als Spender des Firmungssakramentes

Durch den Empfang des Firmungssakramentes wird den Gläubigen ein character indelebilis verliehen.[1120] Mit der Firmung werden die Initiationssakramente abgeschlossen.[1121] Um das Firmungssakrament gültig zu spenden,

1115 Vgl. CIC/1983, cc. 910 § 2, 230 §§ 1, 3.
1116 Vgl. CIC/1983, cc. 861 § 1, 530 1°.
1117 Vgl. CIC/1983, c. 861 § 2.
1118 Vgl. CIC/1983, c. 863.
1119 Vgl. CIC/1983, cc. 854, 853.
1120 Vgl. CIC/1983, c. 879.
1121 Vgl. CIC/1983, cc. 849, 882, 883 2°, 897.

muss der Spender Weihegewalt und Firmbefugnis haben.[1122] Nach geltendem Recht ist der Bischof der ordentliche Spender der Firmung.[1123] Gültig spenden dieses Sakrament auch Priester, die mit dieser Befugnis kraft allgemeinen Rechts oder durch besondere Verleihung der Facultas ausgestattet sind.[1124] Obwohl der Priester kraft einer Firmbefugnis das Sakrament gültig spenden darf, kann er diese Befugnis nur in dem ihm anvertrauten Gebiet ausüben und nicht in anderen Gebieten oder Diözesen.[1125] Der Priester hat auch kraft seines Amtes oder im Auftrag des Ortsordinarius die Befugnis, Kindern ab deren 7. Lebensjahr das Firmsakrament zu spenden.[1126] Jeder Priester darf das Firmungssakrament jedoch in Todesgefahr auch ohne Erlaubnis seines Ortsordinarius erteilen.[1127] Es ist dringend erforderlich, dass jeder Firmbewerber das Taufsakrament empfangen hat[1128] und die Firmung muss mit geweihtem Chrisam auf die Stirn gespendet werden, mit Handauflegung und vorgeschriebenen Spendeworten (Sei besiegelt durch die Gabe Gottes, den Heiligen Geist).[1129] Es ist nicht erlaubt, dass der Priester das Chrisam für die Firmspendung selbst weiht. außer bei Todesgefahr.[1130]

3.6.3 Priesterliche Eheassistenzaufgaben

Die katholische Kirche hat das Ehesakrament immer hoch geschätzt, denn der Ehebund symbolisiert den Bund zwischen Christus und seiner Kirche,[1131] deshalb haben die Priester als Spender der Sakramente die Aufgabe, bei der Eheschließung gemäß der Lehre der katholischen Kirche zu assistieren und sie zu feiern.[1132] Die Priester sind verpflichtet, die Eheschließung nach dem katholischen Ritus zu vollziehen.[1133] Zu den priesterlichen

1122 Vgl. CIC/1983, c. 882.
1123 Vgl. CIC/1983, c. 882.
1124 Vgl. CIC/1983, cc. 882, 883 1°, 2°, 3°, 884–887.
1125 Vgl. CIC/1983, c. 883 1°, 2°.
1126 Vgl. CIC/1983, c. 883 2°.
1127 Vgl. CIC/1983, c. 883 3°.
1128 Vgl. CIC/1983, c. 889 § 1.
1129 Vgl. KKK, 1300.
1130 Vgl. CIC/1983, c. 880 § 2.
1131 Vgl. Eph 5, 22–23. Vgl. dazu CIC/1983, c. 1055 § 1.
1132 Vgl. CIC/1983, cc. 1108–1111.
1133 Vgl. CIC/1983, cc. 1125–1127. Vgl. dazu Vat II, SC, Nrn. 77–78.

Eheschließungsaufgaben gehört auch die Belehrung der Ehebewerber über das Wesen und den Zweck der Eheschließung.[1134] Deswegen ist es wichtig, dass die Priester in dieser Richtung treu zur katholischen Lehre stehen. Sie sollen als Vertreter der Wahrheit den Gläubigen die wahre katholische Lehre vermitteln und auf die Unauflöslichkeit des Ehebundes hinweisen.[1135]

3.6.4 Der Priester und das Sakrament der Buße

Das Bußsakrament gehört zu den sieben Sakramenten der Kirche. Die Priester sind kraft des Weiheempfanges die Spender des Bußsakramentes.[1136] Der Dienst der Versöhnung zwischen Gott und den Menschen ist ein Bestandteil des kirchlichen Heilssendungsauftrages,[1137] denn der Auftrag Jesu lautet: „Empfangt den Heiligen Geist! Wem ihr die Sünden vergebt, dem sind sie vergeben; wem ihr die Vergebung verweigert, dem ist sie verweigert."[1138] Die Kirche hat im Laufe ihrer Geschichte das Sakrament der Versöhnung im Auftrag des Herrn durch ihre geweihten Diener (Bischöfe und Priester) gespendet.[1139] Die Spendung des Versöhnungssakramentes gemäß der Lehre Christi und der Kirche bleibt ein wesentlicher Bestandteil des priesterlichen Amtes, denn der „Kirche ist der Dienst der Versöhnung übergeben"[1140] worden und diese Aufgabe vollzieht sie mit der Spendung des Versöhnungssakramentes durch ihre Beauftragten an Christi statt.[1141]

Die Priester und Bischöfe haben kraft des Weiheempfanges die Vollmacht, das Versöhnungssakrament zu vollziehen,[1142] denn im „Sakrament der Buße erlangen die Gläubigen, die ihre Sünden bereuen und mit dem Vorsatz zur Besserung dem rechtmäßigen Spender bekennen, durch die von diesem erteilte Absolution von Gott die Verzeihung ihrer Sünden, die sie nach der Taufe begangen haben; zugleich werden sie mit der Kirche

1134 Vgl. CIC/1983, cc. 1056, 1063.
1135 Vgl. CIC/1983, c. 1055 § 1. Vgl. dazu Vat II, PO, Nr. 9.
1136 Vgl. CIC/1983, c. 965.
1137 Vgl. CIC/1983, c. 959.
1138 Joh 20, 22–23.
1139 Vgl. Denzinger, Kompendium, 701. Vgl. dazu CIC/1983, cc. 965–968.
1140 Kreidler, Lasst euch mit Gott versöhnen, 95.
1141 Vgl. Joh 20, 23. Vgl. dazu Mt 16, 19.
1142 Vgl. CIC/1983, c. 965.

versöhnt, die sie durch ihr Sündigen verletzt haben."[1143] Sünden sind nicht nur Verstöße gegen Gebote und Anordnungen Gottes, sondern auch Verfehlungen gegen die Kirche, und so hat die Sünde eine soziale Dimension. Das Tun der Kirche im Bußsakrament hat eine heilsmittlerische Funktion,[1144] denn der Pönitent erhält durch den Empfang des Bußsakramentes von Gott Barmherzigkeit, Heilung und Verzeihung.[1145] Das Bußsakrament hat aber nicht nur Heilswirkungscharakter, so das Vatikanum II, sondern vielmehr eine ekklesiologische Dimension, denn durch die Erteilung der Lossprechungsworte wird der Pönitent mit der Kirche versöhnt, die er durch sein Vergehen/seine Sünden verwundet hat,[1146] oder wie Mörsdorf äußert: „Die pax cum Ecclesia ist sakramental ursächlich für die pax cum Deo."[1147]

Es besteht ein Zusammenhang zwischen Sündenvergebung und Versöhnung mit der Kirche.[1148] Nach Gerosa ist der Ausdruck „‚et simul reconciliantur cum Ecclesia'"[1149] identisch mit der Aussage des Presbyterorum Ordinis zum priesterlichen Handeln im Bußsakrament, nämlich „peccatores cum Deo et Ecclesia reconciliant".[1150] Sünden sind deshalb keine Privatsachen, sondern Verfehlungen gegen Gott und seine Gemeinde, die Kirche,[1151] und haben somit eine doppelte theologische Dimension, nämlich Bruch der „‚communio cum Deo' und ‚communio fidelium'".[1152] Das Sakrament der Buße hat ebenso soteriologischen Charakter,[1153] denn durch schwere Sünden trennen sich die Menschen von Gott, aber durch den Empfang des Bußsakramentes werden sie wieder mit ihm versöhnt. Der Versöhnungsdienst wird von der Kirche geleistet, denn die Kirche ruft nicht nur zur Versöhnung, vielmehr tritt sie für die Sünder ein.[1154] Bei der Erteilung der Lossprechung

1143 CIC/1983, c. 959. Vgl. dazu CCEO, c. 718.
1144 Vgl. Schmitz, Bußsakrament, 141.
1145 Vgl. Vat II, LG, Nr. 11. Vgl. dazu Vat II, PO, Nr. 5.
1146 Vgl. Vat II, LG, Nr. 11. Vgl. dazu Vat II, SC, Nr. 109. Vgl. auch Vat II, PO, Nr. 5.
1147 Mörsdorf, Lehrbuch, Band 2, 63. Vgl. dazu Gerosa, Kirchliches Recht, 134.
1148 Vgl. Vat II, LG, Nr. 11.
1149 Gerosa, Kirchliches Recht, 134.
1150 Gerosa, Kirchliches Recht, 134. Vgl. Vat II, PO, Nr. 5.
1151 Vgl. Vat II, LG, Nr. 14.
1152 Gerosa, Kirchliches Recht, 135.
1153 Vgl. Vat II, LG, Nr. 11.
1154 Vgl. Vat II, LG, Nr. 8.

durch den Priester wird die heilsvermittelnde Funktion dieses Sakramentes zum Ausdruck gebracht.[1155]

Das Bußsakrament steht auch nicht ohne Verbindung zu den anderen Sakramenten, besonders der Eucharistie, denn die Liebe zur Eucharistie führt dazu, dass das Sakrament der Versöhnung geschätzt wird.[1156] In dieser Hinsicht ist eine authentische Katechese über den Sinn der Eucharistie und das Sakrament der Versöhnung notwendig,[1157] besonders in einer Zeit, in der viele Menschen dieses Sakrament als nicht mehr zeitgemäß ansehen.[1158] Darüber hinaus erinnert uns die Verbindung zwischen diesen Sakramenten daran, dass die Sünde keine individuelle Angelegenheit ist, vielmehr ist Sünde eine Verletzung der Gemeinschaft der Kirche.[1159] Jeder Christgläubige soll bedenken, dass die Wege der Umkehr, die durch den Empfang des Bußsakramentes realisiert werden, nicht nur zur Wiederherstellung in die volle Gemeinschaft mit der Kirche führen, sondern sie werden durch den Empfang der allerheiligsten Eucharistie zum Ausdruck gebracht.[1160]

3.6.4.1 Der Priester als Diener des Versöhnungssakramentes zwischen Gott und den Menschen

Kraft des Weiheempfanges sind Priester und Bischöfe Diener des Versöhnungssakramentes.[1161] Der Priester tritt in die Nachfolge Christi ein und „als Gesandter vertritt er den Sendenden und spricht und handelt als dessen Bevollmächtigter. Sein Wort ist Gottes mahnendes Wort, seine Bitte ist die Bitte des Christus: ‚Lasst euch mit Gott versöhnen!'"[1162] Als Diener der Versöhnung muss der Priester dafür Sorge tragen, dass die Versöhnung im Leben der ihm anvertrauten Gemeinde sichtbar und erfahrbar wird,[1163] denn „in der gelebten Versöhnung des alltäglichen Miteinanders, in der ausdrücklichen Verkündigung der Frohen Botschaft von der Versöhnung,

1155 Vgl. Vat II, LG, Nr. 46.
1156 Vgl. Johannes Paul II., Ecclesia de Eucharistia, Nrn. 36, 37.
1157 Vgl. Benedikt XVI., Sacramentum Caritatis, Nr. 20.
1158 Vgl. Johannes Paul II., Reconciliatio et Paenitentia, Nr. 18.
1159 Vgl. Benedikt XVI., Sacramentum Caritatis, Nr. 20.
1160 Vgl. Johannes Paul II., Reconciliatio et Paenitentia, Nr. 30.
1161 Vgl. CIC/1983, c. 965.
1162 Kreidler, Lasst euch mit Gott versöhnen, 95.
1163 Vgl. Kreidler, Lasst euch mit Gott versöhnen, 99.

in den vom Geist der Versöhnung geprägten Gottesdiensten, in der Feier des Sakramentes der Versöhnung, in dem Bemühen um Ausgegrenzte und Außenseiter in Gesellschaft und Kirche"[1164] wird die Heilssendung Christi deutlicher erfahrbar. Der Priester als Spender des Versöhnungssakramentes muss ebenso bedenken, dass er nicht nur seine Aufgabe erfüllt, sondern sich auch bemüht, die Gläubigen zu überzeugen, die Heilswirkung dieses Sakramentes wahrzunehmen.[1165] Dies ist notwendig, da durch den Empfang des Versöhnungssakramentes die Freundschaft mit Gott und der Kirche wiederhergestellt wird.[1166]

Es ist somit erforderlich, dass der Priester als Diener der Versöhnung mit Freude und Hingabe diesen Dienst ausübt.[1167] Darüber hinaus muss sich der Priester mit dem Versöhnungssakrament zu identifizieren wissen und den Menschen die heilsame Dimension erkennbar machen, die auf Heiligung und Vergebung hinzielt.[1168] Als Spender des Versöhnungssakramentes sollen sich Priester großzügig mit Engagement und Kompetenz der Spendung dieses Sakramentes widmen.[1169] Ebenso müssen sie die Art des Vollzugs dieses Sakramentes aufmerksam überwachen und die Praxis der allgemeinen Absolution nur auf die eigens vorgesehenen Fälle beschränken.[1170] Für eine gelungene Wahrnehmung des Versöhnungssakramentes durch die Gläubigen muss der Priester Zeit und Energie für die Spendung dieses Sakramentes aufwenden.[1171] Er darf nicht vergessen, dass die Gläubigen das Recht haben, persönlich die Gabe dieses Sakramentes zu empfangen.[1172] Darüber hinaus muss er dafür Sorge tragen, dass die Beichten der ihm anvertrauten Gläubigen von ihm gehört werden.[1173]

1164 Kreidler, Lasst euch mit Gott versöhnen, 99.
1165 Vgl. Vat II, PO, Nr. 5.
1166 Vgl. KKK, 1441–1445. Vgl. dazu Vat II, LG, Nr. 11.
1167 Vgl. Kongr. Klerus, Direktorium für den Dienst und Leben der Priester, Nrn. 70, 71.
1168 Vgl. Johannes Paul II., Apostolische Pönitentiarie, 761–766. Vgl. dazu CIC/1983, cc. 966 § 1, 978 § 1, 981.
1169 Vgl. Benedikt XVI., Sacramentum Caritatis, Nr. 21.
1170 Vgl. Johannes Paul II., Misericordia Dei, 8–11. Vgl. dazu CIC/1983, c. 961.
1171 Vgl. Benedikt XVI., Sacrementum Caritatis, Nr. 21.
1172 Vgl. CIC/1983, cc. 213, 843 § 1.
1173 Vgl. Johannes Paul II., Misericordia Dei, 1.

Der Beichtstuhl als ein Ort der Versöhnung mit Gott und Heiligung der Pönitenten muss sich immer an offen zugänglichen Orten befinden.[1174] Bei der Spendung des Bußsakramentes muss sich der Beichtvater (Priester) an die kirchlichen Normen halten.[1175] Um jeglichen Akt von Missbrauch und Skandal zu vermeiden und zugleich die Privatsphäre des Pönitenten zu wahren, muss der Beichtstuhl mit einem festen Gitter zwischen Pönitent und Beichtvater versehen sein.[1176] Als Seelsorger und Diener des Versöhnungsamtes muss der Priester es für nötig halten, die eigenen Sünden und Verfehlungen zu beichten, denn indem er dieses Sakrament wahrnimmt, zeigt er sich als Vorbild für die anderen.[1177] Er muss immer bedenken, dass seine ganze priesterliche Existenz schweren Schaden nähme, „wenn man es aus Nachlässigkeit oder anderen Gründen unterließe, regelmäßig und mit echtem Glauben und tiefer Frömmigkeit das Bußsakrament zu empfangen. Wenn ein Priester nicht mehr zur Beichte geht oder nicht gut beichtet, so schlägt sich das sehr schnell in seinem priesterlichen Leben und Wirken nieder, und auch die Gemeinde, deren Hirte er ist, wird dessen bald gewahr.“[1178]

3.6.4.2 Der Priester und das Beichtgeheimnis

Das Sakrament der Buße (Beichte) gehört zum *forum internum* des kirchlichen Leitungsamtes.[1179] Im *forum internum* muss das Vertrauen der Beteiligten in besonderem Maße vom Recht geschützt werden.[1180] Das Geschehen im Beichtsakrament wird deswegen nicht öffentlich gemacht, auch wenn es teils beweisbar ist.[1181] Nach c. 983 § 1 ist und bleibt das Beichtsiegel oder -geschehen unverletzt geheim. Dem Beichtvater ist gemäß dieser Regelung

---

1174 Vgl. CIC/1983, c. 964 § 2.
1175 Vgl. Johannes Paul II., Redemptor Hominis, Nr. 20. Vgl. dazu CIC/1983, c. 960.
1176 Vgl. CIC/1983, cc. 964 § 2, 966.
1177 Vgl. Kongr. Klerus, Direktorium für den Dienst und Leben der Priester, 72. Vgl. dazu Vat II, PO, Nr. 18. Vgl. auch CIC/1983, c. 276 § 2 5°.
1178 Johannes Paul II., Reconciliatio et paenitentia, Nr. 31. Vgl. dazu Johannes Paul II., PDV, Nr. 26.
1179 Vgl. CIC/1983, c. 130.
1180 Vgl. Pucher, Forum externum et internum, 709.
1181 Vgl. Pree, Leitungsvollmacht, 156.

strengstens verboten, durch Worte, Zeichen oder irgendeine andere Form die gebeichteten Sünden oder auch den Namen des Beichtenden offenkundig zu machen.[1182] Nicht nur der Beichtvater ist aufgefordert, das Beichtgeheimnis unverletzt zu bewahren, sondern alle, die auf irgendeine Weise Kenntnis aus dem Bekenntnis erhalten haben, vor allem Dolmetscher oder Übersetzer,[1183] denn die Unverletzlichkeit des Beichtgeheimnisses dient vor allem dem Schutz nicht nur der Privatsphäre der Pönitenten, sondern auch dem Schutz des Bußsakramentes.[1184]

Gemäß c. 983 des Codex von 1983 bedeutet die Unverletzlichkeit des Beichtsiegels vor allem, dass es dem Beichtvater absolut verboten ist, in irgendeiner Form den Pönitenten zu verraten. Ein Verstoß gegen diese Regelung ist strafbar. Dem Priester droht sogar Exkommunikation.[1185] Demzufolge ist dem Beichtvater strengstens verboten, das aus der Beichte gewonnene Wissen, das für den Pönitenten belastend wäre, weiterzugeben oder zu gebrauchen.[1186] Nicht nur ist der Beichtvater strengstens aufgefordert, diese Regelung zu beachten, sondern alle, die Kenntnis von den Sünden erhalten haben, z. B. durch nicht beabsichtigtes Mithören, dürfen darüber nichts aussagen.[1187] Es gibt keine Entschuldigung für einen Verstoß gegen das Beichtgeheimnis.[1188] Selbstverständlich ist dem Beichtvater auch nach dem Tod des Pönitenten verboten, die gebeichteten Sünden kundzutun.[1189] Wenn der Beichtvater erkennt, dass der Pönitent keine Disposition (Reue) zeigt, kann er die Absolution oder Lossprechung verweigern, ist aber dennoch an das Beichtgeheimnis gebunden. Jedoch ist er verpflichtet, den Pönitenten loszusprechen, wenn dieser Reue zeigt.[1190]

Die Regelungen über das Beichtgeheimnis beinhalten auch, dass nicht nur die Sünden, sondern auch die Ratschläge, die Art der Buße, der Name des Pönitenten und seine persönlichen Merkmale nicht öffentlich kundgetan

---

1182 Vgl. CIC/1983, cc. 983–986.
1183 Vgl. CIC/1983, c. 983 § 2.
1184 Vgl. Althaus, Beichtgeheimnis, c. 983, Rd.-Nr. 2.
1185 Vgl. CIC/1983, cc. 983 § 1, 1388 § 1.
1186 Vgl. CIC/1983, c. 984.
1187 Vgl. CIC/1983, c. 983.
1188 Vgl. Althaus, Beichtgeheimnis, c. 983, Rd.-Nr. 4.
1189 Vgl. Althaus, Beichtgeheimnis, c. 983, Rd.-Nr. 2.
1190 Vgl. CIC/1983, c. 980.

werden dürfen. Der Priester darf auch nicht nach den Namen der Mitschuldigen fragen.[1191] Es ist dem Beichtvater ebenso untersagt, gebeichtete Sünden jemand anderem, sei es vollständig oder teilweise, mitzuteilen. Ein Direktverstoß gegen das Beichtgeheimnis liegt vor, wenn der Beichtvater den Namen oder die Identität des Pönitenten preisgibt.[1192] Wenn der Beichtvater bloß durch die Erwähnung oder anderen Äußerungen die Identität des Pönitenten preisgibt, spricht man von einem indirekten Verstoß, fügt Althaus hinzu.[1193] Beide Verstöße sind allerdings strafbar.[1194] Der Beichtvater muss somit immer bedenken, „daß alles, was einem Priester unter dem Siegel des Beichtgeheimnisses anvertraut wird, von diesem selbst unter Hingabe des eigenen Lebens nicht verraten werden darf; […].“[1195] In dieser Hinsicht bleibt das *Sigillum sacramentale* unverletzlich,[1196] auch wenn Gefahr für das Leben des Beichtvaters besteht.[1197] Allen Priestern muss bewusst sein, dass die Regelungen für die Unverletzbarkeit des Beichtgeheimnisses im göttlichen Recht verankert sind, da Gott (Christus) der Kirche den Versöhnungsdienst aufgetragen hat.[1198]

Insofern als diese Norm ihren Ursprung im göttlichen Recht hat, „kann keine Macht der Welt, weder eine weltliche noch eine kirchliche Autorität, davon entbinden oder dessen Preisgabe befehlen, […].“[1199] Das Beichtsiegel währt immer und ewig und somit umfasst das Verbot alle sonstigen Mitteilungen, die die Pönitenten verraten werden, z. B. nähere Umstände der Sünde, Ort, Zeit und Gelegenheiten der Tat.[1200] Eine Verletzung des Beichtgeheimnisses ist, wie Lederhilger zu Recht argumentierte, eine Sünde gegen die Gerechtigkeit, ebenso eine Sünde gegen das menschliche Vertrauen in Gott und seine Kirche, und so muss der Beichtvater immer bedenken, dass der Pönitent sich selbst angeklagt hat und seine Beichte gegenüber

1191 Vgl. CIC/1983, c. 979. Vgl. dazu Atlhaus, Beichtgeheimnis, c. 983, Rd.-Nr. 3.
1192 Vgl. Althaus, Beichtgeheimnis, c. 983, Rd.-Nr. 5.
1193 Vgl. Althaus, Beichtgeheimnis, c. 983, Rd.-Nr. 5.
1194 Vgl. CIC/1983, cc. 1388 §§ 1, 2, 1349.
1195 Lederhilger, Verschwiegenheitspflicht, 238.
1196 Vgl. Lederhilger, Verschwiegenheitspflicht, 238.
1197 Vgl. Joh 20, 22–23. Vgl. dazu Denzinger, Kompendium, 1703.
1198 Vgl. De Paolis, De delictis, 191.
1199 Lederhilger, Verschwiegenheitspflicht, 240.
1200 Vgl. Lederhilger, Verschwiegenheitspflicht, 241.

Gott ablegt.[1201] Deshalb gilt, dass „es unwiderruflich *in foro Dei* versiegelt bleiben müsse."[1202] Oder, wie De Paolis in Bezug auf Thomas von Aquin[1203] sagt, „Quod auditur in foro Dei semper manere debet in foro Dei. Nunquam dari potest ratio quamvis gravissima quae permittat manifestationem in foro humano peccatorum quae paenitens confessus fuerit Deo in foro sacramenti. Agitur ergo de ‚sigillo inviolabili'."[1204] Die Notwendigkeit der Bewahrung und des Schutzes der Norm des Beichtgeheimnisses muss jedem Priester einsichtig sein.

3.6.4.3 Wirkungen eines gültig empfangenen Beichtsakramentes

Die Gläubigen, die ihre Sünden bekennen, bereuen und sich mit gutem Vorsatz bessern wollen, erlangen nach der Absolution Verzeihung ihrer Sünden von Gott und werden mit der Kirche versöhnt, die sie mit ihren Taten verletzt haben.[1205] Um eine gültige Absolution zu erlangen, muss der Pönitent seine Sünden bekennen, sie bereuen und einen Vorsatz zur Besserung haben.[1206] Darüber hinaus muss der Pönitent die Bereitschaft haben, angerichteten Schaden wieder gutzumachen und Bußwerke wie Gebete, caritative Werke, Wallfahrten usw. zu übernehmen.[1207] Reue und Vorsatz zur Besserung sind die Voraussetzung für die Lossprechung. Der Pönitent muss nicht nur seine Verfehlungen bereuen, sondern auch seine Sünden vor dem Beichtvater bekennen, und zwar alle Sünden, derer er sich erinnert.[1208] Für einen Pönitenten, der absichtlich seine schweren Sünden nicht vollständig bekennt und damit Sünden unterschlägt, ist die ausgesprochene Lossprechung nicht wirksam.[1209]

Die erste Wirkung einer gültig erlangten Lossprechung ist die Vergebung und Verzeihung der bekannten Sünden. Durch diese Lossprechung wird der

---

1201 Vgl. Lederhilger, Verschwiegenheitspflicht, 241.
1202 Lederhilger, Verschwiegenheitspflicht, 241–242.
1203 Vgl. Thomas von Aquin, S.th., Suppl. q. 11, a.3. Vgl. dazu Lederhilger, Verschwiegenheitspflicht, 242.
1204 De Paolis, De delictis, 191. Vgl. dazu Joh 20, 22–23.
1205 Vgl. CIC/1983, c. 959.
1206 Vgl. CIC/1983, cc. 959, 960.
1207 Vgl. Krämer, Theologische Leitsätze, 229.
1208 Vgl. Denzinger, Kompendium, 1323.
1209 Vgl. CIC/1983, c. 960.

Pönitent nicht nur mit Gott versöhnt, sondern auch mit der Kirche, die er mit seiner Sünde verletzt hat.[1210] Es besteht eine Verbindung zwischen Gott und der Kirche, deshalb hat die Kirche die Vollmacht, durch die Priester Sünden zu vergeben.[1211] In der Lossprechung handelt der Priester also als Diener der Versöhnung im Namen Gottes und seiner Kirche. Hier muss klargestellt werden, „daß die theologisch-monströse Vorstellung kategorisch ausgeschlossen ist, im Bußsakrament würde eine menschliche Instanz, konkret ein Amtsträger der Kirche, darüber entscheiden können, ob einem Menschen die Sündenvergebung Gottes zugesprochen oder verweigert werde. Eine solche Vorstellung käme nämlich einem willkürlichen Verfügen-Wollen der Kirche über die göttliche Absolutionsmacht gleich."[1212] Diese Aussage wird begründet durch den Wortlaut der Lossprechung: „Gott, der barmherzige Vater, hat durch den Tod und die Auferstehung seines Sohnes die Welt mit sich versöhnt und uns den Heiligen Geist gesandt. Durch den Dienst der Kirche schenke er dir Verzeihung und Frieden."[1213]

Es stellt sich jedoch die Frage, ob die Wiederversöhnung mit der Kirche die Voraussetzung oder Ursache für die Vergebung durch Gott ist,[1214] oder wie Mörsdorf lehrt, die ‚pax cum Ecclesia' gilt als Voraussetzung für die ‚pax cum Deo'.[1215] Insofern als die Kirche nicht bloß ein organisatorisches und rechtliches Gebilde ist, sondern auch ein Sakrament der Versöhnung zwischen Gott und den Menschen und das Werkzeug Gottes,[1216] bleibt eine untrennbare Verbindung zwischen ihr und Gott. Deshalb ist die Kirche beim Versöhnungsakt Gottes mit dem Sünder beteiligt.[1217] Es folgt also ein sichtbares Zeichen zwischen Gott und der Kirche. Dieses Zeichen hat nicht nur einen deklarativen Charakter im Hinblick auf die bereits erfolgte Vergebung durch Gott, vielmehr hat es auch einen kausativen Charakter, indem die Vergebung durch Gott wirkmächtig angezeigt wird.[1218] Im c. 959 handelt

---

1210 Vgl. CIC/1983, c. 959. Vgl. dazu Vat II, LG, Nr. 11.
1211 Vgl. CIC/1983, cc. 965–966.
1212 Koch, Versöhnung, 114.
1213 Ordo paenitentiae, 45.
1214 Vgl. Krämer, Theologische Leitsätze, 231.
1215 Vgl. Mörsdorf, Lehrbuch, Band 2, 63.
1216 Vgl. Vat II, LG, Nr. 1.
1217 Vgl. Krämer, Theologische Leitsätze, 231. Vgl. dazu auch Vat II, LG, Nr. 8.
1218 Vgl. Greshake, Erneuerung, 78.

es sich demnach um ein dynamisches Geschehen, das die beiden Wirkungen des Bußsakramentes, nämlich die Vergebung durch Gott und die Kirche, aufzeigt.[1219] Die Versöhnung durch die Kirche, erläutert Krämer weiter, ist allerdings keine willkürliche autoritative Verfügung über das Handeln Gottes, sondern es ist ein Akt der Vergegenwärtigung des Heilshandelns Gottes.[1220] Ein gültig empfangenes Bußsakrament hat deshalb ekklesiologischen und pneumatologischen Charakter. Ekklesiologisch, weil der Sünder mit der Kirche wieder vereinigt ist, und pneumatologisch, weil er durch die Kraft des Heiligen Geistes die Vergebung seiner Sünden erlangt hat.[1221]

3.6.4.4 Der Priester als Diener der Versöhnung nach geltendem Recht

Nach c. 960 des Codex von 1983 gibt es eine doppelte theologische Bedeutung des Versöhnungssakramentes: die Versöhnung mit Gott und mit der kirchlichen Gemeinschaft. Diese doppelte Dimension ist begründet in der Tatsache, dass die Pönitenten nach gültigem Empfang des Bußsakramentes die Verzeihung ihrer Sünden von Gott und die Versöhnung mit der Kirche erlangen.[1222] Die sakramentale Absolution oder Lossprechung ist eine Art von Gerichtshandlung, die nicht nur einen therapeutischen, heilenden Charakter hat, sondern eine Wiedereingliederung in die christliche Gemeinschaft ermöglicht.[1223] Das Bußsakrament hat somit nicht nur eine gemeinschaftliche und persönliche Dimension, sondern auch einen theologischen und rechtlichen Charakter.[1224] Während cc. 960–986 sich mit der Feier des Bußsakramentes und der Spendung auseinandersetzen, behandeln cc. 987–991 die persönliche Disposition des Pönitenten. Der Spender des Bußsakramentes ist nach geltendem Recht der Priester,[1225] und dieser Dienst der Versöhnung mit Gott und den Menschen gehört zum *forum internum*, d.h. „jener Bereich, in welchem das Vertrauen der Beteiligten in

1219 Vgl. Krämer, Theologische Leitsätze, 231.
1220 Vgl. Krämer, Theologische Leitsätze, 231.
1221 Vgl. CIC/1983, c. 959. Vgl. dazu Ordo paenitentiae, 45.
1222 Vgl. CIC/1983, c. 959.
1223 Vgl. Johannes Paul II., Reconciliatio et paenitentia, Nr. 31. Vgl. dazu CIC/1983, cc. 959–960.
1224 Vgl. CIC/1983, c. 959.
1225 Vgl. CIC/1983, c. 965.

bes[onderem] Maße vom Recht geschützt wird."[1226] Beim Versöhnungssakrament steht der Pönitent Gott gegenüber, d.h. „in der Sphäre, die sich äußerer Feststellbarkeit entzieht."[1227]

Das Geschehen im Bußsakrament wird deshalb nicht öffentlich gemacht, auch wenn es teils beweisbar ist.[1228] Das Handeln im sakramentalen Bereich muss geheim bleiben.[1229] Der Priester ist strengstens verpflichtet, die Sünden des Pönitenten niemals durch Worte, Taten oder Zeichen kundzutun.[1230] Der Beichtvater muss immer bedenken, dass der Sinn des Beichtsakramentes primär das Heil der Seele ist (*salus animarum*). Während einerseits die Form des Bußsakramentes die Worte der Lossprechung des Priesters sind, sind andererseits die Materie zur vollständigen und vollkommenen Vergebung der Sünden die Akte der Reue, das Bekenntnis der Sünden und die Genugtuung.[1231] Der Amtsträger (Priester) handelt bei der Lossprechung „in der Kraft der kirchlichen Vollmacht (*sacra potestas*) als Beauftragter Christi und bewirkt die Versöhnung mit der Kirche und (dadurch) mit Gott."[1232] Obwohl Priester und Bischöfe die Vollmacht haben, das Sakrament der Buße zu erteilen,[1233] darf der Priester solche Sünden nicht lossprechen, deren Lossprechung nur den Bischöfen und dem Papst vorbehalten sind. Die Befugnis, Beichte zu hören und Absolution zu erteilen, bedingt eine Vollmacht durch den Bischof. Diese Befugnis kann auch von Rechts wegen erhalten werden.[1234] Anders als die Priester haben Papst und Kardinäle von Rechts wegen die Vollmacht, überall auf der Welt Beichte zu hören und Absolution zu erteilen.[1235]

Die Befugnis, das Bußsakrament zu spenden, kann „von Rechts wegen mit einem Amt gegeben sein oder durch einen eigenen Verwaltungsakt oder

---

1226 Pucher, Forum externum et internum, 709.
1227 Pree, Leitungsvollmacht, 156.
1228 Vgl. CIC/1983, cc. 1079 § 3, 1082, 1133.
1229 Vgl. CIC/1983, cc. 489, 490, 1048, 1082, 1133, 1139, 1357 § 2, 1455, 1719.
1230 Vgl. CIC/1983, cc. 983, 984.
1231 Vgl. Denzinger, Kompendium, 1673–1674.
1232 Weigand, Das Bußsakrament, 843.
1233 Vgl. CIC/1983, c. 965.
1234 Vgl. CIC/1983, cc. 966 § 2, 977. Vgl. dazu CCEO, cc. 722–730.
1235 Vgl. CIC/1983, c. 967 § 1.

durch Gesetz verliehen werden (concessio)."[1236] Jedoch ist die Frage noch nicht endgültig beantwortet, ob die Vollmacht, bei der Beichte Absolution zu erteilen, mit dem Empfang der Priesterweihe gegeben ist oder einer besonderen Befugnis vom Ortsordinarius bedarf.[1237] Bis zu einer endgültigen Klärung dieser Frage kann nur der Ortsordinarius seinen Diözesanpriestern die Beichtbefugnis verleihen.[1238] Darüber hinaus ist es erforderlich, dass der Ortsordinarius sorgfältig die Eignung der Priester überprüft, bevor er ihnen die Befugnis zur Beichtabnahme erteilt.[1239] Die Befugnis, die sakramentale Beichte zu hören, muss schriftlich erteilt werden[1240] und kann nur aus schwerwiegenden Gründen widerrufen werden.[1241] Jedoch erlischt diese Befugnis durch Exkardination, Verlust des Wohnsitzes oder durch Ausscheiden aus dem Klerikerstand.[1242] Die Befugnis, die Beichte abzunehmen, erlischt nicht durch Exkommunikation, Suspension oder Interdikt, denn in Todesgefahr kann jeder gültig geweihte Priester auch ohne Beichtbefugnis die Beichte abnehmen.[1243]

Die Absolution des Mitschuldigen an einer Sünde gegen das sechste Gebot des Dekalogs ist nach dem Gesetzgeber außer in Todesgefahr ungültig,[1244] denn der Priester als Mitschuldiger hat nicht nur gegen die Zölibatspflicht verstoßen, sondern in vielen Fällen auch Ehebruch begangen.[1245] Der Priester als Beichtvater muss bei der Beichtabnahme die Normen und Richtlinien gemäß cc. 978–986 beachten und an das Heil der Seele des Pönitenten denken. Die Gläubigen sind verpflichtet, regelmäßig das Beichtsakrament zu empfangen.[1246] Damit ein Pönitent die heilbringende Hilfe dieses Sakramentes empfängt, muss er disponiert sein, Reue zeigen und einen Vorsatz zur Besserung haben.[1247] In seinem apostolischen Schreiben ‚Novo Millenio

1236 Weigand, Das Bußsakrament, 848.
1237 Vgl. Weigand, Das Bußsakrament, 848.
1238 Vgl. CIC/1983, c. 969 § 1.
1239 Vgl. CIC/1983, cc. 970, 971.
1240 Vgl. CIC/1983, c. 973.
1241 Vgl. CIC/1983, c. 974 § 1.
1242 Vgl. CIC/1983, c. 975.
1243 Vgl. CIC/1983, c. 976.
1244 Vgl. CIC/1983, c. 977.
1245 Vgl. CIC/1983, cc. 277, 1395 § 1, 291.
1246 Vgl. CIC/1983, c. 988 § 1.
1247 Vgl. CIC/1983, c. 987.

Ineunte' erinnerte Johannes Paul II. alle Christgläubigen an die Notwendigkeit dieses Sakramentes und die priesterliche Pflicht, dieses Sakrament zu erteilen.[1248] Die Priester müssen bedenken, dass die Spendung des Bußsakramentes ein Dienst echter Nächstenliebe und wahre pastorale Aufgabe ist.[1249]

Es gilt zu bedenken: „Das persönliche und vollständige Bekenntnis und die Absolution bilden den einzigen ordentlichen Weg, auf dem ein Gläubiger, der sich einer schweren Sünde bewußt ist, mit Gott und der Kirche versöhnt wird; allein physische oder moralische Unmöglichkeit entschuldigt von einem solchen Bekenntnis; in diesem Fall kann die Versöhnung auch auf andere Weisen erlangt werden."[1250] Bei der sogenannten Generalabsolution müssen die Normen des c. 961 beachtet werden, vor allem muss eine Todesgefahr oder schwere Notlage bestehen, die es unmöglich macht, eine individuelle Beichte abzunehmen. Obwohl der Gesetzgeber die Möglichkeit, mehreren Pönitenten gleichzeitig ohne persönliches Bekenntnis die Absolution zu erteilen, erlaubt,[1251] hat diese Erlaubnis jedoch den Charakter einer Ausnahme.[1252] Der Priestermangel kann nicht als Grund angeführt werden, keine Zeit für einzelne individuelle Beichten zu haben.[1253] Der Priester als Spender des Versöhnungs- und Heilssakramentes muss dafür Sorge tragen, dass „die Beichten der ihm anvertrauten Gläubigen gehört werden, die in vernünftiger Weise darum bitten; des weiteren, daß ihnen an festgesetzten Tagen und Stunden, die ihnen genehm sind, Gelegenheit geboten wird, zu einer persönlichen Beichte zu kommen."[1254]

Es ist ein Zeichen der Dienstvernachlässigung, wenn der Priester keine Zeit für die Spendung des Beichtsakramentes hat, denn das Sakrament der Versöhnung bleibt ein Bestandteil der kirchlichen Aufgabe. Angesichts der Notwendigkeit dieses Sakramentes sollte es in jeder Diözese immer einen Pönitentiar geben.[1255] Der Diözesanbußkanoniker hat nach geltendem Recht die Befugnis, im sakramentalen Bereich (*forum internum*) von bestimmten,

---

1248 Vgl. Johannes Paul II., Novo Millenio Ineunte, Nr. 37.
1249 Vgl. CIC/1983, cc. 213, 843 § 1.
1250 CIC/1983, c. 960.
1251 Vgl. CIC/1983, c. 961 § 1 2°.
1252 Vgl. Johannes Paul II., Reconciliatio et Paenitentia, Nr. 32.
1253 Vgl. Johannes Paul II., Misericordia Dei, 9.
1254 CIC/1983, c. 986 § 1. Vgl. dazu Vat II, PO, Nr. 13.
1255 Vgl. CIC/1983, c. 508.

nicht festgestellten Sünden und Strafen zu absolvieren,[1256] sofern diese Sünden nicht dem Apostolischen Stuhl vorbehalten sind. Kraft seines Amtes kann er auch von Sünden und Beugestrafen lossprechen, die dem Diözesanbischof vorbehalten sind.[1257] Der Bußkanoniker muss sich durch einen rechtgläubigen und unbescholtenen Lebenswandel auszeichnen und seine Dienste in lobenswerter Weise ausüben.[1258]

3.6.5 Der Priester und das Sakrament der Krankensalbung

Das Sakrament der Krankensalbung gehört zu den sieben Sakramenten der Kirche.[1259] Christus, der Herr, hat seine Jünger, bzw. die Kirche, nicht nur ausgesandt,[1260] um zu verkünden und Sünden zu vergeben, sondern auch um die Kranken zu heilen und Dämonen auszutreiben.[1261] Nach dem Bericht des Apostels Jakobus gilt diese sakramentale Handlung bereits in den ersten christlichen Gemeinden.[1262] Dieses Sakrament ist dazu bestimmt, die Kranken zu stärken und zu heilen. Bis in das 20. Jahrhundert wurde dieses Sakrament als Letzte Ölung (extrema unctio) bezeichnet.[1263] Jakobus hat in seinem Brief die Heilung der Kranken an die Presbyter übertragen.[1264] Presbyter oder Älteste der Gemeinde sind „keine Charismatiker, sondern Amtspersonen, deren Amt in dieser Spätzeit des NT [Neuen Testamentes] bereits institutionalisiert ist."[1265]

Dieses Krankensakrament gilt nicht nur für die körperliche Stärkung, sondern auch für geistliche Heilung. Nach dem Brief von Innozenz I. (ca. 416) gilt dieses Sakrament primär für die Kranken, um ihre Krankheitsnot zu lindern und zu überwinden und nicht als Bußsakrament. Darüber hinaus

---

1256 Vgl. CIC/1983, c. 508 § 1.
1257 Vgl. Gehr, Bußkanoniker, 313.
1258 Vgl. CIC/1983, c. 509 § 2.
1259 Vgl. KKK, 1511.
1260 Vgl. KKK, 1478. Vgl. dazu Mt 28, 19–20.
1261 Vgl. Mt 8, 1–17, 10, 8, 28–43, 9, 1–8, 18–34; Mk 6, 13, 53–56; Lk 9, 2, 10, 9, 13, 10–17, 14, 1–16; Joh 9, 1–7; Jak 5, 14 ff. Vgl. dazu KKK, 1420–1531.
1262 Vgl. Jak 5, 14–16.
1263 Vgl. Koch, Krankensalbung, 329.
1264 Vgl. Jak 5, 14.
1265 Koch, Krankensalbung, 329.

konnten Priester und Laien damals dieses Sakrament spenden.[1266] Seit dem Mittelalter „wird die Krankensalbung eng mit Buße und Eucharistie (Wegzehrung) verbunden gesehen und [...] zunehmend als Sterbesakrament verstanden."[1267] Während das Konzil von Florenz nicht nur die Wesenselemente dieses Sakramentes beschreibt und erläutert, erklärte es auch, dass das Sakrament für körperliche Heilung notwendig ist und nur ein Priester geeignet ist, dieses Sakrament zu spenden.[1268] Die Krankensalbung wurde von Christus eingesetzt, so das Konzil von Trient, um den Empfängern Gottes Gnade zu erteilen, ihre Sünden zu vergeben und ihre Krankheiten zu heilen.[1269]

3.6.5.1 Der Priester als Spender der Krankensalbung nach geltendem Recht

Während der Codex von 1983 den „Sinn und Zweck der Krankensalbung umschreibt (‚Durch die Krankensalbung empfiehlt die Kirche gefährlich erkrankte Gläubige dem leidenden und verherrlichten Herrn an, damit er sie aufrichte und rette'), wird im Codex Canonum Ecclesiarum Orientalium in einem umfassenderen theologischen Statement die Wirkung dieses Sakramentes umschrieben."[1270] Gemäß c. 1003 §§ 1, 2 des Codex von 1983 können nur geweihte Priester die Krankensalbung gültig spenden. Zugleich haben sie die Pflicht und das Recht, diese Krankensalbung den ihnen anvertrauten Gläubigen, die darum bitten, zu spenden.[1271] Während die Materie der Krankensalbung das Olivenöl ist, das vom Bischof gesegnet wurde, gelten die Spendungsworte als die Form der Salbung.[1272] Es ist nicht zulässig, dass der Priester das Öl für das Krankensakrament selbst segnet, jedoch können neben dem Bischof diejenigen, die ihm von Rechts wegen

1266 Vgl. Koch, Krankensalbung, 332.
1267 Paarhammer, Krankensalbung, 862.
1268 Vgl. Denzinger, Kompendium, 1324–1325. Vgl. dazu Koch, Krankensalbung, 332.
1269 Vgl. Denzinger, Kompendium, 1695, 1700.
1270 Paarhammer, Krankensalbung, 863. Vgl. dazu CIC/1983, c. 998. Vgl. auch CCEO, c. 737 § 1.
1271 Vgl. CIC/1983, c. 1001.
1272 Vgl. Denzinger, Kompendium, 1695, 1324.

gleichgestellt sind, dieses Öl weihen,[1273] z. B. ein apostolischer Vikar, Präfekt und apostolischer Administrator usw.[1274] Das Öl für die Krankensalbung wird in der Regel am Gründonnerstag während der Chrisammesse vom Bischof geweiht.[1275] Im Notfall darf jedoch jeder Priester das Öl für die Krankensalbung segnen, allerdings nur bei der Feier des Sakramentes selbst.[1276]

Dieses Sakrament wird durch die Salbung mit Öl auf die Stirn und die Hände der Kranken mit den vorgegebenen liturgischen Worten erteilt.[1277] Im Notfall genügt eine einzige Salbung auf irgendein Körperteil, wobei aber die vollständige liturgische Formel zu sprechen ist.[1278] Nach dem Ritus der Krankensalbung lauten die Worte bei der Spendung: „Durch diese heilige Salbung helfe dir der Herr in seinem reichen Erbarmen, er stehe dir bei mit der Kraft des Heiligen Geistes. [...] Der Herr, der dich von Sünden befreit, rette dich, in seiner Gnade richte er dich auf."[1279] Bei der Gefahr einer Ansteckung oder Infektion darf sich der Priester bei der Vornahme der Salbung eines geeigneten Instrumentes (Pinsel) bedienen.[1280] Mit der Bestimmung, dass nur Priester und Bischöfe (solus sacerdos) das Krankensakrament spenden dürfen,[1281] übernahm einerseits der Codex von 1983 die theologisch sichere Lehre der Kirche, die diese Sakramentenspendung vor allem den Priestern und Bischöfen zugeschrieben hat,[1282] andererseits stellte der kirchliche Gesetzgeber die untrennbare Verbindung von Bußsakrament und Krankensakrament fest.[1283] Hier ist zu erwähnen, dass es jedem Priester erlaubt ist, das gesegnete Öl mit sich zu tragen, um im Notfall das Krankensakrament spenden zu können.[1284]

1273 Vgl. CIC/1983, c. 999 1°.
1274 Vgl. CIC/1983, cc. 370, 371.
1275 Vgl. Kongr. Gottesdienst, Caeremoniale Episcoporum, Vatican (Typ Pol.), 83. Vgl. dazu Paarhammer, Krankensalbung, 863.
1276 Vgl. CIC/1983, cc. 999 2°, 1003 § 3.
1277 Vgl. CIC/1983, c. 1000 § 1.
1278 Vgl. CIC/1983, c. 1000 § 1.
1279 Bischofskonferenzen Deutschlands, Krankensakramente, 92–93.
1280 Vgl. CIC/1983, c. 1000 § 2.
1281 Vgl. CIC/1983, c. 1003 § 1.
1282 Vgl. DBK, Instruktion über die Mitarbeit der Laien, 29. Vgl. dazu Denzinger, Kompendium, 1697. Vgl. auch KKK, 1516. Vgl. dazu CIC/1983, c. 1003 § 1.
1283 Vgl. Paarhammer, Krankensalbung, 865.
1284 Vgl. CIC/1983, c. 1003 § 3.

Es ist eine Simulation des Krankensakramentes, wenn es durch jemand anderen als dem Priester gespendet wird.[1285] Die Krankensalbung und der Krankenbesuch gehören zu den priesterlichen Amtsaufgaben.[1286] Es ist nicht erlaubt, jemandem die Krankensalbung zwanghaft zu erteilen.[1287] Für eine erlaubte Spendung des Sakramentes genügen bei einem schwerwiegenden Gesundheitszustand ein vernünftiger Grund (gläubiger Mensch, Wunsch nach der Krankensalbung im vollen Bewusstseinsstadium, c. 1006) oder das Einverständnis der Angehörigen oder des Krankenhauspersonals.[1288] Darüber hinaus kann dieses Sakrament mehrmals empfangen werden.[1289] Wegen der Pastoralsituation ist es zulässig, mehreren Kranken zugleich das Sakrament zu erteilen, allerdings mit Erlaubnis des Ortsordinarius.[1290] Mit Zustimmung des Ortsordinarius kann nicht katholisch getauften Christen, die die Spendung dieses Sakramentes gewünscht haben, die Krankensalbung erteilt werden. Dieses Sakrament kann allerdings nicht jenen gespendet werden, die hartnäckig in schweren Sünden verharren.[1291] Exkommunizierte ohne Zeichen der Reue dürfen dieses Sakrament nicht empfangen.

3.7 Priesterliches Leben

3.7.1 Vorbemerkung

Aufgrund ihrer Berufung und Weihe sind Priester besonders aufgefordert, ein heiliges und ehrwürdiges Leben zu führen.[1292]

3.7.2 Berufung zur Vollkommenheit und zum heiligen Leben im Einklang mit dem II. Vatikanum

Als Priester wird von ihnen erwartet, vollkommen zu sein in ihren Aktionen und ihrem Leben. Da sie aufgrund ihrer Berufung Träger der Frohen Botschaft sind, müssen sie die ihnen anvertraute Herde mit Milde, Demut,

---

1285 Vgl. CIC/1983, c. 1003.
1286 Vgl. CIC/1983, cc. 530 3°, 540 § 1, 548, § 1, 549, 564–572.
1287 Vgl. CIC/1983, c. 1006.
1288 Vgl. Paarhammer, Krankensalbung, 865–866.
1289 Vgl. CIC/1983, c. 1004 § 2.
1290 Vgl. CIC/1983, c. 1002.
1291 Vgl. CIC/1983, c. 1007.
1292 Vgl. Vat II, PO, Nr. 12.

Güte und Geduld, aber auch mit einer gesunden Strenge leiten.[1293] Nicht nur sollen sie versuchen, den Bund der priesterlichen Gemeinschaft zu wahren, vielmehr sollen sie täglich ihre Pflichten in Liebe zu Gott und den Nächsten erfüllen.[1294] Als Vertreter Christi sind sie verpflichtet, wie der Herr vollkommen zu sein und die Schwachen zur Vollkommenheit zu führen,[1295] sich gänzlich dem Dienst hinzugeben und jegliche Form von Unvollkommenheit zu meiden.[1296] In ihren täglichen heiligen Handlungen mit anderen Priestern, Bischöfen und Laien müssen sie sich erinnern, dass vollkommenes Leben zu größerer Fruchtbarkeit führt.[1297] Dazu dürfen sie die Wichtigkeit des Bußsakramentes in ihrem Leben nicht unterschätzen. Darüber hinaus sollen sie auch den Gläubigen den Zugang zum Bußsakrament ermöglichen[1298] und tagtäglich nach persönlicher Heiligkeit streben, damit sie ihre Dienste nach der Vorgabe der Kirche ordentlich erfüllen können.

3.7.2.1 Evangelische Räte

Die evangelischen Räte sind grundgelegt in Christus, dem Meister und Herrn der Kirche, durch Lehre und Beispiel.[1299] Sie sind „göttliches Geschenk an die Kirche, das sie von ihrem Herrn empfangen hat und dank Seiner Gnade allezeit bewahrt."[1300] Obwohl Christus selbst, der Herr und Meister, die evangelischen Räte grundgelegt hat, hat die kirchliche Autorität allerdings die Vollmacht und Aufgabe, ihre Anwendung gesetzlich zu regeln.[1301] Die drei sogenannten evangelischen Räte sind Armut, Gehorsam und Ehelosigkeit oder Keuschheit.

1293 Vgl. Vat II, LG, Nr. 40.
1294 Vgl. Vat II, LG, Nr. 41.
1295 Vgl. Mt 5, 48.
1296 Vgl. Vat II, PO, Nr. 12.
1297 Vgl. Vat II, PO, Nr. 12.
1298 Vgl. CIC/1983, c. 989. Vgl. dazu Vat II, PO, Nrn. 12–13.
1299 Vgl. CIC/1983, c. 575.
1300 CIC/1983, c. 575.
1301 Vgl. CIC/1983, c. 576.

3.7.2.2 *Die Priester und die evangelischen Räte*

Priester sind aufgrund des Weiheempfanges Repräsentanten Christi.[1302] Sie sind deshalb verpflichtet, Christus nachzuahmen und ihr ganzes Leben nach dem Evangelium zu gestalten.[1303] Zwar müssen alle Priester Keuschheit und Gehorsam versprechen, doch nur die Ordenspriester müssen zusätzlich das Armutsgelübde ablegen.[1304] Obwohl die sakramentale „Weihe kein ausdrückliches Gelübde auf die drei Räte entwickelt“[1305] hat, bedeutet jedoch das ganze priesterliche Leben eine absolute Hingabe.[1306] Seit dem 13. Jahrhundert wird ausdrücklich verlangt, dass das Ordensleben nach den evangelischen Räten gestaltet werden muss.[1307] So sind Ordensmitglieder nach geltendem Recht verpflichtet, die evangelischen Räte zu befolgen und in Armut, Ehelosigkeit und Gehorsam zu leben.[1308] In diesen drei Räten, so Thomas von Aquin, ist „das ganze Ordensleben begründet, [...]: Denn dem Reichtum entsagt man durch Armut, den Genüssen des Fleisches durch die lebenslange Keuschheit und der Hoffart des Lebens durch die Knechtschaft des Gehorsams.“[1309]

Das Leben nach den evangelischen Räten dient dazu, „die Hindernisse für die Vollkommenheit zu beseitigen. Die Vollkommenheit besteht in der Liebe, und Hindernisse dafür gibt es drei: die Liebe zum Besitz, die durch Armut beseitigt wird; die Liebe zu fleischlichen Lüsten, die durch die Keuschheit beseitigt wird; und die Liebe zu Ehre und Macht, die durch den Gehorsam beseitigt wird. [...] Wenn er darum Gott die äußeren Güter in der Armut, den Leib in der Keuschheit und die Seele im Gehorsam schenkt, dann bringt er Gott alles, was ihm gehört, als Opfer dar. Auf diese Weise macht er sich auf die beste Art, die in diesem Leben überhaupt möglich ist, geeignet für die vollkommene Liebe.“[1310] Obwohl Weltpriester, anders

---

1302 Vgl. CIC/1983, c. 1008.
1303 Vgl. Vat II, PO, Nr. 12.
1304 Vgl. CIC/1983, cc. 599, 1042 1°.
1305 Wollbold, Priester, 167.
1306 Vgl. Wollbold, Priester, 167.
1307 Vgl. Wollbold, Priester, 168.
1308 Vgl. CIC/1983, c. 207 § 2.
1309 Thomas von Aquin, S. th. I–II q. 108 a. 4 unter Bezug auf 1 Joh 2, 16.
1310 Bellarmin, Katechismen, 126.

als Ordenspriester, beim Weiheempfang kein ausdrückliches Armutsversprechen ablegen, erinnerte Johannes Paul II. daran, dass diese drei Räte das ganze priesterliche Leben verwirklichen und dies von jedem Priester beachtet werden muss.[1311] Das Leben nach den evangelischen Räten führt zu einer inneren Einheit zwischen dem Priester und Gott, denn die Räte helfen, jegliche Form von Abhängigkeit von materiellen Dingen zu vermeiden.

Zusätzlich soll beachtet werden: „Armut, Keuschheit und Gehorsam sind nicht ohne Sinn, nicht als große Forderung und Aufgabe zufällig aneinander gereiht worden. Sie wurden in dieser Gestalt zum Gebot erhoben, weil eben jene drei Gebiete menschlichen Strebens innerhalb der Vielfalt des Strebens überhaupt sich durch besondere, gemeinsame Züge auszeichnen. Es handelt sich um diejenigen drängenden Bedürfnisse, an die der Mensch leicht sein Herz verliert, an die er sich triebhaft hinzugeben neigt, zum Schaden seiner Mitmenschen, aber mehr noch zum Schaden seiner selbst... Nicht daß er strebt, begehrt, liebt, ist dann das Wesentliche, sondern daß er sich selbst verliert, daß zum Laster wird, was ruhig sich entfaltendes Leben sein könnte. Nur weil dieser innere Schaden mit demjenigen parallel läuft, den expansives Erleben und Tun der Mitwelt zufügen kann, hat jenes dreifache Gebot aufgerichtet und seine strikte Befolgung mit dem Zeichen der Heiligkeit versehen werden können."[1312] Demzufolge erklärten die Konzilsväter des II. Vatikanums besonders in Perfectae caritatis und Lumen Gentium,[1313] „daß das Streben nach vollkommener Liebe auf dem Weg der evangelischen Räte in Lehre und Leben des göttlichen Meisters seinen Ursprung hat und wie ein leuchtendes Zeichen des Himmelreiches erscheint."[1314] Perfectae caritatis stellte auch „die verschiedenen Erscheinungsformen geweihten Lebens gleichrangig nebeneinander [...]."[1315]

Die evangelischen Räte lassen sich auf die Worte Jesu, des Meisters und Herrn der Kirche, zurückführen: Wer mir nachfolgt, soll auf alles verzichten.[1316] Sie sind deshalb ein leuchtendes Zeichen der absoluten Liebe und

1311 Vgl. Johannes Paul II., PDV, Nrn. 27–30.
1312 Drewermann, Kleriker, 365.
1313 Vgl. Haering, Lebensgemeinschaften, 591.
1314 Vat II, PC, Nr. 1.
1315 Haering, Lebensgemeinschaften, 592.
1316 Vgl. Mk 10, 28; Mt 8, 20; Lk 9, 58.

Hingabe an Christus und ein Zeichen des totalen Verlasses auf ihn, denn das Leben nach den evangelischen Räten befreit von Anhänglichkeit an irdische Güter, an persönliche Bedürfnisse wie Genuss, Macht und Eigenwillen. Zugleich bedeutet es auch Leben im Gebet, in Gehorsam und Vereinigung mit Gott.[1317] Um dieses Leben nach den evangelischen Räten sinnvoll zu machen, sollen Ordenspersonen immer bedenken, „daß sie durch ihr Gelöbnis der evangelischen Räte vor allem einem göttlichen Ruf geantwortet haben und dadurch nicht nur der Sünde gestorben sind (vgl. Röm 6, 1), sondern auch der Welt entsagt haben, um Gott allein zu leben; denn sie haben ihr ganzes Leben seinem Dienst überantwortet."[1318] Nach Lumen Gentium sind alle Christgläubigen zur Vollkommenheit des Lebens berufen, da das Leben nach den evangelischen Räten ein hervorragendes Zeugnis und Beispiel der Heiligkeit der Kirche ist.[1319] Das Leben nach den evangelischen Räten ist eine Antwort auf die Liebe Gottes an uns Menschen,[1320] und so fließt die Nächstenliebe als Antrieb aus dieser ursprünglichen Gottesliebe an die Menschen weiter.[1321]

Obwohl Weltpriester kein ausdrückliches Versprechen des evangelischen Rates der Armut auf sich nehmen, sollen sie sich jedoch daran erinnern, dass sie zur Vollkommenheit des Lebens berufen sind.[1322] Es soll ihnen auch bewusst sein, dass „das Streben nach Ganzhingabe an Gott in vollkommener Liebe [...] ihre wichtigste Aufgabe [...]"[1323] ist. Alle Priester sind aufgefordert, im Einklang mit Lumen Gentium immer zu bedenken, dass ihre Berufung Heiligkeit des Lebens bedingt. Sie müssen in besonderer Weise nach der Vollkommenheit, die Jesus von seinen Jünger verlangt, streben. Darüber hinaus müssen sie die drei Räte (Gehorsam, Armut und Keuschheit) als wichtigsten Teil ihrer Berufung betrachten, sie leben und bewahren. Obwohl das Leben nach den Räten nicht Teil der hierarchischen Struktur der Kirche ist, ist es dennoch erforderlich, dass alle Priester ihre

---

1317 Vgl. Vat II, PC, Nr. 5.
1318 Vat II, PC, Nr. 5.
1319 Vgl. Vat II, LG, Nr. 39.
1320 Vgl. 1. Joh 4, 9, 10.
1321 Vgl. Vat II, PC, Nr. 6.
1322 Vgl. CIC/1983, c. 277.
1323 Vat II, PC, Nr. 11.

Dienste in Vollkommenheit vollziehen.[1324] Die Priester sollen einsehen, „daß das Gelöbnis der evangelischen Räte, wenn es auch den Verzicht auf hochzuschätzende Werte mit sich bringt, dennoch der wahren Entfaltung der menschlichen Person nicht entgegensteht, sondern aus ihrem Wesen heraus sie aufs Höchste fördert. Die Räte nämlich tragen, wenn sie entsprechend der persönlichen Berufung eines jeden in freiem Entschluß übernommen werden, nicht wenig zur Reinigung des Herzens und zur geistlichen Freiheit bei, fachen ständig die Glut der Liebe an und vermögen den Christen gleichförmiger zu machen, vor allem der jungfräulichen und armen Lebensweise, die Christus der Herr gewählt und die seine jungfräuliche Mutter sich zu eigen gemacht hat. [...] Und es darf keiner meinen, die Ordensleute würden durch ihre Weihe den Menschen fremd oder für die irdische Gesellschaft nutzlos."[1325] In diesem Sinne wird Standhaftigkeit in Vollkommenheit und Heiligkeit von jedem Priester verlangt und diese müssen bedenken, dass die drei Lebensformen nicht voneinander isoliert sind, sondern nur miteinander in wechselseitiger Ergänzung realisiert werden können.[1326]

3.7.2.3 Die evangelischen Räte nach geltendem Recht

Der Codex von 1983 spricht von zweierlei Formen der Christgläubigen, nämlich Klerikern und Laien.[1327] In beiden Gruppen gibt es Menschen, die ihr Leben nach den evangelischen Räten gestalten.[1328] Allerdings können sowohl Ordensleute als auch Laien, die in Gemeinschaften leben, die Gelübde der Armut, des Gehorsams und der Keuschheit ablegen.[1329] Jeder Christgläubige, der sich in einem Institut des geweihten Lebens den evangelischen Räten verpflichtet, gehört somit einem eigenen Stand in der Kirche an.[1330] Die Zugehörigkeit zu einem eigenen Stand bedeutet nicht, „daß die Mitglieder der Institute des geweihten Lebens neben der grundlegenden Gliederung des Gottesvolkes in Kleriker und Laien (c. 207 § 1; vgl. c. 1008)

1324 Vgl. Vat II, LG, Nrn. 39, 42, 43, 44.
1325 Vat II, LG, Nr. 46.
1326 Vgl. Hillenbrand, Geistliche Menschen, 36.
1327 Vgl. CIC/1983, c. 207 § 1.
1328 Vgl. CIC/1983, c. 207 § 2.
1329 Vgl. CIC/1983, c. 207.
1330 Vgl. Dammertz, Institute des geweihten Lebens, 259 f.

eine dritte Gruppe von Gläubigen bilden; vielmehr bleiben sie Laien bzw. Kleriker, weihen sich aber Gott in besonderer Weise und tragen so zur Heilssendung der Kirche bei (c. 207 § 2)."[1331] Der kirchliche Gesetzgeber „versteht unter dem geweihten Leben das Bekenntnis zu den evangelischen Räten der (ehelosen) Keuschheit, der Armut und des Gehorsams als eine dauerhafte Lebensform; diese Lebensform wird vom Gläubigen in Instituten, die von der kirchlichen Autorität kanonisch errichtet sind, je nach dem Eigenrecht der Institute durch Gelübde oder andere heilige Bindungen übernommen (c. 573)."[1332] Die evangelischen Räte als Lebensform werden von den kirchlichen Rechtsordnungen anerkannt,[1333] und sie gelten als eine besondere Gabe des Herrn an die Kirche.[1334]

Die evangelischen Räte werden bestätigt „durch die Profeß, die ein rel[igiöser] Akt, ein Konstitutionsakt (die Profeß begründet für den Professen einen neuen Stand in der Kirche: den Rätestand) u[nd] (bei den Mitgliedern von klösterlichen Verbänden) ein Inkorporationsakt in den Verband (der Professe wird in einen bestimmten kanonischen Lebensverband aufgenommen) zugleich ist. Die Form des Bekenntnisses (Profeß) zu einem Leben nach den E[vangelischen Räten] kann kanonistisch sehr versch[ieden] sein: durch Eid, Versprechen, zeitliche, ewige, definitive, einfache, feierliche Gelübde od[er] *‚andere heilige Bindungen'* (c. 573 § 2)."[1335] Die Mitglieder des geweihten Lebens versprechen, ihr Leben in Armut, Gehorsam und Keuschheit zu führen.[1336]

In der Kirche sind solche Gemeinschaften wie Ordens- und Religionsinstitute, Säkularinstitute, Gesellschaften des apostolischen Lebens anerkannt.[1337] Jede Ordensgemeinschaft oder jedes Institut muss deshalb das Leben nach der kirchlichen Rechtsordnung gestalten.[1338] Allerdings unterscheidet der Gesetzgeber zwischen dem Leben gemäß den evangelischen

1331 Haering, Lebensgemeinschaften, 593.
1332 Haering, Lebensgemeinschaften, 592–593.
1333 Vgl. CIC/1983, c. 573 § 1.
1334 Vgl. CIC/1983, c. 575. Vgl. dazu Vat II, LG, Nr. 43.
1335 Sebott, Evangelische Räte, 649.
1336 Vgl. CIC/1983, c. 599.
1337 Vgl. CIC/1983, cc. 654, 712, 731 § 2, 603 § 2.
1338 Vgl. CIC/1983, cc. 576, 598.

Räten (geweihtes Leben) und dem Leben in anderen kirchlichen Vereinen.[1339] Jedoch bleibt es die Aufgabe der zuständigen kirchlichen Autorität, die evangelischen Räte auszulegen, ihre Anwendung nach dem Gesetz zu regeln und mit kanonischen festen Formen eine dementsprechende Lebensweise zu schaffen.[1340] Christgläubige werden durch ihr Gelübde (Profess) zum Mitglied eines Institutes des geweihten Lebens. Sie versprechen durch ihr Gelübde, auf besondere Weise Christus nachzufolgen und ihr Leben zum Aufbau der Kirche und in Vollkommenheit zu leben.[1341]

3.8 Das priesterliche Leben in Enthaltsamkeit und Ehelosigkeit (priesterlicher Zölibat)

3.8.1 Vorbemerkung

Die Priester sind verpflichtet, geschlechtliche Enthaltsamkeit um des Himmelsreiches willen zu wahren.[1342] Durch Enthaltsamkeit und Beachtung der Zölibatspflicht wird erreicht, dass „die Amtsträger leichter mit ungeteiltem Herzen Christus anhängen und sich freier dem Dienst an Gott und den Menschen widmen können."[1343] Um die Enthaltsamkeit und die Zölibatspflicht nicht zu verletzen, sollen die Kleriker jeden Umgang mit Personen, die diesbezüglich eine Gefahr für sie zu sein scheinen, meiden. Darüber hinaus muss jegliches für die Gläubigen anstößige Verhalten vermieden werden.[1344] Aufgrund des Weiheempfanges oder Gelöbnisses sollen die Kleriker und Ordensleute die Sünde gegen das sechste Gebot des Dekalogs vermeiden. Der zuständige Ortsordinarius kann, so der kirchliche Gesetzgeber, eingehendere Regelungen und Normen über die Einhaltung dieser Pflicht erlassen.[1345] Ursprünglich galt der Zölibat nicht als Pflicht, sondern er wurde von einigen damaligen Gläubigen aus Gewohnheit gelebt.[1346]

1339 Vgl. CIC/1983, c. 588.
1340 Vgl. CIC/1983, c. 576.
1341 Vgl. CIC/1983, c. 573 § 1.
1342 Vgl. CIC/1983, c. 277 § 1.
1343 CIC/1983, c. 277 § 1.
1344 Vgl. CIC/1983, c. 277 § 2.
1345 Vgl. CIC/1983, c. 277 § 3.
1346 Vgl. Mt 19, 10–12; 1. Kor 7, 1–38.

Jedoch wurden ab dem 4. Jahrhundert, so Denzinger, rechtliche Bestimmungen zur Zölibatspflicht erlassen.[1347] Die Synode von Elvira (ca. 300–303) regelte erstmals kirchenamtlich die Lebensweise kirchlicher Amtsträger.[1348] Eine Ausnahme bildete dabei eine Lebensgemeinschaft mit jungfräulichen Schwestern und ein enthaltsames Leben bei bereits verheirateten Priestern.[1349] Neben der geistlichen Motivation wurde der Zölibat auch eingeführt, um die Entfremdung des kirchlichen Vermögens durch Vererbung in klerikalen Familien zu vermeiden.[1350] Durch Innozenz III. wurden die Ehen von Klerikern für ungültig erklärt.[1351] Das Tridentinische Konzil,[1352] der Codex von 1917[1353] und andere päpstliche Dokumente bestätigten diese Regelung.[1354] Nach heftigen Diskussionen und Anregungen bekräftigten die Väter des II. Vatikanums die vorhergehenden Zölibatsregelungen.[1355] Ebenso bestätigten Paul VI. in seiner Enzyklika Sacerdotalis Caelibatus[1356] und die Kongregation für Bildungswesen die geltenden Zölibatsregeln.[1357]

3.8.2 Die priesterliche Enthaltsamkeitspflicht

Eine der Voraussetzungen für den Empfang der Priesterweihe ist Ehelosigkeit.[1358] Damit der Priester seine ganze Kraft dem Dienst des Herrn widmen kann, ist vollkommene und ständige Enthaltsamkeit um des Himmelreichs willen nötig.[1359] Enthaltsamkeit ist eine Gnadengabe (Charisma), und das Ziel dieses Charismas ist die totale Hingabe für den Dienst an der

1347 Vgl. Denzinger, Kompendium, 118 ff.
1348 Vgl. Denzinger, Kompendium, 119.
1349 Vgl. Denzinger, Kompendium, 118 ff.
1350 Vgl. Weinberger, Zulassung zum Priestertum, 216.
1351 Vgl. Fraling, Zölibat, 1483–1485.
1352 Vgl. Denzinger, Kompendium, 1810.
1353 Vgl. CIC/1917, c. 132.
1354 Vgl. Pius XI., Ad Catholici Sacerdotii.Vgl. dazu Pius XII., Menti Nostrae. Vgl. auch Johannes XXIII., Sacerdotii Nostri Primordia.
1355 Vgl. Vat II, OT, Nr. 10. Vgl. dazu Vat II, PO, Nr. 16. Vgl. auch Vat II, PC, Nrn. 10–12.
1356 Vgl. Paul VI., Sacerdotalis Caelibatus, 657–697.
1357 Vgl. Kongr. Bildungswesen, Ratio Fundamentalis, Nr. 48.
1358 Vgl. CIC/1983, c. 1042 1°.
1359 Vgl. Vat II, PO, Nr. 16.

Gemeinde.[1360] Ehelosigkeit oder geschlechtliche Enthaltsamkeit *„um des Reiches Gottes willen ist Freiheit u[nd] Wagnis, Ruf u[nd] Charisma. Sie ist kein Zustand, sondern ein Weg.“*[1361] Der Begriff Zölibat, dauerhafte geschlechtliche Enthaltsamkeit, leitet sich von *caelebs* (allein lebend oder ehelos) ab.[1362] Obwohl die Enthaltsamkeit im Zusammenhang mit dem Himmelreich gewürdigt wird, ist diese allerdings nicht als Pflicht für alle gefordert.[1363] Die vollkommene Enthaltsamkeit gilt als Quelle geistlicher Fruchtbarkeit in der Welt,[1364] denn im Zölibat und in der Jungfräulichkeit für das Himmelreich „steht der Mensch – auch leiblich – in der Erwartung der eschatologischen Hochzeit Christi mit der Kirche; er schenkt sich ganz der Kirche und hofft, daß Christus sich der Kirche schenken wird – in der vollen Wahrheit des ewigen Lebens.“[1365]

Die Zölibats- oder Enthaltsamkeitspflicht kann daher nicht als eine Menschenrechtsverletzung von Seiten der Kirche angesehen werden, denn sie ist ein freiwilliger Akt der Weihekandidaten.[1366] Auch wenn der Zölibat eine freiwillige Entscheidung ist, ist jedoch zu hinterfragen, ob die kirchliche Zölibatspflicht nicht ein Machtmittel in den Händen der Autorität (Papst und Bischöfe) ist, um ihren totalen Anspruch auf die Kleriker durchzusetzen.[1367] In jedem Fall soll der Priester immer bedenken, dass Heiligkeit und Vollkommenheit notwendig für ihren Dienst an den Geheimnissen Gottes sind,[1368] und sie somit die Pflicht zur Enthaltsamkeit wahrnehmen und schätzen müssen, denn die „priesterliche Sendung ist nämlich gänzlich dem Dienst an der neuen Menschheit geweiht […].“[1369] Wie Christus sollen die Priester ehelos sein und sich immer erinnern, dass Jesus ehelos war, „nicht aus Bequemlichkeit, nicht aus Verachtung der Geschlechtlichkeit oder aus Angst vor dem Wesen der Frau, sondern weil er bis in eine letzte

---

1360 Vgl. 1. Kor 7, 7, 12, 7.
1361 Joest, Zölibat, 910.
1362 Vgl. Mödl, Zölibat, 911.
1363 Vgl. 1. Kor 7, 32–36.
1364 Vgl. Vat II, LG, Nr. 42.
1365 Johannes Paul II., Familiaris Consortio, Nr. 16.
1366 Vgl. Fraling, Sexualethik, Sp. 1483–1485.
1367 Vgl. Heimerl, Der Zölibat, 7.
1368 Vgl. Aymans/Mörsdorf, KanR II, 154.
1369 Vat II, PO, Nr. 16.

Tiefe fasziniert und erfüllt war vom Reich Gottes."[1370] Deshalb fordert er auch seine Jünger auf, zölibatär zu leben.

Die Pflicht zur Ehelosigkeit sollen die Priester als Zeichen der Hoffnung sehen, „dass auch ein Leben im Fragment menschlich und mit Würde bestanden werden kann, eine stille, unaufdringliche Geste der Brüderlichkeit. [...] Die gelebte Spiritualität des Priesters hat diesen Gesichtspunkt zu integrieren, vermehrt in einer Gesellschaft, die das Leiden als gemein-menschliches Existenzial mit Geschick und Konsequenz auszublenden sucht. Viel zu wenig wird bedacht, dass auch der Verheiratete über weite Strecken seines Lebens an der Ehelosigkeit teilhat."[1371] Wenn auch manche Zeitgenossen die Enthaltsamkeitspflicht für Priester für unangemessen und nicht für zeitgemäß halten, ist zu bedenken, dass die Ehelosigkeit der Priester nicht nur ein eschatologisches Zeichen ist, sondern sie hat große soziale Bedeutung für die Dienste am Volk Gottes im gegenwärtigen Leben, so Greshake, denn der „Priester wird durch seinen Zölibat zum ‚Menschen für die anderen', und zwar anders als jemand, der sich mit einer Frau zu ehelicher Gemeinschaft verbindet und so ebenfalls als Ehemann und Vater zum ‚Menschen für die anderen' wird, vor allem im Bereich der eigenen Familie. ... Indem der Priester auf diese dem Verheirateten eigene Vaterschaft verzichtet, gewinnt er eine andere Vaterschaft, ja fast sogar eine andere Mutterschaft, wenn er an die Worte des Apostels von den Kindern denkt, für die er Geburtswehen leidet."[1372] Die Priester sollen sich ebenso bewusst sein, dass sie durch Enthaltsamkeit und Ehelosigkeit in neuer und vorzüglicher Weise Christus geweiht werden und somit ihre Herzen ganz an ihn hängen,[1373] und im Vertrauen auf Gottes Gnade ihm mit ganzer Kraft folgen.[1374]

3.8.3 Die theologisch-spirituelle Begründung des priesterlichen Zölibats

Obwohl die priesterliche Enthaltsamkeitspflicht nicht vom Wesen des Priestertums selbst gefordert ist, hat die lateinische Kirche immer erklärt, dass

---

1370 Lohfink, Zölibat, 77.
1371 Demmer, Zölibat, 475.
1372 Greshake, Priester sein in dieser Zeit, 304–305.
1373 Vgl. Vat II, PO, Nr. 16. Vgl. auch Mt 19, 12; 1. Kor 7, 32–34.
1374 Vgl. Vat II, PO, Nr. 16.

das priesterliche Leben in Enthaltsamkeit und Vollkommenheit (Zölibat) ein hohes Gut ist, das sie von Christus erhalten hat.[1375] In diesem Sinne verlangt die kirchliche Autorität, dass Priesterkandidaten im lateinischen Ritus den frei gewählten und dauernden Zölibat beim Weiheempfang versprechen.[1376] Der Zölibat in der Nachfolge Christi gilt theologisch „als Zeichen eschatologischer Realität“[1377], denn der Zölibat wird durch die Gnade des Herrn, der die Menschen zu sich zieht, gelebt.[1378] Selbstverständlich hat Gott diese Zölibats- oder Enthaltsamkeitsgnade nicht jedem gegeben.[1379] So erweist Enthaltsamkeit sich als Zeichen der Liebe zu Gott.[1380] Es ist deshalb erforderlich, dass die Priester und Priesteramtskandidaten immer die theologische Dimension und die spirituelle Begründung des Zölibates verstehen,[1381] damit sie „Christus mit ungeteiltem Herzen leichter anhangen und sich freier dem Dienst für Gott und für die Menschen widmen können [...].“[1382] In dieser Hinsicht sollen die Priester bedenken, dass der priesterliche Zölibat einerseits zu einer wunderbaren Erhöhung der Würde der Diener Gottes, andererseits zur wahrhaftigen Vollendung des Menschseins beiträgt.[1383] Durch den Zölibat werden die Priester Christus und seiner Kirche konfiguriert.[1384]

Der Zölibat soll ebenso nicht als ein Zeichen des Verlustes, der Lieblosigkeit oder Ablehnung des anderen Geschlechtes gesehen werden, sondern als Ausdruck „einer unerhörten Fülle von Liebe, die sich nicht durch einen Partner begrenzen und auf die eigene Familie einschränken lassen möchte, sondern statt dessen bereit ist, vielen Menschen Partner zu sein und viele

1375 Vgl. Vat II, PO, Nr. 16.
1376 Vgl. Vat II, PO, Nr. 16.
1377 Kongr. Klerus, Direktorium für Dienst und Leben der Priester, Nr. 80.
1378 Vgl. Benedikt XVI., Gebetsvigil, 397–406.
1379 Vgl. Mt 19, 10–12.
1380 Vgl. Mt 19, 10–12.
1381 Vgl. Vat II, OT, Nr. 10. Vgl. dazu Kongr. Bildung, Ratio Fundamentalis, Nr. 48.
1382 Kongr. Klerus, Direktorium für Dienst und Leben der Priester, Nr. 80. Vgl. dazu Vat II, PO, Nr. 16. Vgl. auch Johannes Paul II., PDV, Nr. 29. Vgl. dazu CIC/1983, c. 277 § 1.
1383 Vgl. Paul VI., Sacerdotalis Caelibatus, Nr. 55.
1384 Vgl. Vat II, PO, Nr. 16.

als seine ‚Familie' zu ‚betrachten'[...].“[1385] Aus Liebe zu Christus und den Mitmenschen leben die Priester in der Enthaltsamkeit. Die Gnade, die Enthaltsamkeit zu leben, darf nicht als eine besondere persönliche Leistung gesehen werden,[1386] denn Ehelosigkeit und Enthaltsamkeit sind nur möglich und sinnvoll durch Gottes Gnade und wenn sie aus Liebe zu Gott und den Menschen gelebt werden.[1387] Die priesterliche Ehelosigkeit gilt auch als ein Zeichen der Hoffnung und Solidarität mit vielen, die in verschiedenen Krisensituationen leben, z. B. die Einsamen und Alleingelassenen. Durch den Zölibat verstehen die Priester und Ordensleute die Situation dieser Betroffenen besser, da sie selber die Auswirkungen beispielhaft an ihrer eigenen Einsamkeit spüren.[1388] Die Priester und Ordensleute müssen deshalb danach streben, ein vollkommenes Leben zu führen und sich Gott mit ungeteiltem Herzen hinzugeben.[1389] Die Ehelosigkeit und Keuschheit ist eine hohe Gnadengabe und macht das Herz frei für Gott und den Menschen.[1390] Die Ordensleute sind verpflichtet, treu ihrem Gelöbnis zur Vollkommenheit zu leben und ebenso sollen auch die Priester vollkommen leben.[1391]

3.8.4 Die priesterliche Enthaltsamkeitspflicht (Zölibat) nach geltendem Recht

Nach geltendem Recht sind Verstöße gegen die Zölibatspflicht nicht straffrei. So können Strafen die Suspension oder sogar die Entlassung aus dem Klerikerstand bewirken, wenn die Straftat trotz Verwarnung andauert.[1392] Nach c. 1395 werden nicht nur Konkubinat, dauerhafte sexuelle Verhältnisse und eheähnliches Leben bestraft, sondern jeglicher Verstoß gegen das sechste Gebot des Dekalogs. Ein dauerhaftes sexuelles Verhältnis beginnt „mit der Aufnahme des Geschlechtsverkehrs in der Absicht, damit ein dauerndes, die Sexualbeziehung umfassendes Verhältnis zu begründen. Sie

1385 Greshake, Priester sein in dieser Zeit, 297.
1386 Vgl. Dufner, Der Leib, 69.
1387 Vgl. Greshake, Priester sein in dieser Zeit, 298.
1388 Vgl. Metz, Zeit der Orden?, 64.
1389 Vgl. Vat II, PC, Nr. 11.
1390 Vgl. Vat II, PC, Nr. 12.
1391 Vgl. Vat II, PC, Nr. 12. Vgl. dazu Vat II, LG, Nrn. 11, 31–40.
1392 Vgl. CIC/1983 cc. 194 § 1 3°, 1394, 1395.

endet mit der Aufgabe des Verhältnisses […].“[1393] Ein Kleriker, der durch Versprechung, Drohung oder andere Gewalt Geschlechtsverkehr mit einem Minderjährigen unter dem achtzehnten Lebnensjahr begangen hat, soll mit Suspension oder sogar mit Entlassung aus dem Klerikerstand bestraft werden.[1394] Die oben genannten Straftaten „sind vollendet, wenn der Täter die Akte gesetzt hat, die das geschützte Rechtsgut zu verletzen geeignet sind.“[1395] Priester, die eine Eheschließung versuchen, müssen ebenfalls mit einer Strafe rechnen.[1396] Die Entlassung aus dem Klerikerstand ist nicht ausgeschlossen.

Der Dispens von der Zölibatsverpflichtung ist dem Heiligen Stuhl vorbehalten.[1397] Die Kleriker sind also nach geltendem Recht gehalten, „vollkommene und immerwährende Enthaltsamkeit um des Himmelsreiches willen zu wahren; […].“[1398] Aufgrund der Notwendigkeit der Erfüllung der Zölibatspflicht müssen Priesterkandidaten vor dem Weiheempfang versprechen, den Zölibat und die Enthaltsamkeit ihr Leben lang einzuhalten.[1399] Jeder Priester muss wissen, dass die Zölibatspflicht keine willkürliche Anforderung, sondern eine gesetzliche Richtlinie der Kirche ist.[1400] Ebenso soll den Priestern und Weihekandidaten bewusst sein, dass die priesterliche Würde nur solchen Männern übertragen wird, die von Gott das Geschenk und die Gnade der Berufung zur Keuschheit und Ehelosigkeit empfangen haben.[1401] Dies ist keine Kritik gegen die Tradition der katholisch-orientalischen Kirche, die verheiratete Männer zum Priesteramt zulässt.[1402] Nach Johannes Paul II. ist der Zölibat ein kostbares Geschenk Gottes an seine Kirche und zugleich Zeichen des eschatologischen Reiches, das nicht von dieser Welt ist und das die ungeteilte Liebe der Priester zu Gott zeigt.[1403]

1393 Lüdicke, Sexualdelikte, c. 1395, Rd.-Nr. 5.
1394 Vgl. Kongr. Glaubenslehre, Normen über Straftaten, Art. 6 § 1 1°, § 2.
1395 Lüdicke, Sexualdelikte, c. 1395, Rd.-Nr. 5.
1396 Vgl. CIC/1983, c. 194 § 1 3°.
1397 Vgl. CIC/1983, c. 291.
1398 CIC/1983, c. 277 § 1.
1399 Vgl. CIC/1983, c. 247 § 1.
1400 Vgl. CIC/1983, cc. 1042 1°, 1036.
1401 Vgl. Johannes Paul II., PDV, Nr. 29.
1402 Vgl. Vat II, PO, Nr. 16.
1403 Vgl. Johannes Paul II., PDV, Nr. 29.

Aufgrund des Weiheempfanges ist der Priester Christus, dem Haupt und Bräutigam der Kirche, ‚gleichgestellt'. Der Zölibat ist also ein Symbol dieser absoluten und ungeteilten Hingabe und Liebe an Christus. Sie gilt sogar als Antrieb der Hirtenliebe.[1404] Obwohl der Gesetzgeber von eheähnlichen Beziehungen[1405] sprach, soll bedacht werden, dass auch vorübergehende Geschlechtsgemeinschaften, bei denen ein baldiges Ende des Geschlechtsverkehrs in Sicht ist, strafbar sind.[1406] Aktivitäten wie Flirten, Bordellbesuche oder geschlechtliche Freundschaften sind also verboten. Gelegentliche Bordellbesuche sind primär kein Konkubinat, jedoch sind sie Verstöße gegen das sechste Gebot des Dekalogs.[1407] Demzufolge gilt, dass jegliche sexuelle Verhältnisse als Verstoß gegen die Zölibatspflicht einzustufen sind. Entscheidendes Kriterium ist dabei in jedem Fall „ein mit gewisser Regelmäßigkeit erfolgtes Zusammenkommen zum Zwecke des Geschlechtsverkehrs".[1408] Auch Aktivitäten wie Handel mit pornografischem Material und Ausübung der Zuhälterei fallen unter den Tatbestand der Zölibatspflichtverletzung,[1409] denn Keuschheit erlaubt sich keine Gedanken, Worte und Werke, die sexuelle Erregung zum Ziel haben.[1410] Da die Priester beim Weiheempfang freiwilligen und lebenslangen Zölibat und Enthaltsamkeit versprochen haben, besteht nach der Weihe kein Rechtsanspruch auf eine Dispens von dieser Pflicht.[1411] Jedoch kann von der Zölibatspflicht gegebenenfalls dispensiert werden, wenn der antragstellende Priester „den priesterlichen Dienst bereits seit längerer Zeit unwiderruflich aufgegeben hat, seine Verhältnisse zu ordnen wünscht und wenn der Weihe Umstände vorausgingen, die die Übernahme der klerikalen Verpflichtungen verhinderten, […]."[1412]

1404 Vgl. Vat II, PO, Nr. 16.
1405 Vgl. CIC/1983, c. 1395 § 1.
1406 Vgl. Lüdicke, Sexualdelikte, c. 1395, Rd.-Nr. 5.
1407 Vgl. Heimerl, Der Zölibat, 39.
1408 Paarhammer, Strafrecht, 429.
1409 Vgl. Pree, Priester ohne Amt, 260.
1410 Vgl. Wollbold, Priester, 237.
1411 Vgl. CIC/1983, c. 291.
1412 Weinberger, Zulassung zum Priestertum, 226.

3.9 Priester und Gehorsam

3.9.1 Allgemeine kirchliche Gehorsamspflicht

3.9.1.1 Vorbemerkung

Nach geltendem Recht sind alle Christgläubigen verpflichtet, Glaubensgehorsam gegenüber der Kirche und ihren Hirten zu erweisen.[1413] Diese Gehorsamspflicht aller Christgläubigen ist allerdings „nicht uneingeschränkt geschuldet, sondern nur im Bereich des Glaubens und der kirchlichen Disziplin. Wenn die geistlichen Hirten als authentische Künder und Lehrer des Glaubens auftreten, ist absolute Glaubenszustimmung [...] oder religiöser G[ehorsam] gefordert, je nachdem, ob eine Glaubenswahrheit definitiv als verpflichtend vorgelegt wird oder nicht (vgl. cc. 749–753).“[1414] Nach Paul VI. wird „das rechtliche Gehorsamsverhältnis [...] durch die Hirtenliebe nur noch fester und der Gehorsam selbst williger, aufrichtiger und sicherer.“[1415] So bedeutet Gehorsam im kirchlichen Sinne nicht Unterdrückung und Einwilligung zu menschenunwürdigen Behandlungen des anderen, vielmehr ist Gehorsam „die Einordnung in die kirchliche Communio, zu der alle Christen, welcher Stellung u[nd] welchen Standes auch immer, verpflichtet sind. [...] Kirchlicher G[ehorsam] ist insofern Nachfolge Christi in dessen G[ehorsam] gegenüber dem Vater.“[1416]

Der kirchliche Gehorsam zeigt sich in verschiedenen Formen, z. B. Gehorsam gegenüber kirchlicher Autorität, Gottes Wort, kirchlicher Lehre und den Glaubenswahrheiten.[1417] Alle Christgläubigen sind deshalb verpflichtet, „was die geweihten Hirten in Stellvertretung Christi als Lehrer und Leiter in der Kirche festsetzen, in christlichem Gehorsam bereitwillig [...] nach dem Beispiel Christi, der durch seinen Gehorsam bis zum Tode den seligen Weg der Freiheit der Kinder Gottes für alle Menschen eröffnet hat“[1418], aufzunehmen. Die Pflicht zum Gehorsam bedeutet allerdings nicht, dass die

1413 Vgl. CIC/1983, cc. 212 § 1, 750 § 2, 754.
1414 Krämer, Gehorsam, 312.
1415 Paul VI., Sacerdotalis Caelibatus, Nr. 93.
1416 Müller, Gehorsam, 17.
1417 Vgl. CIC/1983, cc. 749–753, 273, 1371 1°. Vgl. dazu Krämer, Gehorsam, 312. Vgl. auch Müller, Gehorsam, 17.
1418 Vat II, LG, Nr. 37.

Christgläubigen kein Recht auf eigene Meinungen haben. Sie haben sogar das Recht, ihre Wünsche und Bedenken den Hirten der Kirche mitzuteilen.[1419] Denn beim Gehorsam handelt es sich nicht um blinden Gehorsam, sondern er schließt das Bewusstsein der eigenen Verantwortung ein.[1420] Obwohl die Christgläubigen zum Gehorsam gegenüber dem Lehramt verpflichtet sind, können sie trotzdem ihr Recht auf freie Meinungsäußerung wahrnehmen, wenn sie über ein entsprechendes Wissen verfügen. „Dieses Recht kann bisweilen auch eine (moralische) Verpflichtung sein."[1421]

3.9.1.2 Priesterliche Gehorsamspflicht

Beim Empfang der Weihe versprechen die Priester dem Bischof und seinem Nachfolger Gehorsam. Der Gehorsam gehört mit Armut und Keuschheit zu den evangelischen Räten.[1422] Die Priester sind somit verpflichtet, Gehorsam gegenüber der Kirche und ihrer legitimierten Autorität zu erweisen.[1423] Dieses Versprechen sollen sie in der Tat erfüllen, da ihr Dienst ein Dienst für die Kirche ist. Daher kann dieser Dienst nur in der hierarchischen Gemeinschaft ausgeübt werden.[1424] Die Hirtenliebe drängt sie deshalb „in dieser Gemeinschaft zu handeln und darum den eigenen Willen gehorsam in den Dienst für Gott und die Brüder zu stellen, indem sie gläubigen Geistes annehmen und ausführen, was der Papst und der eigene Bischof sowie andere Vorgesetzte vorschreiben oder nahelegen; gern geben sie alles hin und sich selbst dazu, [...]." [1425] Wie Christus, der sich selbst entäußert und Knechtsgestalt annahm und gehorsam wurde bis zum Tod, sollen die Priester Gehorsam gegenüber dem Papst, ihrem Bischof oder ihren Vorgesetzen erweisen.[1426] Die Pflicht zum Gehorsam erfordert auch, dass der Priester bei seinen Dienstaufgaben aus Liebe neue Wege zum Wohl der Kirche sucht.[1427]

1419 Vgl. CIC/1983, c. 212 §§ 2, 3.
1420 Vgl. CIC/1983, c. 212.
1421 Ahlers, Grundstellung der Christgläubigen, 227. Vgl. dazu Pree, Meinungsäußerungsfreiheit, 42–85.
1422 Vgl. Vat II, LG, Nr. 43.
1423 Vgl. CIC/1983, cc. 749–754.
1424 Vgl. Vat II, PO, Nr. 15.
1425 Vat II, PO, Nr. 15. Vgl. auch 2. Kor 12, 15; Eph 4, 11–16.
1426 Vgl. Vat II, LG, Nr. 42.
1427 Vgl. Vat II, PO, Nr. 15.

Daher ist neben der Bereitschaft, die Anordnungen seiner Ordinarien und anderer Vorgesetzten zu erfüllen, auch gegenseitiges Vertrauen notwendig. Der Priester soll immer bedenken, dass er durch Demut und freien Gehorsam Christus gleichförmig wird, der gekommen ist, nicht um seinen Willen zu tun, sondern den Willen dessen, der ihn gesandt hat.[1428]

In allem müssen Priester allerdings Sorge dafür tragen, täglich den Willen Gottes zu erfüllen. Dies können sie auch in Einheit mit der Kirche tun. Um diese Einheit konkret wahr zu machen, „müssen sich die Priester all ihr Tun und Lassen vor Augen halten und prüfen, was Gottes Wille ist, [...]. Die Treue zu Christus kann ja von der Treue zu seiner Kirche nicht getrennt werden. Die Hirtenliebe erfordert also, daß die Priester, um nicht ins Leere zu laufen, immer in enger Verbindung mit den Bischöfen und mit den anderen Mitbrüdern im Priesteramt arbeiten."[1429] In dieser Hinsicht darf der Gehorsam nicht als Unterdrückung und menschenunwürdige Pflicht gesehen werden, sondern als ganze Hingabe an den Willen Gottes. Die Priester müssen sich bewusst sein, dass Gehorsam gegenüber der Kirche eine Gewähr ihrer Freiheit ist. Deshalb, so Benedikt XVI., müssen die Priester dafür Sorge tragen, nicht ihre eigene Kirche zu bauen, sondern alle ihre Kräfte und Begabungen für die Einheit der Kirche einzusetzen.[1430] Die priesterliche Gehorsamspflicht ist ohne Selbstlosigkeit nicht möglich, denn nur „wenn wir das in aller Wahrheit sagen können, sind wir ‚Mitarbeiter' Gottes, die pflanzen und tränken und so Teilhaber seines eigenen Werkes werden."[1431]

Die Verpflichtung zum Gehorsam setzt natürlich Demut voraus; Priester müssen bereit sein, das Kreuz der Nachfolger zu tragen, denn dies macht ihre Dienste reich und groß, fügt Benedikt XVI. hinzu.[1432] Die Tugend des Gehorsams hilft den Priestern auch, ihre eigene Endlichkeit und Gebrechlichkeit einzugestehen; dadurch wiederum können sie die Menschen in ihren Schwächen und Leiden besser verstehen. Der Gehorsam steht in enger Verbindung zur Liebe.

1428 Vgl. Joh 4, 34, 5, 30, 6, 38.
1429 Vat II, PO, Nr. 14.
1430 Ratzinger, Zur Gemeinschaft gerufen, 157.
1431 Ratzinger, Zur Gemeinschaft gerufen, 158–159.
1432 Vgl. Ratzinger, Zur Gemeinschaft gerufen, 159.

3.9.1.3 Priesterlicher Gehorsam nach geltendem Recht

Die Kleriker sind verpflichtet, so der kirchliche Gesetzgeber, Ehrfurcht und Gehorsam gegenüber dem Papst und ihrem Ortsordinarius oder ihrem hohen Ordensoberen zu erweisen.[1433] Der sogenannte kanonische Gehorsam oder *Oboedientia canonica* „geht über die allen Gläubigen abverlangte ‚*oboedientia christiana*' hinaus [...], hat aber nicht jene starke Verpflichtungskraft wie die, die aus dem Gehorsamsgelübde der Mitglieder von Instituten des geweihten Lebens resultiert [...]."[1434] Die kanonische Gehorsamspflicht des Priesters ihrem Ordinarius gegenüber ist „durch das natürliche Sittengesetz und das Recht der Kirche näher bestimmt und begrenzt."[1435] Die priesterliche Gehorsamspflicht besteht nur gegenüber der rechtmäßigen Autorität und ihren Befehlen.[1436] Das Gehorsamsversprechen der Diakone und Priester beim Weiheempfang unterscheidet sich darin, ob der Weihespender der eigentliche zuständige Ordinarius des Weihekandidaten ist oder nicht. Bei der Weihespendung durch den zuständigen Ordinarius heißt es: ‚Versprichst du mir und meinen Nachfolgern Ehrfurcht und Gehorsam?' Wenn aber der Kandidat für eine andere Teilkirche oder für eine Ordensgemeinschaft geweiht wurde, heißt es: ‚Versprichst du deinem Ordinarius oder Ordensoberen Gehorsam und Ehrfurcht?'. In allen Fällen antwortet der Kandidat: ‚Ich verspreche.'[1437] Nicht nur Kleriker sind verpflichtet, Gehorsam gegenüber ihren Ordinarien zu erweisen, sondern alle, die ein kirchliches Amt innehaben, sind zum Amtsgehorsam verpflichtet.[1438]

Nach geltendem Recht „ist für die Übernahme eines kirchlichen Amtes oder Dienstes universal- oder partikularrechtlich vielfach eine Eidesleistung oder ein Dienstversprechen (Obödienzversprechen) vorgesehen (z. B. cc. 471 n. 1, 1454). Wer ein Amt in der Kirche übernimmt, muss bereit sein, die ihm übertragene Aufgabe in Übereinstimmung mit der katholischen Glaubens- und Sittenlehre und im Rahmen der kirchlichen Rechtsordnung

1433 Vgl. CIC/1983, c. 273.
1434 Reinhardt, Gehorsamspflicht, c. 273, Rd.-Nr. 2. Vgl. dazu CIC/1983, c. 601.
1435 Schwendenwein, Rechte und Pflichten, 279.
1436 Vgl. Schwendenwein, Rechte und Pflichten, 279.
1437 Vgl. Reinhart, Gehorsamspflicht, c. 273, Rd.-Nr. 3.
1438 Vgl. CIC/1983, cc. 218, 273, 471 1°, 573 § 2. Vgl. dazu auch CCEO, c. 370.

gewissenhaft auszuüben; [...].“[1439] Nicht nur die Priester sind zum Amtsgehorsam verpflichtet, sondern auch die Bischöfe müssen einen Treueeid gegenüber dem Papst und dem Apostolischen Stuhl leisten.[1440] Es ist wichtig zu bedenken, dass der priesterliche Gehorsam nicht die Menschenwürde und die Menschenrechte des Priesters tangiert, denn „der kanonische Gehorsam bezieht sich auf die Amtspflichten des Klerikers und läßt sein Privatleben grundsätzlich unberührt, es sei denn, daß der Kleriker sich in seinem Privatleben standeswidrig oder -fremd verhält. Grenzen des kanonischen Gehorsams sind das natürliche Sittengesetz und das Recht der Kirche selbst [...]. So kann der Ordinarius nicht verbieten, was im Gesetz gestattet ist, und nicht gestatten, was ein Gesetz verbietet. Auch kann er dem Kleriker nicht verbieten, auf sein Berufungs-, Einspruchs- und Beschwerderecht zu verzichten. Die Gehorsamspflicht bezieht sich nur auf ‚rechtmäßige‘ Befehle (nur deren Nichtbefolgung ist sanktionsbedroht, 1371, 2°).“[1441] Die Gehorsamspflicht ist also zu erfüllen, wenn nicht gerechte Hinderungsgründe, z. B. Krankheit, Alter, Arbeitsüberlastung oder Beeinträchtigung von Versorgungsansprüchen dagegenstehen.[1442]

Obwohl der Kleriker den rechtmäßigen Befehl seines Ordinarius ausführen muss, hat er auch das Recht, seine Bedenken dazu zu äußern.[1443] Gehorsam dem Bischof oder dem Ordensoberen gegenüber heißt nicht, blind gehorsam zu sein, sondern der Priester ist verpflichtet, seinem Gewissen folgend in eigener Verantwortung den Befehl auszuführen.[1444] In Erfüllung ihres Leitungsamtes sind die Vorgesetzten deshalb aufgefordert, die Meinungen ihrer Untergebenen zu berücksichtigen und den Priestern mit väterlicher Liebe und Respekt zu begegnen. Da die Gehorsamspflicht nicht unbegrenzt ist, kann sie auch nicht unbegrenzt gefordert werden.[1445] Die Gehorsamspflicht verjährt jedoch nicht,[1446] ihr Ende „liefe auf die Beendigung

---

1439 Krämer, Gehorsam, 313.
1440 Vgl. CIC/1983, c. 380.
1441 Reinhardt, Gehorsamspflicht, c. 273, Rd.-Nr. 4.
1442 Vgl. Schwendenwein, Die Kleriker, 156.
1443 Vgl. CIC/1983, cc. 212 §§ 2, 3, 218.
1444 Vgl. CIC/1983, c. 212 § 1.
1445 Vgl. Müller, Gehorsam, 17.
1446 Vgl. CIC/1983, c. 199 7°.

der Pflicht z[ur] Wahrung der kirchlichen Communio hinaus."[1447] Obwohl der Priester zum Gehorsam verpflichtet ist, soll die kirchliche Autorität jede Form eines Aufbaus totalitärer Institutionen vermeiden. Die Autorität soll immer bedenken, dass sie berufen ist zu dienen und nicht zu herrschen. Der Sinn ihres Dienstes soll nichts anderes als das *bonum communes* sein.[1448]

Um willkürliche und rechtswidrige Anordnungen zu vermeiden, müssen die zuständigen Autoritäten ihre Ämter gemäß den Vorschriften des allgemeinen Rechts erfüllen.[1449] Sie müssen auch Sorge dafür tragen, dass das allgemeine Wohl und Gut ihrer Institutionen oder Diözesen sichergestellt wird. So bedeutet Gehorsam nicht „Kadavergehorsam, daß ich irgendwelchen Launen oder Willkürlichkeiten meines Vorgesetzten ausgesetzt wäre – das wäre auch vollkommen unchristlich –, sondern Gehorsam heißt: zunächst einmal auf das Wort Gottes hören, in mich hineinhören und auch auf meinen Vorgesetzten hören. Es ist unverantwortlich, wenn ein Ordensoberer oder ein Bischof gegen begründete Argumente seines Gesprächspartners ihn zu einer Aufgabe zwingt, die ihn gegebenenfalls erniedrigen würde."[1450] Willkürlichen und Menschen erniedrigenden Befehlen soll daher nicht gehorcht werden. Da die Priester aufgrund ihrer Inkardination und ihres Weiheempfanges zu einer bestimmten Teilkirche oder Ordensgemeinschaft gehören, müssen sie eine Einheit mit dem Presbyterium der zuständigen Diözese bilden. Das setzt nicht nur Gehorsam gegenüber ihrem Ordinarius oder Oberen voraus, vielmehr sollen sie bei der Ausübung ihres Amtes die Glaubens- und Sittenlehre der Kirche bewahren.[1451]

Die Tugend des Gehorsams hilft dem Priester, den Willen Gottes anstatt seinen eigenen Willen zu tun, denn die Verpflichtung zum Gehorsam „hat nichts Demütigendes an sich, sondern sie entspringt aus der verantwortungsvollen Freiheit des Priesters, der nicht nur die Erfordernisse eines organischen und organisierten kirchlichen Lebens auf sich nimmt, sondern auch jene Gnade der Unterscheidung und Verantwortung bei kirchlichen Entscheidungen anerkennt, die Jesus seinen Aposteln und ihren Nachfolgern

1447 Müller, Gehorsam, 17.
1448 Vgl. Müller, Gehorsam, 17–18.
1449 Vgl. CIC/1983, c. 633 § 1.
1450 Mixa, Priester, 108–109.
1451 Vgl. CIC/1983, c. 833.

zugesagt hatte, damit das Geheimnis der Kirche zuverlässig gehütet und der christlichen Gemeinschaft insgesamt auf ihrem gemeinsamen Weg zum Heil gedient werde."[1452] Darüber hinaus hilft ein echter christlicher Gehorsam dem Priester, die ihm übertragenen Aufgaben mit evangelischer Transparenz und Eifer auszuüben, ohne sich autoritär zu verhalten.[1453]

3.9.1.4 Priesterliche Armut

Priester, vor allem Ordenspriester, versprechen bei ihrer Profess oder Weihe ein Leben in Armut.[1454] Während Ordensmitglieder verpflichtende Armutsgelübde ablegen, sind Weltpriester nur gefordert, sich beim Erwerb materieller Güter an den kirchlichen Richtlinien zu orientieren.[1455] Gelübde nach katholischem kirchlichen Verständnis ist „die Entfaltung des Taufgelübdes im Sinne freier Selbstverpflichtung des Christen durch ein Gott gegebenes Versprechen zugunsten eines höheren geistlichen Gutes."[1456] Die priesterliche Armut soll deshalb nicht als „‚Kult der Armut', nicht ‚sozialer Trotz' gegen die Besitzenden, Begüterten, sondern Antwort auf Christi Wort: ‚Wenn du vollkommen sein willst...' (Mt 19,21)"[1457] verstanden werden. Armut ist nicht ein asketisches Prinzip, sondern sie gilt als Ausdruck des Glaubens, der den Betroffenen die Fähigkeit gibt, sich ganz auf Gott zu verlassen, ihm zu vertrauen mit der Gewissheit, bei ihm abgesichert zu sein.[1458] Dieses Armutsverständnis hat nichts mit menschenunwürdigem Leben zu tun, sondern ist eine Armut, die es ermöglicht, dass jemand seinen ganzen Reichtum in Gott sieht und die Augen für den Mitmenschen öffnet.[1459]

Die Priester sind deshalb aufgefordert, stets verfügbar zu sein, auf die Situation ihrer Mitmenschen einzugehen und eine Sensibilität für ihre Sorgen und Hoffnungen zu entwickeln.[1460] Die Verpflichtung, arm für das Himmelreich zu sein, bedeutet aber nicht, dass der Priester die notwendigen Mittel

1452 Johannes Paul II., PDV, Nr. 28.
1453 Vgl. Johannes Paul II., PDV, Nr. 28.
1454 Vgl. CIC/1983, cc. 573 § 1, 600.
1455 Vgl. Vat II, PO, Nr. 17.
1456 Riedel-Spangenberger, Gelübde, 27.
1457 Groer, Spiritualität, 320.
1458 Vgl. Kamphaus, Priester aus Passion, 121.
1459 Vgl. Kamphaus, Die Armut, 87 f.
1460 Vgl. Hillenbrand, Die Liebe Christi, 75.

zum Leben nicht haben soll, vielmehr muss sein Herz an Gott hängen, damit er das Evangelium ohne Behinderung durch Erwerbsmöglichkeiten, Besitz und Sicherung der Güter verkünden kann.[1461] Die Armut für das Himmelreich gilt deshalb als ein Zeichen des Vertrauens an Gott,[1462] denn der Priester als Diener Gottes wird „schwerlich zum wahren Knecht und Diener seiner Brüder werden, wenn er sich allzusehr um seine Annehmlichkeiten und um ein exzessives Wohlergehen kümmert."[1463] Durch ein Leben in Armut wird der Priester Christus gleichförmig, da er dadurch in eine innere Freiheit gegenüber allen irdischen Reichtümern kommt.[1464] Der Priester muss immer bedenken, dass der Herr allein sein Reichtum und Erbteil ist.[1465] Es ist somit gegen den Geist des Evangeliums, wenn der Priester aus Gewinn- und Ehrsucht der ihm anvertrauten Herde dient.

Er muss die irdischen „Güter mit Sinn für Verantwortung und Bescheidenheit gebrauchen, mit rechter Intention und Abstand, eben wie jemand, der seinen Schatz im Himmel hat und weiß, dass alles zum Aufbau des Reiches Gottes genutzt werden muss [...]."[1466] Priester und Bischöfe sind deshalb verpflichtet, alles zu vermeiden, was den Armen Anstoß geben könnte.[1467] Daher müssen die Priester sich bewusst sein, dass das Vermögen, das sie sich anlässlich ihres Dienstes erworben haben, nur mit ihren heiligen Aufgaben zusammenhängt,[1468] und nicht für ein aufwendiges Leben verwendet werden soll.[1469] Sie sollen jede Art von Wählerischsein und Luxus vermeiden.[1470] In allem soll der Priester „Tag für Tag dagegen ankämpfen, dass er nicht dem Konsumismus erliegt und einem bequemen Leben verfällt, von dem heute die Gesellschaft in vielen Teilen der Welt durchdrungen ist."[1471]

1461 Vgl. Vat II, PO, Nr. 17.
1462 Vgl. Lk 10, 7; Mt 10, 9–10; Gal 6, 6.
1463 Kongr. Klerus, Direktorium für Dienst und Leben der Priester, Nr. 83.
1464 Vgl. Vat II, PO, Nrn. 17, 20–21.
1465 Vgl. Num 18, 20.
1466 Kongr. Klerus, Direktorium für Dienst und Leben der Priester, Nr. 83. Vgl. dazu Vat II, PO, Nr. 17.
1467 Vgl. Vat II, PO, Nrn. 17, 21.
1468 Vgl. CIC/1983, cc. 282, 222 § 2, 529 § 1. Vgl. dazu Vat II, LG, Nr. 28.
1469 Vgl. CIC/1983, c. 282 § 1.
1470 Vgl. Vat II, PO, Nr. 17.
1471 Kongr. Klerus, Direktorium für Dienst und Leben der Priester, Nr. 83.

Die priesterliche Armut muss nicht nur äußerlich sein, sondern auch innerlich. Mit der äußeren Armut, so Greshake, „muss die innere Armut korrespondieren, der Geist des Lassenkönnens und der Verfügbarkeit, der Wille, nicht in sich selbst, sondern auf die Verheißung Gottes hin sein Leben zu gründen.“[1472] Die priesterliche Armut soll ebenso ein Zeichen der Solidarität mit den Armen,[1473] den Besitzlosen, den Einsamen und den Kranken sein. Denn nur „wer selbst arm ist, kann wirklich ein Freund der Armen, Geringen und Outsider sein.“[1474] In dieser Hinsicht gilt Armut als „Protest gegen die Diktatur des Habens, des Besitzens und der reinen Selbstbehauptung [...] drängt in die praktische Solidarität mit jenen Armen, für die Armut gerade keine Tugend, sondern Lebenssituation und gesellschaftliche Zumutung ist“.[1475] Authentische und wahre priesterliche Armut muss, so Henseler, folgende Elemente enthalten: Vor allem muss es Armut in Geist und in Wirklichkeit sein. Der Betroffene muss arbeitsam und bescheiden sein, er soll nicht nach irdischen Gütern streben und sie erwerben.[1476] Alle Priester und Ordensleute, die gegen die Richtlinien der Kirche einen Handel oder ein Gewerbe betreiben, sollen je nach Schwere des Delikts bestraft werden.[1477]

3.10 Die Spiritualität der katholischen Priester

3.10.1 Vorbemerkung

Das ganze priesterliche Leben und die Berufung setzen immerwährenden Kontakt und Kommunikation (Gebet) mit Gott voraus. Gebet ist „personale Kommunikation des Menschen mit dem h[ei]l[igen] u[nd] lebendigen Gott [...].“[1478] Durch das kirchliche Gebet, besonders bei der liturgischen Feier, wird Gott angerufen und Heiligungsdienste werden vollzogen.[1479] Das Gebet in seinem Wesen gilt als „die ausdrückliche u[nd] positive Realisierung

1472 Greshake, Priester sein in dieser Zeit, 325.
1473 Vgl. Mt 19, 21–22.
1474 Greshake, Priester sein in dieser Zeit, 328.
1475 Metz, Zeit der Orden?, 50.
1476 Vgl. Henseler, Armut, c. 600, Rd.-Nr. 2.
1477 Vgl. CIC/1983, c. 1392.
1478 Kunzler, Gebet, 4.
1479 Vgl. CIC/1983, c. 839 § 1.

unserer natürlich-übernatürlichen Bezogenheit auf den persönlichen Gott des Heiles; es verwirklicht also das Wesen des rel[igiösen] Aktes schlechthin: das Sicheinlassen des Menschen auf die Transzendenz seines eigenen Wesens, […].“[1480] In dieser Hinsicht werden durch das Gebet der persönliche Kontakt des Menschen mit Gott und seine Verbundenheit mit ihm ganz deutlich ausgedrückt.[1481] Alle positiven religiösen Akte der Verbundenheit mit Gott gelten als Gebete. Einige Gebetsformen sind Singen, Meditieren über Gott oder Bibellesungen. Andere Formen des Gebetes sind Bittgebet, Danksagung, Rosenkranz, Exerzitien, stille Gebete, Stundengebete, Sündgebete, Anbetungen und Andachten. Diese Formen des Gebetes sind Zeichen der absoluten Hingabe des Selbst an Gott.[1482]

3.10.1.1 Priesterliches Gebetsleben

Der Priester soll nicht nur ein Mann des Gebetes sein,[1483] sondern durch andere liturgische Handlungen soll er die Gläubigen lehren, „in Lobgesängen und geisterfüllten Liedern dem Herrn in ihren Herzen zu singen und Gott dem Vater immerdar Dank zu sagen für alles im Namen unseres Herrn Jesus Christus.“[1484] Besonders in der eucharistischen Darbringung sollen sie Lob- und Danksagung an Gott fortsetzen.[1485] Der Priester als Mann des Gebetes soll sich nicht weigern, für seine ihm anvertraute Gemeinde zu beten,[1486] er soll für sie „durch Gebet, Predigt und jederlei Liebeswerk Sorge tragen, […].“[1487] Christus der Herr vollzieht durch die Hände seines Dieners, des Priesters, seine Heilswerke, und somit muss der Priester dafür Sorge tragen, dass die Gläubigen Anteil an dieser Heilssendung Christi haben, besonders durch die Verkündigung, die Gebete und die Lobgesänge.[1488] Das priesterliche, geistliche Leben deckt sich primär nicht schlechthin mit der Teilnahme an öffentlichen liturgischen Handlungen, sondern der

1480 Rahner, Gebet, 543.
1481 Vgl. Rahner, Gebet, 543.
1482 Vgl. Wulf, Gebet, 545.
1483 Vgl. Vat II, PO, Nr. 5.
1484 Vat II, PO, Nr. 5. Vgl. dazu Eph 5, 19–20.
1485 Vgl. Vat II, PO, Nr. 5.
1486 Vgl. Vat II, LG, Nr. 26.
1487 Vat II, LG, Nr. 27.
1488 Vgl. Vat II, SC, Nr. 7.

Priester muss immer Zeit für innere und persönliche Kommunikation und das Gebet mit Gott haben.[1489]

Der Priester muss bedenken, dass es zu seinem priesterlichen Leben gehört, Gott ohne Unterlass zu loben und für das Heil der Welt zu beten,[1490] denn „wenn nun die Priester und andere kraft kirchlicher Ordnung Beauftragte [...] in einer approbierten Form beten, [...] dann ist dies wahrhaft die Stimme der Braut, die zum Bräutigam spricht, ja, es ist das Gebet, das Christus vereint mit seinem Leibe an seinen Vater richtet."[1491] Der Priester als Diener Gottes und Vollzieher der Heiligungsdienste muss sich immer daran erinnern, dass er nur kraft des Gebetes und inniger Kommunikation mit Gott in der Lage sein kann, seine Dienste ordentlich zu vollziehen.[1492] Obwohl die Priester verschiedene Dienste innehaben, sollen sie immer Zeit für private Gebete finden, denn zur „treuen Erfüllung ihres Dienstes soll ihnen die tägliche Zwiesprache mit Christus dem Herrn in Besuchung und persönlicher Andacht der Heiligsten Eucharistie Herzenssache sein. Gern sollen sie sich für Tage geistlicher Zurückgezogenheit frei machen und die geistliche Führung hochschätzen. Auf vielfache Weise, vor allem durch das bewährte innere Gebet und frei zu wählende verschiedene Gebetsarten, suchen und erbitten die Priester von Gott inständig jenen Geist echter Anbetung, durch den sie sich zugleich mit dem ihnen anvertrauten Volk innig Christus, dem Mittler des Neuen Bundes, einen und so in der Gnade der Kindschaft rufen können: ‚Abba, Vater' (Röm 8, 15)."[1493] Durch inneres Gebet und echte Anbetung schöpfen die Priester Kraft für ihre Dienste.

Im Gebet und durch Gebet erfüllen sie nicht nur ihre Pflichten (Stundengebet), sondern es ist eine Zeit, um über Gottes Wort zu meditieren.[1494] Es ist deshalb wichtig, dass Priester Zeit nicht nur für äußeres, sondern auch für inneres Gebet finden, denn die „Wahl *der Zeit und die Dauer* des inneren Gebetes beruhen auf einem entschlossenen Wollen, in dem sich das Verborgene des Herzens offenbart."[1495] Die Priester müssen sich deshalb bewusst

1489 Vgl. Vat II, SC, Nr. 12.
1490 Vgl. Vat II, SC, Nr. 83.
1491 Vat II, SC, Nr. 84.
1492 Vgl. Vat II, SC, Nr. 85.
1493 Vat II, PO, Nr. 18.
1494 Vgl. Vat II, SC, Nrn. 87–89.
1495 KKK, Nr. 2710.

sein, dass sie nicht nur beten sollen, wenn Zeit dazu ist, sondern dass trotz der vielfältigen Arbeit Zeit gefunden werden muss, mit dem Herrn zu kommunizieren. Solche Gebete können auch Andachten sein, indem man nur das Allerheiligste anschaut, Gott hört ohne selber etwas zu sagen.[1496] In der Tat wird von Priestern erwartet, dass sie ihr Gebetsleben wahrnehmen, ohne dieses würde ihr geistliches Leben zerrinnen.[1497] Einfache Bequemlichkeit oder Flüchtigkeit ist kein Grund, Gebete zu vernachlässigen, denn „im Gebet erfährt der Glaubende nicht nur die gütige Nähe Gottes, sondern auch dessen scheinbare Abwesenheit und Verborgenheit und damit die ganze Dunkelheit und Last des Glaubens."[1498]

Obwohl die priesterliche seelsorgerliche Arbeit nicht vernachlässigt werden soll, muss der Priester immer bedenken: „Ohne Gebet wird Seelsorge mit der Zeit flach und entartet bestenfalls zum funktionierenden Betrieb. Denn wer nicht betet, vermag nicht mehr das Wesentliche zu erkennen, er geht am Anruf Gottes im Alltag vorbei, Wort und Handeln entspringen nicht dem Hören auf Gottes Wort."[1499] Als Leiter der ihm anvertrauten Gemeinde soll der Priester sich immer daran erinnern, dass die Herde das Recht auf einen Hirten hat, „der nicht dauernd in den Betrieb flüchtet und sich darin selbst davonläuft, sondern der sich Gott und sich selber ‚stellt'. Nicht einfach einen ‚gültig geweihten' Priester hat die Gemeinde nötig, sondern einen Priester, der ‚Mann Gottes' ist, der im Hören auf Gott lebt und als solcher auf die Gemeinde zukommt und für sie da ist."[1500] Der Priester ist nicht einfach ein Manager, sondern ein Seelsorger und Mann des Gebetes. Seine Gemeinde erwartet sein Gebet, deshalb muss er bedenken, dass der Glaube des Priesters von heute der Glaube eines Betenden ist.[1501]

Wie Wollbold zu Recht empfiehlt, sollen die Priester eine tägliche Grundordnung für ihre Spiritualität haben. Besonders sollen sie Zeit für die Messfeier, für das Stundengebet und für die tägliche morgendliche Gewissenserforschung finden. Darüber hinaus sollen sie regelmäßig beichten.

1496 Vgl. KKK, Nrn. 2715–2716.
1497 Vgl. Wulf, Kommentar, 209.
1498 Greshake, Priester sein in dieser Zeit, 354.
1499 Greshake, Priester sein in dieser Zeit, 357.
1500 Greshake, Priester sein in dieser Zeit, 359.
1501 Vgl. Rahner, Knechte Christi, 42.

Auch andere Devotionen wie Rosenkranz beten und Herz-Jesu-Anbetungen sollen gepflegt werden.[1502] Bei besonderen Anlässen sollen Gebete für die Einheit der Kirche verrichtet werden.[1503] Bei ökumenischen Veranstaltungen ist es „auch erwünscht, daß sich die Katholiken mit den getrennten Brüdern im Gebet zusammenfinden. Solche gemeinsamen Gebete sind ein höchst wirksames Mittel, um die Gnade der Einheit zu erflehen, und ein echter Ausdruck der Gemeinsamkeit, in der die Katholiken mit den getrennten Brüdern immer noch verbunden sind [...]."[1504] Es ist die Aufgabe des Priesters, diese Gebete zu leiten und zusammen mit dem Bischof soll er Herzensgebete und Bußwerke für die Evangelisierung der Welt darbringen.[1505] Als Mann Gottes und Freund Christi soll in seinem spirituellen Leben das Folgende niemals fehlen: Liebe für die Eucharistischen Feiern,[1506] regelmäßige Wahrnehmung des Beichtsakramentes[1507] und tägliches Stundengebet.[1508]

Darüber hinaus muss der Priester täglich sein Gewissen erforschen.[1509] Bei der Gewissenserforschung findet er seine Verfehlungen, und das ist der Ausgangspunkt für seine Verbesserung. Er soll nicht nur beten, sondern sich auch Zeit für geistliche Literatur nehmen, denn solche Literatur ist notwendig für seine spirituelle Entwicklung. Für die priesterliche Spiritualität ist es vor allem auch notwendig, Zeit für das heilige Schweigen zu haben. Dieses Schweigen soll nicht als „Ausdruck innerer Leere, sondern im Gegenteil der Fülle des Glaubens, den er im Herzen trägt und der alle seine Gedanken und Handlungen leitet"[1510], verstanden werden. Das priesterliche Schweigen soll durchdrungen sein vom Gebet und Lobpreis zu Gott, der immer mit ihm ist.[1511] Kraft dieser innigen Verbindung mit Gott „wird der Priester jene Augenblicke zu bestehen wissen, in denen er sich mitten unter

1502 Vgl. Wollbold, Priester, 166.
1503 Vgl. Mt 18, 20.
1504 Vat II, UR, Nr. 8.
1505 Vgl. Vat II, AG, Nr. 36.
1506 Vgl. Vat II, PO, Nrn. 5, 18. Vgl. dazu Johannes Paul II., PDV, Nrn. 23, 26, 38, 46, 48 Vgl. auch CIC/1983, cc. 246, § 1, 276 § 2 2°.
1507 Vgl. Vat II, PO, Nrn. 5, 18. Vgl. dazu Johannes Paul II., PDV, Nrn. 26, 48.
1508 Vgl. Vat II, SC, Nr. 89. Vgl. dazu Benedikt XVI., Verbum Domini, Nr. 62.
1509 Vgl. Vat II, PO, Nr. 18. Vgl. dazu Johannes Paul II., PDV, Nrn. 26, 37, 38, 47, 51, 53, 72.
1510 Benedikt XVI., Angelus, 1003.
1511 Vgl. Benedikt XVI., Angelus, 1003.

den Menschen einsam fühlen könnte; und zwar indem er nachdrücklich sein Sein mit Christus in der Eucharistie erneuert, […].“[1512]

Bei aller Einsamkeit soll er so getröstet sein, dass Gott bei ihm ist, er also nicht wirklich allein ist. Der Priester soll sich wie Jesus Zeit nehmen, in die Einsamkeit zu gehen, um zu beten.[1513] Um ein gelungenes priesterliches Leben zu erreichen, brauchen Priester „Beziehungszeit für Gott, Orte und Zeiten für das Gebet. Das Versprechen, das Stundengebet täglich zu beten, bedeutet ja, in einer regelmäßigen Gebetsbeziehung zu Gott zu stehen.“[1514] In einer modernen und säkularisierten Gesellschaft können Priester ohne diese feste und innige Beziehung zu Gott, besonders im Gebet, nicht wirken.

3.10.2 Priesterliches Gebetsleben nach geltendem Recht

Der Priester als Mitträger des Heiligungsdienstes vollzieht diesen durch Gebete und Zeichen. Gebete, so der kirchliche Gesetzgeber, gehören mit Werken der Buße und Nächstenliebe (*Caritas*), sowie frommen und heiligen Übungen, zum Heiligungsdienst der Priester.[1515] Der Priester verrichtet das Stundengebet im Namen und mit der ganzen Kirche, „sie hört dabei auf Gott, der zu seinem Volk spricht, und begeht das Gedächtnis des Heilsmysteriums; sie lobt ihn ohne Unterlaß in Gesang und Gebet und tritt bei ihm ein für das Heil der ganzen Welt.“[1516] Im liturgischen Geschehen besteht eine Begegnung zwischen dem heiligenden Gott und dem anbetenden Menschen, denn in der Liturgie wird Gott verherrlicht und der Mensch geheiligt.[1517] Der Priester ist deshalb nicht nur verpflichtet, die liturgischen Dienste rechtmäßig zu vollziehen, vielmehr soll er auch durch diese Gebete mit Gott in Verbindung bleiben.[1518] Priester und Ordensleute sind besonders verpflichtet, ihr Leben durch Gebete und Buße zu pflegen.[1519] Das Gebet zu Gott „muss in Verbindung mit Christus geschehen, dem Herrn über

1512 Kongr. Klerus, Direktorium für Dienst und Leben der Priester, Nr. 53.
1513 Vgl. Mk 6, 30 ff.
1514 Fürst, Kraft des Heiligen Geistes, 18.
1515 Vgl. CIC/1983, cc. 834–839.
1516 CIC/1983, c. 1173.
1517 Vgl. Vat II, SC, Nr. 7.
1518 Vgl. CIC/1983, cc. 275 § 1, 276 § 1 3°, 1174 § 1.
1519 Vgl. CIC/1983, c. 673.

alle Menschen und einzigen Mittler, durch den allein wir Zutritt zu Gott haben. Er schart die ganze Menschengemeinschaft um sich, so dass das Gebet Christi und das Gebet der ganzen Menschheit mit innerer Notwendigkeit verbunden sind. ... Darin also liegt die Würde christlichen Betens, teilzuhaben an der Liebe des Eingeborenen zu seinem Vater und an seinem Gebet, [...].“[1520]

Die Priester sollen bedenken, dass die Verrichtung des Stundengebetes weder Privatdevotion noch eine fromme Übung ist, sondern sie „ist vielmehr ein dem geweihten Amt und dem pastoralen Dienst eigentümlicher Akt.“[1521] Nur durch schwerwiegende Gründe wie schwere Krankheit, besondere pastorale Dienstverpflichtungen oder die Ausübung caritativer Werke kann diese Verpflichtung entfallen. Bloße Faulheit, Bequemlichkeit oder Gleichgültigkeit sind keine Gründe, das Stundengebet zu vernachlässigen.[1522] Der Priester muss dafür Sorge tragen, dass die ihm anvertraute Gemeinde sich an Bußtagen dem Gebete hingibt, Werke der Frömmigkeit verrichtet und die Nächstenliebe pflegt.[1523] Besonders an Fastentagen sollen die Priester sich mehr Zeit für Gebete, Taten der Frömmigkeit und das Feiern der Messe nehmen. An diesen besonderen Tagen sollen nicht nur die allgemeinen Gebete verrichtet werden, sondern vielmehr soll das Gebet nach der Meinung des Heiligen Vaters verrichtet werden, um einen Ablass zu gewinnen.[1524]

3.10.3 Priester und geistliche Kleidung

Kleriker, besonders Priester, sind aufgefordert, geziemende kirchliche Kleidung zu tragen.[1525] Unter geistlicher Kleidung versteht man „vornehmlich die im Alltag getragenen Gewänder u[nd] Abzeichen, die ihren Träger als Kleriker od[er] Ordensmitglied kenntlich machen. In einem weiteren Sinn umfasst G[ewand] auch die gottesdienstlichen Kleidungsstücke der kirchlichen Amtsträger (liturgische Kleidung).“[1526] Während liturgische Gewänder

1520 Althaus, Theologische Bedeutung, c. 1173, Rd.-Nr. 1.
1521 Althaus, Pflicht und Einladung, c. 1174, Rd.-Nr. 3.
1522 Vgl. Althaus, Pflicht und Einladung, c. 1174, Rd.-Nr. 3.
1523 Vgl. Sebott, Geheiligte Zeiten, 805.
1524 Vgl. Henseler, Der Ablaß, 861.
1525 Vgl. CIC/1983, c. 284.
1526 Haering, Geistliche Kleidung, 19.

sich auf solche Kleidungsstücke beziehen, die gemäß den jeweils geltenden Normen im Rahmen liturgischer Feiern von liturgisch tätigen Personen getragen werden müssen,[1527] versteht man unter der sogenannten Klerikerkleidung nach c. 284 solche Kleidungsstücke, die „weder an bestimmte Anlässe noch an die Ausübung bestimmter Funktionen, sondern einzig und allein an einen bestimmten Rechtsstatus, nämlich den des Klerikers, gebunden“[1528] sind.

Ursprünglich unterscheidet sich die Klerikerkleidung nicht von derjenigen der Laien. Nach der konstantinischen Wende diente die Klerikerkleidung jedoch als Zeichen und Ausdruck ihrer priesterlichen Position und Spiritualität.[1529] Während die katholische Kirche im Laufe ihrer Geschichte die geistliche Kleidung stets beibehielt, tauschten ab dem 15. Jahrhundert, vor allem wegen und nach der Reformation, die Reformatoren das priesterliche Gewand gegen den profanen schwarzen Talar ein.[1530] Von dieser Zeit an galt er in der protestantischen Glaubensgemeinschaft gewissermaßen als Dienstanzug und wurde zunehmend nur in Gottesdiensten verwendet.[1531] Nach katholischem Verständnis gilt die Klerikerkleidung weder als eine Uniform noch als eine Dienstkleidung,[1532] vielmehr gilt sie als Unterscheidungsmerkmal zum weltlichen Leben. Das Tragen der Klerikerkleidung soll die Priester auch zur Demut und Bescheidenheit in ihrer Lebensführung bewegen und als Beweis ihrer besonderen Berufung gelten.[1533] Die geistliche Kleidung ist somit Zeichen für den Verzicht auf Luxus sowie der Personalisierung des priesterlichen Dienstauftrages und seiner Sendung. Ebenso ist sie der Inbegriff der Weltentsagung des Geistlichen.[1534]

Das Klerikergewand hat auch eine sakrale Dimension, vor allem das „außerliturgische Kleid des Priesters gibt Kunde von der liturgischen Verherrlichung Gottes am Altar; es ist aber auch ein Aufruf an die Laien, sich in angemessener Kleidung an dieser Verherrlichung [Gottes] zu beteiligen,

---

1527 Vgl. Rothe, Die ausserliturgische Klerikerkleidung, 35.
1528 Rothe, Die ausserliturgische Klerikerkleidung, 36.
1529 Vgl. Wollbold, Priester, 311–312.
1530 Vgl. Wollbold, Priester, 312.
1531 Vgl. Wollbold, Priester, 312.
1532 Vgl. Wollbold, Priester, 312–313.
1533 Vgl. Rothe, Die ausserliturgische Klerikerkleidung, 80.
1534 Vgl. Wollbold, Priester, 312.

damit die Einheit des Gottesvolkes sichtbar wird vor aller Welt."[1535] Das Tragen des Klerikerkleides ist auch ein Zeichen der Verbundenheit der Kleriker mit der Gesamtkirche und ihrer hierarchischen Ordnung, insbesondere dem Bischof und den anderen Mitgliedern des Presbyteriums.[1536] In einer säkularisierten und materialistisch orientierten Gesellschaft, in der Äußerlichkeit eine große Rolle spielt, ist die Priesterkleidung ein Widerspruch und ein Zeichen der absoluten Hingabe und Identität eines Mannes Gottes.[1537] In dieser Hinsicht ist die geistliche Kleidung eine nachhaltige Werbung für die Sache Gottes[1538] und ein Aufruf zur Umkehr. Das Tragen der geistlichen Kleidung ist und soll auch ein Zeichen der inneren Ehrbarkeit des Priesters sein und seine Zugehörigkeit zu Gott und seiner Kirche erkennbar machen.[1539] Kraft der empfangenen Weihe gehört der Priester nicht mehr sich selbst, sondern Gott und seiner Kirche; und das muss er nicht nur durch innere Zeichen, sondern durch ein klares Zeugnis für alle erkennbar machen,[1540] besonders in „seiner Art zu denken, zu sprechen, die Gegebenheiten der Welt zu beurteilen, zu dienen und zu lieben, mit den Menschen auch im Priestergewand in Beziehung zu treten, [...]."[1541]

Zwar können Kleriker ohne entsprechende Klerikerkleidung ihre Dienste ordnungsgemäß erfüllen, jedoch gilt der Vollzug des Dienstes mit entsprechender Klerikerkleidung als Zeichen, dass der Kleriker „nicht im eigenen Namen und aufgrund eigener Vollmacht handelt, sondern im Namen der Kirche und aufgrund der ihm kirchlicherseits verliehenen bzw. vermittelten Bevollmächtigung."[1542] So sind Diakone und Priester aufgerufen, die Klerikergewänder zu tragen.[1543] Die bloße Befürchtung und Angst, auf den Straßen und bei manchen Zeitgenossen ausgelacht oder dumm angesprochen zu werden, soll kein Grund sein, auf die priesterliche Kleidung zu

1535 Bringemeier, Priester- und Gelehrtenkleidung, 104.
1536 Vgl. Rothe, Die ausserliturgische Klerikerkleidung, 341.
1537 Vgl. Johannes Paul II., Brief, 847–849.
1538 Vgl. Stefanski, Habits and Roman Collars, 23.
1539 Vgl. Kongr. Klerus, Direktorium für Dienst und Leben der Priester, Nr. 61.
1540 Vgl. KKK, Nrn. 1563, 1582. Vgl. dazu Vat II, PO, Nr. 5.
1541 Kongr. Klerus, Direktorium für Dienst und Leben der Priester, Nr. 61.
1542 Rothe, Die ausserliturgische Klerikerkleidung, 342.
1543 Vgl. CIC/1983, c. 284.

verzichten,[1544] vielmehr kann das Priestergewand ein Schutz für die Geistlichen in ganz außergewöhnlichen Situationen darstellen. Darüber hinaus kann der Nichtgebrauch der kirchlichen Kleidung seitens der Kleriker in manchen Fällen als Zeichen der Leugnung der eigenen priesterlichen Identität und der Zugehörigkeit zur Kirche sein.[1545] In allem müssen Priester bedenken, dass das Priestergewand besonders angemessen ist, da es sie von den Laien unterscheidet und den heiligen Charakter ihres Dienstes sichtbar macht.[1546]

3.10.3.1 Geistliche Kleidung nach geltendem Recht

Nach geltendem Recht sollen Kleriker und Ordensmitglieder kirchliche und geziemende Kleidung tragen. Allerdings soll jede Bischofskonferenz gemäß den örtlichen Gewohnheiten Normen für die Kleidung erlassen.[1547] Hat jedoch eine Ordensgemeinschaft kein eigenes Ordenskleid, „sind die klerikalen Mitgl[ieder] des Verbandes auf die entspr[echenden] Vorschriften für Weltgeistliche verpflichtet.“[1548] Sollte allerdings dieses Gewand „nicht der Talar sein, muss die Kleidung verschieden von der Art der Kleidung der Laien und mit der Würde und Sakralität des Amtes konform sein.“[1549] Es ist die Aufgabe der Bischofskonferenz des jeweiligen Territoriums, die Farbe und den Schnitt der geistlichen Gewänder zu bestimmen und festzulegen.[1550] Anders als im alten Codex wurde im neuen Codex nicht mehr über die Tonsur, den Haarschnitt und das Tragen eines Ringes gesprochen.[1551] Während c. 136 § 3 des CIC/1917 noch eine Strafe für Priester, die keine Priesterkleidung tragen, vorsah, wurde im neuen Codex dafür keine Strafe mehr ausgesprochen[1552]. Obwohl der Gesetzgeber keine bestimmte Priesterkleidung vorgeschrieben hat, hat z.B. die Deutsche Bischofskonferenz festgelegt, dass

1544 Vgl. Wollbold, Priester, 315.
1545 Vgl. Kongr. Klerus, Direktorium für Dienst und Leben der Priester, Nr. 61.
1546 Vgl. Kongr. Klerus, Direktorium für Dienst und Leben der Priester, Nr. 61.
1547 Vgl. CIC/1983, cc. 284, 669. Vgl. dazu CCEO, cc. 387, 476, 540.
1548 Haering, Geistliche Kleidung, 19. Vgl. dazu CIC/1983, c. 669 § 2.
1549 Kongr. Klerus, Direktorium für Dienst und Leben der Priester, Nr. 61.
1550 Vgl. CIC/1983, c. 284. Vgl. dazu Kongr. Klerus, Direktorium für Dienst und Leben der Priester, Nr. 61.
1551 Vgl. CIC/1917, c. 136 §§ 1, 2.
1552 Vgl. CIC/1983, c. 284.

„Kleriker, ausgenommen die Ständigen Diakone mit Zivilberuf, als kirchliche Kleidung in der Öffentlichkeit Kollar od[er] ausnahmsweise dunklen Anzug mit Kreuz zu tragen haben; ergänzend schreibt eine Partikularnorm zu c. 831 § 2 CIC v[or], dass Weltgeistliche u[nd] Ordensleute in Fernsehsendungen als solche erkennbar sein müssen."[1553] Auch wenn es keine allgemeinen geistlichen Kleidungsformenregelungen gibt, sind die Priester dazu aufgerufen, eine schwarze Hose und ein Hemd mit Kollar zu tragen. Es ist zu beachten, dass jeder Priester verpflichtet ist, bei jeder liturgischen Handlung liturgische Kleidung zu tragen.

3.11 Das priesterliche Verhältnis zu den Anderen

3.11.1 Das Verhältnis zum Ortsordinarius oder Ordensoberen

Kraft des Weiheempfanges sind die Priester in hierarchischer Gemeinschaft mit den Bischöfen und miteinander verbunden.[1554] Aufgrund dieser sakramentalen Verbundenheit gibt es den priesterlichen Dienst „nur in Gemeinschaft mit dem Papst und dem Bischofskollegium, besonders mit dem eigenen Diözesanbischof; ihnen muß der Priester ‚den kindlichen Respekt und den Gehorsam' entgegenbringen, den er im Ritus der Priesterweihe gelobt hat."[1555] So wird von den Priestern erwartet, dem Papst und ihrem Ortsordinarius/Ordensoberen Ehrfurcht und Gehorsam zu erweisen.[1556] Aufgrund ihrer Weihe und Berufung ermahnte das Zweite Vatikanische Konzil die Priester, ein brüderliches Verhältnis zu den Bischöfen und allen Vorgesetzten zu pflegen.[1557] Die Priester dürfen nicht vergessen, dass sie mit dem Bischof berufen sind, dem Volk Gottes zu dienen. Sie haben somit die Aufgabe, im Namen des Bischofs die Familie Gottes zu versammeln als Gemeinschaft von Brüdern, und die Gemeinde im Geist Christi zu Gott zu führen.[1558] Mit brüderlicher und besonderer Liebe sollen Priester Dienste und Aufgaben, die sie von ihren Ordinarien übertragen bekommen haben,

1553 Haering, Geistliche Kleidung, 19.
1554 Vgl. Vat II, LG, Nr. 18. Vgl. dazu Vat II, PO, Nr. 8.
1555 Johannes Paul II., PDV, Nr. 28.
1556 Vgl. CIC/1983, c. 273.
1557 Vgl. Vat II, PO, Nr. 7.
1558 Vgl. Vat II, PO, Nr. 6.

erfüllen,[1559] denn sie sind wegen ihrer Berufung und besonderer Sendung Gefährten der Bischöfe.[1560] Als Mitarbeiter und Helfer der Bischöfe bilden sie das Presbyterium, daher sollen sie in vertrauensvoller und großzügiger Gesinnung mit dem Bischof verbunden sein und ihm beim Aufbau der Kirche helfen.[1561] Um ihre Aufgaben sorgfältig erfüllen zu können, ist Gehorsam und Vertrauen notwendig.[1562]

Solche Eigenschaften wie Herzensgüte, Aufrichtigkeit, Charakterfestigkeit und unbestechliche Gerechtigkeit sind für die Erfüllung ihrer Aufgaben wichtig.[1563] Alles, was wahr ist, was ehrwürdig und recht, was lebenswert und ansprechend ist, sollen sie tun.[1564] Es ist gegen den Geist der Einheit und der Brüderlichkeit, wenn der Ordinarius alleine Sorge für die Diözese/Teilkirche tragen muss. Jeder Priester ist daher aufgefordert, seinen Teil der Hirtenaufgaben zu erfüllen und dafür Sorge zu tragen, dass das Volk Gottes zusammen in Einheit wirkt.[1565] Der Ordinarius soll sich trotz seines Amtes an das Beispiel Christi erinnern, der gekommen ist, nicht um sich bedienen zu lassen, sondern um zu dienen.[1566] Daher soll er die Priester als Mitbrüder, Freunde und Mitarbeiter im Weinberg des Herrn sehen und wertschätzen. Durch die brüderliche Liebe und sein Vorbild kann er das Vertrauen und die Freundschaft der Priester gewinnen.[1567] Ebenso soll er bedenken, dass er aufgrund der gemeinsam empfangenen priesterlichen Weihe eine besondere Beziehung mit den anderen Priestern hat und diese Verbindung gepflegt werden muss.[1568] Der Ordinarius soll seine Priester nicht nur an ihre Pflichten erinnern, sondern ihnen auch ihre Rechte gewähren.[1569] Die Priester sollen sich frei fühlen, wenn sie mit ihm ein Gespräch führen. Er soll wie ein Vater

---

1559 Vgl. Vat II, CD, Nr. 16.
1560 Vgl. Vat II, CD, Nr. 28.
1561 Vgl. Vat II, LG, Nr. 10.
1562 Vgl. Vat II, LG, Nr. 28.
1563 Vgl. Vat II, PO, Nr. 3.
1564 Vgl. Phil 4, 8.
1565 Vgl. Vat II, LG, Nr. 28.
1566 Vgl. Vat II, CD, Nrn. 15, 16. Vgl. dazu Lk 22, 26–27.
1567 Vgl. Vat II, CD, Nr. 16.
1568 Vgl. Vat II, LG, Nr. 21.
1569 Vgl. CIC/1983, cc. 273–289.

für sie sein, ihnen mit Liebe und Achtung begegnen, sie ermahnen und mit ihnen zusammen den kirchlichen Sendungsauftrag erfüllen.

3.11.2 Das Verhältnis zu den Mitbrüdern

Die Priester sind durch die Weihe in das Presbyterium eingegliedert worden und so in sakramentaler Bruderschaft miteinander verbunden.[1570] Mit dem Bischof und anderen Mitbrüdern des Presbyteriums sollen sie für die Verkündigung des Evangeliums Sorge tragen.[1571] Dieses spezielle Band der Brüderlichkeit und der Einheit hat seine Wurzeln in der empfangenen Weihe.[1572] Mit dem Weiheempfang gehören Priester nicht nur zu einem bestimmten Presbyterium,[1573] sondern auch automatisch zur ganzen Kirche.[1574] Der priesterliche Weiheritus, vor allem die Handauflegung durch den Bischof und die anwesenden Priester, symbolisiert einerseits die besondere Beziehung zwischen dem Priester, dem Bischof und den anderen Priestern, andererseits ist sie ein Symbol der Brüderlichkeit und der Zugehörigkeit zum Presbyterium.[1575] Als Mitglied des Presbyteriums sind Priester aufgefordert, brüderlich die Einheit untereinander zu pflegen, denn das „Presbyterium ist der privilegierte Ort, wo der Priester die entsprechenden Mittel zur Ausbildung und Formung, zur Heiligung und Evangelisation finden können müsste und wo er Hilfe erfahren sollte, um besonders heute empfundene menschliche Grenzen und Schwächen zu überwinden."[1576]

Als Mitglied des Presbyteriums sollen die Priester sich bemühen, ihre eigene Berufung nicht in einer isolierten und subjektiven Art, sondern durch herzliche Freundschaft, gefühlsmäßige Anteilnahme und Solidarität miteinander in guten und in schwierigen Zeiten zu führen.[1577] Darüber hinaus sind sie verpflichtet, die priesterliche Einheit zu pflegen, unabhängig von ihrem pastoralen Bereich oder ihrer Tätigkeit. Deshalb, so das Konzil, „ist

---

1570 Vgl. Vat II, PO, Nr. 8.
1571 Vgl. CIC/1983, c. 275 § 1. Vgl. dazu Vat II, PO, Nr. 8. Vgl. Johannes Paul II., PDV, Nr. 17. Vgl. auch Vat II, LG, Nr. 28.
1572 Vgl. CIC/1983, cc. 1008, 1009. Vgl. dazu Vat II, PO, Nr. 6.
1573 Vgl. CIC/1983, cc. 369, 498, 499.
1574 Vgl. Vat II, PO, Nr. 10.
1575 Vgl. Vat II, PO, Nr. 8.
1576 Kongr. Klerus, Direktorium für Dienst und Leben der Priester, Nr. 36.
1577 Vgl. Benedikt XVI., Botschaft zur Fastenzeit, 199–204.

es von großer Bedeutung, daß alle, Welt- und Ordenspriester, einander helfen, damit sie stets Mitarbeiter der Wahrheit sind.“[1578] Als Mitbrüder im Presbyterium sollen die älteren Priester „die Jüngeren wahrhaft als Brüder annehmen und ihnen bei den ersten Arbeiten und Schwierigkeiten ihres Dienstes zur Seite stehen.“[1579] Ebenso sollen die jüngeren Priester in gleicher Weise das Alter und die Erfahrung der älteren Mitbrüder achten und mit ihnen willig zusammenarbeiten.[1580] Im Geist der Liebe sollen die Priester, soweit es ihnen möglich ist, den kranken und pflegebedürftigen Mitbrüdern helfen und ihnen zur Seite stehen.[1581] Um diesen liebevollen brüderlichen Zusammenhalt zu bewahren, ist geistliches Leben wichtig.[1582] Damit sie einander vor Gefahren schützen können, ist das Zusammenleben in einer Gemeinschaft notwendig, solange es persönlich oder seelsorgerisch erforderlich ist.[1583]

Der Vorteil eines gemeinschaftlichen Lebens der Priester, so Christus Dominus, darf nicht unterschätzt werden, besonders wenn sie der gleichen Pfarrei zugeteilt sind. Denn gemeinschaftliches Leben „kommt der apostolischen Tätigkeit zugute und bietet den Gläubigen ein Beispiel der Liebe und der Einheit“[1584], bestätigte das Konzil. In dieser Hinsicht soll der Priester bei seinen Tätigkeiten mit anderen zusammenwirken, anstatt als „Einzelkämpfer und ‚Allroundgenie‘, der sich alleine durchschlägt und dabei mehr schlecht als recht ums Überleben kämpft, [...]“[1585] zu arbeiten. Die Zusammenarbeit und das Zusammenleben der Priester miteinander haben ihren Ursprung in der Sendungsmethode Christi, der seine Jünger anstatt allein immer zu zweit ausgesandt hat.[1586] Die priesterliche *Communio* ist segensreich, nicht nur für die Priester persönlich, sondern sie kann auch die Qualität ihres Dienstes verbessern, indem sie miteinander ihre

1578 Vat II, PO, Nr. 8.
1579 Vat II, PO, Nr. 8.
1580 Vgl. Vat II, PO, Nr. 8.
1581 Vgl. Vat II, PO, Nr. 8.
1582 Vgl. Vat II, LG, Nr. 28.
1583 Vgl. Vat II, PO, Nr. 8.
1584 Vat II, CD, Nr. 30.
1585 Renz, Gemeinsam statt einsam, 167.
1586 Vgl. Lk 10, 1; Mk 6, 7.

Aufgaben besprechen und einander mit Rat zur Seite stehen,[1587] denn das priesterliche Amt erfordert „eine radikale ‚Gemeinschaftsform' und kann nur als ‚Gemeinschaftswerk' erfüllt werden."[1588] Die Priester sollen trotz ihrer unterschiedlichen Tätigkeiten bedenken, dass sie durch Vereinigung miteinander mehr Kraft für ihren jeweiligen Dienst schöpfen können.[1589]

Die brüderliche Zusammenarbeit kommt der priesterlichen Arbeit zugute, weil Erfahrungen ausgetauscht, Anregungen gegeben und Arbeit geteilt werden kann.[1590] Die gute Zusammenarbeit der Priester gilt als ein Zeugnis der Brüderlichkeit und Einheit, denn wie „soll ein Priester Jesus Christus glaubhaft als den Stifter einer heilsamen Gemeinschaft zwischen Gott und den Menschen verkünden, wenn er selbst aufgrund einer isolierten Lebensweise vereinsamt, ‚eigenbrötlerisch' oder egozentrisch geworden ist?"[1591] Die Einheit des Glaubens müssen Priester durch liebevollen Umgang miteinander praktizieren, denn die Laien erwarten das im hohen Maß von ihnen. Auch erwarten sie, dass die Priester einander vertrauen und im Dialog miteinander stehen und „Freuden und Bedrängnisse, Hoffnungen und Ängste, Stärken und Schwächen [...]"[1592] miteinander teilen. Ein Priester als Einzelgänger und Einzelkämpfer kann nicht immer glücklich in seinem Dienst sein, denn die Beziehungsfähigkeit des Priesters gilt in vielen Fällen als das entscheidende Fruchtbarkeitskriterium für seine Dienste.[1593] Das Zusammenleben und die brüderliche Beziehung der Priester zueinander sind ein sichtbares Zeichen und eine Voraussetzung für die Glaubwürdigkeit und Fruchtbarkeit der priesterlichen Sendung und der Einheit mit Christus und seiner Kirche.[1594]

Die Priester sollen nicht nur ein gutes Verhältnis zueinander haben, sondern auch eine spirituelle Beziehung aufbauen, z. B. füreinander und miteinander beten, spirituelle Erfahrungen austauschen und einander im Glauben

1587 Vgl. Renz, Gemeinsam statt einsam, 167.
1588 Johannes Paul II., PDV, Nr. 17.
1589 Vgl. Vat II, PO, Nr. 7.
1590 Vgl. Volk, Priester, 112.
1591 Renz, Gemeinsam statt einsam, 168.
1592 Renz, Gemeinsam statt einsam, 170.
1593 Vgl. Johannes Paul II., PDV, Nr. 12.
1594 Vgl. Johannes Paul II., PDV, Nr. 14.

bestärken.[1595] Miteinander zu leben und zu wirken verlangt nicht nur, die eigenen Schwächen zu akzeptieren, demütig zu leben, gegenseitige Vergebung und Toleranz zu praktizieren, sondern auch einander mit Geduld und Liebe zu unterstützen.[1596] Die ‚Vita communis' können Priester in verschiedener Form leben und pflegen, vor allem durch Zusammenwohnen in einem Haus, Tischgemeinschaften, gemeinsame Gebetszeiten und gemeinsame Arbeit[1597] und Konzelebration mit dem Bischof und anderen Priestern.[1598] Es wäre sinnvoll, dass die Priester, besonders jene in der Seelsorge, mit ihren Pfarrvikaren oder Kaplänen im Pfarrhaus wohnen.[1599] Solches Zusammenwohnen erfordert vor allem Kooperation, gegenseitigen Schutz und Respekt.[1600] Um die Spiritualität und das gemeinsame Gebetsleben der Priester zu stärken, können die Priester mit Erlaubnis des Ortsordinarius eine Hauskapelle zugunsten ihres spirituellen Lebens errichten.[1601] Das gemeinsame Leben oder die ‚Vita communis' des Priesters wird schwierig ohne Dialogbereitschaft der Priester untereinander.[1602]

3.11.3 Das Verhältnis zu den Laien

Zwar sind Priester aufgrund der Weihe abgesondert und nehmen besonders teil am priesterlichen Amt Christi, allerdings sollen sie sich bewusst werden, dass die Laien auch Anteil am Priestertum Christi haben.[1603] Die Laien sind „alle Christgläubigen [...] mit Ausnahme der Glieder des Weihestandes und des in der Kirche anerkannten Ordenstandes, [...] die durch die Taufe Christus einverleibt, zum Volk Gottes gemacht und des priesterlichen, prophetischen und königlichen Amtes Christi auf ihre Weise teilhaftig, zu ihrem Teil die Sendung des ganzen christlichen Volkes in der Kirche und in der Welt ausüben."[1604] Als Christgläubige haben die Laien somit Teil an der

1595 Vgl. Vat II, SC, Nr. 99.
1596 Vgl. Vat II, PO, Nr. 8.
1597 Vgl. Kongr. Klerus, Direktorium für Dienst und Leben der Priester, Nr. 38.
1598 Vgl. CIC/1983, c. 278 § 2. Vgl. dazu Johannes Paul II., PDV, Nrn. 31, 68, 81.
1599 Vgl. CIC/1983, c. 550 § 2.
1600 Vgl. CIC/1983, c. 545 § 1.
1601 Vgl. CIC/1983, cc. 1226–1227.
1602 Vgl. Kongr. Klerus, Direktorium für Dienst und Leben der Priester, Nr. 38.
1603 Vgl. Vat II, LG, Nrn. 10, 12.
1604 Vat II, LG, 31. Vgl. dazu CIC/1983, c. 207 § 1.

apostolischen Sendung Gottes.[1605] Die Laien sind deshalb aufgefordert, ihre apostolischen Aufgaben nicht bloß passiv, sondern aktiv durch das Zeugnis eines christlichen Lebens zu erfüllen.[1606] Damit die Laien ihre apostolischen Aufgaben gerecht erfüllen können, brauchen sie die Unterstützung der Priester.[1607] Der Priester soll deshalb nicht unnahbar und isoliert von den Laien sein, denn je „näher der Priester den Menschen ist, desto mehr erfahren sie darin die Nähe Gottes: [...].“[1608] In ihrem Verhältnis zu den Laien sollen die Priester dafür Sorge tragen, die Einheit der Kirche zu bewahren.[1609] Dazu ist es notwendig, dass der Priester als Leiter der ihm anvertrauten Gemeinde sich das Beispiel des Herrn vor Augen hält, der gekommen ist zu dienen und nicht, um sich bedienen zu lassen.[1610]

Da die Laien ihre eigene apostolische Sendung in der Kirche haben, wird von der kirchlichen Autorität verlangt, diese spezifische Sendung zu unterstützen.[1611] So können beispielsweise die Laien in manchen kirchlichen Bereichen Mitverantwortung übernehmen.[1612] Besonders durch ihre Dienste in der Liturgie, in der Wort-Gottes-Verkündigung und in der katechetischen Instruktion können die Laien ihren Anteil am kirchlichen Sendungsauftrag erfüllen.[1613] In seinem apostolischen Schreiben Christifideles Laici von 1988 stellte Johannes Paul II. vor allem fest, „daß der Geist die Kirche weiterhin erneuert, indem er in zahlreichen Laien neue Impulse der Heiligkeit und der Teilnahme weckt. Zeugnis davon gibt unter anderem der neue Stil der Zusammenarbeit zwischen Priestern, Ordensleuten und Laien; die Mitwirkung in der Liturgie, in der Verkündigung des Wortes Gottes und in der Katechese; die vielen Dienste, die Laien anvertraut und von diesen übernommen werden; das vielfältige Entstehen von Gruppen, Vereinigungen und

1605 Vgl. Vat II, AA, Nr. 2.
1606 Vgl. Vat II, AA, Nrn. 2, 15. Vgl. dazu Vat II, SC 41. Vgl. auch Vat II, LG, Nr. 31.
1607 Vgl. CIC/1983, c. 275 § 2.
1608 Renz, Gemeinsam statt einsam, 169–170.
1609 Vgl. Boekholt, Der Laie in der Kirche, 121–122.
1610 Vgl. Lk 22, 24–27; Mt 20, 28.
1611 Vgl. Vat II, AA, Nrn. 2, 9, 10.
1612 Vgl. Vat II, AA, Nrn. 7, 15, 16. Vgl. dazu Vat II, LG, Nrn. 30, 32, 33.
1613 Vgl. CIC/1983, c. 785. Vgl. dazu Vat II, AA, Nrn. 9, 17. Vgl. auch Vat II, LG, Nrn. 35, 37.

geistlichen Gemeinschaften sowie von gemeinsamen Initiativen der Laien; die umfassendere und bedeutsamere Teilnahme der Frauen am Leben der Kirche und an den Entwicklungen in der Gesellschaft."[1614]

Zwar besteht aufgrund des Weiheempfanges ein Unterschied zwischen den Priestern und den Laien.[1615] Diese Unterscheidung ist aber primär sakramentaler Art und nicht jurisdiktioneller, d.h. sie liegt auf der Ebene der wirksamen und bedeutungsvollen Zeichen.[1616] In dieser Hinsicht ist es notwendig, dass die Laien dem kirchlichen hierarchischen Amt mit Respekt begegnen. Umgekehrt muss die kirchliche Hierarchie mit den Laien in Liebe und Brüderlichkeit zusammenarbeiten und ihnen geistliche Hilfe gewähren.[1617] Darüber hinaus sind die Hirten aufgefordert, die Dienste, Funktionen und Ämter der Laien anzuerkennen und zu fördern.[1618] Es wäre auch notwendig, einigen geeigneten Laien gewisse Aufgaben und Verantwortung in der Liturgie und in der Verwaltung zu übertragen.[1619] Sofern es „zum Wohl der Kirche nützlich oder notwendig ist, können die Hirten entsprechend den Normen des Universalrechts den Laien bestimmte Aufgaben anvertrauen, die zwar mit ihrem eigenen Hirtenamt verbunden sind, aber den Charakter der Weihe nicht voraussetzen".[1620]

Als Repräsentant Christi kann der Priester seine Liebe zu Christus und seiner Kirche nicht zum Ausdruck bringen, ohne sie in tatkräftiger Liebe zu der ihm anvertrauten Gemeinde umzusetzen.[1621] Diese Liebe zu Christus muss er die Gläubigen spüren lassen,[1622] indem er mit ihnen einen positiven und brüderlichen Umgang pflegt.[1623] Seine Pastoral- und Nächstenliebe soll er durch Aktionen spürbar machen.[1624] Der Priester ist deshalb aufgerufen,

1614 Johannes Paul II., Christifideles Laici, 2.
1615 Vgl. CIC/1983, cc. 1008, 207 § 1.
1616 Vgl. Bunnik, Das Amt in der Kirche, 72. Vgl. dazu Greshake, Priester sein in dieser Zeit, 121.
1617 Vgl. Vat II, AA, Nrn. 19, 20, 24, 25. Vgl. dazu Vat II, LG, Nr. 31. Vgl. auch Vat II, GS, Nr. 43.
1618 Vgl. Johannes Paul II., Christifideles Laici, 15.
1619 Vgl. Vat II, AA, Nrn. 24, 25.
1620 Johannes Paul II, Christifideles Laici, 23.
1621 Vgl. Vat II, PO, Nr. 15.
1622 Vgl. Johannes Paul II., PDV, Nr. 15.
1623 Vgl. Kongr. Klerus, Direktorium für Dienst und Leben der Priester, Nr. 41.
1624 Vgl. Vat II, PO, Nr. 9. Vgl. dazu CIC/1983, cc. 275 § 2, 529 § 2.

jegliche Form von Überheblichkeit zu vermeiden, er soll sich bewusst sein, dass alle Menschen unabhängig von ihrem Lebensstand die gleiche Würde haben.[1625] Sein Dienst soll sich nicht im bloßen Funktionalismus erschöpfen, sondern er soll vielmehr Liebestätigkeit sein.[1626] Obwohl der Priester aufgrund seiner Weihe einen besonderen Dienst innehat, muss er bedenken, dass er alleine die Frohe Botschaft nicht verkünden kann, sondern nur gemeinsam mit den Laien.[1627] Darüber hinaus müssen die Priester die Situationen, Nöte, Hoffnungen und Erwartungen der ihnen anvertrauten Gläubigen erkennen. Dabei müssen sie auch die Zeichen der Zeit berücksichtigen.[1628] Die Geweihten sollen sich immer vor Augen halten, dass die christlichen Laien auch teilnehmen am priesterlichen Amt Christi und Zeugnis seines Lebens geben durch ihr Leben in Glaube und Liebe.[1629]

In ihren Tätigkeiten sollen die Priester für alle Menschen da sein. Als Erzieher im Glauben sind Priester aufgefordert, die Laien zum wahren katholischen Glauben zu führen,[1630] daher sollen sie zusammen mit den Laien in den Gemeinden und allen Orten im Dienst die Einheit der Kirche bewahren.[1631] Jegliche Form von Glaubensunterstützung und –ausbildung der Laien soll gefördert werden.[1632] Anstatt die Laien als Konkurrenz im kirchlichen Dienst zu sehen, sollen die Priester die Laien als Mitarbeiter, die gemeinsam mit ihnen im Weinberg des Herrn tätig sind und die Kirche mit aufbauen, betrachten.[1633] Es ist daher wertvoll, mit den Laien brüderlich in der Kirche zu arbeiten und sie in ihrem Laienapostolat zu unterstützen.[1634]

Die apostolischen Werke und Tätigkeiten der Laien müssen somit geschätzt werden. Es ist wichtig, in den Gemeinden, Pfarreien und Diözesen Gremien einzurichten, die die Tätigkeiten der Laien unterstützen.[1635]

1625 Vgl. Hillenbrand, Die Liebe Christi 90.
1626 Vgl. Vat II, AA, Nr. 3.
1627 Vgl. Vat II, AA, Nr. 2.
1628 Vgl. Vat II, AA, Nr. 6.
1629 Vgl. Vat II, LG, Nr. 12.
1630 Vgl. Vat II, LG, Nr. 21.
1631 Vgl. Vat II, PO, Nr. 9.
1632 Vgl. CIC/1983, c. 229 §§ 2, 3.
1633 Vgl. Vat II, AA, Nr. 8.
1634 Vgl. Vat II, AA, Nr. 25.
1635 Vgl. Vat II, AA, Nr. 26.

Eine enge Zusammenarbeit zwischen den Priestern und den Laien ist erforderlich, denn ohne diese können die Priester besonders wegen des Priestermangels nicht viel erreichen.[1636] Die Laien sollen jedoch auch bereit sein, mit den Priestern zu arbeiten, sie als Brüder zu sehen, die gemeinsam mit ihnen die Verantwortung für die Kirche tragen.[1637] Da das Evangelium allen Christen die Pflicht auferlegt hat, die Frohe Botschaft in der Welt zu verkünden,[1638] sind die Priester besonders aufgefordert, nicht nur mit katholischen Mitchristen zusammenzuarbeiten, sondern die ökumenische Arbeit gemäß der Richtlinie der katholischen Kirche zu unterstützen.[1639]

3.12 Resümee

Das Zweite Vatikanische Konzil bestätigte nicht nur das geweihte Priestertum, sondern auch das gemeinsame Priestertum aller Gläubigen aufgrund des Taufempfanges.[1640] Allerdings besteht aufgrund des Weiheempfanges ein Unterschied zwischen dem geweihten Priestertum und dem gemeinsamen Priestertum. Während die Geweihten (Priester und Bischöfe) *in persona Christi capitis* handeln,[1641] vollziehen die Laien ihre Tätigkeiten in der Kirche besonders durch sakramentalen Empfang, Gebet und im Zeugnis eines heiligen Lebens.[1642] Kraft des Weiheempfanges haben Priester und Bischöfe eine besondere Identität in der Kirche. Diese Identität ist verwurzelt in den trinitarischen, christologischen, pneumatologischen, ontologischen und ekklesiologischen Dimensionen.

1636 Vgl. CIC/1983, cc. 228 § 1, 230. Vgl. dazu Vat II, AA, Nrn. 28, 29, 32.
1637 Vgl. Vat II, AA, Nrn. 20, 25.
1638 Vgl. CIC/1983, c. 211. Vgl. dazu Vat II, AA, Nr. 18.
1639 Vgl. Vat II, AA, Nr. 27.
1640 Vgl. Vat II, LG, Nrn. 10, 31.
1641 Vgl. Vat II, LG, Nrn. 10, 19, 28, 34.
1642 Vgl. Vat II, LG, Nr. 10.

4 Die Pflichten und Rechte der Priester nach geltendem Recht

4.1 Vorbemerkung

Wie andere Christgläubige haben auch Kleriker Pflichten und Rechte.[1643] Christgläubige sind jene, die durch den Taufempfang in die Gemeinschaft der Kirche eingegliedert sind. Sie gehören somit zum Volk Gottes und nehmen an den priesterlichen, prophetischen und königlichen Ämtern Christi teil.[1644] Als Christgläubige (Geweihte und Laien) haben sie alle die Aufgabe, je nach ihrer eigenen Stellung den Sendungsauftrag der Kirche, nämlich allen Menschen das Evangelium zu verkünden, zu erfüllen.[1645] Es besteht zwar auf Grund des Taufempfanges eine wahre Gleichheit unter allen Christgläubigen bezüglich ihrer Würde und Tätigkeit, aber jeder einzelne Christgläubige (Geweihter oder Laie) wirkt kraft seiner Stellung und Aufgabe an der kirchlichen Sendung in besonderer Weise mit.[1646] Deswegen müssen die Pflichten und Rechte von Geweihten und Nichtgeweihten unterschieden werden.[1647] Während die Priester aufgrund des Weiheempfanges ihre Dienste als Beauftragte der Kirche und an Stelle Christi vollziehen (*in persona Christi capitis agere*)[1648], werden die Laien nur als Beauftragte der Kirche tätig und handeln nicht *in persona Christi*. Diese Unterscheidung zwischen den Laien und den Klerikern beruht auf göttlicher Anweisung und deshalb spricht man auch von *ex divina institutione*.[1649] Während die Kleriker *Ecclessia ministri sacri* sind, sind alle anderen Christgläubigen Laien.[1650]

Durch den sakramentalen Weiheempfang werden männliche Christgläubige in den Klerikerstand bestellt.[1651] Die Kleriker sind nach geltendem

1643 Vgl. CIC/1983, cc. 208–223, 273–289.
1644 Vgl. CIC/1983, c. 204 § 1.
1645 Vgl. CIC/1983, cc. 204 § 1, 275 § 2, 529 § 2. Vgl. dazu Vat II, LG, Nr. 37.
1646 Vgl. CIC/1983, c. 208.
1647 Vgl. CIC/1983, cc. 224–231, 278–289.
1648 Vgl. CIC/1983, cc. 1008, 207, 375, 519.
1649 Vgl. CIC/1983, c. 1008.
1650 Vgl. CIC/1983, c. 207 § 1. Vgl. dazu Vat II, LG, Nr. 10.
1651 Vgl. CIC/1983, c. 1008.

Recht Diakone, Priester und Bischöfe.[1652] Mit dem Weiheempfang werden sie je nach ihrer eigenen Stellung beauftragt, Leitungs-, Heiligungs- und Hirtenämter in der Kirche auszuführen.[1653]

Die Laien (*Christifideles*) verwirklichen ihr königliches Priestertum vor allem durch die Teilnahme an der Eucharistischen Darbringung, den Empfang der Sakramente, tägliches Gebet, Danksagung, Zeugnis eines christlichen Lebens, Selbstverleugnung und tätiger Nächstenliebe in der Familie und in der Gesellschaft.[1654] Anders als im Codex von 1917 wird ein männlicher Christgläubiger nach Codex 1983[1655] erst durch die Diakonweihe zum Klerikerstand bestellt. Die Aufnahme in den Klerikerstand erfolgte nach dem Codex von 1917 mit der ersten Tonsur.[1656] Nach c. 108 § 3 des CIC/1917 gab es in der Kirche die *Clerici Maiores,* d.h. Subdiakone, Diakone, Priester und Bischöfe und die *Clerici Minores,* nämlich Akolythen, Exorzisten, Lektoren und Ostiarier.[1657] Mit dem Motu proprio *Ad pascendum* von Paul VI. wurde die Unterscheidung zwischen *Clerici Maiores* und *Clerici Minores* abgeschafft.[1658] Es bestehen seitdem nur noch zwei Stände in der Kirche: Geweihte und Laien.[1659] Die Bedingungen und Voraussetzungen für die Aufnahme in den Klerikerstand sind in cc. 1024–1032 aufgeführt.

Im Vergleich zum Codex von 1917 zeigen sich im Codex von 1983 viele Änderungen im Katalog der Pflichten und Rechte der Kleriker. Diese Änderungen, so Reinhardt, ergaben sich aufgrund der neuen Sicht des II. Vatikanums auf das Kirchen- und Klerikerbild.[1660] Einige dieser Änderungen im Codex von 1983 sind „– der Verzicht auf die klassischen klerikalen Standesprivilegien (Anspruch nach außen), – die Gewährung klerikaler Rechte in der Kirche, u.a. auf Versorgung und soziale Absicherung (Anspruch nach innen), – starke Reduzierung der detaillierten Lebensanweisungen sowie – die Verpflichtung zu lebenslangem Studium, zur Heiligung und

---

1652 Vgl. CIC/1983, c. 1009 § 1.
1653 Vgl. CIC/1983, cc. 129, 1008.
1654 Vgl. Vat II, LG, Nr. 10. Vgl. dazu CIC/1983, c. 225.
1655 Vgl. CIC/1983, c. 1009.
1656 Vgl. CIC/1917, cc. 1008 § 1, 111 § 2.
1657 Vgl. Hallermann, Kleriker, 566.
1658 Vgl. Paul VI., Ad Pascendum, 534–540.
1659 Vgl. Paul VI., Ad Pascendum, 534–540. Vgl. dazu CIC/1983, c. 1008.
1660 Vgl. Reinhardt, Pflichten und Rechte, Einführung vor c. 273, Rd.-Nr. 1.

Vervollkommnung."[1661] Unbeschadet dieser Änderungen wurden die Kleriker noch vor persönlichen Angriffen geschützt, sie konnten nicht von einem weltlichen Gericht zur Rechenschaft gezogen werden, sie durften keine öffentlichen Ämter innehaben noch zum Militärdienst eingezogen werden, sie wurden von bestimmten staatlichen sozialen Abgaben befreit, darüber hinaus durften Kleriker nicht in einer wirtschaftlichen Krisensituation entlassen werden.[1662] Im Codex 1983 sind Kleriker nun verpflichtet, wie alle anderen bestimmte Sozialabgaben zu leisten. Ebenso können Priester mit Erlaubnis ihres Ordinarius Militärdienst, besonders als Militärseelsorger, leisten.[1663] In einem Rechtsstaat müssen sich auch Priester, die Straftaten begangen haben, vor einem weltlichen Gericht verantworten. Nach Aymans/Mörsdorf wurde der klerikale Anspruch nach außen aufgehoben, weil die Rechtsstellung des Klerikers nicht im Sinne der Privilegierung eines Standes,[1664] sondern in der Bestellung zum Dienst in der Kirche zu verstehen ist.[1665] Nach dem Codex von 1983 haben die Kleriker folgende Pflichten:

4.2 Die priesterlichen Pflichten nach geltendem Recht

4.2.1 Pflicht zu Ehrfurcht und Gehorsam gegenüber dem Papst und eigenem Ordinarius

Gemäß der Vorgabe des c. 273 sind die Kleriker in besonderer Weise verpflichtet, dem Papst und ihrem Ordinarius Ehrfurcht und Gehorsam zu erweisen. Obwohl die Priesterkandidaten im Weiheritus nur ihrem jeweiligen Ordinarius Ehrfurcht und Gehorsam versprechen, beinhaltet der Codex von 1983 auch Ehrfurchts- und Gehorsamspflicht gegenüber dem Papst. Paul VI. wies in seiner Ansprache auf die Gehorsamspflicht der Kleriker nicht nur gegenüber ihrem Ordinarius, sondern auch zu ihm selbst und seinen Nachfolgern hin.[1666] Diese in c. 273 angegebenen Quellen „mögen der Grund dafür gewesen sein, daß schon in der ersten Sitzung der Codex-Reformkommission von 1966 der Text des can. 127 CIC/1917 entsprechend

1661 Reinhardt, Pflichten und Rechte, Einführung vor c. 273, Rd.-Nr. 1.
1662 Vgl. Reinhardt, Pflichten und Rechte, Einführung vor c. 273, Rd.-Nr. 5.
1663 Vgl. CIC/1983, c. 289 § 1.
1664 Vgl. Aymans/Mörsdorf, KanR II, 146.
1665 Vgl. Hofmann, Vom geistlichen Stand zum kirchlichen Dienst., 343–359.
1666 Vgl. Paul VI., Ansprache beim Allocutio, 326 ff. Vgl. dazu Vat II, PO, Nr. 7.

ergänzt wurde, der den Papst als Adressaten der Gehorsamspflicht noch nicht enthielt."[1667] Aber erst in der Endredaktion des Codex wurde diese Gehorsamspflicht dem Papst gegenüber eingefügt, ergänzte Reinhardt.[1668] Es ist zu bedenken, dass durch den Weiheempfang ein besonderes Dienst- und Loyalitätsverhältnis zwischen dem Priester und seinem Ordinarius oder Ordensoberen entsteht.[1669] Die Ehrfurchts- und Gehorsamspflicht der Kleriker reicht weiter als die *oboedientia christiana* aller Gläubigen.[1670] Nach c. 212 § 1 sind alle Christgläubigen verpflichtet, gegenüber den geistlichen Hirten gehorsam zu sein. Jedoch der beim Weiheempfang versprochene Gehorsam der Kleriker, d. h. *oboedientia canonica* „bezieht sich auf die Obliegenheiten ihres Dienstes u[nd] ihres Standes u[nd] berührt deren Privatleben insofern, als etwa bes[ondere] Pflichten od[er] Verbote ein entspr[echendes] Verhalten z. B. in Ehe u[nd] Familie erfordern. Materiell wird die Gehorsamspflicht durch die Zuständigkeit des Ordinarius begrenzt."[1671]

Die Pflicht zu Ehrfurcht und Gehorsam des Priesters begrenzt sich also nicht nur auf ihren Ortsordinarius/Inkardinationsordinarius, sondern sie gilt auch dem Papst und seinen Nachfolgern als Oberhaupt der ganzen Kirche gegenüber.[1672] Der geforderte kanonische Gehorsam soll die Kleriker vor allem daran erinnern, ihrem Bischof mit aufrichtiger Liebe zu begegnen und die Aufgaben zu erfüllen, die er ihnen überträgt.[1673] Dieser kanonische Gehorsam der Priester ihrem Ordinarius gegenüber „gründet in der Teilnahme am Bischofsamt, die den Priestern durch das Weihesakrament und die kanonische Sendung übertragen wird."[1674] Nach c. 266 § 1 des Codex von 1983 werden geeignete und berufene männliche Christgläubige durch den Empfang der Diakonenweihe in den Klerikerstand eingegliedert und somit in eine Diözese, Personalprälatur oder ein Ordensinstitut inkardiniert und für deren Dienst geweiht. Die Gehorsamspflicht des Klerikers dem Ordinarius gegenüber ist jedoch nicht unbegrenzt. Er berührt nach

1667 Reinhardt, Gehorsamspflicht, c. 273, Rd.-Nr. 1.
1668 Vgl. Reinhardt, Gehorsamspflicht, c. 273, Rd.-Nr. 1.
1669 Vgl. Hallermann, Klerikerpflichten, 570.
1670 Vgl. CIC/1983, c. 212 § 1.
1671 Hallermann, Klerikerpflichten, 570.
1672 Vgl. CIC/1983, c. 273.
1673 Vgl. CIC/1983, c. 274 § 2.
1674 Vat II, PO, Nr. 7.

c. 220 des CIC/1983 nicht das Recht auf den individuellen Schutz der Privatsphäre, oder, wie Reinhardt ausschließlich ergänzt: „Der kanonische Gehorsam bezieht sich auf die Amtspflichten des Klerikers und läßt sein Privatleben grundsätzlich unberührt, es sei denn, daß der Kleriker sich in seinem Privatleben standeswidrig oder –fremd verhält.“[1675] Es soll vom Kleriker auch nicht verlangt werden, rechtswidrigen Anordnungen Folge zu leisten. Nur die Nichtbefolgung von rechtmäßigen Befehlen ist strafbar,[1676] denn die Anordnungen des Bischofs müssen vom Kleriker erfüllt werden, wenn nicht Hinderungsgründe dagegenstehen. Solche Hinderungsgründe können Krankheiten, Alter, Arbeitsüberlastung, Gefährdungen oder Beeinträchtigung von Versorgungsansprüchen sein.[1677]

Obwohl die Kleriker ihrem Ordinarius Ehrfurcht und Gehorsam schulden, hat ein Ordinarius nicht das Recht, einen Diakon zum Empfang der Priesterweihe zu zwingen.[1678] Ebenso kann er einen Diakon nicht daran hindern, seine Dienstpflichten zu erfüllen, außer er ist mit einem kanonischen Hindernis behaftet.[1679] Darüber hinaus kann der Bischof nicht über den letzten Willen im Testament seiner Diözesanpriester verfügen.[1680] Ein Ordinarius übersteigt ebenso seine Amtsbefugnis, wenn z. B. er ein Gesetz erlässt, dass Vikare oder Kapläne kein eigenes Auto haben dürfen.[1681] Genauso hat der Ordinarius oder Ordensobere nicht das Recht, den Haarschnitt eines seiner Kleriker zu bestimmen oder ihm zu verbieten, Bart zu tragen.[1682] Zwar hat ein Ordinarius von Rechts wegen jurisdiktionelle Autorität in der ihm anvertrauten Diözese oder Teilkirche, diese Autorität soll aber nur innerhalb der gesetzlich erlaubten Situationen ausgeübt werden.[1683] Er muss vor allem das Recht des Klerikers auf Schutz seiner Privatsphäre

1675 Reinhardt, Gehorsamspflicht, c. 273, Rd.-Nr. 4.
1676 Vgl. CIC/1983, c. 1371 2°.
1677 Vgl. Schwendenwein, Die Kleriker, 156.
1678 Vgl. CIC/1983, c. 1026.
1679 Vgl. CIC/1983, c. 1038.
1680 Vgl. Lynch, Obligations and Rights, 346.
1681 Vgl. Sheehan, Obligation, 113. The Bishop „is exceeding his power when he legislates that assistant pastors are not to own automobiles“.
1682 Vgl. Lynch, Obligations and Rights, 346.
1683 Vgl. CIC/1983, c. 381 § 1.

respektieren, dies bedeutet aber nicht, dass der Kleriker nicht für Rechtsvergehen im Privatleben zur Verantwortung gezogen werden kann.[1684]

4.2.2 Pflicht zur Übernahme und treuer Erfüllung von übertragenen Aufgaben

C. 274 ist in zwei Abschnitte geteilt. Während § 1 sich mit den Rechten der Kleriker, Ämter innezuhaben, zu deren Ausübung Weihegewalt erforderlich ist, beschäftigt, behandelt § 2 die Pflichten der Kleriker, nämlich die ihnen von ihrem Ordinarius übertragenen Aufgaben treu und gewissenhaft zu erfüllen. Gemäß c. 274 § 2 ist der Kleriker verpflichtet, wenn er nicht durch ein rechtmäßiges Hindernis entschuldigt ist, die Aufgaben treu zu erfüllen, die ihm der Ordinarius übertragen hat. Diese Pflicht ist eine Gehorsamspflicht,[1685] wie auch in cc. 127 und 128 ausgeführt wird. Nach c. 274 § 2 entschuldigt nur ein rechtmäßiges Hindernis, Anordnungen oder Weisungen des Ordinarius nicht auszuführen. Obwohl der kirchliche Gesetzgeber in c. 274 § 2 die rechtmäßigen Hindernisse nicht weiter ausgeführt hat, können solche Hindernisse physischer oder psychischer Art sein. Es ist die Aufgabe der Autorität zu bestimmen, ob diese Hindernisse rechtmäßig sind oder nicht. Der Kleriker hat allerdings das Recht, Beschwerde einzulegen.[1686]

Der Gesetzgeber verlangt nicht bloß und einfach die Erfüllung der übertragenen Aufgaben, vielmehr muss der Kleriker diese Dienste gewissenhaft erfüllen.[1687] Der Kleriker ist deshalb aufgefordert, in Demut und Verantwortungsbewusstsein die ihm übertragenen Aufgaben zu erfüllen.[1688] Der Ordinarius muss allerdings, bevor er seinem Untergebenen Aufgaben erteilt, seine Kompetenz, Erfahrung, Spiritualität, sein Alter und seine Bildung berücksichtigen. Es wird erwartet, dass der Bischof und seine Priester einander als Freunde betrachten und in Liebe einander begegnen.[1689] Darüber hinaus müssen die Priester sich bewusst sein, dass sie mit dem Bischof

1684 Vgl. CIC/1983, c. 1371 2°.
1685 Vgl. CIC/1983, cc. 273, 274 § 2, 1371 2°.
1686 Vgl. CIC/1983, c. 1733.
1687 Vgl. CIC/1983, c. 274 § 2.
1688 Vgl. Vat II, PO, Nrn. 7, 15.
1689 Vgl. Vat II, PO, Nr. 7.

Verantwortung für den Aufbau der Kirche tragen und so mit Liebe und Gehorsam die ihnen übertragenen Aufgaben erfüllen.[1690]

4.2.3 Pflicht zur Brüderlichkeit und Anerkennung der Arbeit der Laien

Nach c. 275 § 1 sind die Kleriker verpflichtet, miteinander im Band der Brüderlichkeit und des Gebetes untereinander eins zu sein und die Zusammenarbeit untereinander nach den Vorschriften des Partikularrechts zu pflegen.[1691] Sie sind ebenso verpflichtet, den Sendungsauftrag der Laien anzuerkennen und zu fördern.[1692] Die Pflicht zur brüderlichen Zusammenarbeit der Priester untereinander und die Aufforderung zur Anerkennung des Laienapostolates sind in den konziliaren Dokumenten Presbyterorum Ordinis[1693] und Apostolicam Actuositatem[1694] verankert und wurden später im Codex von 1983 übernommen.[1695] In PO heißt es zum Beispiel: „Die Priester, die durch die Weihe in den Priesterstand eingegliedert wurden, sind in inniger sakramentaler Bruderschaft miteinander verbunden. [...] Deshalb ist es von großer Bedeutung, daß alle, Welt- und Ordenspriester, einander helfen, damit sie stets Mitarbeiter der Wahrheit sind. [...] Die einzelnen Priester sind also mit ihren Mitbrüdern durch das Band der Liebe, des Gebetes und der allseitigen Zusammenarbeit verbunden."[1696] Die Priester sind deshalb auch aufgefordert, die Gastfreundschaft zu wahren, wohltätig zu sein und miteinander ihre Güter zu teilen, und vor allem den Kranken, den Bedrängten, den Einsamen und den Heimatlosen zu helfen.[1697] Die Pflicht zum Mitwirken der Priester untereinander entstand aufgrund der sakramentalen Brüderlichkeit kraft des Weiheempfanges. Das brüderliche Zusammenwirken der Kleriker untereinander trägt mit dazu bei, die Einsamkeit unter den Priestern zu überwinden und ihnen die priesterliche

1690 Vgl. Vat II, LG, Nr. 28.
1691 Vgl. CIC/1983, c. 275 § 1.
1692 Vgl. CIC/1983, c. 275 § 2.
1693 Vgl. Vat II, PO, Nr. 8.
1694 Vgl. Vat II, AA, Nr. 25.
1695 Vgl. CIC/1983, c. 275 §§ 1, 2.
1696 Vat II, PO, Nr. 8.
1697 Vgl. CIC/1983, c. 529 § 1.

Keuschheit zu bewahren.[1698] In ihrer Erklärung „Ultimis temporibus" von 1971 unterstreicht die römische Bischofsynode die Bedeutung des brüderlichen Zusammenwirkens und Gemeinschaftslebens der Priester als eine der Grundlagen der Bewahrung der priesterlichen Einheit, der Freundschaft in Christus und der gegenseitigen Hilfeleistung bei ihrer Arbeit.[1699]

Darüber hinaus sind sie auch verpflichtet, die Würde der Laien und die bestimmten Funktionen, die den Laien für die Sendung der Kirche zukommen, wahrhaft anzuerkennen und zu fördern.[1700] Bischöfe und Priester mögen sich vor Augen halten, so das Dekret über das Laienapostolat, „daß das Recht und die Pflicht zur Ausübung des Apostolates allen Gläubigen, Klerikern und Laien, gemeinsam ist und daß auch die Laien bei der Auferbauung der Kirche eine ihnen eigentümliche Aufgabe haben."[1701] Die Priester wirken mit und unter den Laien und müssen so dafür Sorge tragen, die Einheit dieser Gemeinschaft zu bewahren.[1702] Nach c. 275 § 2 sind die Kleriker angehalten, die Sendung der Laien anzuerkennen und zu fördern. Die Kleriker sollen gerne die klugen Ratschläge der Laien wahrnehmen und anwenden, ihnen verantwortungsvolle Aufgaben in der Kirche übertragen, ihnen gegebenenfalls Freiheit und Raum im Handeln lassen und ihnen auch Mut machen, aus eigener Initiative Werke und Verantwortung zu übernehmen.[1703] Die Förderung der Laien für ihre Sendung können die Kleriker unterstützen, indem sie ihnen z. B. die Möglichkeit zu Fortbildungen, Konferenzen, Workshops, theologischen und pastoral-theologischen Kurse anbieten.[1704] Die Kleriker sind auch verpflichtet, die Laienvereine, die für die Ziele der Religion und die kirchliche Sendung eintreten, zu unterstützen. Zusammen mit dem Ordinarius sollen Kleriker dafür Sorge tragen, dass die Laien nicht nur auf der Pfarrei-, sondern auch auf der Diözesanebene mitwirken.[1705]

1698 Vgl. Paul VI., Sacerdotalis Caelibatus, Nrn. 79–80.
1699 Vgl. Röm. Synodus Episcoporum, Ultimis temporibus, 898–922.
1700 Vgl. Vat II, PO, Nr. 9.
1701 Vat II, AA, Nr. 25.
1702 Vgl. Vat II, PO, Nr. 9.
1703 Vgl. Vat II, LG, Nr. 37.
1704 Vgl. CIC/1983, cc. 222 § 1, 229 § 3.
1705 Vgl. CIC/1983, c. 529 § 2.

4.2.4 Pflicht zum heiligen und vollkommenen Leben

Die Kleriker sind in ihrer Lebensführung verpflichtet, in besonderer Weise nach Heiligkeit zu streben, da sie durch den Weiheempfang in neuer Weise Gott geweiht und Verwalter der Geheimnisse Gottes sind.[1706] Die priesterliche Lebensführung muss vollkommen sein. Die kanonische Aufforderung, nach Heiligkeit und vollkommenem Leben zu streben,[1707] ist auch in dem Dekret über Dienst und Leben der Priester *Presbyterorum Ordinis* und in der Dogmatischen Konstitution über die Kirche *Lumen Gentium* verankert. In Presbyterorum Ordinis heißt es: „Als Priester sind sie jedoch in besonderer Weise zum Streben nach dieser Vollkommenheit verpflichtet. Denn im Empfang des Weihesakramentes Gott auf neue Weise geweiht, sind sie lebendige Werkzeuge Christi des Ewigen Priesters geworden, damit sie sein wunderbares Werk, das mit Kraft von oben die ganze menschliche Gesellschaft erneuert hat, durch die Zeiten fortzuführen vermögen. Jeder Priester vertritt also, seiner Weihestufe entsprechend, Christus. Darum erhält er auch die besondere Gnade, durch den Dienst an der ihm anvertrauten Gemeinde und am ganzen Volk Gottes besser der Vollkommenheit dessen nachzustreben, an dessen Stelle er steht, […].“[1708] Ähnlich zu PO ist der Priester nach Lumen Gentium berufen, sein Leben nach den evangelischen Räten zu führen.[1709] Während der Codex von 1917 nur von den Klerikern ein vollkommenes Leben verlangte, fordern die Konzilsväter des II. Vatikanums von allen Christgläubigen ein heiliges und vollkommenes Leben.[1710]

4.2.4.1 Wege zur klerikalen Vollkommenheit

Nach c. 276 § 2 können Kleriker auf verschiedenen Wegen Vollkommenheit erreichen. Einige sind nachfolgend dargestellt.

1706 Vgl. CIC/1983, c. 276 § 1.
1707 Vgl. CIC/1983, c. 276.
1708 Vat II, PO, Nr. 12.
1709 Vgl. Vat II, LG, Nr. 39.
1710 Vgl. Vat II, LG, Nrn. 40, 41.

4.2.4.1.1 Treue und unermüdliche Erfüllung der Pflichten ihres Hirtendienstes

Die Priester sind besonders aufgefordert, mit Liebe die tägliche Ausübung ihres Dienstes zu vollziehen. In allem, was der Priester tut, muss die Liebe zu Gott und den Nächsten sein Maßstab sein.[1711] Kraft des Weiheempfanges stehen Priester an Stelle Christi (*Repraesentatio Christi*) und sind somit verpflichtet, wie er den Menschen in Liebe zu dienen und, wenn es nötig ist, ihr Leben für das Evangelium zu geben. Darüber hinaus müssen Priester Gottes heilende Kraft an den Menschen sichtbar machen durch die treue und verantwortungsvolle Erfüllung ihres Dienstes.[1712] Die Priester in der Erfüllung ihres Dienstes müssen wie Christus handeln, denn sie werden „ihrem Leben eine einheitliche Linie geben, wenn sie sich mit Christus vereinigen im Erkennen des väterlichen Willens und in der Hingabe für die ihnen anvertraute Herde. Wenn sie so die Rolle des Guten Hirten übernehmen, werden sie gerade in der Betätigung der Hirtenliebe das Band der priesterlichen Vollkommenheit finden, das ihr Leben und ihr Wirken zur Einheit verknüpft. Diese Hirtenliebe erwächst am stärksten aus dem eucharistischen Opfer.“[1713] Es ist erforderlich, dass die Priester, in allem was sie tun, sich immer vor Augen halten und prüfen, was Gottes Wille ist,[1714] denn die Vollkommenheit wird erreicht, wenn der Priester seinen Willen dem Willen Gottes unterordnet. Um das zu ermöglichen, muss der Priester immer in Einheit mit Christus leben, besonders durch die Teilnahme an spirituellen Aktivitäten wie der eucharistischen Darbringung, eucharistischen Andachten und gemeinsamem Gebet mit den anderen Gläubigen; darüber hinaus ist die tägliche Gewissenserforschung unerlässlich.[1715]

4.2.4.1.2 Vollkommenheit durch besondere Liebe zu Gottes Wort und die Eucharistie

Als Diener des Wortes sind Priester aufgefordert, täglich ihr geistliches Leben durch die Lesung und Aufnahme des Wortes Gottes und durch die

---

1711 Vgl. Vat II, LG, Nr. 41.
1712 Vgl. Vat II, PO, Nr. 12.
1713 Vat II, PO, Nr. 14.
1714 Vgl. Röm 12, 2.
1715 Vgl. Vat II, PO, Nr. 18.

Darbringung des eucharistischen Opfers zu nähren und aufzubauen.[1716] Es muss ihnen bewusst sein, dass die höchste Richtschnur des Glaubens in der Heiligen Schrift enthalten ist,[1717] denn die Heilige Schrift ist Gottes Wort, das das Leben schenkt.[1718] Durch die tägliche Betrachtung und das Meditieren über die Aussagen der Heiligen Schrift wird der Glaube des Priesters gestärkt, denn es ist Christus selber, der den Priester in seiner Schrift anspricht.[1719] Die tägliche Lesung und Meditation über die Worte der Heiligen Schrift ist nicht nur die Pflicht des Priesters allein, sondern auch die Diakone werden aufgefordert, täglich die Heilige Schrift zu lesen und durch diese tägliche Lesung Kraft für ihre Dienste zu schöpfen.[1720] Der Priester soll nicht nur das Wort Gottes für sich alleine behalten, sondern er ist auch verpflichtet, dafür Sorge zu tragen, „daß denen, die sich in der Pfarrei aufhalten, das Wort Gottes unverfälscht verkündigt wird; er hat deshalb dafür zu sorgen, daß die Laien in den Glaubenswahrheiten unterrichtet werden, besonders durch die Homilie an den Sonntagen und den gebotenen Feiertagen und durch die katechetische Unterweisung; er hat die Werke zu unterstützen, die den Geist des Evangeliums fördern, [...].“[1721] Darüber hinaus erreicht der Priester seine Vervollkommnung nicht nur durch das tägliche Lesen der Heiligen Schrift, sondern vor allem durch die tägliche eucharistische Feier.[1722]

Die Eucharistie ist und bleibt das Zentrum und das Herz der ganzen priesterlichen und kirchlichen Existenz,[1723] denn in der heiligen Eucharistie ist Christus, der Herr, gegenwärtig und vollzieht diesen Dienst durch die Hände des Priesters.[1724] Durch die Teilnahme an der eucharistischen Darbringung und den Empfang des Leibes und des Blutes Christi gewinnen Priester „aus den Quellen übernatürlichen Lebens Schätze des Heils

---

1716 Vgl. CIC/1983, c. 276 § 2 2°. Vgl. dazu Vat II, PO, Nr. 18. Vgl. auch Vat II, DV, Nr. 21.
1717 Vgl. Vat II, DV, Nr. 21.
1718 Vgl. Vat II, DV, Nrn. 3, 6, 21, 24.
1719 Vgl. Vat II, PO, Nrn. 18, 19.
1720 Vgl. Paul VI., Sacrum diaconatus ordinem, Nr. 26.
1721 CIC/1983, c. 528 § 1.
1722 Vgl. CIC/1983, c. 276 § 2 2°.
1723 Vgl. Vat II, SC, Nr. 10.
1724 Vgl. CIC/1983, c. 899 §§ 1, 2.

und jene Gnadenhilfe, die für sie persönlich und zur Erfüllung ihres Amtes notwendig ist."[1725] Der Priester ist deshalb aufgefordert, täglich die eucharistische Feier zu vollziehen[1726] und der ihm anvertrauten Gemeinde die Möglichkeit für die Mitfeier zu gewähren.[1727] Ohne gerechte und schwerwiegende Gründe, so der Gesetzgeber, darf der Priester die eucharistische Feier nicht allein vollziehen,[1728] es muss wenigstens ein Gläubiger mit anwesend sein. Anstatt alleine das eucharistische Opfer darzubringen, sollen die Priester miteinander in Konzelebration feiern.[1729]

4.2.4.1.3 Tägliche Teilnahme am Stundengebet gemäß den eigenen und gebilligten liturgischen Büchern

Priester, Diakone und Ordenspersonen sind zum täglichen Stundengebet gemäß den gebilligten liturgischen Büchern verpflichtet.[1730] Die tägliche Verrichtung des Stundengebetes ist ein Zeichen der absoluten Hingabe an Gott, denn im Gebet tritt der Beter ganz persönlich in eine Kommunikation mit Gott ein.[1731] Der Kleriker muss bedenken, dass die Verrichtung des Stundengebetes nicht bloß sein eigenes individuelles Privatgebet, sondern das Gebet der ganzen Kirche ist. Er betet zugleich mit der Kirche und für die Kirche.[1732] Während der Codex von 1917 nur Kleriker der höheren Weihestufe zum Stundengebet verpflichtete,[1733] verpflichtet nun der Codex von 1983 nach c. 276 § 2 3° die Kleriker und Ordensleute zur täglichen Verrichtung des Stundengebetes. Zwar sind die Priesteranwärter nicht zur täglichen Verrichtung des Stundengebetes verpflichtet, dennoch ist es ihnen anzuraten, daran teilzunehmen. Die Änderung im Codex 1983 bezüglich der Seminaristen bezieht sich auf die Konstitution über die heilige Liturgie Sacrosanctum Concilium von 1964, Nrn. 86–89.[1734] Obwohl die Kleriker

1725 Pius XII., Menti Nostrae, Art. 3.
1726 Vgl. CIC/1983, cc. 276 § 2 2°, 388, 534, 902, 904, 905, 909.
1727 Vgl. Vat II, SC, Nr. 27.
1728 Vgl. CIC/1983, c. 906.
1729 Vgl. CIC/1983, c. 902. Vgl. dazu Vat II, SC, Nr. 57.
1730 Vgl. CIC/1983, cc. 276 § 2 3°, 1173, 1174, 1175.
1731 Vgl. Paul VI., Sacerdotalis Caelibatus, Nr. 28.
1732 Vgl. Vat II, SC, Nrn. 90, 98, 99.
1733 Vgl. CIC/1917, c. 135.
1734 Vgl. Vat II, SC, Nrn. 86–89.

und Ordensleute zur täglichen Verrichtung des Stundengebetes verpflichtet sind, hat die Bischofskonferenz des jeweiligen Territoriums das Recht, den Umfang der Verrichtung zu bestimmen.[1735] Von der Verpflichtung zum Stundengebet kann der Ordinarius seine Untergebenen aus gerechten Gründen ganz oder teilweise dispensieren.[1736]

4.2.4.1.4 Pflicht zur Teilnahme an geistlichen Einkehrtagen und Exerzitien

Die Teilnahme der Kleriker an geistlichen Einkehrtagen ist nicht bloß eine Aufforderung, sondern eine Verpflichtung.[1737] Es ist die Aufgabe des jeweiligen Bischofs, den Umfang und die Form der Einkehrtage zu bestimmen.[1738] Der Codex von 1917 sah das Begehen von geistlichen Exerzitien im 3-Jahres-Zyklus vor[1739] und verpflichtete sogar die Ordinarien, dafür zu sorgen, dass ihre Untergebenen diese Vorschrift erfüllen.[1740] Im Gegensatz dazu legte der Gesetzgeber des Codex 1983 weder eine bestimmte Zeit, einen Umfang, Abstände, noch eine Aufsichtspflicht der jeweiligen Ordinarien fest.[1741]

Pius XI. erinnerte die Kleriker daran, dass die Zeit der Exerzitien eine Zeit ist, wieder zu Gott zu kommen, Gewissenserforschung und Vollkommenheit anzustreben und zu erreichen.[1742] Ebenso ermahnte er die Priester, „treu an den Exerzitien teilzunehmen, wenigstens in jenem geringen Ausmaß, das das Rechtsbuch der Kirche ihnen vorschreibt. Sie sollen in großem Verlangen nach ihrer eigenen Vervollkommnung teilnehmen, um sich jene Fülle des übernatürlichen Geistes anzueignen, die sie so notwendig zum geistlichen Nutzen der ihnen anvertrauten Herde und zur Gewinnung vieler Seelen für Christus brauchen."[1743] Doch nicht nur Priester, sondern auch die Ständigen Diakone müssen mindestens alle drei Jahre an Exerzitien teilnehmen.[1744]

1735 Vgl. CIC/1983, cc. 276 § 2 3°, 246 § 2.
1736 Vgl. Vat II, SC, Nr. 97.
1737 Vgl. CIC/1983, c. 276 § 2 4°.
1738 Vgl. CIC/1983, c. 533 § 2.
1739 Vgl. CIC/1917, c. 126.
1740 Vgl. CIC/1917, c. 125.
1741 Vgl. CIC/1983, c. 276 § 2 4°.
1742 Vgl. Guibert, Dokumente des Lehramtes, 556–559.
1743 Guibert, Dokumente des Lehramtes, 565–566.
1744 Vgl. Paul VI., Sacrum diaconatus ordinem, Nr. 28.

Es ist die Aufgabe des jeweiligen Ordinarius, seinen Klerikern die Teilnahme an spirituellen Exerzitien und Einkehrtagen zu gewähren.

4.2.4.1.5 Pflicht zum Gebet, häufigen Empfang des Bußsakramentes und Verehrung der Mutter Gottes

Die Kleriker sind verpflichtet, eine innige Verbindung und Kommunikation mit Gott zu pflegen.[1745] Schon in c. 125 des Codex von 1917 wurden Kleriker zum inneren Gebet und regelmäßigen Empfang des Bußsakramentes aufgefordert. Gemäß diesem Gesetz wurden sogar die Ordinarien beauftragt, dafür Sorge zu tragen, dass die Kleriker diese Pflicht erfüllen.[1746] Nach dem geltenden Recht (CIC/1983) entfällt jedoch die Aufsichtspflicht der Ordinarien, denn die Kleriker sind selbst verantwortlich für ihre Verbindung und Kommunikation mit Gott.[1747] Nach c. 276 § 2 5° des Codex von 1983 haben Priester die Verpflichtung zum Gebet, zum regelmäßigen Empfang des Bußsakramentes und zur Verehrung der Mutter Gottes. In ähnlicher Weise fordert PO die Kleriker auf, das Bußsakrament häufig zu empfangen, täglich ihr Gewissen zu erforschen, die selige Jungfrau Maria Mutter Gottes zu verehren, Gespräch mit Christus zu führen, sowie persönliche eucharistische Andacht zu pflegen.[1748] Alle Kleriker sind aufgefordert, sich trotz ihrer vielfältigen Aufgaben Zeit für ein inneres Gebet zu nehmen. Paul VI. bestätigte auch in seiner Adhortatio Apostolica „Marialis Cultus" die Notwendigkeit der Verehrung der Heiligen Mutter Gottes für ein erfolgreiches priesterliches Leben.[1749] Die Kleriker sollen sich nicht nur häufig dem Gebet widmen, sondern auch regelmäßig das Bußsakrament empfangen.

4.2.5 Pflicht zur vollkommenen und immerwährenden Enthaltsamkeit um des Himmelreiches willen

Es wird von Klerikern erwartet, dass sie im höheren Maße im Äußeren wie im Inneren ein vollkommenes und heiliges Leben führen.[1750] Obwohl

---

1745 Vgl. CIC/1983, c. 276 § 2 5°.
1746 Vgl. CIC/1917, c. 125.
1747 Vgl. CIC/1983, c. 276 § 2 5°.
1748 Vgl. Vat II, PO, Nr. 18. Vgl. dazu Vat II, LG, Nr. 66.
1749 Vgl. Paul VI., Marialis Cultus, 153–160, Nrn. 43–51.
1750 Vgl. CIC/1983, c. 277.

nach der Aussage von Presbyterorum ordinis der Zölibat nicht vom Wesen des Priestertums selbst gefordert ist,[1751] wie die Praxis der Urkirche und die Tradition der Ostkirchen zeigt, wo es neben den zölibatären Priestern auch verheiratete Priester gibt, bleibt Ehelosigkeit oder Zölibat eine der Voraussetzungen für den Empfang der Priesterweihe in der lateinischen Kirche.[1752] Während der Codex von 1917 die Zölibatspflicht nur für Kleriker höherer Weihen, bzw. Subdiakone, Diakone und Priester verlangt und den Verstoß gegen die Zölibatspflicht als ein Sakrileg wertet,[1753] gilt seit Abschaffung der höheren und niederen Weihen[1754] im jetzt geltenden Gesetzbuch die Zölibatspflicht nicht nur für die Kleriker, sondern auch für die Klerikeranwärter.[1755] Der Verstoß gegen die Zölibatspflicht wird nicht mehr als ein Sakrileg gewertet. Jedoch bleibt das Leben in vollkommener Enthaltsamkeit eine Bereicherung für das Priestertum. Es ist deshalb erforderlich, dass Priesterkandidaten frühzeitig über die Notwendigkeit der Zölibatsverpflichtung informiert werden und das Leben in vollkommener Enthaltsamkeit als eine besondere Gabe Gottes ansehen.[1756]

Nicht nur die Seminaristen sind gehalten, vollkommene und immerwährende Enthaltsamkeit um des Himmelreiches willen zu wahren,[1757] sondern auch die unverheirateten Ständigen Diakone und die Priester.[1758] Die Kleriker werden durch vollkommenes und enthaltsames Leben um des Himmelreiches willen „in neuer und vorzüglicher Weise Christus geweiht; sie hangen ihm leichter ungeteilten Herzens an, schenken sich freier in ihm und durch ihn dem Dienst für Gott und die Menschen, dienen ungehinderter seinem Reich und dem Werk der Wiedergeburt aus Gott und werden so noch mehr befähigt, die Vaterschaft in Christus tiefer zu verstehen."[1759] Ebenso sind die Priesteranwärter aufgefordert, den Zölibat auf sich zu nehmen und

1751 Vgl. Vat II, PO, Nr. 16.
1752 Vgl. CIC/1983, cc. 1037, 1041 3°, 1042 1°.
1753 Vgl. CIC/1917, c. 132 § 1.
1754 Vgl. Paul VI., Ministeria qaedam, 529–534.
1755 Vgl. CIC/1983, cc. 1031 § 2, 1041 3°, 1042 1°.
1756 Vgl. CIC/1983, c. 247 § 1.
1757 Vgl. CIC/1983, c. 277.
1758 Vgl. Vat II, LG, Nr. 29.
1759 Vat II, PO, Nr. 16.

diesen ernst zu nehmen.[1760] Gemäß c. 1037 des Codex von 1983 dürfen sowohl unverheiratete Kandidaten für den Ständigen Diakonat als auch Priesterkandidaten zum Empfang der Diakonweihe nur zugelassen werden, wenn sie öffentlich gemäß dem kirchlichen Weiheritus die Pflicht zum Zölibat für sich übernehmen.[1761] Ähnliches gilt auch für männliche Ordensleute, sie können ebenso nur zur Diakonweihe zugelassen werden, nachdem sie öffentlich die ewigen Gelübde abgelegt haben. Die öffentliche Übernahme der Zölibatsverpflichtung hat das Ziel, den Weihekandidaten die Bedeutung und Wichtigkeit der künftigen Verpflichtung bewusst zu machen.[1762]

Zwar versprechen die Kandidaten ihr Leben in vollkommener Enthaltsamkeit zu führen, jedoch entsteht die Zölibatspflicht nicht aufgrund dieses Versprechens, sondern aufgrund eines Gesetzes. Ein Verstoß gegen die Enthaltsamkeitspflicht ist also ein Verstoß gegen das Gesetz.[1763] Die Dispens von der Zölibatsverpflichtung ist dem Apostolischen Stuhl vorbehalten.[1764] Die Priester müssen bedenken, dass die Enthaltsamkeitsverpflichtung ein Verbot ist, eine Ehe zu schließen, zugleich ist sie ein Gebot, in vollkommener Keuschheit und Enthaltsamkeit zu leben.[1765] Die Zölibatspflicht begrenzt sich deshalb nicht nur auf den Geschlechtsverkehr, sondern sie erstreckt sich auf jede Art von sexuellen Äußerungen und Gesten. Die Zölibatspflicht der Weltkleriker unterscheidet sich von dem Keuschheitsgelübde der Ordensmitglieder darin, „daß bei Ordensleuten die vollkommene Enthaltsamkeit eine ihrer drei Bindungen an die evangelischen Räte ist, also direkt intendiert ist, während der Zölibat der Kleriker nicht aus ihrem Klerikersein als solchem resultiert, sondern ihnen durch Gesetz auferlegt ist."[1766] Die Zölibatspflicht bleibt ein Bestandteil des Ordenslebens, während es bei den Weltklerikern Kleriker ohne Zölibatsverpflichtung geben kann.[1767] Obwohl der Codex von 1983 den Zölibatsverstoß nicht mehr als Sakrileg (Verstoß gegen das Heilige) sieht, wird ein Kleriker seines Amtes enthoben, wenn er

---

1760 Vgl. CIC/1983, c. 247 § 1.
1761 Vgl. Vat II, OT, Nr. 10.
1762 Vgl. CIC/1983, c. 1037.
1763 Vgl. Reinhardt, Zölibatspflicht, c. 277, Rd.-Nr. 4.
1764 Vgl. CIC/1983, cc. 290 3°, 291.
1765 Vgl. CIC/1983, cc. 1394 § 1, 1395 § 1.
1766 Reinhardt, Zölibatspflicht, c. 277, Rd.-Nr. 5.
1767 Vgl. Heimerl, Der Zölibat, 25.

auch nur eine Zivileheschließung versucht hat.[1768] Darüber hinaus zieht sich ein Kleriker die Tatstrafe der Suspension zu, wenn er eine Eheschließung versucht, oder gegebenenfalls Entlassung aus dem Klerikerstand, wenn er trotz Verwarnungen und Ermahnungen hartnäckig in seinem Tun bleibt.[1769] Ebenso zieht sich ein Ordensmitglied mit ewigem Gelübde, insofern er kein Kleriker ist, die Tatstrafe des Interdikts zu, wenn er versucht, eine Ehe, wenn auch nur in ziviler Form, zu schließen.[1770] Ein Kleriker, der in einem eheähnlichen Verhältnis lebt oder in einer anderen äußeren Sünde gegen das sechste Gebot des Dekalogs verharrt und dadurch öffentliches Ärgernis erregt, zieht sich die Strafe der Suspension oder sogar, nach Verwarnungen, die Entlassung aus dem Klerikerstand zu.[1771]

Nicht nur die Verletzung der Zölibatspflicht ist strafbar, vielmehr wird ein Kleriker, der durch Drohungen oder mit Gewalt öffentlich oder privat einen Minderjährigen (unter dem achtzehnten Lebensjahr) sexuell belästigt, mit einer gerechten Strafe belegt, gegebenenfalls kann er aus dem Klerikerstand entlassen werden.[1772] Es ist deshalb den Klerikern untersagt, Frauen bei sich wohnen zu lassen oder häufig weiblichen Besuch zu bekommen oder die Frauen häufig zu besuchen, wenn das einen Verdacht erregt oder ein öffentliches Ärgernis hervorruft. Die Pflicht zur Enthaltsamkeit und zum vollkommenen Leben verlangt von den Priestern ebenso, sich mit Klugheit und Achtsamkeit gegenüber Personen zu verhalten, mit denen umzugehen für sie eine Gefahr (Rufschädigung!) bedeutet.[1773] Der Inhalt dieses Gesetzes (sich gegenüber Personen klug zu verhalten) hat nicht nur mit Frauen zu tun, sondern auch mit homosexuellen Männern. Kleriker sind also aufgerufen, diesen Personen mit brüderlicher Liebe zu begegnen, aber auch mit einer gewissen Distanz.[1774] Sie müssen im Umgang mit solchen Personen realistisch sein und jegliche Form öffentlichen Ärgernisses vermeiden.[1775] Der Kleriker

1768 Vgl. CIC/1983, c. 194 § 1 3°.
1769 Vgl. CIC/1983, c. 1394 § 1.
1770 Vgl. CIC/1983, c. 1394 § 2.
1771 Vgl. CIC/1983, c. 1395 § 1.
1772 Vgl. Kongr. Glaubenslehre, Normen über Straftaten, Art. 6 §1 1°.
1773 Vgl. CIC/1983, c. 277 § 2.
1774 Vgl. Reinhardt, Zölibatspflicht, c. 277, Rd.-Nr. 9.
1775 Vgl. CIC/1983, cc. 277 § 2, 232, 233.

muss auch bedenken, dass es zu Missverständnissen führen kann, allein mit Minderjährigen zu sein. Es können daraus falsche Schlüsse gezogen werden.

4.2.6 Pflicht zur Weiterbildung nach dem Empfang der Priesterweihe

Die Kirche hat immer ein großes Gewicht auf das Studium und die weitere Bildung ihrer Kleriker gelegt. Deshalb „müssen die Kleriker auch nach dem Empfang der Priesterweihe die theologischen Studien fortsetzen. Dabei werden sie besonders auf die gesunde Lehre hingewiesen, die in der Heiligen Schrift gründet, von den Vorfahren überliefert, allgemein von der Kirche angenommen und insbesondere durch konziliare und päpstliche Dokumente umschrieben ist […]."[1776] Zwar wurden Kleriker nach dem Codex von 1917 verpflichtet, sich weiterzubilden und sich ein Leben lang dem Studium zu widmen, aber sie mussten sich nicht auf bestimmte Fachgebiete beschränken.[1777] Im Codex von 1983 werden Priester vor allem aufgerufen, ihre theologischen Studien weiter zu betreiben und Scheinwissenschaften zu vermeiden.[1778] Zwar sind sie nach c. 279 des CIC/1983 verpflichtet, sich nach dem Weiheempfang weiterzubilden, allerdings gibt der Gesetzgeber keine feste Zeit für die Dauer der Weiterbildung vor, vielmehr überlässt er es den Vorschriften des partikularen Rechts der in Frage kommenden Teilkirche.[1779] Im Codex von 1983 wurden die früheren sogenannten Triennalexamina, d. h. die jährlichen Examen in den ersten drei Jahren nach dem Empfang der Priesterweihe, abgeschafft.[1780]

Paul VI. forderte in seinem Motu Proprio *Ecclesiae Sanctae* von 1966 spezielle Fortbildungen für junge Priester und besondere pastorale Kurse für alle Priester. Nach diesen Dokumenten sollen die jüngeren Priester drei Jahre lang nach der Priesterweihe vertiefte theologische und pastorale Fortbildungen absolvieren.[1781] Ebenso legte die Kongregation für den Klerus in Litterae Circulares von 1969 großen Wert auf die Weiterbildung der Kleriker nach

1776 Schwendenwein, Rechte und Pflichten, 280. Vgl. dazu CIC/1983, c. 279 § 1.
1777 Vgl. CIC/1917, cc. 129–131.
1778 Vgl. CIC/1983, c. 279 § 1.
1779 Vgl. CIC/1983, c. 279 § 2.
1780 Vgl. CIC/1917, c. 130.
1781 Vgl. Paul VI., Ecclesiae sanctae, Nr. 1.

dem Empfang der Priesterweihe.[1782] Die Väter des II. Vatikanums erklärten die Notwendigkeit der Weiterbildung des Klerikers in verschiedenen veröffentlichten Dokumenten wie dem Dekret über die Hirtenaufgabe der Bischöfe in der Kirche (Christus Dominus) und dem Dekret über Dienst und Leben der Priester (Presbyterorum Ordinis). Die Ordinarien müssen für Einrichtungen Sorge tragen, in denen die Kleriker tiefere Kenntnisse der kirchlichen Wissenschaften, besonders der Heiligen Schriften, der Pastoraltheologie, der Patrologie und vor allem des Kirchenrechts erwerben können.[1783] Es ist notwendig, dass geeignete begabte Priester „sich einem vertieften Studium der heiligen Wissenschaften widmen, damit es nie an geeigneten Lehrern für die Ausbildung der Kleriker mangelt, damit ferner den übrigen Priestern und Gläubigen bei der Erwerbung des ihnen notwendigen Wissens eine Hilfe zur Verfügung gestellt und ein für die Kirche durchaus notwendiger gesunder Fortschritt in den heiligen Disziplinen gefördert wird."[1784]

Durch tiefere wissenschaftliche Kenntnis kann der Priester so ein besseres Gespräch mit seinen Zeitgenossen führen und in der Lage sein, seinen Dienst am Wort treu zu erfüllen, „ohne Verwirrungen und Zweideutigkeiten, in seiner Abhebung von den bloßen menschlichen Meinungen, selbst wenn diese hochgerühmt und weit verbreitet sein sollten. Auf diese Weise wird er deshalb dem Gottesvolk wirklich dienen, indem er ihm hilft, jedem, der danach fragt, ein Zeugnis christlicher Hoffnung zu geben [...]."[1785] Die Ordinarien sind daher verpflichtet, den Organisationsrahmen zu schaffen, damit sich ihr Klerus weiterbilden kann.[1786] Darüber hinaus sollen Priester weitere Fortbildungsmaßnahmen wie Kurse, Konferenzen oder Seminare wahrnehmen.[1787] Nicht nur die Priester sind zur Weiterbildung verpflichtet, sondern auch die Ständigen Diakone[1788] und andere pastorale Mitarbeiterinnen und Mitarbeiter. Jeder kirchliche Mitarbeiter ist aufgerufen, seine

1782 Vgl. Kongr. Klerus, Litterae circulares, Nr. 5.
1783 Vgl. Vat II, CD, Nr. 16. Vgl. dazu Vat II, PO, Nr. 19.
1784 Vat II, PO, Nr. 19.
1785 Johannes Paul II., PDV, Nr. 72.
1786 Vgl. Paul VI., Ecclesiae sanctae, Nr. 17.
1787 Vgl. Kongr. Bischöfe, Directorium de Pastorali, Art. 114.
1788 Vgl. Paul VI., Sacrum diaconatus ordinem, Nr. 29.

theologischen Kenntnisse zu vertiefen und viel Zeit für das Lesen der Heiligen Schrift aufzuwenden.

4.2.7 Empfehlung zum Leben in Gemeinschaft

Die Kleriker sind aufgefordert, ein gewisses Gemeinschaftsleben zu pflegen.[1789] Die Tradition des gemeinsamen Lebens der Kleriker begann schon vor dem Mittelalter. Ältere Priester lebten in der Regel mit den jüngeren zusammen unter einem Dach. Allerdings gab es keine allgemeine Regel, sondern es war eine Gewohnheit. Pfarrer lebten mit ihren Kaplänen oder Benefiziaten in einem Haus.[1790] Der Codex von 1983 empfahl solche gemeinsame Lebensformen, wo es möglich ist, ohne sie als universale Norm in der lateinischen Kirche festzusetzen.[1791] Auch wenn es keine allgemeine gesetzliche Pflicht für ein gemeinsames Leben für die Weltkleriker in der lateinischen Kirche gibt, empfahl jedoch Presbyterorum Ordinis diese gemeinsame Lebensform für die Priester, damit sie „im geistlichen Leben und für die Erweiterung ihrer Kenntnisse aneinander Hilfe haben, damit sie besser in ihrem Dienst zusammenarbeiten können und vor Gefahren geschützt sind, die vielleicht dem Einsamen drohen, [...]. Beispielsweise ist ein Zusammenwohnen möglich, wo die Umstände es gestatten, oder ein gemeinsamer Tisch oder wenigstens ein häufiges und regelmäßiges Zusammenkommen."[1792]

Ein gemeinsames Zusammenleben der Weltkleriker soll nicht mit dem Zusammenleben in einer Ordensgemeinschaft verwechselt werden, denn das Leben in einer Ordensgemeinschaft wird nach einer bestimmten Regel oder Konstitution geführt. Im Ordensleben gibt es immer einen Oberen, der verantwortlich für das Leben nach den Ordensregeln ist.[1793] Für die Weltpriester können Ordinarien aus gerechten Gründen gestatten, dass ihre Priester in einem gemeinsamen Haus wohnen.[1794] Darüber hinaus sollen die Ordinarien dafür sorgen, dass die Priester, die zusammen wohnen, ihre seelsorgerischen Aufgaben wahrnehmen und ein gedeihliches Zusammenleben

1789 Vgl. CIC/1983, c. 280.
1790 Vgl. Wollbold, Priester, 281–283.
1791 Vgl. CIC/1983, cc. 280, 517, 533 § 1, 550 §§ 1, 2.
1792 Vat II, PO, Nr. 8.
1793 Vgl. CIC/1983, c. 590.
1794 Vgl. CIC/1983, c. 533 § 1.

zwischen dem Pfarrer und den Pfarrvikaren ermöglichen.[1795] Wo es nötig und den Umständen nach erforderlich ist, können verschiedene Pfarreien mehreren Priestern übertragen werden (die sogenannten Pfarreigemeinschaften), jedoch muss ein Priester der Leiter der Pfarreien sein.[1796] Wenn die Umstände allerdings ein gemeinsames Leben unter einem Dach nicht erlauben, können Priester durch bischöfliche Anweisungen andere brüderliche Kommunikationsmöglichkeiten, z. B. Besuch des wöchentlichen Dies, gemeinsame Konzelebration oder gemeinsame Einkehrtage, wahrnehmen. Die Priester können auch Tischgemeinschaft und gemeinsame Stundengebetszeiten halten.[1797] Der Sinn der Aufforderung zum gemeinsamen Leben der Kleriker ist vor allem, die Priester vor Einsamkeit zu bewahren. Kein Priester soll sich allein und verlassen fühlen, sondern jeder soll für den anderen da sein.

4.2.8 Pflicht zum einfachen Leben

Kleriker sind aufgefordert, ein einfaches Leben zu führen und sich fern von allen Dingen zu halten, die nach Eitelkeit aussehen.[1798] Die Vorschrift von c. 282 § 1 steht im Einklang mit dem Dekret über Dienst und Leben der Priester, Presbyterorum Ordinis. Nach PO, Nr. 17, dürfen Priester die zeitlichen Güter nur in dem Ausmaß gebrauchen, das ihnen durch die Lehre Christi des Herrn und von der Weisung der kirchlichen Autorität vorgegeben ist. Darüber hinaus sollen sie ihren Dienst oder Tätigkeit in der Kirche nicht als Erwerbsquelle sehen, sondern als Dienst für Gott und die Mitmenschen.[1799] Es ist zu beachten, so das geltende Recht, dass die Güter der Kirche nur für die eigene notwendige Versorgung verwendet werden sollen, zum Wohle der Kirche und für karitative Aktivitäten.[1800] Nicht nur Priester, sondern auch Bischöfe sind aufgefordert, ein einfaches Leben zu führen.[1801]

1795 Vgl. CIC/1983, c. 550 § 2.
1796 Vgl. CIC/1983, c. 517 § 1.
1797 Vgl. Reinhardt, Gemeinsames Leben, c. 280, Rd.-Nr. 2.
1798 Vgl. CIC/1983, c. 282 § 1.
1799 Vgl. Vat II, PO, Nr. 17.
1800 Vgl. CIC/1983, c. 282 § 2.
1801 Vgl. CIC/1983, c. 285 §§ 1, 2.

Als Diener Gottes wird von den Klerikern erwartet, dass sie sich nicht wie Geschäftsleute und Manager von Firmen verhalten, die in manchen Fällen versuchen, ihr Vermögen zu vermehren.[1802] Die zeitlichen Güter sollen „zunächst dem eigenen angemessenen Unterhalt und der Erfüllung der Verpflichtungen des eigenen Standes“[1803] dienen und nicht für materiellen Luxus verwendet werden. Solchen Verpflichtungen wie der Beschaffung von Arbeitsmaterialien und theologischen Büchern, Fortbildungen, Gastfreundschaft und karitative Aktivitäten sollen die Kleriker mehr Aufmerksamkeit widmen als unangemessenen materiellen Wohlstandsgütern.[1804] Als Diener Gottes sollen sich Kleriker von solchem Lebensstandard fernhalten, der den Armen Anstoß geben könnte. Sie sind auch verpflichtet, die soziale Gerechtigkeit zu fördern und die Nächstenliebe in Wort und Tat zu verwirklichen.[1805]

4.2.9 Residenzpflicht

C. 283 teilt sich in zwei Abschnitte. Während § 1 sich mit der Anwesenheits- und Residenzpflicht des Klerikers beschäftigt, deutet § 2 das Recht des Klerikers auf ausreichenden jährlichen Urlaub. Man versteht unter der Residenzpflicht des Klerikers die Pflicht eines Klerikers oder Amtsinhabers, an seinem Dienstort zu wohnen oder zu residieren. Ursprünglich bedeutet Residenzpflicht auch zugleich Präsenzpflicht,[1806] denn der Kleriker oder Amtsinhaber soll sich nicht nur in seine Wohnung zurückziehen, sondern die kirchlichen Dienste an diesem Wohnort wahrnehmen und sie erfüllen.[1807] Aufgrund gesellschaftlicher Entwicklungen ist es nicht mehr in allen Situationen möglich, dass Priester oder andere Dienstinhaber an ihren Dienstorten (Pfarrhaus) residieren können. Deshalb unterscheidet man heute Residenzpflicht von Präsenzpflicht. Die Residenzpflicht ist deshalb „die Pflicht, den Dienstort nur unter bestimmten Voraussetzungen u[nd] ohne aufsichtliche Genehmigung nur für begrenzte Zeit zu verlassen. Eine

1802 Vgl. CIC/1983, c. 281 § 2.
1803 Reinhardt, Pflicht zum einfachen Leben, c. 282, Rd.-Nr. 3.
1804 Vgl. Hallermann, Klerikerpflichten, 572.
1805 Vgl. CIC/1983, c. 222 § 2.
1806 Vgl. Tiling, Residenzpflicht, 441.
1807 Vgl. Tiling, Residenzpflicht, 441.

solche Verpflichtung wäre in der überkommenen Strenge nicht mehr zeitgemäß, weil heute dienstliche u[nd] legitime private Umstände einen Pfarrer häufig nötigen, seine Parochie kurzfristig zu verlassen."[1808]

Die Präsenzpflicht beinhaltet die öffentliche Wahrnehmung seiner Dienste. So muss der Kleriker an seinem Dienstort erreichbar sein. Er muss seine Dienstaufgaben an diesem bestimmten Dienstort erfüllen und er muss sich präsent zeigen.[1809] Gemäß c. 283 § 1 ist es dem Priester, der kein Amt mit Residenzpflicht ausübt, nicht gestattet, sich längere Zeit ohne Erlaubnis seines Ordinarius außerhalb seiner Diözese oder seines Dienstortes aufzuhalten, es sei denn, er beruft sich auf eine vermutete Erlaubnis. Nach c. 533 § 2 darf auch ein Pfarrer nicht für längere Zeit von der Pfarrei abwesend sein ohne die Erlaubnis des Ordinarius oder ohne ihn zumindest zu informieren. Diese Regelung gilt auch für Pfarrvikare oder Kapläne.[1810] Aus schwerwiegenden Gründen jedoch, z. B. Urlaubszeit, wegen Krankheit oder Einkehrtagen dürfen sie für eine gewisse Zeit, aber nicht länger als einen Monat, außerhalb ihres Dienstgebietes wohnen.[1811] Ebenso ist es Mitgliedern von Ordensgemeinschaften untersagt, ohne Erlaubnis ihres Oberen außerhalb ihrer Kommunität zu residieren.[1812] Nach den Vorschriften des ersten Konzils von Nizäa ca. 325 n. Chr. (cc. 15–16) ist es Klerikern, vor allem Bischöfen und Priestern, untersagt, unrechtmäßig ihre Stellen zu wechseln, denn nur ein Hirte, der bei seiner Herde verweile, könne ein Guter Hirte sein.[1813] So ist der Kleriker verpflichtet, nicht nur Guter Hirte zu sein, sondern bei seiner Herde zu residieren, sie kennen zu lernen und für sie zu sorgen.

Die klerikale Residenzpflicht gilt auch für die Kurienkardinäle,[1814] Bischöfe, Ordensobere und Ständige Diakone. Sie sind alle verpflichtet, nicht nur in ihren Dienstorten zu sein, sondern auch in ihren Wohnorten.[1815] Es ist die Aufgabe des Ordinarius, Normen und Regelungen festzulegen, wann

1808 Tiling, Residenzpflicht, 441.
1809 Vgl. Tiling, Residenzpflicht, 441.
1810 Vgl. CIC/1983, c. 550 § 1.
1811 Vgl. CIC/1983, c. 533 §§ 2, 3.
1812 Vgl. CIC/1983, cc. 665, 740.
1813 Vgl. Bier, Residenzpflicht, 442.
1814 Vgl. CIC/1983, c. 356.
1815 Vgl. CIC/1983, cc. 395, 410, 533, 543 § 2 1°, 550 § 1, 629.

seine Untergebenen ihre Diözese verlassen können.[1816] Auch soll er, soweit es ihm möglich ist, dafür Sorge tragen, dass einige seiner Priester ihre Dienste in Missionsgebieten vollziehen.[1817] Es ist dem Priester jedoch erlaubt, mit Einverständnis des Ordinarius oder Ordensoberen außerhalb seiner Diözese oder seines Dienstortes für eine bestimmte Zeit zu residieren, entweder zum Arbeiten[1818] oder als Missionar, gegebenenfalls für Studienzwecke[1819] oder aus gesundheitlichen Gründen. Unbeschadet der Vorschriften des c. 283 § 1 darf der Priester aus gerechten Gründen mit Erlaubnis des Ordinarius außerhalb des Pfarrhauses wohnen.[1820]

4.2.10 Pflicht zum Tragen einer geziemenden kirchlichen Kleidung

Gemäß c. 284 sind Kleriker verpflichtet, nach den partikularen Normen ihres Territoriums und den rechtmäßigen örtlichen Gewohnheiten eine geziemende Klerikerkleidung zu tragen.[1821] Der Gesetzgeber legte keine konkreten Bestimmungen zur Farbe der Kleidung, Form der Kleidung usw. fest, denn es ist die Aufgabe der jeweiligen Bischofskonferenz, partikulare Normen zur Kleidung der Kleriker zu erlassen.[1822] Deswegen gibt es keine einheitliche Klerikerkleidung in der lateinischen Kirche. So tragen in manchen europäischen Ländern die Kleriker schwarze Anzüge mit Brustkreuz, während die Kleriker in Afrika aufgrund des heißen Klimas eine weiße Soutane tragen. Anders als im Codex von 1917 belegt das jetzt geltende Recht die Kleriker, die keine vorgeschriebene Klerikerkleidung tragen, nicht mit einer bestimmten Strafe.[1823] Ebenso ist es für die Laien nicht mehr strafbar, Klerikerkleidung zu tragen. Darüber hinaus kennt der neue Codex keine Regelung mehr über das Tragen eines Ringes bei Klerikern.[1824]

Zwar war die Klerikerkleidung kein Konzilsthema (II. Vatikanum), trotzdem müssen die Ortsordinarien Sorge dafür tragen, dass ihre Untergebenen

1816 Vgl. CIC/1983, c. 283 § 1.
1817 Vgl. Vat II, CD, Nr. 6. Vgl. dazu Vat II, PO, Nr. 10.
1818 Vgl. CIC/1983, c. 271.
1819 Vgl. CIC/1983, c. 279 § 2.
1820 Vgl. CIC/1983, c. 533 § 1.
1821 Vgl. CIC/1983, c. 284.
1822 Vgl. CIC/1983, c. 284.
1823 Vgl. CIC/1983, c. 284. Vgl. dazu CIC/1917, c. 136 § 3.
1824 Vgl. CIC/1983, c. 284. Vgl. dazu CIC/1917, cc. 136 §§ 1, 2, 683.

geziemende und keine unpassende Kleidung tragen,[1825] die vielleicht öffentliches Ärgernis erregt. Dennoch, so Rothe, ist das Tragen eines Klerikerkleides ein Zeichen für „die brüderliche Einheit der Kleriker untereinander, ihre Verbundenheit mit der hierarchischen Ordnung der Kirche und ihren Gehorsam gegenüber deren legitimen Autoritäten sowie die Authentizität sowohl des durch sie verkündeten Glaubens als auch der von ihnen gefeierten Liturgie [...].“[1826] Es ist jedoch zu unterscheiden zwischen der liturgischen und der alltäglichen Kleidung des Klerikers. Während jeder Kleriker verpflichtet ist, bei der liturgischen Feier die liturgische Kleidung zu tragen,[1827] soll er in seinem Alltagsleben eine geziemende Kleidung tragen, denn diese dient vor allem der wahrnehmbaren Präsenz in der Öffentlichkeit.[1828] Die Regelung, eine liturgische Kleidung bei einer liturgischen Feier zu tragen, besteht unabhängig von Ort und Gewohnheiten, denn in der lateinischen Kirche gibt es eine bestimmte Kleidungsordnung für die Liturgie gemäß dem Jahreskreis und den besonderen Feiern (z. B. violettes Messgewand bei Beerdigungen). Zwar ist es für Priester nicht mehr strafbar, ohne Klerikerkleid im Alltag aufzutreten,[1829] doch ist es wünschenswert, dass Kleriker nicht nur durch ihren tadellosen Lebenswandel identifiziert werden, sondern auch durch ihre Kleidung.[1830]

Es ist auch zu beachten, dass, obwohl keine generelle, für alle Kleriker bestimmte alltägliche Kleidungsordnung vorliegt, die Klerikerkleidung als Unterscheidungsmerkmal von Klerikern und Laien dient. Es ist deshalb die Aufgabe der Bischöfe, Regelungen für die Kleidung zu erlassen, die die Kleriker dann beachten müssen.[1831] Der Sinn der Kleiderordnung für Kleriker ist vor allem, „den geistlichen Dienst der Kirche in der Öffentlichkeit präsent zu halten. Aus diesem Grunde ist die kirchliche Kleidung vor Mißbrauch zu schützen und zuweilen auch nach weltlichem Recht geschützt. Zugleich bringt die kirchliche Kleidung aber auch einen Schutz des Klerikers mit sich, weil dadurch in der Öffentlichkeit sein Verhalten

1825 Vgl. Reinhardt, Klerikerkleidung, c. 284, Rd.-Nr. 1.
1826 Rothe, Die ausserliturgische Klerikerkleidung, 345.
1827 Vgl. Rothe, Die ausserliturgische Klerikerkleidung, 342.
1828 Vgl. Hallermann, Klerikerpflichten, 572.
1829 Vgl. CIC/1983, c. 284.
1830 Vgl. Lynch, Obligations and Rights, 373.
1831 Vgl. CIC/1983, c. 284.

und das Verhalten anderer ihm gegenüber mitbestimmt wird."[1832] Bei allen öffentlichen Auftritten oder Diensten (z. B. Fernsehauftritte oder Interviews) wird also von den Klerikern als Vertreter der Kirche das Tragen von Klerikerkleidung verlangt. Die Ständigen Diakone, die im Zivilberuf arbeiten, sind nicht an diese Regelung gebunden.[1833]

4.2.11 Standespflichten der Kleriker

Gemäß c. 285 sind Kleriker dazu angehalten, sich von allem fernzuhalten, was sich für ihren Stand nicht geziemt.[1834] Sie haben sich ebenso von solchen Aktivitäten fernzuhalten, die dem Klerikerstand fremd sind, auch wenn sie nicht ungeziemend sind.[1835] Deshalb ist es den Klerikern verboten, öffentliche Ämter, die eine Teilhabe an der Ausübung weltlicher Gewalt mit sich bringen, zu übernehmen.[1836] Die Regelung in c. 258 § 3 ist eine Beschränkungsregelung, von der Laien nicht betroffen sind, denn Kleriker sind beschränkt, solche Ämter und Aufgaben, denen weltlich-rechtliche Relevanz eigen ist, zu übernehmen.[1837] Es ist also den Klerikern nicht erlaubt, ohne Genehmigung ihres Ordinarius folgende Tätigkeiten auszuführen: a) die Verwaltung von Vermögen, das Laien gehört, b) die Übernahme weltlicher Ämter, mit denen die Pflicht zur Rechenschaftsablage verbunden ist, c) die Übernahme von Bürgschaften, auch wenn sie nur das Privatvermögen belasten, d) das Unterschreiben von Wechseln, in denen sie die Verpflichtung zu einer Geldzahlung übernehmen.[1838]

Die vorgenannten Beschränkungen wurden auch die Aussagen des Dekrets über den Dienst und das Leben der Priester (Presbyterorum Ordinis) bestätigt. Kleriker, so PO, können „nicht Christi Diener sein, wenn sie nicht Zeugen und Ausspender eines anderen als des irdischen Lebens wären; sie vermöchten aber auch nicht den Menschen zu dienen, wenn diese und ihre Lebensverhältnisse ihnen fremd blieben. Ihr Dienst verlangt in ganz

1832 Aymans/Mörsdorf, KanR II, 163.
1833 Vgl. CIC/1983, c. 288.
1834 Vgl. CIC/1983, c. 285 § 1.
1835 Vgl. CIC/1983, c. 285 § 2.
1836 Vgl. CIC/1983, c. 285 § 3.
1837 Vgl. Haering, Rezeption, 76.
1838 Vgl. CIC/1983, c. 285 § 4.

besonderer Weise, daß sie sich dieser Welt nicht gleichförmig machen; er erfordert aber zugleich, daß sie in dieser Welt mitten unter den Menschen leben, daß sie wie gute Hirten ihre Herde kennen [...]. Dabei helfen ihnen gerade jene Eigenschaften viel, die zu Recht in der menschlichen Gesellschaft sehr geschätzt sind: Herzensgüte, Aufrichtigkeit, Charakterfestigkeit und Ausdauer, unbestechlicher Gerechtigkeitssinn, gute Umgangsformen und Ähnliches, [...].“[1839] Schon der Codex von 1917 fügte einen Katalog von Dingen und Aktivitäten, die den Klerikern fern sein sollten, bei. Kleriker waren verpflichtet, sich fern von wirtschaftlichen und geschäftlichen Aktivitäten zu halten. Ebenso war es Klerikern verboten, Waffen zu benutzen, außer aus Sicherheitsgründen. Auch die Teilnahme an Treibjagden, der Besuch von Schauspielen, Bällen und öffentlichen Theatern, die nicht standesgemäß waren oder zur Erregung öffentlichen Ärgernisses führten, war zu vermeiden.[1840]

Zu der Regelung des c. 285 § 1 des Codex von 1983, nach dem sich Kleriker gemäß den Vorschriften des Partikularrechts von allem, was ihrem Stand nicht geziemt, fernzuhalten haben, gibt es jedoch Ausnahmen. So können Kleriker mit Erlaubnis ihrer Ortsordinarien als Ärzte oder öffentliche Anwälte arbeiten.[1841] Dies gilt auch für den Militärdienst.[1842] Trotz dieser Erlaubnisse ist den Klerikern untersagt, öffentliche Ämter anzunehmen, die eine Teilhabe an der Ausübung weltlicher Gewalt mit sich bringen.[1843] Die Regelung von c. 285 § 3 steht auch im Einklang mit der Dogmatischen Konstitution über die Kirche, Lumen Gentium, Nr. 31. Nach diesem Dokument können die Kleriker zwar weltliche Berufe ausüben, jedoch aufgrund ihrer besonderen Erwählung, die heiligen Dienste zu vollziehen, sollen sie eigentlich nur die priesterlichen Dienste erfüllen, während die Laien die weltlichen Tätigkeiten verrichten.[1844] Es ist den Klerikern auch untersagt, öffentliche und politische Ämter wie Bürgermeister, Ministerpräsident, Staatspräsident, Staatsanwälte, weltliche Richter, Landräte, Abgeordnete

1839 Vat II, PO, Nr. 3.
1840 Vgl. CIC/1917, cc. 137–142.
1841 Vgl. CIC/1983, c. 285 §§ 1, 3.
1842 Vgl. CIC/1983, c. 289 §§ 1, 2. Vgl. dazu CCEO, c. 371 § 3.
1843 Vgl. CIC/1983, c. 285 § 3.
1844 Vgl. Vat II, LG, Nr. 31.

und andere politische Ämter auszuüben, da das Innehaben solcher Ämter zum Gehorsamskonflikt führen kann.[1845] Dieses Verbot, öffentliche Ämter innezuhaben, betrifft nicht nur Kleriker, sondern auch Ordensmitglieder.[1846] Es muss beachtet werden, dass Ordinarien ihre Untergebenen von diesen Verboten befreien können, insofern als solche Ämter der kirchlichen Sendung nicht widersprechen.[1847]

Zwar gehören Diakone zum Klerikerstand, sie sind dennoch nicht an das Verbot, bestimmte öffentliche Ämter zu übernehmen, gebunden, es sei denn, das Partikularrecht legt etwas anderes fest.[1848] Die Befreiung der Ständigen Diakone von den Vorschriften des c. 285 §§ 3 und 4 lässt sich damit begründen, dass viele Ständige Diakone neben dem kirchlichen Dienst auch weltliche Berufe ausüben, die Beachtung des c. 285 § 3 könnte hier zu beruflichen Komplikationen führen (wie z. B. der Vorwurf von Illoyalität).[1849] Die Ständigen Diakone, die gegebenenfalls öffentliche Ämter innehaben wollen, brauchen dafür die Erlaubnis des Ordinarius. Nach c. 285 § 4 ist den Klerikern untersagt, ohne Erlaubnis ihres Ordinarius die Vermögen der Laien zu verwalten oder weltliche Ämter zu übernehmen, mit denen die Pflicht zur Rechenschaftsablage verbunden ist. Diese Bestimmung steht wieder im Einklang mit cc. 137 und 139 § 3 des CIC/1917. Der Sinn dieser Regelung liegt primär darin, die Kleriker von Skandalen und jeglicher Form von Aktivitäten zu bewahren, die nicht nur ihrem Stand fremd sind, sondern auch ein öffentliches Ärgernis erregen könnten.[1850]

Unbeschadet der Vorschriften des c. 285 § 4 können Kleriker mit Genehmigung des Ordinarius jedoch die Vermögen ihrer Verwandten oder Freunde verwalten.[1851] Trotzdem ist es ihnen untersagt, Bürgschaften, auch wenn sie nur das eigene Vermögen belasten, zu übernehmen, sofern der Ordinarius seine Erlaubnis dazu nicht gegeben hat.[1852] Der Sinn der Vorschriften des c. 285 § 4 ist einerseits, „daß Kleriker so eher vor Belästigungen

1845 Vgl. Aymans/Mörsdorf, KanR II, 166.
1846 Vgl. CIC/1983, cc. 672, 739.
1847 Vgl. CIC/1983, c. 87 § 1.
1848 Vgl. CIC/1983, c. 288.
1849 Vgl. Weier, Der ständige Diakon, 97.
1850 Vgl. Augustine, Commentary, II: 86.
1851 Vgl. Lynch, Obligations and Rights, 378.
1852 Vgl. Aymans/Mörsdorf, KanR II, 169. Vgl. dazu CIC/1983, c. 285 § 4.

geschützt werden; anderseits soll auf diese Weise verhindert werden, daß sie Verpflichtungen auf sich nehmen, die sie letzten Endes zum Schaden des eigenen Standes nicht erfüllen können, und daß zur Abwendung solchen Schadens der Heimatverband moralisch in die Rolle eines Erfüllungsgehilfen genötigt werden könnte."[1853] Während die Priester an die Vorschriften des c. 285 § 4 gebunden sind, sind Ständige Diakone, anders als Ordensleute,[1854] nicht daran gebunden.[1855] Den Klerikern ist auch untersagt, Wechsel zu unterschreiben, in denen sie sich verpflichten, Geldzahlungen ohne gerechte Gründe zu übernehmen.[1856] Der Sinn dieser Regelung ist, den Kleriker vor Zahlungsschwierigkeiten und Pfändungen zu bewahren.

4.2.11.1 Bedeutung der Vorschriften des c. 285

C. 285 des CIC/1983 enthält im Prinzip Bestimmungen, durch welche der kirchliche Gesetzgeber die Kleriker von Ämtern, deren Ausübung der Integrität des Klerikerstandes und der Kirche schaden könnte, fernhalten will.[1857] Die Vorschriften des c. 285, korrespondierend mit den Vorschriften des c. 289 § 2, verpflichten den Kleriker vor allem, sich von der Ausübung von Aufgaben in öffentlichen Ämtern, die dem Klerikerstand fremd sind, fernzuhalten, außer der Ordinarius entscheidet anders. Die Bestimmungen des c. 285 dürfen dennoch nicht als absolutes Verbot verstanden werden, sondern als Beschränkungsregelung.[1858] Es besteht die Möglichkeit, mit Erlaubnis des Ordinarius öffentliche Ämter übernehmen zu dürfen, jedoch hat der Gesetzgeber weder die verbotenen Ämter genannt, noch, wie die betroffenen Kleriker die Erlaubnis dazu erhalten können.[1859] Handelt es sich, wie Haering zu Recht fragte, „um Regierungsämter und hohe staatliche Verwaltungsämter oder auch um Mandate auf kommunaler Ebene? Dürfen nebenamtliche Ständige Diakone im gleichen Umfang diesen Beschränkungen unterworfen werden wie die übrigen Kleriker?"[1860]

1853 Aymans/Mörsdorf, KanR II, 169.
1854 Vgl. CIC/1983, c. 672.
1855 Vgl. CIC/1983, c. 288.
1856 Vgl. CIC/1983, c. 285 § 4.
1857 Vgl. Haering, Rezeption, 80.
1858 Vgl. Haering, Rezeption, 81.
1859 Vgl. Haering, Rezeption, 80–81. Vgl. dazu CIC/1983, c. 285 § 3.
1860 Haering, Rezeption, 81.

Insofern als der Gesetzgeber keine eindeutige Antwort zu den oben genannten Fragen gibt, besteht c. 285 noch weiter sinnvoll, denn die „kanonische Ordnung legt großen Wert darauf, daß Kleriker, also Amtsträger ihres eigenen Rechtssystems, keine Ämter der weltlichen Rechtsordnung mit qualifizierter Verantwortung annehmen, weil deren Übernahme den Klerikern bei der Erfüllung der kanonischen Pflichten hinderlich sein kann. In diesem besonderen Fall versucht das kanonische Recht durch seine abgrenzenden Normen Konflikte zu vermeiden, die sich zwischen den beiden Rechtsbereichen durch ihre je eigenen Ansprüche ergeben können. Solche grundsätzlich abgrenzenden kanonischen Bestimmungen schließen jedoch nicht aus, daß sich die kirchliche Ordnung auch darum bemüht, ihre Ansprüche auch in der weltlichen Ordnung abzusichern, wenn sich die Möglichkeit dazu bietet. Dies kommt in c. 289 § 2 CIC indirekt zum Ausdruck.“[1861]

4.2.12 Handels- und Gewerbeverbot

Es ist Klerikern gemäß den Vorschriften des c. 286 des CIC/1983 untersagt, selbst oder durch jemand anderen ohne Erlaubnis ihres Ordinarius ein Gewerbe oder einen Handel zu betreiben. Diese Regelung steht im Einklang mit dem früheren c. 142 des CIC/1917, in dem Klerikern verboten wurde, Kaufmanns- oder Handelsgeschäfte auszuüben. Ein Verstoß gegen diese Regelung war strafbar.[1862] Es ist zu beachten, dass ein Verstoß gegen die Regelung des c. 286, d.h. Gewerbe- oder Handelsgeschäfte ohne Erlaubnis zu betreiben, nach Schwere des Vergehens strafbar ist.[1863] Gewerbe oder Handel bedeutet vor allem, Geschäfte zu betreiben, wie Verkauf und Ankauf von Waren mit dem Ziel, Gewinn zu machen. Zugleich ist es Klerikern auch untersagt, solche Tätigkeiten wie Börsenmakler, Bankier, Bordellbetreiber und Geldwechsler auszuführen.[1864] Die Regelung des c. 286 behandelt die Aktivität, „die im allgemeinen einen wiederholten Geschäftsvorgang erfordert, aber auch bei einem einzigen Geschäft gegeben sein kann, wenn dieses seiner Art oder seinem Umfang nach gewerbsmäßigen Charakter hat. Der Besitz von Aktien bedeutet Teilnahme an dem Geschäft

1861 Haering, Rezeption, 81.
1862 Vgl. CIC/1917, c. 2380.
1863 Vgl. CIC/1983, c. 1392.
1864 Vgl. Aymans/Mörsdorf, KanR II, 168.

der Aktiengesellschaft und ist Klerikern grundsätzlich verboten, auch wenn diese sich nicht in den Geschäftsbetrieb einmischen. Ein Aktienerwerb, der nur als eine Art der Kapitalanlage gedacht ist, fällt nicht unter das Verbot. Erwerb und Abstoßen von Aktien dürfen sich jedoch nicht zu handelsgeschäftlicher Tätigkeit ausweiten. Spekulations- und Differenzgeschäfte sind streng verboten."[1865]

Es ist jedoch den Klerikern und Ordensleuten als jurisitische Person mit der Erlaubnis ihres Ordinarius zum Beispiel gestattet, kirchliche Buchverlage oder Hostienbäckereien zu betreiben und den Verkauf von religiösen Devotionalien durchzuführen.[1866] Darüber hinaus können Diözesen und Ordensinstitute Gasthäuser, Hotels, Erholungsheime, Seniorenheime, Behindertenheime usw. betreiben. Die eigentlichen Ziele dieser Geschäfte sind primär nicht darauf gerichtet, Gewinn zu erzielen, sondern die kirchliche Sendung der Nächstenliebe zu verwirklichen. Die Ständigen Diakone sind von dem Verbot des c. 286, anders als Priester, nicht betroffen.

4.2.13 Pflicht zur Förderung von Frieden und Gerechtigkeit und das Verbot, in politischen und gewerkschaftlichen Organisationen aktiv zu werden oder sie zu leiten

Nach den Bestimmungen des c. 287 §§ 1 und 2 des CIC/1983 sind Kleriker aufgefordert, Frieden und Eintracht zwischen den Menschen zu bewahren und sich aktiv um Gerechtigkeit zu bemühen. Diese Aufforderung steht im Kontrast zu den Regelungen im Codex von 1917, die den Klerikern strengstens untersagten, sich aktiv in das öffentliche Geschehen einzumischen.[1867] Die neue Regelung, Frieden und Gerechtigkeit zu fördern, steht im Einklang mit Gaudium et spes. Nach diesem Dekret über die Kirche in der Welt von heute beschränken sich die Hauptaufgaben der Hirten bzw. Bischöfe, Priester und Diakone und aller Christgläubigen nicht nur auf den Aufbau des Leibes Christi (der Kirche) und der Verbreitung des Evangeliums, vielmehr sind sie aufgefordert, Frieden, Brüderlichkeit und Gerechtigkeit zwischen den Völkern und Religionen zu stiften und zu bewahren. Es ist auch die

---

1865 Aymans/Mörsdorf, KanR II, 168–169.
1866 Vgl. Lynch, Obligations and Rights, 378.
1867 Vgl. CIC/1917, c. 141.

Aufgabe der Kirche, die Einheit und den Frieden zwischen den Völkern zu fördern und mit allen, die Gerechtigkeit und Frieden anstreben.[1868] Die Aufforderung, Frieden und Gerechtigkeit anzustreben, soll nicht als ein Ruf zur Teilnahme an militärischen Einsätzen und anderen gewalttätigen Aktionen verstanden werden, vielmehr soll die Kirche durch ihre Worte und ihre vorbildliche Liebe zu den Menschen Frieden und Gerechtigkeit stiften.[1869]

Es ist festzustellen, dass sich Kleriker angesichts großer Ungerechtigkeit und gewalttätiger Aktionen kaum unbeteiligt fühlen können und deswegen sollen sie die Eintracht, die auf Gerechtigkeit fußt, fördern. Obwohl die Sendungsaufgabe der kirchlichen Hirten sich nicht primär auf den sozialen, politischen, wirtschaftlichen Bereich bezieht, sondern auf die Religion und die Verkündigung der frohen Botschaft Jesu,[1870] sind dennoch die kirchlichen Hirten wie alle anderen Gläubigen berufen, Frieden, Gerechtigkeit, Einheit und die Rechte und die Würde der Menschen zu schützen und zu verteidigen.[1871] Darüber hinaus sind alle Christgläubigen aufgefordert, sich fern von jeglicher Form von Gewalt und Kriegsausübung zu halten, da solche Aktivitäten nicht im Einklang mit dem Evangelium stehen. Denn das Evangelium ist und bleibt eine Friedens- und Frohbotschaft. Es ist den Klerikern deshalb untersagt, eine politische Führungsstellung zu übernehmen oder aktiv an militärischen Einsätzen teilzunehmen, außer um die Rechte der Kirche zu schützen oder das Allgemeinwohl zu fördern.[1872]

Nach c. 287 § 2 ist es Klerikern untersagt, aktiv an politischen oder gewerkschaftlichen Aktionen teilzunehmen oder sie gar zu leiten. Diese Regelung steht im Einklang mit c. 285 § 3 und erinnert daran, dass eine aktive politische Teilnahme und die Ausübung der weltlichen Gewalt primär die Aufgabe der Laien und nicht der Kleriker ist.[1873] Denn die „Übernahme weltlicher Ämter durch Kleriker kann Folgen nach sich ziehen, die mindestens unerwünscht, dem Klerikerstand fremd und der Sendung der Kirche möglicherweise abträglich sind. Auch ist die Gefahr von Loyalitätskonflikten

1868 Vgl. Vat II, GS, Nrn. 91–93.
1869 Vgl. Vat II, GS, Nrn. 75, 77, 78, 85, 87, 90.
1870 Vgl. Mt 82, 19–20, Mk 16, 15, Joh 20, 21.
1871 Vgl. CIC/1983, c. 287 § 1.
1872 Vgl. CIC/1983, c. 287 § 2.
1873 Vgl. CIC/1983, c. 227.

nicht auszuschließen."[1874] Darüber hinaus sollen Kleriker bedenken, dass es ihre Aufgabe ist, die Frohe Botschaft zu verbreiten und Frieden zu stiften, und nicht, politische Tätigkeiten zu verrichten. Ebenso ist es Klerikern untersagt, aktiv am politischen und gewerkschaftlichen Leben teilzunehmen, außer um die Rechte der Kirche zu schützen und das Gemeinwohl zu fördern.[1875] Unbeschadet dieser Regelung haben die Kleriker, wie alle anderen Bürger, die Pflicht, ihr Wahlrecht wahrzunehmen. Jedoch können sie für bestimmte Parteien werben. Obwohl Ständige Diakone zum Klerikerstand hinzuzurechnen sind, sind sie von der Regelung des c. 287 § 2 ausgenommen. Sie können sich an politischen und gesellschaftlichen Aktivitäten mit beteiligen, dürfen jedoch keine Leitungsfunktionen übernehmen, es sei denn, ihr Ordinarius gibt ihnen die Erlaubnis dazu.[1876] Die Kleriker sind wie alle anderen Bürger dazu berufen, Gerechtigkeit und Gemeinwohl zu fördern. Sie haben wie alle andern das Vereinigungsrecht[1877], dieses Recht sollen sie jedoch nicht missbrauchen.[1878]

Zwar können Klerikern mit anderen Christgläubigen in Vereinigungen und Gewerkschaften mitwirken, allerdings sollen die Ziele dieser Vereinigungen dem Klerikerstand angemessen sein.[1879] Mit dem Klerikerstand nicht vereinbare Vereinigungen und Gewerkschaften sind jene, „die direkt oder indirekt, offen oder geheim politische Ziele verfolgen, auch wenn sie nach außen als Durchsetzung der Menschlichkeit, des Friedens oder des sozialen Fortschritts deklariert sind. Das Verbot der aktiven Beteiligung des Klerus an politischen Tätigkeiten diene dem Schutz der kirchlichen Gemeinschaft, der Identität des priesterlichen Dienstes und der Ermöglichung der Erfüllung der priesterlichen Aufgaben."[1880] Das Verbot, aktiv an politischen und gewerkschaftlichen Aktivitäten teilzunehmen oder sie zu leiten, soll nicht bedeuten, dass Kleriker kein Recht auf Meinungsfreiheit haben oder kein Interesse an politischen und gesellschaftlichen Geschehen haben dürfen.[1881]

1874 Aymans/Mörsdorf, KanR II, 166.
1875 Vgl. CIC/1983, c. 287 § 2.
1876 Vgl. CIC/1983, c, 288.
1877 Vgl. CIC/1983, c. 278.
1878 Vgl. Reinhardt, Friedensförderung, c. 287, Rd.-Nr. 5.
1879 Vgl. CIC/1983, c. 278 § 1.
1880 Reinhardt, Friedensförderung, c. 287, Rd.-Nr. 5.
1881 Vgl. CIC/1983, c. 218.

Sie dürfen auch antidemokratische und menschenunwürdige politische Entscheidungen kritisieren. Im politischen Bereich sollen sie sich für die Einhaltung der Menschenrechte, gegen die Diskriminierung von Menschen und für das Wohl und den Schutz der Familie einsetzen.[1882]

4.2.14 Kleriker und Militärdienst

Die Kleriker und Priesterkandidaten dürfen nach den Vorschriften der cc. 289 und 285 §§ 3, 4 ohne Erlaubnis ihres Ordinarius sich weder freiwillig zum Militärdienst melden noch öffentliche Ämter bekleiden, die dem klerikalen Stand fremd sind. Während die Ständigen Diakone nicht an die Vorschriften des c. 288 des CIC/1983 gebunden sind, gilt c. 289 auch für sie. Es gibt in diesem Fall keine Ausnahme für die Ständigen Diakone. Die Vorschriften des c. 289 sind im Einklang mit dem sogenannten klerikalen Standesprivilegium des alten Gesetzbuches.[1883] Nach c. 289 § 1 des Codex von 1983 ist dem Kleriker nicht gestattet, ohne Erlaubnis des Ordinarius einen Militärdienst auszuüben. Es ist deshalb die Aufgabe der Ordinarien, sorgfältig zu überprüfen, ob ihren Untergebenen die Erlaubnis zum Militärdienst erteilt werden kann. Ebenso ist es den Klerikern untersagt, ohne Erlaubnis ihres Ordinarius öffentliche Ämter, die dem klerikalen Stand fremd sind, zu übernehmen.[1884] Die Codex-Reformkommission, so Haering, erklärte im Einklang mit c. 123 des Codex von 1917, dass den Klerikern die Übernahme von weltlicher Gewalt und freiwilligem Militärdienst untersagt ist.[1885]

Nach dieser Sitzung wurde der „Vorschlag eines Konsultors [...] einstimmig angenommen, die Kleriker zu verpflichten, daß sie von der Befreiung von der Übernahme öffentlicher Ämter, die aufgrund weltlicher Gesetze oder Staatskirchenvertragsrechtes möglich sei, Gebrauch machen; allerdings wurde in der Diskussion auch die grundsätzliche Gleichheit der Kleriker mit den übrigen Staatsbürgern betont. Als Ergebnis dieser Aussprache kam ein erster Textentwurf für die entsprechende Norm des künftigen Gesetzbuches

1882 Vgl. Papst Franziskus, Evangelii Gaudium Nrn. 82–83.
1883 Vgl. CIC/1917, cc. 121–123.
1884 Vgl. CIC/1983, c. 289 § 2.
1885 Vgl. Haering, Rezeption, 82.

zustande."[1886] Dieser Entwurf wurde später in das Schema des geltenden Rechtes aufgenommen.[1887] Die Übernahme der weltlichen Ämter ist Priestern ohne Erlaubnis ihres Ordinarius untersagt, weil der Priesterberuf im Vergleich zu anderen Berufen etwas Besonderes ist. Denn die Sendung des Priesters ist die Verkündigung und die Vergegenwärtigung des Heiles Gottes unter den Menschen, und nicht weltliche Gewalt. Bei dem Verbot, weltliche Gewalt innezuhaben, „geht es nicht nur um öffentliche Ämter, die eine Teilhabe an der Ausübung weltlicher Gewalt mit sich bringen [...], sondern um öffentliche weltliche Ämter und Aufgaben generell, zu denen allgemein Bürger nach staatlichem Recht herangezogen werden können."[1888] Gegebenenfalls können Kleriker jedoch nach Erlaubnis des Ordinarius und aufgrund eines bestimmten Gewohnheitsrechtes und wegen Vereinbarungen zwischen Staat und Kirche einige öffentliche Ämter übernehmen.[1889] In jedem Fall muss der Sinn des c. 289 beachtet werden: Konflikte zwischen den beiden Rechtsbereichen, d. h. weltlichem und kirchlichem Recht, sind zu vermeiden um die Integrität des Klerikers zu bewahren und die eigene kirchliche Rechtsordnung ist zu schützen.[1890] Die Regelungen der cc. 285 §§ 3, 4 und 289 § 2 sollen ebenso nicht als absolute Ausschließung der Kleriker von öffentlichen Ämtern verstanden werden, denn das wäre eine Diskriminierung den Klerikern gegenüber, vielmehr sind die Vorschriften von c. 289 ein Versuch, beide Rechtsbereiche vor Konflikten zu schützen und eine Aufforderung zu Kooperation und gegenseitiger Ergänzung.[1891]

4.3 Klerikerrechte

4.3.1 Vorbemerkung

Kleriker haben nicht nur Pflichten, sondern wie alle Gläubigen auch Rechte.[1892] Sie gehören mit den anderen Getauften zum Volk Gottes. Kraft des Taufempfanges und als Mitglied des Volkes Gottes nehmen sie somit an

1886 Haering, Rezeption, 82.
1887 Vgl. Haering, Rezeption, 83.
1888 Reinhardt, Militärdienst, weltliche Ämter, c. 289, Rd.-Nr. 6.
1889 Vgl. CIC/1983, c. 289 § 2.
1890 Vgl. Haering, Rezeption, 85.
1891 Vgl. Haering, Rezeption, 85.
1892 Vgl. CIC/1983, cc. 208–223.

den drei *munera*, nämlich den prophetischen, priesterlichen und königlichen Ämtern Christi, teil.[1893] Wie die anderen Christgläubigen haben Kleriker die Pflicht und zugleich das Recht, je nach ihrer eigenen Stellung überall in der Welt das Evangelium zu verkünden.[1894] Unbeschadet der Vorschriften des c. 273 (Ehrfurchts- und Gehorsamspflicht dem Papst und ihren Ordinarien gegenüber) haben Kleriker jedoch das Recht, ihre Meinung in dem, was das Wohl der Kirche angeht, dem Bischof oder seinem Vertreter mitzuteilen.[1895] Gemäß c. 212 §§ 2 und 3 haben Kleriker, wie alle anderen Gläubigen, das Recht auf Meinungsäußerung.[1896] Ebenso haben sie alle das Recht auf die geistlichen Güter der Kirche, insbesondere auf das Wort Gottes.[1897]

Das Recht, Vereinigungen für kirchliche und caritative Zwecke zu gründen, haben nicht nur die Laien, sondern auch die Priester.[1898] Alle Christgläubigen haben das Recht, kraft des Taufempfanges an der Sendung der Kirche mitzuwirken und sind zu einem Leben nach der Lehre des Evangeliums berufen.[1899] Ebenso steht allen Gläubigen, die sich theologischen Wissenschaften widmen, die gebührende Freiheit der Forschung zu. Dabei ist aber zu beachten, dass sie den schuldigen Gehorsam gegenüber dem Lehramt der Kirche wahren.[1900] Alle Gläubigen sind frei, ihren Lebensstand selbst zu wählen.[1901] Priesteranwärter können nur dann Priester werden, wenn sie sich freiwillig für das Zölibat entschieden haben.[1902] Wie alle andern haben auch die Kleriker das Recht auf guten Ruf und Intimitätsschutz.[1903] Nach c. 221 haben alle Gläubigen (Kleriker und Laien) die Möglichkeit, ihr Recht geltend zu machen oder einzufordern.[1904] Zusätzlich haben sie einen Anspruch darauf, dass kanonische Strafen über sie nur nach geltendem

1893 Vgl. CIC/1983, c. 204 § 1.
1894 Vgl. CIC/1983, c. 211.
1895 Vgl. CIC/1983, c. 212 §§ 2, 3.
1896 Vgl. CIC/1983, c. 218.
1897 Vgl. CIC/1983, c. 213.
1898 Vgl. CIC/1983, c. 215.
1899 Vgl. CIC/1983, c. 217.
1900 Vgl. CIC/1983, c. 218.
1901 Vgl. CIC/1983, c. 219.
1902 Vgl. CIC/1983, cc. 1037, 1041 2°.
1903 Vgl. CIC/1983, c. 220.
1904 Vgl. CIC/1983, c. 221 § 1.

Recht verhängt werden.[1905] Allerdings sind bei der Ausübung ihrer Rechte alle Gläubigen aufgefordert, die Rechte der anderen zu respektieren und anzuerkennen.[1906]

4.3.2 Spezifische Rechte

Zusätzlich zu den Rechten aller Gläubigen in cc. 208–223 haben Kleriker allein einige spezifische Rechte aufgrund ihrer Stellung in der Kirche kraft des Weiheempfanges.[1907] Diese sogenannten besonderen Rechte der Kleriker sollen nicht als Standesprivilegien missverstanden werden,[1908] sondern sie sind primär auf den geistlichen Dienst der Kleriker und dessen Ausübung bezogen.[1909] Diese spezifischen Rechte der Kleriker sind vor allem:

4.3.2.1 Recht zur Übernahme einer kirchlichen Leitungsvollmacht

Allein Kleriker, so der kirchliche Gesetzgeber, sind berechtigt, in der Kirche Ämter innezuhaben, „zu deren Ausübung Weihegewalt oder kirchliche Leitungsgewalt erforderlich ist."[1910] Diese Berechtigung darf nicht so verstanden werden, dass „mit der Weihe immer eine Hirtenstellung verbunden sein muß. Das Zweite Vatikanische Konzil, das das für uns auch heute noch rechtlich verbindliche Priesterbild gezeichnet hat, läßt sowohl den pfarrlichen und überpfarrlichen Dienst als auch die wissenschaftliche Arbeit und die Lehrtätigkeit, ja unter bestimmten Umständen sogar die in Verbindung mit Handarbeit geübte Teilnahme am Los der Arbeiter sowie sonstige apostolische Werke als vollwertigen priesterlichen Dienst gelten (Art. 8 Abs. 1 VatII PO). Beim diakonalen Dienst spielt die jurisdiktionelle Ausstattung eine viel geringere Rolle als beim priesterlichen Dienst."[1911] Die Kleriker können deshalb nach dem Priesterweiheempfang andere Dienstaufgaben wie Lehrtätigkeiten sowohl an Schulen als auch an Universitäten

1905 Vgl. CIC/1983, c. 221 § 3.
1906 Vgl. CIC/1983, c. 223 § 1.
1907 Vgl. CIC/1983, cc. 274 § 1, 278 § 1, 281, 283 § 2.
1908 Vgl. CIC/1917, cc. 121–123.
1909 Vgl. Hallermann, Klerikerrechte, 573.
1910 CIC/1983, c. 274 § 1.
1911 Schwendenwein, Rechte und Pflichten, 275.

übernehmen,[1912] ebenso können sie andere kirchliche oder karitative Dienste ausüben, ohne primär in der Pfarrei als Gemeindepfarrer oder Gemeindeseelsorger zu wirken.[1913]

Zwar werden männliche Christgläubige mit dem Empfang der Diakonweihe in den Klerikerstand eingegliedert und dadurch rechtlich befähigt, bestimmte Ämter in der Kirche ausüben zu können,[1914] jedoch begründet diese Befähigung nicht automatisch das Recht auf eine bestimmte Hirtenstellung oder die Übernahme einer Leitungsvollmacht[1915], denn diese kann dem Geweihten nur von Rechts wegen oder durch Dekret der zuständigen Autorität erteilt werden.[1916] Es soll beachtet werden, dass der Sinn jeglicher Übertragung oder Verleihung von Leitungsvollmacht primär die Erfüllung geistlichen Zweckes ist.[1917] Nach c. 274 § 1 des CIC/1983 können nur Kleriker Ämter erhalten, zu deren Ausübung Weihegewalt erforderlich ist; das bedeutet, wer das Weihesakrament noch nicht empfangen hat, kann solche Ämter nicht ausüben. Die Übertragung solcher Ämter an Ungeweihte wäre rechtlich ungültig.[1918] Wer die Priesterweihe noch nicht empfangen hat, kann solche Ämter wie das Amt des Bischofs, des Generalvikars oder des Pfarrers nicht bekleiden.[1919] Unbeschadet der Vorschriften der vorstehend genannten Quellen fügte der Gesetzgeber hinzu: bei „der Ausübung dieser Gewalt können Laien nach Maßgabe des Rechtes mitwirken.“[1920] Ein geeigneter Laie kann z. B. im Büro des Bischofs oder Generalvikars/Pfarrers arbeiten.

Der vom Gesetzgeber verwendete Begriff cooperari in c. 129 § 2 soll nicht so verstanden werden, als ob Laien unbedingt weiheerforderliche Leitungsämter innehaben sollten, vielmehr bedeutet dieser Begriff eine

1912 Vgl. CIC/1983, cc. 218, 260–262.
1913 Vgl. Vat II, PO, Nr. 8.
1914 Vgl. CIC/1983, c. 266 § 1.
1915 Vgl. Hallermann, Klerikerrechte, 573.
1916 Vgl. CIC/1983, c. 145.
1917 Vgl. CIC/1983, c. 145 § 1. Vgl. auch Vat II, PO, Nr. 20.
1918 Vgl. CIC/1983, c. 149 § 2.
1919 Vgl. CIC/1983, cc. 274 § 1, 1009 § 1.
1920 CIC/1983, c. 129 § 2.

Zusammenarbeit zwischen Geweihten und Laien.[1921] Um Missverständnisse zu vermeiden, muss man unterscheiden zwischen jurisdiktioneller Vollmacht und Weihevollmacht. Jeder geeignete getaufte Christ kann nur mit Erlaubnís des jeweiligen Ordinarius besondere Vollmachten in der Kirche erhalten. Damit kann er Funktionen wie Diözesanrichter[1922], Diözesanökonom, Diözesanverwaltungsrat, Finanzdirektor oder Kirchenpfleger[1923], Kirchenanwalt und Bandverteidiger[1924] ausüben. Ebenso können Laien beim Kirchengericht als Beisitzer, Berater oder Vernehmungsrichter wirken.[1925] Sie können auch im Pastoralrat der Diözese und als Mitglieder des Pfarrgemeinderates mitwirken.[1926] Wo die Umstände es erfordern, können Diakone oder Laien an der Ausübung der Hirtenseelsorge auf Pfarreiebene mitwirken[1927], und aus pastoralen Gründen können Laien die Taufe spenden, die Aufgabe des Lektors erfüllen, als Kommunionhelfer dienen und an anderen liturgischen Diensten mitwirken.[1928] Sie können auch, mit Erlaubnis des Bischofs, zur Eheschließungsassistenz delegiert werden.[1929]

Jedoch nur der Diözesanbischof kann das Amt des Priesterratsvorsitzenden innehaben und nur Priestern kann das Amt des Dekans übertragen werden.[1930] Zwar nehmen alle Getauften an dem Heilssendungsauftrag Christi teil,[1931] dennoch vermieden die Konzilsväter des Zweiten Vatikanums bewusst die begriffliche Gegenüberstellung von Weihe und Hirtengewalt, betonten jedoch, dass die Potestas Regiminis (geistliche Vollmacht) primär beim Empfang der Bischofsweihe übertragen wird.[1932] Im Einklang mit Lumen gentium erklärt der Gesetzgeber des geltenden Rechtes: „Die Bischöfe, die kraft göttlicher Einsetzung durch den Heiligen Geist, der ihnen

1921 Vgl. Vat II, LG, Nr. 33. Vgl. dazu Vat II, AA, Nrn. 9, 13, 15, 18. Vgl. auch Vat II, GS, Nr. 76.
1922 Vgl. CIC/1983, c. 1421 § 2.
1923 Vgl. CIC/1983, cc. 494 § 1, 537.
1924 Vgl. CIC/1983, cc. 1435, 1483.
1925 Vgl. CIC/1983, cc. 1424, 1428.
1926 Vgl. CIC/1983, cc. 502 § 1, 536 § 1.
1927 Vgl. CIC/1983, cc. 517 § 2, 766.
1928 Vgl. CIC/1983, c. 230.
1929 Vgl. CIC/1983, c. 1112.
1930 Vgl. CIC/1983, cc. 553–555.
1931 Vgl. Vat II, LG, Nr. 33.
1932 Vgl. Vat II, LG, Nrn. 18, 19, 21, 24, 27. Vgl. dazu Vat II, PO, Nr. 7.

geschenkt ist, an die Stelle der Apostel treten, werden in der Kirche zu Hirten bestellt, um auch selbst Lehrer des Glaubens, Priester des heiligen Gottesdienstes und Diener in der Leitung zu sein. Die Bischöfe empfangen durch die Bischofsweihe selbst mit dem Dienst des Heiligens auch die Dienste des Lehrens und des Leitens, die sie aber ihrer Natur nach nur in der hierarchischen Gemeinschaft mit dem Haupt und den Gliedern des Kollegiums ausüben können."[1933] Nach den vorgenannten Quellen kann Weihegewalt durch den Weiheempfang verliehen werden, die Ausübung dieser Gewalt kann jedoch rechtlich behindert oder untersagt werden.[1934] Leitungsgewalt, anders als Weihegewalt, wird nicht primär durch die Kraft der Weihe verliehen, sondern gegebenenfalls durch Dekret der zuständigen Autorität.[1935] Da die Leitungsgewalt durch einen rechtlichen Akt verliehen wurde, kann die zuständige Autorität diese dem Empfänger auch wieder entziehen, unwirksam machen oder einschränken.[1936] Weihegewalt hingegen, die ja kraft des Weiheempfanges übertragen wurde, kann nur nach den Vorschriften des c. 290 entzogen werden.[1937]

4.3.2.2 Recht auf Vereinigungen

4.3.2.2.1 Vorbemerkung

Der Mensch ist ein soziales Wesen und kann nicht (unabhängig von seinem Dienst als Priester) ohne die anderen leben, und somit haben Kleriker (Weltkleriker) das Recht, sich mit anderen zusammenzuschließen, um gemeinsame apostolische Ziele zu erreichen.[1938] Es ist ihnen auch nicht untersagt, Vereine zu bilden. Dieses Recht der menschlichen Person (Kleriker oder Laien), Vereinigungen zu gründen, ist ein angeborenes Recht, weil der Mensch ein soziales Wesen ist. Dies wurde auch in der Allgemeinen Erklärung der Menschenrechte der Vereinten Nationen von 1948 verankert. Nach der UNO-Deklaration haben die Menschen das natürliche Recht auf

---

1933 CIC/1983, c. 375. Vgl. dazu CIC/1983, cc. 274 § 1, 966 § 1, 1338 § 2.
1934 Vgl. CIC/1983, cc. 292, 966 § 1, 1333 § 1 1°.
1935 Vgl. CIC/1983, cc. 85, 436 § 2, 437 § 1, 455 §§ 1, 4, 517 § 2, 995.
1936 Vgl. CIC/1983, cc. 229, 409 § 2, 1331 §§ 1, 2 2°, 1335, 1417 § 2, 1512 3°.
1937 Vgl. CIC/1983, cc. 290, 1333 §§ 1, 2.
1938 Vgl. CIC/1983, c. 278 § 1.

Versammlungs- und Vereinigungsfreiheit.[1939] Gemäß dieser Deklaration sind die Menschen „demnach ungebunden in der Wahl der Rechtsform ihrer Gruppeninitiativen. Sie müssen nicht die vom positiven Recht angebotenen Formen der Vereinsbildung benützen, sondern können die Form frei wählen, die ihnen zur Verwirklichung ihres Gemeinschaftszieles dient."[1940]

Die angeborenen Rechte der Menschen, Vereinigungen oder Vereine miteinander zu schließen, werden nicht nur in den weltlichen Rechten anerkannt, sondern auch vom geltenden Recht und in verschiedenen kirchlichen Dokumenten und Verlautbarungen, vor allem in cc. 215 und 278 § 1 des CIC/1983 und im Dekret über das Laienapostolat (Apostolicam actuositatem Nr. 19). Die Vereinigungs- und Versammlungsfreiheit des Codex von 1983 wurde jedoch „vom Vorbild der weltlichen Grundrechtsverbürgungen beeinflußt."[1941] Der Sinn oder Zweck der kirchlichen Vereinigungsfreiheit zielt auf die Sicherung des Gemeinwohls der Kirche und den kirchlichen Sendungsauftrag.

4.3.2.2.2 Vereinigungsrecht

Nach cc. 215 und 278 § 1 ist es dem Gläubigen unbenommen, Vereinigungen für Zwecke der Caritas, für apostolische Tätigkeiten und für die christliche Berufung beizutreten und sich aktiv zu beteiligen. Während im Codex von 1917 Christgläubige ausdrücklich ermahnt wurden, nur solchen Vereinigungen oder Organisationen anzugehören und in sie einzutreten, denen die Anerkennung der kirchlichen Autorität zugesprochen wurde,[1942] legt der Codex von 1983 dazu keine eindeutigen Beschränkungen mehr auf. Er verfügt nur, dass die Gläubigen das Recht haben, solchen Vereinigungen anzugehören, die kirchliche Zwecke verfolgen.[1943] Vielleicht fehlt diese Beschränkung im Codex von 1983, weil das Recht der Menschen, Vereinigungen anzugehören, ein Naturrecht ist. Nach Johannes XXIII. ist der Mensch von Natur aus gemeinschaftsbezogen und hat deshalb einen

1939 Vgl. Menschenrechte, Art. 20.
1940 Loretan, Grundrecht der Vereinsfreiheit, 165.
1941 Schnitzer, Allgemeine Fragen, 569.
1942 Vgl. CIC/1917, c. 684.
1943 Vgl. CIC/1983, cc. 215, 278.

Anspruch auf das Recht der Versammlungs- und Vereinigungsfreiheit.[1944] Die Vereinigungen, denen Christgläubige angehören, sollen jedoch besonders das Ziel, den Sendungsauftrag der Kirche zu erfüllen, verfolgen.[1945] Wie alle Christgläubigen sind die Kleriker aufgefordert, die kirchlichen Pflichten zur caritativen und apostolischen Tätigkeiten zu erfüllen.[1946] Dies können sie besonders durch die Zugehörigkeit und das Mitwirken in kirchlichen Vereinigungen.[1947] Untereinander können Kleriker auch Vereinigungen für kirchliche Zwecke gründen und darin mitwirken.[1948]

Während die Kleriker und die Laien zusammen verschiedenen Vereinen wie Kolping, Marianische Gemeinschaft, usw. angehören können,[1949] besteht die Möglichkeit, dass Priester Vereinigungen gründen, denen nur Kleriker angehören, z. B. eine Priestergemeinschaft.[1950] Solche priesterlichen Vereinigungen werden von Priestern geleitet und müssen von der zuständigen Autorität anerkannt sein.[1951] Vereinigungen, denen nur Kleriker allein angehören, nennt man ‚Klerikervereine'[1952] und damit meint der Gesetzgeber, dass die Ausübung der heiligen Weihe das Ziel solcher Vereine sein muss und andere zusätzliche Ziele von der kirchlichen Autorität ausdrücklich anerkannt worden sein müssen.[1953] Bei der Gründung solcher Vereinigungen sollen die Kleriker ihre besondere Dienststellung in der Kirche berücksichtigen und jegliche Formen von Dienstvernachlässigung vermeiden.[1954] Kleriker sind auch aufgefordert, jene Organisationen und Vereinigungen hochzuschätzen und zu unterstützen, die von der kirchlichen Autorität anerkannt wurden, deren Mitglieder eine allgemein anerkannte Lebensführung aufweisen und die das Ziel des Dienstes und der Einheit der Kirche verfolgen.[1955]

1944 Vgl. Johannes XXIII., Pacem in terris, Nr. 20.
1945 Vgl. Vat II, AA, Nr. 19.
1946 Vgl. CIC/1983, cc. 215, 216.
1947 Vgl. CIC/1983, cc. 215, 298.
1948 Vgl. CIC/1983, c. 302.
1949 Vgl. CIC/1983, c. 304 § 1.
1950 Vgl. CIC/1983, c. 302.
1951 Vgl. CIC/1983, c. 302.
1952 Vgl. CIC/1983, c. 302.
1953 Vgl. Hallermann, Klerikervereinigung, 578.
1954 Vgl. CIC/1983, c. 278 § 3. Vgl. dazu Vat II, PO, Nr. 8.
1955 Vgl. CIC/1983, c. 278 § 2.

Gegebenenfalls können auch Laien in von Klerikern gegründete Vereinigungen eintreten und diese leiten.[1956] Solche Vereinigungen müssen aber die folgenden Ziele haben: Die Förderung der Heiligkeit des Klerikers, Hilfestellung zur sorgfältigen Erfüllung seiner Dienste und die Ermöglichung der Einheit der Kleriker untereinander und mit dem Bischof.[1957] Klerikervereinigungen sollen auch darauf zielen, die konkreten Anliegen des Klerus in der Gesellschaft, vor allem wirtschaftliche Interessen, Anliegen des Rechts- und Versicherungsschutzes sowie gegenseitige und sozial-caritative Unterstützung des Klerikers zu vertreten. Solche Vereinigungen sind z. B. die Pax-Vereinigung katholische Kleriker e. V. Köln, der Klerusverband München u. a.[1958]

4.3.2.3 *Recht auf Unterhalt und Versorgung (Die Sustentation der Kleriker)*

4.3.2.3.1 Vorbemerkung

Die Kleriker haben, so der Gesetzgeber, aufgrund ihrer Dienste in der Kirche einen Anspruch und ein Recht auf eine ihrer Stellung angemessene Versorgung (Vergütung). Es ist dabei notwendig, die Natur ihres Dienstes, die Umstände ihres Dienstortes und die Erfordernisse ihres Lebens zu berücksichtigen.[1959] Bei der Entlohnung des Klerikers müssen auch „die Natur seiner Aufgabe sowie die zeitlichen und örtlichen Gegebenheiten berücksichtigt werden."[1960] Der Unterhalt des Klerikers soll ihm ermöglichen, seine Lebensbedürfnisse wie Nahrung, Wohnung, Kleidung usw. befriedigen zu können. Er soll dadurch auch in die Lage versetzt werden, bei Krankheiten, Arbeitsunfähigkeit oder im Alter eine angemessene Versorgung zu haben.[1961] Während hauptamtliche verheiratete Diakone einen Anspruch auf Vergütung haben, die ihnen ermöglicht, den Unterhalt für ihre Familie zu bestreiten, müssen nebenamtliche Diakone, die einem Zivilberuf

1956 Vgl. CIC/1983, c. 298.
1957 Vgl. Reinhardt, Vereinigungsrecht, c. 278, Rd.-Nr. 5.
1958 Vgl. Hallermann, Klerikervereinigung, 578.
1959 Vgl. CIC/1983, cc. 281, 222 § 1, 1254 § 2.
1960 Schwendenwein, Rechte und Pflichten, 275.
1961 Vgl. CIC/1983, c. 281 § 2.

nachgehen, selbst für den Lebensunterhalt ihrer Familie sorgen.[1962] Dieses Grundversorgungsrecht der Kleriker bedeutet nicht bloß „die Sicherung des Existenzminimums; sie wird desh[alb] näher als *congrua, congrua et digna, decora, debita* od[er] *honesta sustentatio* charakerisiert."[1963] Der Anspruch auf Lebensunterhalt von Klerikern (Sustentation) darf nicht mit Remuneratio, d.h. Vergütung für geleistete Arbeit verwechselt werden, denn die Kleriker werden nicht aufgrund ihrer geleisteten Arbeit entlohnt, sondern aufgrund ihres Inkardinationsrechts oder aufgrund ihrer Zugehörigkeit zum Presbyterium einer bestimmten Teilkirche oder einer Ordensgemeinschaft.[1964] Aufgrund dieser Inkardination ist sein Ordinarius verpflichtet, für seinen Unterhalt zu sorgen und so gilt Sustentation im spezifischen Sinn als Oberbegriff für „‚assistentia socialis', ‚praevidentia socialis'."[1965]

4.3.2.3.2 Sustentationsrecht

Nach dem Codex von 1917 wurde Klerikern das Recht auf wirtschaftliche Versorgung gesichert. Darin heißt es vor allem: „Omnes, et praesertim clerici, religiosi ac rerum ecclesiasticarum administratores, in operum locatione debent assignare operariis honestam iustamque mercedem."[1966] Das Klerikerrecht auf Versorgung des CIC/1917 stand im Einklang mit „der Tradition des vorkodikarischen Rechts, insofern er den Lebensunterhalt der Kleriker durch das Institut des Weihetitels absichert. Dennoch ist auch auf den Zusammenhang der wirtschaftlichen Versorgung des Klerikers mit In- und Exkardination, mit dem kirchlichen Strafrecht, mit den Standesrechten und Standespflichten der Kleriker und mit den Meßstipendien wie den Stolgebühren zumindest zu verweisen."[1967] Obwohl das geltende Recht den Ordinarien vorschreibt, den Unterhalt für ihre Kleriker zu sichern,[1968] liegt die Gewährleistung dieser Pflicht jedoch beim Heimatverband. Der Ordinarius oder der Staat kann gegebenenfalls diese Aufgabe übernehmen.[1969] Die

1962 Vgl. CIC/1983, c. 281 § 3.
1963 Hallermann, Lebensunterhalt, 698.
1964 Vgl. Hallermann, Lebensunterhalt, 699. Vgl. dazu CIC/1983, c. 266 §§ 1, 2.
1965 Schmitz, Sustentation, 172.
1966 CIC/1917, c. 1524.
1967 Platen, Sustentation, 18.
1968 Vgl. CIC/1983, c. 281.
1969 Vgl. Aymans/Mörsdorf, KanR II, 151.

Höhe der Vergütung hängt allerdings von den Umständen des Dienstortes und der finanziellen Situation der Teilkirche ab.[1970] Auf jeden Fall muss die Vergütung „auch dazu beitragen, daß der Kleriker diejenigen angemessen entlohnen kann, deren Hilfe (Haushälterin) oder Mithilfe (Haushaltshilfe) er für sein persönliches Leben bedarf. Der voll im kirchlichen Dienst stehende verheiratete Diakon muß durch die Vergütung in die Lage versetzt sein, seinen und seiner Familie Lebensunterhalt zu bestreiten […].“[1971]

Es ist zu bedenken, dass der Gesetzgeber die Höhe des Unterhaltes nicht festlegt, sondern es den Ordinarien überlassen hat, darüber nach der partikularen Situation ihres Territoriums zu entscheiden. Dennoch ist zu unterscheiden zwischen *congrua sustentatio* und *honesta sustentatio*, was mit ehrbarem oder ehrenhaftem Unterhalt zu übertragen ist.[1972] Die *honesta sustentatio* sollte anders als die *congrua sustentatio* „nach c. 122 CIC/1917 gewährleistet bleiben, wenn ein Kleriker aufgrund von Gläubigerforderungen in Not geraten ist, ebenso wie bei der Verhängung bestimmter Strafen über Kleriker darauf zu achten war, daß der Kleriker nicht der *honesta sustentatio* entbehrte (vgl. c. 2299 § 3 CIC/1917). In beiden Fällen sollte vermieden werden, daß sich ein Kleriker durch Bettelei oder auf eine sonstige, dem Ansehen des Klerikerstandes abträgliche Weise seinen Unterhalt verschaffen mußte.“[1973] Es soll ebenso darauf hingewiesen werden, dass die empfangene sakramentale Weihe Rechtsfolgen hat, denn durch die Weihe entsteht ein Rechtsverhältnis zwischen dem Ordinarius und dem Kleriker. Die Rechtsstellung der Inkardinierten gilt als Dienst- und Treueverhältnis zwischen den Ordinarien und dem Kleriker.[1974] Zwar haben Kleriker einerseits einen Anspruch auf Versorgung und Unterhalt, es ist ihnen andererseits aber untersagt, kirchliche Finanzmittel ohne Genehmigung der Ordinarien zu verwenden.[1975] Der Pfarrer oder Gemeindeleiter kann gegebenenfalls einen Teil der Messstipendien seines Kaplanes oder Pfarrvikars verwenden,

1970 Vgl. CIC/1983, c. 281 § 1.
1971 Aymans/Mörsdorf, KanR II, 152. Vgl. dazu CIC/1983, c. 281 § 3.
1972 Vgl. Platen, Sustentation, 23.
1973 Platen, Sustentation, 23. Vgl. dazu Hannan, congrua sustentatio, 191.
1974 Vgl. Schmitz, Fragen des Inkardinationsrechtes, 152.
1975 Vgl. CIC/1983, c. 947.

um dessen Verpflegungskosten teilweise zu übernehmen,[1976] doch soll er dann auch den Pfarrvikar darüber informieren.

In dem Dekret über die Hirtenaufgabe der Bischöfe in der Kirche (Christus Dominus) bestätigten die Konzilsväter, dass mit der Inkardination und dem Weiheempfang eine besondere Bindung und Rechtsbeziehung zwischen dem Bischof und dem Priester entsteht.[1977] Diese persönliche oder enge Beziehung mit dem Bischof ist nicht bloß eine „räumliche oder zeitliche Nähe, sondern die Bereitschaft zur Einheit und Gemeinschaft mit dem Bischof zum Wohle des Volkes Gottes."[1978] Die Ordinarien verpflichten sich mit der Inkardination dazu, für den Kleriker zu sorgen. Dadurch entsteht „aus kanonischer Sicht [...] ein besonderes ganzheitliches Rechtsverhältnis zwischen dem Bischof und jedem Kleriker seiner geistlichen Familie [...]."[1979] Zwar gab es von den Konzilsvätern keine ausdrückliche Stellungnahme zum Zusammenhang von Inkardination und wirtschaftlicher Versorgung des Klerikers, jedoch wurde das Recht der Priester auf gerechte Entlohnung bestätigt.[1980] Darüber hinaus ist es notwendig, dass die Diözese unter der Leitung des Ordinarius Sorge für ältere, kranke oder invalide Priester trägt.[1981] Die Priester, die aus dem Amt geschieden sind, haben auch einen Anspruch auf Sustentation.[1982]

Den Anspruch des Priesters auf Unterhalt erstreckt sich nicht nur auf sein Arbeitsleben, sondern auch auf die Zeit, in der er alt, krank oder invalide ist. Neben den Priestern haben auch die Ständigen hauptamtlichen verheirateten Diakone einen Anspruch auf Versorgung seitens der Kirche.[1983] Die Versorgung der Priester und hauptamtlichen Ständigen Diakone ist eine Rechtspflicht der Oberen oder Ordinarien gegenüber ihren Untergebenen. Alle Presbyter sollen hinreichenden Unterhalt bekommen, der ihrer Stellung und ihren Dienstaufgaben entspricht.[1984] Dieses Recht auf Unterhalt

1976 Vgl. Platen, Sustentation, 24–25.
1977 Vgl. Vat II, CD, Nr. 28.
1978 Steinbach, Inkardinationsrecht, 62.
1979 Steinbach, Inkardinationsrecht, 102.
1980 Vgl. Vat II, PO, Nr. 20.
1981 Vgl. Vat II, PO, Nr. 21.
1982 Vgl. Vat II, CD, Nr. 31.
1983 Vgl. CIC/1983, c. 281.
1984 Vgl. Müller, Episkopat und Presbyterat, 222.

zielt nicht primär auf Entlohnung für geleistete Arbeit, vielmehr ist dieser Rechtsanspruch Gegenleistung für die lebenslange Verfügbarkeit des Klerikers zum kirchlichen Dienst.[1985] Bestünde der Anspruch auf Sustentation im Alter, bei Krankheiten oder Invalidität primär aufgrund der geleisteten oder noch zu leistenden Arbeit, hätten kranke oder pensionierte Geistliche keinen Anspruch auf Versorgung, denn sie sind nicht mehr für den kirchlichen Dienst verfügbar. In diesem Sinne entsteht der Anspruch auf Entlohnung oder Versorgung nur als Inkardinationsrecht.[1986] Es ist deshalb die Aufgabe der Ordinarien oder Inkardinationsoberen, dafür zu sorgen, dass seine Untergebenen im Alter, bei Krankheit oder Arbeitsunfähigkeit (Invalidität) sozial abgesichert sind.[1987]

Die Verwirklichung des Anspruchs des Klerikers auf gerechte Entlohnung und die Sorge um seine Untergebenen gehören, so Schmitz, zu „„den rechtlichen Sorgepflichten‘“[1988] des Bischofs oder Ordensoberen. Die Ordinarien müssen diese Pflicht erfüllen, denn sie ist aufgrund der Inkardination entstanden. Es handelt sich also um eine Rechtspflicht der Ordinarien gegenüber ihren Klerikern.[1989] Die Erfüllung dieser Pflicht ist weder ein Akt der Nächstenliebe noch eine Form der Großzügigkeit des Bischofs oder Ordensoberen seinen Untergebenen gegenüber, sondern die Erfüllung einer Inkardinationsverpflichtung.[1990] Die Vergütung der Kleriker für ihren kirchlichen Dienst soll nicht als ein gnadenhaftes oder beliebiges Handeln der kirchlichen Autorität verstanden werden, sie ist vielmehr eine Entlohnung, die rechtlich begründet ist.[1991] Kraft des Inkardinations- und Weiheempfanges nehmen die Kleriker mit ihrem Bischof am Amt Christi teil. Sie gehören zum gleichen Priestertum und so hat der Bischof nicht nur das spirituelle Wohl des Klerus als Aufgabe, sondern auch dessen leibliches Wohl.[1992] Diese Aussage ist in der Tatsache begründet, „daß diese Sorge die Bischöfe nicht nur kraft ihres Amtes treffe, es handele sich vielmehr um

1985 Vgl. Reinhardt, Unterhalt und Versorgung, c. 281, Rd.-Nr. 5.
1986 Vgl. CIC/1983, cc. 265–266, 269, 271.
1987 Vgl. Röm. Synodus Episcoporum, Ultimis Temporibus, Nr. 921.
1988 Schmitz, Besoldung, 98.
1989 Vgl. Faltin, De recto, 420.
1990 Vgl. Platen, Sustentation, 71.
1991 Vgl. Schmitz, Sustentation, 181.
1992 Vgl. Vat II, PO, Nr. 7.

eine Gerechtigkeitspflicht, die dem entspreche, was die Bischöfe von den Presbytern fordern."[1993] Alle Versuche, diese Verpflichtung abzuschwächen oder zu vernachlässigen, sollen die Ordinarien vermeiden. Es ist deshalb notwendig, dass Ordinarien diese Aufgabe nicht als einen Appell missverstehen, sondern sie als Gerechtigkeitspflicht betrachten.[1994] Darüber hinaus sind Bischöfe aufgefordert, Regelungen aufzustellen, die die Sustentation ihrer Kleriker ermöglichen.[1995] Eine dieser Maßnahmen kann Sozial- oder Krankenversicherung für den Kleriker sein oder Beiträge in die staatliche Rentenkasse.

Die Ordinarien haben einerseits die Aufgabe, den Gläubigen bewusst zu machen, dass sie auch die Versorgung ihres Priesters mittragen sollen, andererseits sollen die Priester solidarisch und mit brüderlicher Liebe denjenigen unter ihnen helfen, die in finanzielle Not geraten sind. Es ist ebenso erforderlich, dass jede Diözese oder Ordensgemeinschaft einen Fonds für die soziale Für- und Vorsorge kranker und alter Priester einrichtet.[1996] Die Weisung, eigene Institutionen „für die soziale Für- und Vorsorge einzurichten, kann ihren Grund nur darin haben, daß man die soziale Für- und Vorsorge von der je augenblicklichen Leistungs- und Zahlungsfähigkeit einer Diözese trennen und von den laufenden kirchlichen Einnahmen unabhängig machen will."[1997] Gegebenenfalls können auch verschiedene Diözesen oder Ordensgemeinschaften untereinander solche Einrichtungen zusammenlegen, um einander solidarisch zu unterstützen.[1998] Jedoch sei ein Pflichtbeitrag von Seiten des Klerikers nur berechtigt und gerechtfertigt, „wenn ein fester unverfallbarer Rechtsanspruch auf Leistungen der Ruhegehaltskasse besteht"[1999], weist Schmitz zu Recht hin. Die Einrichtung eines Fürsorgefonds soll den Klerikern ermöglichen, auch bei kommenden Veränderungen ihrer dienstlichen Stellung die Ansprüche an die Versorgungskasse beizubehalten,[2000] so wie auch die Ansprüche auf Leistungen

1993 Schmitz, Weisungen, 145.
1994 Vgl. Faltin, De recto, 420.
1995 Vgl. Platen, Sustentation, 72.
1996 Vgl. Vat II, PO, Nr. 21.
1997 Schmitz, Weisungen, 155.
1998 Vgl. Vat II, PO, Nrn. 20, 21.
1999 Schmitz, Weisungen, 157.
2000 Vgl. Platen, Sustentation, 80.

der staatlichen Rentenkasse bei Arbeitgeberwechsel unverfallbar bleiben. Ebenso wäre es wünschenswert, dass Priester, die in Not geraten sind, von dieser Versorgungskasse Hilfe erhalten.

Zwar ist die Sicherung des Unterhaltes des Klerikers die Aufgabe der kirchlichen Hierarchie, die Gläubigen können jedoch aufgefordert werden, diese Verantwortung mitzutragen.[2001] Obwohl Kleriker verpflichtet sind, ein einfaches Leben ohne Eitelkeiten zu führen,[2002] haben sie dennoch einen Anspruch auf eine ausreichende Remuneration, die es ihnen ermöglicht, den Armen und Bedürftigen zu helfen.[2003] Dieser Anspruch auf angemessenen Unterhalt trifft nicht nur auf Priester zu, sondern auch auf verheiratete Ständige Diakone. Diese haben das Recht auf Vergütung von ihren jeweiligen Ordinarien. Während Ständige Diakone, die sich dem kirchlichen Dienst widmen, das Recht auf Vergütung haben, steht denjenigen unter ihnen, die daneben noch einen Zivilberuf ausüben, kein Anspruch auf Vergütung durch die Kirche zu.[2004] Unbeschadet dieses Argumentes wäre es notwendig, vom jeweiligen zuständigen Ordinarius sicherzustellen, dass die Entlohnung, die der betroffene nebenamtliche Diakon vom Staat oder seinem Arbeitgeber erhält, ihm die Ernährung und den Unterhalt seiner Familie ermöglicht.[2005]

Die Frage, ob bei Arbeitslosigkeit oder Krankheit die Kirche die verheirateten nebenamtlichen Diakone unterstützt, bleibt im geltenden Recht unbeachtet.[2006] Die deutschen Bischöfe schlugen in ihrer Rahmenordnung für Ständige Diakone in den Bistümern der Bundesrepublik Deutschland vom 24.2.1994 eine Lösung für dieses Problem vor. In dieser Rahmenordnung steht: „Das Dienstverhältnis des Ständigen Diakons ist ein Klerikerdienstverhältnis. Durch die Inkardination, die mit der Diakonenweihe erfolgt, untersteht der Ständige Diakon als Kleriker dienstrechtlich dem Diözesanbischof als Inkardinationsordinarius, der seinerseits die einem Kleriker zustehenden Rechte betreffend dienstliche Verwendung, geistliche Begleitung und

2001 Vgl. Vat II, PO, Nrn. 20, 21. Vgl. dazu Vat II, CD, Nr. 31.
2002 Vgl. CIC/1983, c. 282 § 1.
2003 Vgl. Vat II, PO, Nr. 20.
2004 Vgl. CIC/1983, c. 281 § 3.
2005 Vgl. Paul VI., Sacrum diaconatus ordinem, Nr. 21.
2006 Vgl. Reinhardt, Unterhalt und Versorgung, c. 281, Rd.-Nr. 8.

wirtschaftliche Versorgung im Rahmen des kirchlichen Rechts zu sichern hat."[2007]

An Ständige Diakone mit Zivilberuf wurde auch in dieser Rahmenordnung gedacht. Dort heißt es: „Der Ständige Diakon mit Zivilberuf hat gemäß c. 281 § 3 CIC keinen Anspruch auf Sustentation; er erhält daher, auch wenn er seinen Zivilberuf verliert oder aufgibt oder auf Einkünfte verzichtet, aus seinem Dienstverhältnis als Diakon mit Zivilberuf weder Besoldung oder Vergütung noch Versorgung. Entstandene Auslagen werden dem Ständigen Diakon mit Zivilberuf gemäß diözesaner Regelung ersetzt."[2008] Trotz dieser Regelung wäre es wünschenswert, wenn die Kirche ihrer Pflicht zur Nächstenliebe nachkommen und den Betroffenen Hilfe leisten würde. Einerseits sind Laien, die einige kirchliche Dienste leisten, wie z.B. Lektoren, Akolyten und Kommunionhelfer, nach dem Gesetzgeber vom Anspruch auf Lebensunterhalt ausgeschlossen.[2009] Andererseits müssen sie entlohnt werden, wenn Sie auf Dauer oder auf Zeit für besondere Dienste in der Kirche, z.B. als Messdiener, Organisten oder Kirchenreinigungskräfte, bestellt sind.[2010]

4.3.2.4 Anspruch auf Vergütung im Falle der Amtsenthebung

C. 281 des CIC/1983 sprach vom Anspruch des Klerikers auf Vergütung, der sich dem kirchlichen Dienst widmet, jedoch haben nach c. 195 Kleriker, die durch Dekret ihres Amtes erhoben sind, einen subsidiären oder befristeten Unterhaltsanspruch, der sie in die Lage versetzt, ihre Existenz zu sichern. Der Anspruch eines Klerikers auf Unterhalt und Versorgung (ipso iure) erlischt mit dem Amtsenthebungsdekret.[2011] Auch Kleriker, die gemäß c. 292 vom klerikalen Stand entlassen wurden, haben keinen Anspruch auf Unterhalt seitens der Kirche. Mit der Eheschließung eines Klerikers, auch wenn nur zivil, so Pree, „wodurch er ipso iure sein Amt verliert, aufgrund dessen er eine Vergütung erhält, so verliert er seinen Rechtsanspruch auf diese Vergütung und überhaupt auf Unterhalt. Nach der Laisierung besteht

---

2007 DBK, Rahmenordnung für Ständige Diakone, § 1.
2008 DBK, Rahmenordnung für Ständige Diakone, § 4 Abs. 3.
2009 Vgl. CIC/1983, c. 230 § 1.
2010 Vgl. CIC/1983, c. 231 § 2.
2011 Vgl. Pree, Priester ohne Amt, 250.

keinesfalls ein Rechtsanspruch auf Unterhalt! Gibt der Priester von sich aus den kirchlichen Dienst auf, ohne zu heiraten oder die Dispens zu erhalten, so erlischt der Anspruch auf Unterhalt, da die Voraussetzung der Ableistung des kirchlichen Dienstes weggefallen ist."[2012] Heimerl teilte mit Pree dieselbe Ansicht, dass ein Kleriker mit der Amtsenthebung von Rechts wegen seinen Anspruch auf Unterhalt und Versorgung verliert.[2013] Der Kleriker verliert zwar mit der Amtsenthebung von Rechts wegen den Anspruch auf Unterhalt, jedoch bei einfachen verhängten Strafen bleibt sein Recht auf Versorgung durch die Kirche erhalten. Der Ordinarius ist aufgefordert, auch den vom Amt enthobenen und vom Klerikerstand entlassenen Geistlichen zu assistieren, wenn sie in Not geraten sind.[2014]

4.3.2.5 Anspruch auf jährlichen Urlaub/Erholung

Nach den Vorschriften des c. 283 § 2 haben Kleriker unabhängig von ihrem Dienstbereich, d. h. entweder beim staatlichen oder kirchlichen Dienst, „Anspruch auf eine gebührende und ausreichende jährliche Urlaubszeit. Der Umfang und eventuell sonstige Modalitäten werden nach allgemeinem und partikularem Recht bestimmt."[2015] Es ist jedoch die Aufgabe des Ordinarius, die Zeit und den Umfang des klerikalen Urlaubs zu regeln.[2016] Diesem Recht auf Urlaub und Erholung wurde nicht nur vom Dekret über das Leben und den Dienst der Priester (Presbyterorum Ordinis) zugestimmt,[2017] sondern es wurde auch in dem Direktorium für Dienst und Leben der Priester von 2013 anerkannt.[2018] Die Gewährung dieses Anspruchs des Klerikers auf Erholung und Urlaub ist nicht ein Akt der Barmherzigkeit oder Nächstenliebe von Seiten des Bischofs, sondern es ist eine Rechtspflicht des Ordinarius seinen Klerikern gegenüber.[2019] Jedoch sollen die Kleriker bei Inanspruchnahme des Urlaubs die pastoralen Gegebenheiten ihres Dienstbereiches berücksichtigen. Zwar wurde in c. 283 § 2 die Dauer und die Modalitäten

2012 Pree, Priester ohne Amt, 251.
2013 Vgl. Heimerl, Der Zölibat, 84 f.
2014 Vgl. CIC/1983, c. 1351 § 2.
2015 Aymans/Mörsdorf, KanR II, 153.
2016 Vgl. Vat II, CD, Nr. 6. Vgl. dazu Vat II, PO, Nr. 10.
2017 Vgl. Vat II, PO, Nr. 20.
2018 Vgl. Kong. Klerus, Direktorium Dienst und Leben der Priester, Nr. 101.
2019 Vgl. CIC/1983, c. 283 § 2.

des klerikalen Urlaubs nicht festgelegt, jedoch haben nach c. 395 § 2 die Bischöfe, d.h. Diözesanbischöfe, Koadjutoren, Weihbischöfe und Auxiliarbischöfe das Recht auf maximal einen Monat Urlaub im Jahr. Während ihrer Abwesenheit muss der Diözesanbischof dafür Sorge tragen, dass der Diözese kein Schaden entsteht.[2020]

Die Kleriker im seelsorgerischen Dienst, vor allem der Pfarrer, der Pfarrvikar, der Kaplan und der hauptamtliche Ständige Diakon haben ebenfalls einen Anspruch auf jährlichen Urlaub, der nicht länger als einen Monat dauert.[2021] Die Zeit für Exerzitien, Einkehrtage oder Krankenhausaufenthalte soll nicht als Urlaubszeit gewertet werden. Für eine bessere Koordinierung und um Missbrauch zu vermeiden, können auch Dekane nach Absprache und mit Erlaubnis des Ordinarius die Urlaubsmodalitäten für die Kleriker in ihren jeweiligen Dekanaten regeln.[2022] Zu beachten ist aber, dass sie den Urlaub nur mit Erlaubnis des Ordinarius außerhalb ihrer Diözese verbringen dürfen. Für Ständige Diakone mit Zivilberufen oder im Schuldienst gilt, dass sie ihre Urlaubszeiten gemäß der Ordnung und Regelung ihrer Arbeitgeber festlegen.[2023] Die Kleriker sind dazu angehalten, für ihre Urlaubszeit für eine geeignete Vertretung zu sorgen. Darüber hinaus ist es die Aufgabe des Ordinarius, die Urlaubszeit des Klerikers und seinen Aufenthaltsort (Ausland) nach dem Partikularrecht festzulegen.[2024]

4.4 Kirchliches Strafrecht in Bezug auf Kleriker

4.4.1 Vorbemerkung

Die römisch-katholische Kirche ist nicht nur eine Glaubensinstitution, vielmehr ist sie auch eine Rechtsinstitution. Alle Kirchenmitglieder (Geweihte und Laien) sind daher verpflichtet, die Rechtsordnungen in der Kirche zu beachten.[2025] So wie „alle Gläubigen, die eine Straftat begangen haben (c. 1321 § 1, vgl. 221 § 3), können auch die geweihten Amtsträger od[er] Kleriker,

2020 Vgl. CIC/1983, cc. 395 § 2, 410.
2021 Vgl. CIC/1983, cc. 533 § 2, 550 § 3.
2022 Vgl. Hallermann, Klerikerrechte, 574.
2023 Vgl. Hallermann, Klerikerrechte, 574.
2024 Vgl. Vat II, CD, Nr. 6. Vgl. dazu Vat II, PO, Nr. 10. Vgl. auch CIC/1983, c. 283 § 2.
2025 Vgl. CIC/1983, cc. 11, 96.

die g[e]g[en] ein Gesetz od[er] eine Vorschrift verstoßen haben, strafrechtlich belangt werden (cc. 1311; 1321 § 1; vgl. c. 1399)."[2026] Um Ordnung zu gewährleisten, hat die Kirche somit „das angeborene und eigene Recht [...], straffällig gewordene Gläubige durch Strafmittel zurechtzuweisen."[2027] Der Begriff *nativum et proprium Ecclesiae ius*[2028] (das angeborene und eigene Recht der Kirche bedeutet, „daß dieses Recht der Kirche von sich aus, von allem Anfang an zukommt und nicht von ihr erst entwickelt oder gar usurpiert wurde. Die Doktrin erblickt vielfach schon im NT Belege für die Strafgewalt der Kirche (z. B. Mt 18, 15–18 und 1 Kor 5, 1–13)."[2029] Das Recht der Kirche, straffällig gewordene Mitglieder durch Strafmittel zur Besinnung zu bewegen, wird nach Lüdicke als *ius proprium* bezeichnet und bedeutet, „daß das Recht nicht stellvertretend ausgeübt wird und weder auf Verleihung noch auf Delegation beruht. Damit ist zugleich die Unabhängigkeit der Strafgewalt von zivilen Autoritäten ausgesagt, [...]."[2030]

Ähnlich sagte dazu die Pastoralkonstitution über die Kirche in der Welt von heute aus: „Die politische Gemeinschaft und die Kirche sind auf je ihrem Gebiet voneinander unabhängig und autonom. Beide aber dienen, wenn auch in verschiedener Begründung, der persönlichen und gesellschaftlichen Berufung der gleichen Menschen."[2031] Aufgrund dieser Unabhängigkeit darf sich der Staat nicht in den kirchlichen Strafmittelanspruch einmischen, außer es besteht eine widrige Rechtsordnung. Ähnlich darf sich die Kirche auch nicht in die staatliche Rechtsordnung einmischen, außer „wenn die Grundrechte der menschlichen Person oder das Heil der Seeln es verlangen."[2032] Darüber hinaus kann der kirchliche Strafanspruch nur bei straffällig gewordenen Mitgliedern (der lateinischen Kirche) angewendet werden,[2033] während alle Bürger der staatlichen Rechtsordnung unterliegen. Die kirchlichen Mitglieder sind nur diejenigen, „die in der lateinisch-katholischen

---

2026 Borras, Klerikerstrafen, 575.
2027 CIC/1983, c. 1311. Vgl. dazu CIC/1917, c. 2214 § 1.
2028 Vgl. CIC/1983, c. 1311.
2029 Lüdicke, Strafanspruch, c. 1311, Rd.-Nr. 3.
2030 Lüdicke, Strafanspruch, c. 1311, Rd.-Nr. 4.
2031 Vat II, GS, Nr. 76.
2032 Vat II, GS, Nr. 76.
2033 Vgl. CIC/1983, c. 1311. Vgl. dazu Lüdicke, Strafanspruch, c. 1311, Rd.-Nrn. 4, 5.

Kirche getauft oder nach der Taufe in sie aufgenommen worden sind. Sie bleiben dem Strafanspruch der Kirche auch unterworfen, wenn sie sich von der Kirche abgewandt haben und ihr Recht nicht mehr als für sich verbindlich anerkennen."[2034] Der kirchliche Strafanspruch ist nur anzuwenden, wo pastorale Ratschläge nicht mehr hilfreich sind.

Die Kirche und der Staat haben deshalb das Recht, gegen Unordnung in der Gesellschaft durch Strafmittel und Gesetze vorzugehen,[2035] denn durch die Anwendung von Strafmitteln „werden Verstöße gegen Normen oder Vorschriften und Fehlverhalten in allen Bereichen des menschlichen Lebens sanktioniert, was bereits im Kindesalter bei der Erziehung durch Eltern und Schule erfahrbar wird."[2036] Es ist jedoch zu hinterfragen, ob der Staat bzw. die Kirche (Glaubensgemeinschaft) das Recht haben, Strafmittel gegen straffällig gewordene Bürger oder kirchliche Mitglieder einzusetzen, und wie legitim solche Strafmittel sein können,[2037] da Strafen in manchen Kulturen und Gesellschaften als Druck und oft als Zwang erlebt werden.[2038]

4.4.1.1 Kurze Begründung des kirchlichen Strafanspruchs

Es ist sicherzustellen, dass die Kirche nicht nur eine Glaubensinstitution, sondern vielmehr eine vollkommene rechtliche Institution ist, und deshalb kann sie Strafmittel anwenden, um ihre Mitglieder, die Verfehlungen begangen haben, zurechtzuweisen.[2039] Da die Kirche als rechtliche Institution, „und zwar als eine vollkommene verfasst ist, müssen offensichtlich in ihr jene Rechte der Befehlsgewalt gegeben sein, ohne die eine rechtlich vollkommene Gesellschaft nicht gedacht werden kann."[2040] Gott ist die Quelle jeglicher kirchlichen Gewalt und somit hat die Kirche das Recht, Strafmittel anzuwenden.[2041] Daraus ist zu folgern, dass die Kirche das göttliche Recht hat, gegenüber ihren Mitgliedern Gesetze zu erlassen und Strafbefehle zu

---

2034 Lüdicke, Strafanspruch, c. 1311, Rd.-Nr. 5.
2035 Vgl. Schaaf, Der kirchliche Strafanspruch, 19.
2036 Schaaf, Der kirchliche Strafanspruch, 19.
2037 Vgl. Hierold, Strafe, 331.
2038 Vgl. Hierold, Strafe, 338.
2039 Vgl. CIC/1983, c. 1311.
2040 Ottaviani, Institutiones I, 174, Nr. 109.
2041 Vgl. Ottaviani, Institutiones I, 174–175, Nr. 109.

erteilen.[2042] Der Sinn und Zweck der kirchlichen Gewalt ist in diesem Fall nichts anderes als das ewige Heil ihrer Mitglieder,[2043] und die Wiederherstellung der von dem Täter durch seine Tat auseinandergebrachten kirchlichen Ordnung und die Besserung des Straftäters.[2044] Die Anwendung von Strafmitteln gilt somit als Heilsmittel und führt zum Gehorsam und zur Loyalität der kirchlichen Autorität gegenüber.[2045]

Die kirchliche Strafanwendung ist die Konsequenz eines Delikts oder die Reaktion auf eine Normenverletzung von Seiten des Täters.[2046] Die Verhängung einer Strafe soll nicht als ein Akt der Lieblosigkeit von der Kirche dem Übeltäter gegenüber verstanden werden, sondern als ein Akt der Liebe der Kirche, der den Täter zur Umkehr und Heilung bewegen will.[2047] Die kirchliche Strafverhängung ist deshalb ein unverzichtbares Mittel, um das Reich der Gerechtigkeit, des Friedens und der Heiligkeit gegenwärtig zu machen.[2048] Als Glaubensgemeinschaft ist der Sinn der Kirchenstrafe nichts anderes als der Schutz dieser *Communio fidei* (Gemeinschaft des Glaubens).[2049] Durch die Strafverhängung wird seitens der kirchlichen Autorität klargestellt, dass ein Verstoß gegen die Ordnung der Glaubensgemeinschaft inakzeptabel ist.[2050] Das kirchliche Strafrecht ist „daraus zu begründen, daß sie ihr Selbstverständnis und ihre innere Ordnung integer halten muß, um ihren Auftrag in der Welt erfüllen zu können."[2051] Der Zweck der kirchlichen Strafe bzw. Sühnestrafen oder Besserungsstrafen ist also nicht primär die Wiederherstellung der verletzten kirchlichen Rechtsordnung[2052] oder die Vergeltung einer Straftat, sondern sie ist ein funktionaler disziplinarischer Akt der kirchlichen Autorität, um die kirchliche Ordnung und Disziplin zu wahren.[2053] Letztendlich gelten die kirchlichen

2042 Vgl. Mt 16, 19; 18, 18.
2043 Vgl. Ottaviani, Institutiones I, 177, Nr. 111.
2044 Vgl. Ottaviani, Institutiones I, 277–283, Nrn. 171–174.
2045 Vgl. Eichmann, Strafrecht, 54.
2046 Vgl. De Paolis, Le Sanzioni nella Chiesa, 82–83.
2047 Vgl. De Paolis, Il libro VI del Codice, 113.
2048 Vgl. De Paolis, Le Sanzioni nella Chiesa, 118.
2049 Vgl. Lüdicke, Strafrecht, Einleitung vor c. 1311, Rd.-Nrn. 15, 16, 20.
2050 Vgl. Lüdicke, Strafe, 621.
2051 Lüdicke, Charakter der Strafe, c. 1341 Rd.-Nr. 5.
2052 Vgl. Lüdicke, Charakter der Strafe, c. 1341, Rd.-Nr. 5.
2053 Vgl. Lüdicke, Strafarten, c. 1312, Rd.-Nrn. 17, 18, 19.

Strafanwendungsmittel als Reaktion der Kirche auf eine Verletzung. Durch die Anwendung des Strafmittels werden die verletzten sittlichen und rechtlichen Ordnungen wiederhergestellt.[2054]

4.4.2 Klerikerstrafen nach geltendem Recht

Es bestehen in der Kirche nach geltendem Recht zweierlei Formen von Strafen, nämlich Beugestrafen und Sühnestrafen.[2055] Die Kirche kann straffällig gewordene Kleriker einer der genannten Strafen unterziehen. Die klerikalen Straftaten sind Taten, für die „ausdrücklich nur geweihte Amtsträger in Frage kommen (cc. 1364 § 1, vgl. § 2; 1367; 1370 §§ 1 u[nd] 2; 1378 § 2, 1°; 1383; 1390 § 1; 1392; 1394 § 1; 1395). Das gleiche gilt für den CCEO (vgl. dort cc. 1436; 1440; 1445 § 1; 1458; 1461). In einigen Fällen wird der Priester als Straftäter betrachtet (CIC cc. 1378 § 1; 1387; 1388 § 1; vgl. CCEO cc. 1438, 1456, 1457 u[nd] 1458) u[nd] sogar der B[ischo]f (cc. 1382; 1383; 1388 § 1; CCEO cc. 1438, 1459 u[nd] 1456). In anderen Fällen wird vorausgesetzt, dass ein Kleriker der Straftäter ist (cc. 1378 § 2, 2°; 1380). In anderen Fällen schließlich wird die erwähnte Straftat üblicherweise v[on] Klerikern begangen; das ist v[or] a[llem] der Fall in jenen Canones, wo der Straftäter ein Amt bzw. einen geistlichen od[er] kirchlichen Dienst innehat (CIC cc. 1381; 1384; 1386; 1389 §§ 1 u[nd] 2; 1396; vgl. cc. 1373; 1385; 1391, 3°, vgl. z. B. CCEO cc. 1462, 1463, 1464).“[2056] Ein Kleriker, der eine oder mehrere der vorgenannten Straftaten begangen hat, wird entweder mit der Strafe der Suspension[2057] oder gegebenenfalls mit Entlassung aus dem Klerikerstand belegt.[2058]

Es ist auch aufgrund einer Verfehlung oder je nach der Schwere der Verfehlung möglich, einen Kleriker seines Amtes zu entheben.[2059] Zwar kann suspendierten Klerikern bis zur Aufhebung der Suspension die Ausübung einer bestimmten klerikalen Amtsgewalt untersagt werden,[2060] es besteht

2054 Vgl. Aymans/Mörsdorf/Müller, KanR IV, 81.
2055 Vgl. CIC/1983, cc. 1312 § 1 1°, 2°, 1331–1333, 1336.
2056 Borras, Klerikerstrafen, 575.
2057 Vgl. CIC/1983, c. 1334.
2058 Vgl. CIC/1983, cc. 290, 1336 § 1 5°.
2059 Vgl. CIC/1983, cc. 192–196.
2060 Vgl. CIC/1983, c. 1333 § 1 1°, 2°, 3°. Vgl. dazu CCEO, c. 1432 § 1.

jedoch in Todesgefahr eine Ausnahme, d. h. ein suspendierter Kleriker kann die Beichte des Pönitenten bei Todesgefahr unbeschadet seiner Suspension abnehmen.[2061] Ein suspendierter Kleriker hat auch das Recht auf Sustentation oder Lebensunterhalt von der Kirche oder seinem Ordinarius.[2062] Die Strafe der Suspension betrifft anders als bei der Strafe der Entlassung[2063] nicht nur die Kleriker, gegebenenfalls können auch Laien mit der Strafe der Suspension belegt werden.[2064] Während ein aus dem Klerikerstand entlassener Kleriker alle Rechte und Pflichten, die dem Klerikerstand eigen sind, verliert,[2065] können suspendierte Kleriker noch gewisse Amtstätigkeiten ausüben. Obwohl die Entlassung aus dem Klerikerstand die schwerste Klerikerstrafe ist, bedeutet sie nicht automatisch de facto den Dispens von der Zölibatsverpflichtung.[2066] Um von der Zölibatsverpflichtung befreit zu werden, muss der Betroffene um einen eigenen Dispens vom Heiligen Stuhl ersuchen.[2067]

Unbeschadet der Vorschriften und Bestimmungen des c. 976 des CIC/1983 kann ein aus dem Klerikerstand entlassener Kleriker die Weihevollmacht nicht mehr ausüben.[2068] Während ein Kleriker nach partikularen Normen von seinem Ordinarius wegen Verfehlungen oder Straftaten suspendiert werden kann,[2069] können Kleriker jedoch nur durch richterliches Urteil (oder Verwaltungsdekret), durch rechtmäßig verhängte Strafe oder durch Reskript des Apostolischen Stuhles aus dem Klerikerstand entlassen werden.[2070]

2061 Vgl. CIC/1983, cc. 976, 1357 § 1.
2062 Vgl. CIC/1983, cc. 1333 §§ 3 3°, 4°, 1350 § 1. Vgl. dazu CCEO, c. 1432 §§ 2, 3.
2063 Vgl. CIC/1983, cc. 290–293.
2064 Vgl. CIC/1983, c. 228 § 1.
2065 Vgl. CIC/1983, c. 292.
2066 Vgl. CIC/1983, cc. 290 3°, 291.
2067 Vgl. CIC/1983, c. 291, 290 3°.
2068 Vgl. CIC/1983, c. 290 1°, 2°.
2069 Vgl. CIC/1983, cc. 292, 1317.
2070 Vgl. CIC/1983, cc. 290, 1425 §§ 1 2°, 2.

4.4.2.1 Strafmittel der Suspension eines Priesters

Das Strafmittel der Suspension wird kirchenrechtlich verstanden als das Verbot oder die rechtliche Beschränkung der Ausübung eines bestimmten Amtes oder mehrerer kirchlicher Funktionen. „Die Supension, d.h. die strafweise Dienstenthebung, kann nur Kleriker treffen (c. 1333 § 1 CIC; vgl. c. 1432 CCEO). Sie verbietet alle oder einige Akte der Weihegewalt, ferner alle oder einige Akte der Leitungsgewalt und schließlich die Ausübung aller oder einiger der mit einem Amt verbundenen Rechte oder Aufgaben (c. 1333 § 1 nn. 1–3 CIC; vgl. c. 1432 CCEO).“[2071] Eine Suspension kann gegebenenfalls „den Bezug v[on] Erträgnissen, Stipendien, Pensionen od[er] anderen Einkünften dieser Art verbieten. […] Die S[uspension] kann mit gestuften Wirkungen angedroht werden, u[nd] zwar als Spruchstrafe od[er] als Tatstrafe.“[2072] Der kirchliche Gesetzgeber legte in c. 1334 § 1 den Umfang einer Suspension fest. Nach dieser Regelung kann die Suspension entweder durch Verwaltungsanweisung oder durch Strafdekret verhängt werden.[2073] Die Suspension, so Rees, „umfaßt jedoch niemals ein Amt oder eine Leitungsgewalt, die nicht der Verfügungsgewalt des strafenden Oberen unterstehen (c. 1333 § 3 n. 1), ebensowenig das Wohnrecht des Täters aufgrund eines Amtes (c. 1333 § 3 n. 2). Auch kann das zu einem Amt gehörende Vermögen nur durch die gerichtlich verhängte Suspension entzogen werden (vgl. c. 1333 § 3 n. 3). Für den Fall, daß die Suspension den Bezug von Einkünften verbietet, ist der rechtswidrige Empfänger restitutionspflichtig (c. 1333 § 4).“[2074]

Das geltende Recht nennt insgesamt sechs Fälle, in denen Suspension als Strafe gegen einen Kleriker eintreten kann:

1 Ein Kleriker, der physische Gewalt gegen einen Bischof ausgeübt hat, wird mit der Tatstrafe der Suspension belegt.[2075]
2 Wer ohne den Empfang der Priesterweihe die Eucharistie zu feiern versucht, wird mit der Tatstrafe der Suspension belegt.[2076]

2071 Rees, Straftat, 1131.
2072 Kremsmair, Suspension, 640–641.
2073 Vgl. CIC/1983, cc. 1334 § 1, 1333 § 2.
2074 Rees, Straftat, 1131.
2075 Vgl. CIC/1983, c. 1370 § 2.
2076 Vgl. CIC/1983, c. 1378 § 2 1°.

3 Einem Bischof, der ohne Entlassungsschreiben gemäß der Vorschriften des c. 1015 einem fremden Untergebenen die Priesterweihe spendet, wird für ein Jahr verboten, weitere Weihen zu spenden. Ein so geweihter Priester wird von der Ausübung der Weihegewalt suspendiert.[2077]

4 Ein Priester, der bei dem Bußsakrament oder unter dem Vorwand der Beichte durch Worte, Gesten oder andere Taten den Pönitenten zur einer Sünde gegen das sechste Gebot des Dekalogs zu verführen versucht, wird nach der Schwere der Straftat mit der Strafe der Suspension belegt. Eine Entlassung aus dem Klerikerstand ist hier nicht ausgeschlossen.[2078]

5 Ein Kleriker, der den Beichtvater zu Unrecht bei einem kirchlichen Oberen beschuldigt, sich während der Beichte gegen das sechste Gebot versündigt zu haben (c. 1387), muss mit der Strafe der Suspension belegt werden.[2079]

6 Ein Kleriker, der eine Eheschließung versucht hat, auch wenn das nur zivil geschehen ist, zieht sich die Strafe der Suspension zu.[2080] Eine allgemeine Strafe als Tatstrafe kann nur durch Gesetz und nicht durch einen Verwaltungsakt angedroht werden.[2081]

4.4.2.2 *Kurze rechtliche Unterscheidung zwischen der Strafe der Suspension und der Strafe der Entlassung aus dem Klerikerstand*

Das geltende Recht der katholischen Kirche legte in Liber VI die Strafbestimmungen in der Kirche fest. Nach diesen Bestimmungen gibt es in der kirchlichen Rechtsordnung entweder Besserungs- bzw. Beugestrafen oder Sühnestrafen.[2082] Besserungs- oder Beugestrafen sind in cc. 1331–1333 aufgeführt, während Sühnestrafen in c. 1336 behandelt werden.[2083] Außer den Sühnestrafen, die im c. 1336 aufgeführt sind, können gegebenenfalls andere Sühnestrafen und Strafsicherungsmittel gegen straffällig gewordene

2077 Vgl. CIC/1983, c. 1383.
2078 Vgl. CIC/1983, c. 1387.
2079 Vgl. CIC/1983, c. 1390 § 1.
2080 Vgl. CIC/1983, c. 1394 § 1.
2081 Vgl. Kremsmair, Suspension, 641.
2082 Vgl. CIC/1983, cc. 1311–1312.
2083 Vgl. CIC/1983, c. 1312 § 1 1°, 2°.

Christgläubige verhängt werden. Solch ein Strafmittel kann der Entzug geistlicher und zeitlicher Güter sein.[2084] Es ist zu bedenken, dass es der Kirche nicht bloß um Bestrafung geht, sondern auch um die Besserung des Täters. Denn niemand wird bestraft, außer „die von ihm begangene äußere Verletzung von Gesetz oder Verwaltungsbefehl ist wegen Vorsatz oder Fahrlässigkeit schwerwiegend zurechenbar."[2085] Die Suspension eines Klerikers gilt als eine Beugestrafe,[2086] die Entlassung aus dem Klerikerstand als Sühnestrafe.[2087] Während einem suspendierten Kleriker untersagt ist, alle oder einige Akte der Weihegewalt auszuüben, ist ein aus dem Klerikerstand entlassener Kleriker von der Ausübung aller Akte der Weihegewalt ausgeschlossen.[2088] Wem durch eine Beugestrafe untersagt ist, Sakramente oder Sakramentalien zu spenden oder Leitungsgewalt auszuüben, der kann jedoch in Todesgefahr die Sakramente spenden.[2089] Der zuständige Ordinarius kann rechtlich einem Untergebenen die Ausübung bestimmter Funktionen der Weihegewalt aufgrund einer begangenen Straftat untersagen, aber er kann ihn nicht aus dem Klerikerstand entlassen. Denn die Entlassung aus dem Klerikerstand kann nur durch ein Weihenichtigkeitsurteil, durch die rechtmäßig verhängte Strafe der Entlassung aus dem Klerikerstand und durch Reskript des Apostolischen Stuhles verhängt werden.[2090]

Die Suspension als Beugestrafe kann im Gegensatz zur Entlassung aus dem Klerikerstand als Sühnestrafe entweder total oder partiell sein.[2091] Totale Suspension eines Klerikers bedeutet, dass dem Bestraften die Ausübung aller Funktionen der Weihegewalt untersagt ist, während die partielle Suspension nur eine beschränkte Ausübung der Weihegewalt zulässt, denn ein Entzug der Weihegewalt ist rechtlich unmöglich.[2092] Es ist erforderlich, dass der zu strafende Kleriker über den Umfang seiner Strafe voll

2084 Vgl. CIC/1983, c. 1312 § 2.
2085 Vgl. CIC/1983, c. 1321.
2086 Vgl. CIC/1983, c. 1333 § 1 1° – 3°.
2087 Vgl. CIC/1983, c. 1333 § 2.
2088 Vgl. CIC/1983, cc. 292, 1333 § 1, 1336 § 1.
2089 Vgl. CIC/1983, c. 1335.
2090 Vgl. CIC/1983, c. 290.
2091 Vgl. CIC/1983, c. 1333 § 1.
2092 Vgl. CIC/1983, c. 1338 § 2.

informiert wird,[2093] vor allem darüber, ob seine Strafe total oder partiell ist, welchen Zeitraum die Suspension einschließt und ob die Suspension ortsgebunden ist.[2094] Ein suspendierter Kleriker hat jedoch den Anspruch auf ein Wohnrecht.[2095] Wenn allerdings seine Präsenz an seinem ehemaligen Dienstort zum öffentlichen Ärgernis wird, ist es erforderlich, dass er seinen Wohnsitz wechselt. Außerdem hat der suspendierte Kleriker einen Anspruch auf Unterhalt.[2096] Nach der Aufhebung der Suspension hat der betroffene Kleriker Anspruch auf alle vorher ausgeübten Vollmachten, denn der Sinn und Zweck der Suspension als Beugestrafe ist die Besserung der betroffenen Person.[2097]

4.4.2.3 Rechtliche Voraussetzungen für die Suspendierung eines Klerikers

Ein Kleriker (Diakon), der ohne den Empfang der Priesterweihe die Eucharistie feiert, hat eine Straftat des Interdikts und Amtsanmaßung begangen und muss somit von seinem Amt suspendiert werden.[2098] Die Suspension als Tatstrafe tritt auch bei einem Kleriker ein, der ohne Beichtvollmacht, außer bei Todesgefahr, das Beichtsakrament spendet.[2099] Ein Verstoß gegen die Vorschriften des c. 977 des CIC/1983 von Seiten des Klerikers wird ebenfalls mit der Suspension belegt, außer bei Todesgefahr. Nach c. 1380 soll ein Priester, der Simonie begangen hat, von seinem Amt suspendiert werden. Darüber hinaus wird ein Priester, der bei der Spendung des Bußsakramentes oder unter dem Vorwand der Beichte den Pönitent zu einem Vergehen gegen das sechste Gebot des Dekalogs zu verführen sucht, suspendiert und gegebenenfalls je nach Schwere der Tat sogar aus dem Klerikerstand entlassen.[2100] Ein Kleriker, der die ihm anvertraute Amtsgewalt missbraucht,

2093 Vgl. CIC/1983, c. 1334.
2094 Vgl. CIC/1983, c. 1333 1°, 2°.
2095 Vgl. CIC/1983, c. 1333 § 3 2°.
2096 Vgl. CIC/1983, c. 1350 § 1.
2097 Vgl. CIC/1983, c. 1333 § 1. Vgl. dazu CCEO, c. 1432.
2098 Vgl. CIC/1983, c. 1378 § 2 1°.
2099 Vgl. CIC/1983, c. 1378 § 2 2°.
2100 Vgl. CIC/1983, c. 1387.

soll nach der Schwere des Vergehens oder der Unterlassung entweder mit Suspension oder Amtsenthebung bestraft werden.[2101]

Ein Kleriker, der physische Gewalt gegen den Bischof anwendet, wird mit der Strafe der Suspension belegt.[2102] Nach dem kirchlichen Gesetzgeber wird einem Bischof, der gegen die Vorschriften des c. 1015 § 1 verstößt, ein Jahr lang das Recht auf Weihespendung untersagt, während der geweihte Kleriker sich die Strafe der Suspension zuzieht.[2103] Gemäß c. 1390 § 1 zieht sich ein Kleriker aufgrund einer Falschaussage wegen der im c. 1387 genannten Strafe die Tatstrafe des Interdiktes und zugleich die Suspendierung von seinem Amt zu. Ein Kleriker, der ein eheähnliches Verhältnis (oder eine Beziehung) führt, soll mit der Suspension bestraft werden und nach Verwarnung aus dem Klerikerstand entlassen werden.[2104] Die oben genannten Strafmittel sind berechtigt, da die Kleriker zu Keuschheit und Ehelosigkeit verpflichtet sind. So ist der Versuch der Eheschließung eines Klerikers eine Tatstrafe, die mit der Suspension belegt werden muss, und nach Verwarnung ist die Entlassung aus dem Klerikerstand nicht ausgenommen.[2105] Ebenso wird ein Verstoß gegen das sechste Gebot des Dekalogs mit einer gerechten Strafe belegt und gegebenenfalls nach Schwere der Verfehlung (Gewaltanwendung, Drohung, Versprechen) die Strafe der Entlassung aus dem Klerikerstand verhängt werden.[2106] Ein Kleriker, der eine Abtreibung vornimmt, unterstützt und befürwortet, zieht sich bei erfolgter Ausführung der Abtreibung die Tatstrafe der Exkommunikation und Entlassung aus dem Klerikerstand zu.[2107]

2101 Vgl. CIC/1983, c. 1389 § 1.
2102 Vgl. CIC/1983, c. 1370 § 2.
2103 Vgl. CIC/1983, c. 1383.
2104 Vgl. CIC/1983, c. 1395 § 1.
2105 Vgl. CIC/1983, c. 1394 § 1.
2106 Vgl. CIC/1983, c. 1395 § 2.
2107 Vgl. CIC/1983, c. 1398.

4.5 Amtsenthebung eines Klerikers

4.5.1 Vorbemerkung

Ein Kleriker wird entweder durch erlassenes Dekret der zuständigen Autorität oder von Rechts wegen seines Amtes enthoben.[2108] Die Amtsenthebung eines Klerikers von seinem Amt „setzt weder begrifflich noch faktisch eine *Schuld* des Enthobenen voraus, schließt sie aber nicht aus."[2109] Dennoch können Kleriker gegebenenfalls wegen Straftaten ihres Amtes enthoben oder in den Vorruhestand versetzt werden. Es ist jedoch zu beachten, dass Kleriker aufgrund ihres Alters,[2110] Krankheiten, anderer schwerwiegender Gründe, die dem Amtsinhaber die Wahrnehmung seines Dienstes unmöglich machen, oder im Fall der Vakanz des Stuhles des Amtverleihers ebenfalls ihres Amtes enthoben werden können.[2111]

4.5.2 Arten der Amtsenthebung

Die Amtsenthebung kann von *Rechts wegen* oder durch *Dekret* geschehen.[2112] Diese zwangsmäßige Entfernung von einem Amt „ist hoheitliches Vorgehen und unterscheidet sich von der Zwangsversetzung dadurch, daß begrifflich nur der Entzug des innegehabten Amtes und nicht die Übertragung eines neuen Kirchenamtes angezielt ist."[2113] Das bedeutet, dass der betreffende Amtsinhaber existentiell betroffen ist und die Maßnahme als Strafe oder als unberechtigten Zwang empfinden wird. Anders als Absetzung von einem Amt, die immer einen Strafcharakter hat, hat Amtsenthebung keinen Strafcharakter, sondern dient vornehmlich dem Schutz der kirchlichen Gemeinschaft, sozusagen dem Seelenheil der Gläubigen.[2114] In allen Fällen bleiben dennoch aufgrund eines Vertrages erworbene Rechte des Amtsinhabers unberührt (c. 192). Es ist zu beachten, dass es nicht um das Verhältnis zwischen dem Amtsverleiher und dem Beliehenen, sondern um Rechte aus

2108 Vgl. CIC/1983, c. 192.
2109 Heimerl/Pree, Kirchenrecht, 141.
2110 Vgl. CIC/1983, cc. 401 § 1, 538 § 3.
2111 Vgl. CIC/1983, cc. 184 § 2, 481.
2112 Vgl. CIC/1983, cc. 192, 194.
2113 Aymans/Mörsdorf, KanR I, 498.
2114 Vgl. Aymans/Mörsdorf, KanR I, 498.

mit Dritten abgeschlossenen Verträgen,[2115] die mit der Amtsinhaberschaft in einem Zusammenhang stehen, geht. Diese Rechte bleiben allerdings nicht nur bei Amtsenthebung durch Dekret unberührt, wie es die gesetzliche Formulierung nahelegt, sondern bei jeder Form der Amtsenthebung.[2116]

Bei der Amtsenthebung denkt man also in erster Linie an solche Maßnahmen, die auf einen, meist auch verschuldeten, Missstand reagieren. Jedoch kann eines Amtes, das jemand auf unbestimmte Zeit übertragen ist, dieser nur aus schwerwiegenden Gründen und unter Einhaltung der im Recht festgelegten Verfahrensweise enthoben werden. Dasselbe gilt auch für ein auf eine bestimmte Zeit übertragenes Amt, das vor Ablauf dieser Zeit beendet werden soll. Allerdings, so c. 193 § 3, kann eines Amtes, das jemandem gemäß den Rechtsvorschriften nach dem klugen Ermessen der zuständigen Autorität übertragen ist, von dieser „zuständigen Autorität" aus gerechtem Grund nach dem Urteil derselben Autorität enthoben werden.[2117]

4.5.3 Gründe für die Amtsenthebung

Ein Kleriker kann seines Amtes enthoben werden aufgrund folgender Delikte:

a) durch Verlust des Klerikerstandes,[2118]
b) durch tatsächlichen öffentlichen Abfall vom katholischen Glauben oder von der Gemeinschaft der Kirche,[2119]
c) durch den Versuch einer, auch nur einer zivilen, Eheschließung.[2120]

Es muss bei dieser „zivilen Eheschließung" bemerkt werden, „daß hinsichtlich [der Eheschließung] eines verwitweten Diakons durchaus an eine Dispens vom Ehehindernis der Weihe (c. 1087) zu denken ist. In diesem Fall zieht die Eheschließung nicht von Rechts wegen die Amtsenthebung nach sich."[2121]

2115 Vgl. Heimerl/Pree, Kirchenrecht, 140–141.
2116 Vgl. Socha, Formen der Amtsenthebung, c. 192, Rd.-Nr. 4.
2117 Vgl. Heimerl/Pree, Kirchenrecht, 140–141.
2118 Vgl. CIC/1983, cc. 194, 290–293, 694, 1041 3°, 1394, 1395, 1399.
2119 Vgl. CIC/1983, cc. 750 § 2, 751, 753, 754.
2120 Vgl. CIC/1983, cc. 194 § 1 3°, 277, 1394 § 1.
2121 Aymans/Mörsdorf, KanR I, 499.

Ein Kleriker wird seines Amtes enthoben wegen Apostasie, Häresie oder Schisma.[2122] Alle drei Fälle des Glaubensabfalls sind öffentlich, wenn sie nach außen sichtbar sind. Mit Eintritt der oben genannten Tatbestände ist das betroffene Kirchenamt vakant.[2123] Allerdings ist es notwendig, dass die vorliegenden Tatbestände beweisbar sind, um die sich daraus ergebenden Folgen durchsetzen zu können. Im Falle des Ausscheidens aus dem Klerikerstand ist dies beweisbar, da dieses Ausscheiden nie von Rechts wegen, sondern stets durch ausdrückliches hoheitliches Handeln geschieht.[2124]

Bei der Amtsenthebung wegen Eheschließung der Kleriker gibt es jedoch Ausnahmen, z. B. Kleriker, die aufgrund einer Dispens vom Ehehindernis der Weihe heiraten.[2125] Es betrifft auch Kleriker, die mit ihrer Partnerin geheim eine Ehewillenserklärung austauschen, ohne in irgendeiner Weise nach außen als verheiratet gelten zu wollen. Darüber hinaus betrifft es auch Ordensmitglieder, die ohne Dispens vom Ehehindernis des ewigen Gelübdes eine Eheschließung versuchen.[2126] Die Amtsenthebung erfolgt, sobald die Tatbestände eindeutig und sicher erfüllt sind. Der Amtsenthobene hat somit keine Amtsbefugnisse und –pflichten mehr.[2127] Sein Amt ist nun rechtlich vakant. Um die Enthebung rechtlich urgierbar zu machen, ist der zuständige Obere verpflichtet, sorgfältig den gesamten Sachverhalt zu prüfen und möglichst den Betroffenen anzuhören.[2128] Nach Durchführung der obigen Maßnahmen muss eine amtliche Erklärung durch den Oberen abgegeben werden. Die herbeigeführte Enthebung darf ohne weiteres geltend gemacht werden.[2129]

4.5.4 Amtsenthebung eines Pfarrers

Ein Pfarrer kann nach c. 1740 aus verschiedenen Gründen von seinem Amt enthoben werden,

2122 Vgl. CIC/1983, cc. 194 § 1 2°, 751.
2123 Vgl. CIC/1983, c. 194 § 1 2°.
2124 Vgl. CIC/1983, c. 290. Vgl. auch Aymans/Mörsdorf, KanR I, 499.
2125 Vgl. Socha, Amtsenthebung von Rechts wegen, c. 194, Rd.-Nr. 4. Vgl. dazu CIC/1983, cc. 1078 § 2 1°, 1079 §§ 1, 2, 4, 1087.
2126 Vgl. CIC/1983, cc. 1088, 694 § 1 2°, 1394 § 2.
2127 Vgl. CIC/1983, cc. 143 § 1, 153.
2128 Vgl. CIC/1983, c. 50.
2129 Vgl. CIC/1983, cc. 143 § 1, 153.

a) wenn sein Verhalten der kirchlichen Gemeinschaft schweren Schaden zufügt oder Verwirrung verursacht,
b) wenn Unerfahrenheit oder Unwissenheit oder dauernde geistige oder körperliche Schwäche die Wahrnehmung der Aufgaben nicht möglich macht,
c) wenn sein guter Ruf aufgrund seines Verhaltens beschädigt wurde,
d) wenn trotz Mahnung des Ordinarius oder seiner Vertreter eine schwere Vernachlässigung oder Verletzung von Pfarrerpflichten weiter fortbesteht,
e) wenn eine schlechte Verwaltung des kirchlichen Vermögens der Kirche schweren Schaden zufügt und diesem Übel keine andere Abhilfe geschaffen werden kann.[2130]

4.5.5 Verfahren zur Amtsenthebung eines Pfarrers

Die Amtsenthebung von Ordenspriestern oder Mitgliedern einer Gesellschaft des apostolischen Lebens erfolgt nach den Regelungen der cc. 1742 § 2 und 682 § 2,[2131] während cc. 1742–1747 die Amtsenthebung eines Diözesanpriesters regeln. Sofern auf Grund einer durchgeführten Erhebung feststeht, dass ein Grund zur Amtsenthebung gemäß cc. 1740 und 1741 vorliegt, muss der Ordinarius die Angelegenheit zunächst mit zwei erfahrenen Pfarrern beraten, die für solche Angelegenheiten ausgewählt und durch Wahl für längere Zeit zuständig sind.[2132] Kommt der Ordinarius aufgrund dieser Beratung zu der Überzeugung, dass der betreffende Amtsinhaber seines Amtes enthoben werden muss, dann ist der Gültigkeit wegen zu verlangen, dass der Ordinarius gegenüber dem Pfarrer seine Gründe sowie die erhobenen Beweise darlegt und ihn auffordert, innerhalb von fünfzehn Tagen auf sein Amt zu verzichten.[2133] Wenn der betreffende Pfarrer dieser Aufforderung entspricht, greifen allgemein die Bestimmungen über den freiwilligen Amtsverzicht des Pfarrers.

Sollte der betreffende Pfarrer innerhalb dieser Frist nicht antworten, muss der Bischof seine Aufforderung wiederholen und die Nutzfrist

2130 Vgl. CIC/1983, c. 1741.
2131 Vgl. CIC/1983, c. 1742 §§ 1, 2.
2132 Vgl. CIC/1983, c. 1742 § 1.
2133 Vgl. CIC/1983, c. 1743.

verlängern.[2134] Sofern für den Bischof feststeht, dass der betreffende Pfarrer diese zweite Aufforderung erhalten hat, ohne Angaben von Gründen den Amtsverzicht ablehnt und ohne dass er jedoch darauf antwortet, obwohl er nicht durch eine rechtmäßige Verhinderung, z. B. Krankheit oder Gefangenschaft entschuldigt ist, muss der Bischof das Dekret zur Amtsenthebung erlassen.[2135] Der Pfarrer kann jedoch die vom Bischof vorgelegten Gründe und Beweise bestreiten und entsprechende Gegengründe und Gegenbeweise vorbringen.[2136] Der Bischof entscheidet dann letztgültig aufgrund der Argumentation, ob es zur Amtsenthebung kommt oder nicht. Erscheinen dem Bischof die vorgebrachten Gründe nun unzureichend, muss er den Pfarrer auffordern, nach Akteneinsicht seine Gegendarstellung in entsprechender Weise schriftlich vorzulegen.[2137] Mit den vorgenannten ausgewählten beiden Priestern muss der Bischof den nun gegebenen Sachstand erörtern und aufgrund dieser gemeinsamen Beratung entscheiden, ob der Pfarrer seines Amtes enthoben werden soll oder nicht und muss dann baldmöglichst ein entsprechendes Dekret erlassen.[2138] Der betroffene Pfarrer hat allerdings die Möglichkeit zur hierarchischen Verwaltungsbeschwerde gemäß cc. 1732–1739.

4.5.6 Versorgung des Amtsenthobenen

Wird jemand nicht von Rechts wegen, sondern durch Dekret der zuständigen Autorität seines Amtes enthoben, muss sein Unterhalt von derselben Autorität gesichert werden.[2139] Dieselbe Autorität hat auch die Rechtspflicht, eine *angemessene* Zeit lang für die Existenz des Amtsenthobenen zu sorgen, wenn nicht auf andere Weise Vorsorge getroffen wird,[2140] und zwar durch Anweisung eines anderen Amtes, falls er dazu geeignet ist, oder durch eine Pension,[2141] so wie der Fall liegt und die Umstände es

2134 Vgl. CIC/1983, c. 1744 § 1.
2135 Vgl. CIC/1983, c. 1744 § 2.
2136 Vgl. CIC/1983, c. 1745.
2137 Vgl. CIC 1983, c. 1745 1°.
2138 Vgl. CIC 1983, c. 1742 2°, 3°.
2139 Vgl. CIC/1983, c. 1746.
2140 Vgl. CIC/1983, c. 195. Vgl. auch CCEO, c. 977.
2141 Vgl. CIC/1983, cc. 1446 § 3, 1746.

erlauben. Der Umfang dieser Sorgepflicht dem Amtsenthobenen gegenüber bezieht sich auf die Existenz des Amtsenthobenen und derer, für die dieser eine unaufhebbare Verantwortung trägt, z. B. Ehefrau und Kinder. Aus der Rechtspflicht folgt nicht ein Anspruch auf unveränderte Versorgung wie zur Zeit der Amtsinhaberschaft.[2142] Ein Pfarrer wird seines Amtes enthoben oder abgesetzt, „wenn er gegen das Absetzungsdekret kein Rechtsmittel eingelegt hat oder der Rechtsweg für ihn erfolglos ausgeschöpft ist [...]. [...] Sofern also die Amtsenthebung nicht wegen eines Verschuldens des Pfarrers vorgenommen worden ist, für das er unter selbständigen Gesichtspunkten in seinen Rechten gemindert werden soll [...], hat ihm der Bischof nicht nur ungeschmälerten Unterhalt zu gewährleisten, zu dessen Minimum er aufgrund der Inkardination in jedem Fall verpflichtet bleibt, [...]"[2143], sondern ihn auch nach seinen Kräften einzusetzen.

Dies gilt allerdings nicht, argumentierte Lüdicke, wenn der Pfarrer aufgrund von Krankheit oder altersbedingter Amtsunfähigkeit abgelöst wurde und nunmehr in den Ruhestand versetzt werden soll. In diesem Fall hat er Anspruch auf Pension nach den in der Teilkirche allgemein geltenden Regelungen.[2144] Das darf aber nicht dahingehend verstanden werden, dass c. 1746 uneingeschränkte Versorgungsansprüche für den enthobenen Pfarrer gewährt. Diese Ansprüche können vielmehr nur nach den örtlichen Gegebenheiten, seinem Verschulden und der wirtschaftlichen Situation der betreffenden Teilkirche oder Diözese geregelt werden. Kurz gesagt, der Enthobene kann finanzielle Hilfe nur beanspruchen, wenn das entzogene Amt seine Existenzgrundlage bildete, z. B. wenn er dieses Kirchenamt hauptberuflich ausgeübt hat.[2145] Dies gilt auch, wenn er mehrere Ämter rechtlich und faktisch miteinander ausgeübt hat.[2146] Finanzielle Hilfe steht ihm außerdem nur zu, wenn er seinen Unterhalt nicht anderweitig gewährleisten kann. Bleibt die finanzielle Situation des Betroffenen durch die Amtsenthebung unberührt oder verschlechtert sie sich nicht erheblich, ist die enthebende Autorität nicht verpflichtet, Unterstützung zu gewähren. Dies ist z. B. der

2142 Vgl. Aymans/Mörsdorf, KanR I, 501.
2143 Lüdicke, Sorge, c. 1746, Rd.-Nrn. 2–3.
2144 Vgl. Lüdicke, Sorge, c. 1746, Rd.-Nr. 3.
2145 Vgl. CIC/1983, c. 1746.
2146 Vgl. CIC/1983, c. 152.

Fall, wenn der Enthobene aufgrund der Inkardination,[2147] der Inkorporation in ein Institut des geweihten Lebens,[2148] oder der vertraglichen Anstellung[2149] sein Auskommen hat, wenn er einen Zivilberuf ausübt,[2150] wenn er eine Pension oder Rente bezieht[2151] oder über ein ausreichendes Vermögen verfügt. Wer allerdings von Rechts wegen eines Kirchenamtes enthoben wird,[2152] hat grundsätzlich keinen Anspruch auf Versorgung von Kirchenseite, selbst wenn er deswegen in Not gerät.

Ein vom katholischen Glauben Abgefallener repräsentiert die Kirche nicht mehr, diese muss sich deshalb ihrerseits auch nicht an die Fürsorgepflicht gebunden fühlen. Eine ungültig geweihte Person hat ebenso keinen Anspruch auf Versorgung durch die Kirche.[2153] Das Laisierungsreskript gemäß c. 194 setzt voraus, dass der Betroffene alle durch seine Ordination erhaltenen Rechte und Pflichten verliert. Kleriker, die eine Eheschließung versuchen (gemäß c. 194) oder in drängender Todesgefahr die Zölibatsdispens erbitten und erhalten, widerrufen ihre Bereitschaft zum ehelosen Leben, welche die Kirche als Voraussetzung betrachtet, wenn sie anlässlich einer Weihe die lebenslange Fürsorgegewährleistung übernimmt.[2154] Dieser Versorgungsentzug dient u. a. als Sühne und ist eine Reaktion auf schwerwiegende Vergehen von Seiten des Enthobenen, die zur strafweisen Entlassung aus dem Klerikerstand geführt haben.[2155] Allerdings soll der Ordinarius bei wirklicher Not des Entlassenen eine möglichst gute Vorsorge treffen.[2156] Diese Sorge für den Amtsenthobenen für angemessene Zeit soll nicht als ein Akt der Nächstenliebe verstanden werden, sondern als Rechtspflicht des Ordinarius gegenüber dem Betroffenen,[2157] denn durch „das

2147 Vgl. CIC/1983, c. 266 § 1.
2148 Vgl. CIC/1983, c. 573.
2149 Vgl. CIC/1983, c. 231.
2150 Vgl. CIC/1983, c. 281.
2151 Vgl. CIC/1983, cc. 281 § 3, 1746.
2152 Vgl. CIC/1983, c. 194.
2153 Vgl. CIC/1983, c. 194 § 1, 2°.
2154 Vgl. Socha, Versorgung des Amtsenthobenen, c. 195, Rd.-Nr. 11. Vgl. auch CIC/1983, cc. 277, 1037, 1087.
2155 Vgl. CIC/1983, c. 1312 § 1 2°, 1350 § 2.
2156 Vgl. CIC/1983, c. 1350 § 2.
2157 Vgl. CIC/1983, c. 195.

Partikularrecht können auch für andere *ipso iure* eines Amtes Enthobene rechtliche Unterhaltsansprüche begründet werden."[2158]

Auch wenn die Amtsenthobenen keinen rechtlich durchsetzbaren Unterstützungsanspruch haben, ist der Ordinarius aufgrund der christlichen Liebesverpflichtung aufgefordert, ihnen Hilfe zu gewähren. Es darf nicht der Fall sein, dass ein Amtsenthobener aufgrund finanzieller Not sein Leben nicht bestreiten kann. Unbeschadet der sittlichen und kanonischen Verpflichtungen der Autorität dem Amtsenthobenen gegenüber[2159] wird in manchen Staaten (Deutschland) verlangt, dass für die Amtsenthobenen Beiträge für die gesetzliche Sozialversicherung nachentrichtet werden. Das gilt auch für Angehörige eines Institutes des geweihten Lebens (Orden), die ausscheiden. Wichtig ist, dass diese Personen in einem Sozialstaat existentiell abgesichert sind.[2160]

4.6 Verlust des klerikalen Standes

4.6.1 Vorbemerkung

Der kirchliche Gesetzgeber spricht vom *ministerium ecclesiasticum* im Sinne des kirchlichen Dienstamtes, das den Klerikern vorbehalten ist.[2161] Jedoch kann unter bestimmten Umständen oder Voraussetzungen der kirchliche Amtsinhaber bzw. der Kleriker von seinem Amt und aus dem Klerikerstand ausgegliedert oder entlassen werden.[2162] Die Ausgliederung oder Entlassung aus dem Klerikerstand ist nach dem geltenden Recht die sogenannte Amissio Status Clericalis.[2163] Unter dem Begriff Amissio „versteht man die Aufhebung der durch den gültigen Empfang der Diakonenweihe erworbenen besonderen Gliedschaftsstellung des geistlichen Standes und die Rückführung des Geweihten in die Gliedschaftsstellung eines Laien."[2164] Mit der Aufhebung der durch die Diakonenweihe gewonnenen Gliedschaftsstellung

2158 Socha, Versorgung des Amtsenthobenen, c. 195, Rd.-Nr. 12.
2159 Vgl. CIC/1983, c. 1746.
2160 Vgl. Fahrnberger, Entlassung, 221.
2161 Vgl. CIC/1983, cc. 281, 1008, 1036, 1331 § 1 1°, 1370 § 3, 1375, 1389 §§ 1, 2.
2162 Vgl. CIC/1983, cc. 274 § 1, 290–293.
2163 Vgl. CIC/1983, cc. 290–293.
2164 Fahrnberger, Ausscheiden, 283.

des geistlichen Standes am Ende des Verwaltungsverfahrens ist der Kleriker somit aus dem Klerikerstand entlassen worden.[2165] Wer also „aus dem Klerikerstand ausgegliedert wird, scheidet aus dem eigenen Heimatverband als solchem aus, ohne zugleich in einen neuen Heimatverband eingegliedert zu werden. [...] In jedem Fall ist die Ausgliederung die Folge eines hoheitlichen Handelns der Kirche; sie folgt nicht aus der bloßen Erklärung eines Klerikers, aus dem geistlichen Dienst ausscheiden zu wollen."[2166]

Zwar wird dem Kleriker kraft des Weiheempfanges ein unauslöschliches Prägmal verliehen,[2167] „daß weder die Weihe noch die mit ihr gegebenen Gewalten aufgehoben werden können, weder durch die kirchliche Autorität noch durch den Geweihten selbst (c. 290). Beim Ausscheiden aus dem Klerikerstand unterbindet die kirchliche Autorität jedoch die erlaubte Ausübung der Weihegewalt (c. 292) – ausgenommen die Lossprechung des Pönitenten in Todesgefahr, die immer zulässig ist (cc. 976, 986 § 2) [...]."[2168] Es soll darauf hingewiesen werden, dass mit dem Ausscheiden aus oder mit dem Verlust des klerikalen Standes der Betroffene alle mit der erlaubten Weihegewalt verbundenen Vollmachten verliert.[2169] Die Ausgliederung aus dem klerikalen Stand oder dessen Verlust soll nicht als eine Zurückversetzung des betroffenen Klerikers in den Laienstand (die sogenannte Laisierung) missverstanden werden,[2170] weil das nicht möglich ist. „Diese sprachliche Änderung ist dadurch veranlaßt worden, daß im theologischen Verständnis die Zurückversetzung eines gültig geweihten Diakons oder Priesters in den Laienstand nicht möglich ist. Nur im unfachlichen Sinn wird von ‚Laisierung' bzw. ‚Laisierungsverfahren' gesprochen, weil eine gültig empfangene Weihe niemals ungültig gemacht werden kann (vgl. c. 290)."[2171]

Während der Codex von 1917 die Entbindung von den Weiheverpflichtungen bei gültiger Weihe, die unter schwerer Furcht, Angst oder Zwang empfangen wurde, erlaubt,[2172] wurde diese Möglichkeit im Codex von 1983

2165 Vgl. CIC/1983, cc. 266 § 1, 290.
2166 Aymans/Mörsdorf, KanR II, 170.
2167 Vgl. CIC/1983, c. 1008.
2168 Fahrnberger, Ausscheiden, 283–284.
2169 Vgl. CIC/1983, c. 292.
2170 Vgl. CIC/1917, cc. 211–214.
2171 Krämer, Kirchenrecht II, 39.
2172 Vgl. CIC/1917, cc. 211–214. Vgl. dazu CIC/1983, c. 207 § 1.

nicht mehr gewährleistet. Die Konsequenz dieser Änderung ist, dass die betroffenen Kleriker keinen Rechtsanspruch auf Entlassung aus dem Klerikerstand haben, auch wenn die Behauptung aufgestellt wird, dass die Weihe nur unter Zwang stattgefunden hat.[2173] Dies ist begründet in der Tatsache, dass die Kleriker selber die Bitte um den Weiheempfang schriftlich gegeben und dabei ihre freie Entscheidung mit ihrer eigenen Unterschrift bestätigt haben.[2174] Dadurch wird bewiesen, dass bei der Weihe kein Zwang bestanden hat. Folglich ist zu bedenken: Die Entlassung aus dem Klerikerstand bedeutet nicht automatisch eine Befreiung von der Zölibatsverpflichtung, denn die aus dem Klerikerstand ausgegliederte Person benötigt noch ein Dispens von der Zölibatsverpflichtung vom Apostolischen Stuhl.[2175]

4.6.2 Arten der Amissio

Nach dem kirchlichen Gesetzgeber können Kleriker auf die drei folgenden Arten und Weisen aus dem Klerikerstand entlassen werden:

„1° durch richterliches Urteil oder durch Verwaltungsdekret, in dem die Ungültigkeit der heiligen Weihe festgestellt wird;

2° durch die rechtmäßig verhängte Strafe der Entlassung;

3° durch Reskript des Apostolischen Stuhles; dieses Reskript wird aber vom Apostolischen Stuhl Diakonen nur aus schwerwiegenden Gründen, Priestern aus sehr schwerwiegenden Gründen gewährt.“[2176]

4.6.3 Weitere Gründe für die Ausgliederung aus dem Klerikerstand

Unbeschadet der Vorschriften des c. 290 des CIC/1983 können Kleriker aufgrund folgender Delikte aus dem Klerikerstand entlassen werden:

4.6.3.1 Entlassung wegen Zölibatsverpflichtungsverstoßes

Die Entlassung oder Ausgliederung aus dem Klerikerstand aufgrund eines schwerwiegenden Verstoßes gegen die Enthaltsamkeitspflicht „dient als

2173 Vgl. Reinhardt, Verlust des Klerikerstandes, Laisierung, vor c. 290, Rd.-Nr. 2.
2174 Vgl. CIC/1983, c. 1036.
2175 Vgl. CIC/1983, c. 291.
2176 Vgl. CIC/1983, c. 290.

ein *ultimum remedium* für Kleriker, die mit der Zölibatspflicht mehr oder weniger im Konflikt leben, daraus jedoch selber keine Konsequenzen zu ziehen bereit sind. Aber auch bei Fällen sexuellen Missbrauchs, eines weltlich-rechtlichen Deliktes, das im Allgemeinen von der Gesellschaft als viel schwerwiegender eingestuft wird, kommt der Verlust des Klerikerstandes als Strafe nachdrücklich zum Zuge."[2177] Ein Kleriker, der trotz der Zölibatsverpflichtung[2178] eine Eheschließung, wenn auch nur zivil, versucht, muss mit Suspension oder Entlassung aus dem Klerikerstand belegt werden.[2179] Dabei braucht man nicht darauf achten, ob der Eheschließungsversuch gültig oder ungültig ist, denn die Eheschließung eines Klerikers ist nach geltendem Kirchenrecht ungültig.[2180] Die Regelungen des c. 194 § 1 3° gelten auch für Kleriker, die weltliche Ämter innehaben, da sie mit dem Eheschließungsversuch von ihren Ämtern suspendiert oder sogar aus dem Klerikerstand ausgegliedert werden müssen.[2181]

Die Strafe der Entlassung aus dem Klerikerstand kann gegebenenfalls „von der Kongregation für den Klerus nach einem ordnungsgemäßen Verwaltungsverfahren verhängt werden, indem jedoch stets das Recht auf Verteidigung gewahrt sein muß."[2182] Notwendig wäre dabei, dass dem betroffenen Kleriker nach den Vorermittlungen gemäß cc. 1717–1719 des CIC/1983 die entsprechenden Beweise zur Kenntnis gebracht werden und die Möglichkeit zur Stellungnahme oder Verteidigung gewährt wird.[2183] Die vorliegenden Beweismittel werden von zwei Klerikern sorgfältig überprüft. Ergibt sich dabei, dass der beschuldigte Kleriker die Straftat begangen hat und der Strafanspruch noch nicht verjährt ist (Verjährungsfrist: 5 Jahre), wird der Betroffene aus dem Klerikerstand entlassen werden.[2184]

2177 Torfs, Entlassung aus dem Klerikerstand, 477.
2178 Vgl. CIC/1983, c. 277 §§ 1, 2.
2179 Vgl. CIC/1983, cc. 194 § 1 3°, 694, 1394, 1395.
2180 Vgl. CIC/1983, cc. 1041 3°, 1394 § 1.
2181 Vgl. CIC/1983, c. 194 § 1 3°.
2182 Aymans/Mörsdorf/Müller, KanR IV, 575.
2183 Vgl. CIC/1983, c. 1720 1°.
2184 Vgl. Aymans/Mörsdorf/Müller, KanR IV, 576.

4.6.3.2 *Ausgliederung wegen schwerwiegender Gesetzesübertretungen*

Unbeschadet der Vorschriften des c. 290 des CIC/1983 können Kleriker ebenso aus dem Klerikerstand wegen schwerer Gesetzesverletzungen ausgegliedert werden.[2185] Zwar führt der kirchliche Gesetzgeber solche Verstöße im Einzelnen nicht auf, jedoch muss der Verstoß so schwerwiegend sein, dass die „Rechtsverletzung eine Bestrafung fordert und die Notwendigkeit drängt, Ärgernissen zuvorzukommen oder sie zu beheben."[2186] Der Ordinarius hat das Recht und die Pflicht für schwerwiegende Vergehen eines Klerikers in seiner Zuständigkeit eine angemessene Sanktion oder Buße zu verhängen. Eine solche Sanktion zielt darauf, Ärgernisse zu vermeiden und die Kleriker von weiteren Straftaten abzuhalten. Zwar kann die Kleruskongregation die vom Ordinarius verhängte Sanktion bestätigen, aber die Entlassung aus dem Klerikerstand ist nur dann zulässig, wenn der Kleriker keine Bereitschaft zur Änderung seines Verhaltens erkennen lässt.[2187]

4.6.3.3 *Entlassung aus dem Klerikerstand von Amts wegen*

In Berufung auf die Instruktion der Glaubenskongregation von 1971 ist es möglich, einen Kleriker von Amts wegen aus dem klerikalen Stand auszugliedern.[2188] Ein Kleriker, der sein Amt jedoch für lange Zeit (mehr als 5 Jahre) aufgegeben hat, kann von Amts wegen aus dem Klerikerstand entlassen werden.[2189] Im Einklang mit der Sonderinstruktion von Benedikt XVI. können Kleriker, „die ihren Dienst freiwillig und unerlaubt über einen ununterbrochenen Zeitraum von mehr als fünf Jahren aufgegeben haben [...]"[2190], vom Priesteramt durch die Kongregation für den Klerus ausgegliedert werden. Nach dieser Instruktion kann die Kongregation auch Kleriker von den mit dem Priestertum verbundenen Verpflichtungen, vor allem der

2185 Vgl. CIC/1983, c. 1399.
2186 Aymans/Mörsdorf/Müller, KanR IV, 576.
2187 Vgl. Aymans/Mörsdorf/Müller, KanR IV, 577.
2188 Vgl. Kongr. Glaubenslehre, Rundschreiben 1971, 303–308. Vgl. dazu auch Aymans/Mörsdorf/Müller, KanR IV, 577.
2189 Vgl. Aymans/Mörsdorf/Müller, KanR IV, 577.
2190 Aymans/Mörsdorf/Müller, KanR IV, 577.

Zölibatspflicht, dispensieren.[2191] Um die Entlassung von Amts wegen zu ermöglichen, muss der Entlassungsantrag vom Inkardinationsordinarius oder Inkardinationsoberen selber gestellt werden.[2192] Die Bearbeitung des Entlassungsantrages kann an einen anderen Kleriker delegiert werden. Der Ordinarius muss genauestens erkunden und sich dann sicher sein, ob der betroffene Kleriker seit langer Zeit ununterbrochen seinen priesterlichen Dienst unwiderruflich aufgegeben hat.[2193] Gut wäre es, wenn sich der Ordinarius mit dem Betroffenen in Verbindung setzen könnte.

Nach der Durchführung der Untersuchung des Ordinarius muss der beauftragte Kleriker einen Bericht verfassen und diesen, zusammen mit dem Votum des Ordinarius, an die Kongregation für den Klerus zur weiteren Entscheidung leiten.[2194] Die Kongregation für den Klerus kann nach Überprüfung der Akten der Entlassung aus dem Klerikerstand verbunden mit dem Dispens der klerikalen Verpflichtungen zustimmen oder sie verweigern.[2195] Unbeschadet der Vorschriften des c. 290 3° des CIC/1983 muss das Dekret zur Entlassung aus dem Klerikerstand von Amts wegen nicht vom Papst bestätigt werden. Demzufolge „ergibt sich die Möglichkeit des Rekurses an die Apostolische Signatur nach Art. 123 PastBon sowohl im Falle einer ablehnenden Entscheidung durch den Inkardinationsordinarius als auch in jedem Fall durch den Kleriker, der sich durch diese Entscheidung in seinen Rechten verletzt sieht."[2196]

4.7 Der Rechtsstatus einer aus dem Klerikerstand ausgegliederten (laisierten) Person

Der Verlust oder die Ausgliederung aus dem Klerikerstand[2197] berührt niemals den Prägmal-Charakter eines gültig empfangenen Weihesakramentes,

2191 Vgl. Kongr. Klerus, Rundschreiben Sondervollmachten, Nr. 8.

2192 Vgl. Kongr. Klerus, Rundschreiben Sondervollmachten, Nr. 1, Art. 1, 2 § 1. Vgl. dazu Aymans/Mörsdorf/ Müller, KanR IV, 578.

2193 Vgl. Kongr. Klerus, Rundschreiben Sondervollmachten, Nr. 1, Art. 2 §§ 2–3, Art. 3. Vgl. auch Aymans/ Mörsdorf/Müller, KanR IV, 578.

2194 Vgl. Kongr. Klerus, Rundschreiben Sondervollmachten, Nr. 1, Art. 5–6. Vgl. auch Aymans/Mörsdorf/ Müller, KanR IV, 578.

2195 Vgl. Kongr. Klerus, Rundschreiben Sondervollmachten, Nr. 1, Art. 7–8.

2196 Aymans/Mörsdorf/Müller, KanR IV, 578.

2197 Vgl. CIC/1983, c. 290.

denn eine gültig empfangene Weihe bleibt gültig auch nach dem Verlust des klerikalen Standes.[2198] Ein laisierter Kleriker verliert jedoch alle bisher in Anspruch genommenen klerikalen Rechte und Pflichten.[2199] Während ein gültig geweihter Priester nach der Ausgliederung aus dem klerikalen Stand gültig das Bußsakrament in Todesgefahr spenden darf,[2200] hat eine ungültig geweihte Person überhaupt kein Recht, dieses Sakrament zu erteilen. Darüber hinaus sind die laisierten Kleriker nicht mehr an die folgenden klerikalen Pflichten gebunden: kanonischer Gehorsam, Verrichtung des täglichen Stundengebetes und Residenzpflicht.[2201] Sie haben jedoch die Zölibatspflicht bis zum Dispens durch den Apostolischen Stuhl zu beachten. Auch dürfen sie solche Titel wie Pater, Hochwürden oder Pfarrer nicht mehr in Anspruch nehmen.[2202] Nach den Vorschriften des c. 278 § 1 des CIC/1983 haben Kleriker das Recht, sich mit anderen Vereinigungen zusammenzuschließen. Eine aus dem Klerikerstand ausgegliederte Person verliert seine Mitgliedschaft bei solchen Vereinigungen. Sie ist auch nicht mehr immun gegenüber Militäreinsätzen.[2203]

Die Ausübung von Kirchenämtern wird einer aus dem Klerikerstand ausgegliederten Person untersagt,[2204] denn durch „die Laisierung gehen alle Kirchenämter verloren, nicht etwa nur jene, zu deren Ausübung die Weihegewalt oder kirchliche Leitungsvollmacht erforderlich ist (vgl. c. 274 § 1). Der Kleriker verliert also mit der Laisierung auch solche Kirchenämter, die einem Laien zugänglich sind, wie z. B. das Amt des Diözesanökonomen, des Notars, des Ehebandverteidigers.“[2205] Ebenso ist laisierten Klerikern nicht gestattet, Klerikern vorbehaltene liturgische Funktionen zu vollziehen, auch dürfen sie bei Gottesdiensten nicht predigen,[2206] Kommunion austeilen[2207]

2198 Vgl. CIC/1983, c. 1008.
2199 Vgl. CIC/1983, cc. 273–289.
2200 Vgl. CIC/1983, cc. 976, 986 § 2.
2201 Vgl. CIC/1983, cc. 273, 275, 277, 279–280, 282–289.
2202 Vgl. Pree, Priester ohne Amt, 250. Vgl. dazu CIC/1983, c. 265.
2203 Vgl. CIC/1983, c. 289 § 1.
2204 Vgl. CIC/1983, cc. 274 § 1, 292, 767 § 1.
2205 Pree, Priester ohne Amt, 252. Vgl. dazu CIC/1983, c. 292.
2206 Vgl. CIC/1983, c. 767 § 1.
2207 Vgl. CIC/1983, c. 230 § 3.

oder das Ehesakrament spenden.[2208] Gegebenenfalls darf eine aus dem Klerikerstand ausgegliederte Person solche kirchlichen Ämter wie Richter oder Vermögensverwalter bekleiden.[2209]

4.7.1 Unterhaltsanspruch einer aus dem Klerikerstand entlassenen Person

Da ein Kleriker nach c. 281 des CIC/1983 Anspruch auf angemessenen Unterhalt hat, stellt sich die Frage, ob dieses Recht auch noch nach dem Verlust des Klerikerstandes gilt. Nach Pree erlischt der Unterhaltsanspruch „für den Kleriker mit dem Ausscheiden aus dem klerikalen Stand gem. c. 292, ferner bei einer von rechtswegen vollzogenen Enthebung vom Amt, durch das seine Existenz gesichert wird (c. 195); nicht erlischt der Unterhaltsanspruch durch Kirchenstrafen, ausgenommen allein die Entlassung aus dem Klerikerstand (c. 1350 § 1). Das bedeutet: Solange der Kleriker im Dienste für die Kirche steht, hat er ein subjektives Recht auf Unterhalt seitens der Kirche – auch dann, wenn Strafmaßnahmen auf Grund eines Zölibatsdeliktes eingeleitet worden sein sollten oder wenn er die Bitte um Zölibatsdispens eingebracht hätte. Damit ist auch klargestellt, daß der Priester, der zur kirchlichen Diensterfüllung bereit ist, aber wegen Zölibatsvergehen suspendiert wurde, seinen Versorgungsanspruch gemäß c. 1350 § 1 behält. Dies gilt freilich nicht für die Zivilehe, die in c. 1394 § 1 einer Sonderregelung mit spezifischen Rechtsfolgen unterliegt. Schließt ein Kleriker eine standesamtliche Ehe, wodurch er ipso iure sein Amt verliert, aufgrund dessen er eine Vergütung erhält, so verliert er seinen Rechtsanspruch auf diese Vergütung und überhaupt auf Unterhalt.“[2210]

Auch ein Kleriker, der von sich aus den kirchlichen Dienst aufgibt, ohne jedoch zu heiraten oder um Dispens zu bitten, verliert den Anspruch auf Unterhalt, da dessen Grundlage, also die Ableistung des priesterlichen Dienstes, weggefallen ist.[2211] Es muss jedoch beachtet werden, so Pree, dass ein emeritierter Priester, der bereits Alterversorgung bezieht, im Fall einer Zivileheschließung keineswegs sein Recht auf Unterhalt verliert: „Das Amt

2208 Vgl. CIC/1983, cc. 1108–1111.
2209 Vgl. CIC/1983, cc. 1421 § 2, 1435, 1282.
2210 Pree, Priester ohne Amt, 250–251.
2211 Vgl. Pree, Priester ohne Amt, 251.

hat er nicht mehr inne, welches entzogen werden könnte; ein automatisches Ausscheiden aus dem Klerikerstand tritt nicht ein und die Versorgungsansprüche beruhen auf früher geleisteten Diensten, nicht auf gegenwärtigen. In einem solchen Fall dürfte der Ordinarius die Bezüge erst einstellen, wenn der Klerikerstand verloren gegangen ist – was gegen den Willen des Priesters nur im Wege einer strafweisen Entlassung aus dem Klerikerstand möglich ist."[2212] Der Ordinarius ist zwar nicht verpflichtet, einem aus dem Klerikerstand Entlassenen Unterhalt zu zahlen, jedoch hat er eine Liebespflicht gegenüber dieser Person.[2213]

4.7.2 Resümee

Wie alle Christgläubigen haben auch Priester Rechte und Pflichten in der Kirche. Aufgrund der empfangenen Weihe und der Eingliederung in den Klerikerstand unterscheiden sich diese jedoch von denen der Laien. Die Priester haben sogenannte spezifische Rechte und Pflichten. Durch die ordnungsgemäße Einhaltung ihrer Pflichten werden die Kleriker in der Lage sein, ihre Dienste in der Kirche zu erfüllen. Da die Kirche ein eigenes angeborenes Recht darauf hat, straffällig gewordene Mitglieder durch Strafmittel zurechtzuweisen,[2214] können Kleriker, die eine Straftat begangen haben, mit Strafen belegt werden. Solche Klerikerstrafen sind Suspension, Amtsenthebung, Absetzung oder die Ausgliederung aus dem Klerikerstand.

2212 Pree, Priester ohne Amt, 251.
2213 Vgl. CIC/1983, c. 1350 § 2.
2214 Vgl. CIC/1983, c. 1311.

5 Die Identität der katholischen Priester in Bezug auf das priesterliche Leben in Igbo-Diözesen in Nigeria

5.1 Vorbemerkung

Das Thema dieser Forschung „Die Identität der katholischen Priester und das priesterliche Leben in den Igbo-Diözesen Nigerias – eine theologisch-rechtliche Untersuchung" legt eine Gliederung der Arbeit in zwei inhaltliche voneinander getrennte, aber aufeinander aufbauende Bereiche nahe. Während der erste Teil dieser Studie die allgemeine Identität der katholischen Priester im Einklang mit dem II. Vatikanum und gemäß dem geltenden Recht behandelt, befasst sich der zweite Teil mit der Konkretisierung der Identität der katholischen Priester in den Igbo-Diözesen in Nigeria. Der Schwerpunkt liegt dabei auf der Verwirklichung der Authentizität des priesterlichen Lebens. Zwar ist das Ziel dieses Teiles der Studie weder eine Analyse des traditionellen priesterlichen Bildes der Igbos noch eine Wiederholung der Geschichte des Katholizismus in Nigeria, denn viele Autoren haben hier schon umfassende Arbeiten darüber geliefert. Trotzdem ist ein kurzer geschichtlicher Überblick über das traditionelle Priestertum der Igbos und die Evangelisierung des Igbo-Stammes notwendig, um über ein gutes Hintergrundwissen zu verfügen.

Darüber hinaus wird die katholische priesterliche Identität im heutigen Igbo-Land betrachtet. Wie leben die Priester im Igbo-Land? Welches Verhältnis haben sie zu ihren Ordinarien und zueinander? Wie ist das Verhältnis zwischen den Priestern und den Laien? Was wird seitens der Laien von den Priestern erwartet? Wie können die Priester ihre Identität angesichts des aggressiven Auftretens des Islams und anderer religiöser Bewegungen in der heutigen nigerianischen Gesellschaft verwirklichen? Zusätzlich wird diese Studie die Krise der Priester in der heutigen Zeit im Igbo-Land betrachten, besonders die Probleme des Lebens in Bescheidenheit, Enthaltsamkeit und Vollkommenheit. Angesichts der kulturellen Unterschiede zwischen der christlich-europäischen und der Igbo-Lebensweise stellt sich die Frage, wie der Igbo-Priester authentisch sein priesterliches Leben und zusätzlich seine Identität als Igbo-Stammesangehöriger leben kann. Zum Schluss werden einige Empfehlungen zur authentischen priesterlichen Lebensführung gegeben.

5.2 Die Igbos in Südnigeria

Die Igbos gehören zu einem der größten Stämme Nigerias. Heute hat Nigeria drei große Stämme: die Igbos, die Hausas und die Yorubas. Während die Igbos vorwiegend in Südnigeria leben, sind die Hausas in Nordnigeria und die Yorubas in Westnigeria ansässig. Die Landessprache des Igbo-Volkes ist Igbo und Englisch gilt in Folge des britischen Kolonialismus als Amtssprache. Die Zahl der Bevölkerung wurde im Jahre 1970 auf vierzehn Millionen geschätzt. Ekanem hält aber diese Zahl aufgrund einer Volkszählung (Zensus) nach dem Biafrakrieg für unzureichend.[2215] Zurzeit leben ca. zwanzig Millionen Menschen im Igbo-Land. Der größte Teil der Bevölkerung gehört den christlichen Religionen an, während ca. 15 % noch Anhänger einer Naturreligion sind. Der Glaube an eine höhere Macht (Gott) hat einen besonderen Einfluss auf das Leben der Igbo-Bevölkerung, denn die Igbos – wie die meisten Afrikaner – können sich ein Leben ohne Religion nicht vorstellen, oder wie Bujo sagt: die Afrikaner seien unheilbar religiös.[2216] Religion und der Glaube an die Existenz einer höheren Macht bestimmen alle Aspekte des Igbo-Lebens und der Igbo-Tradition, und so kann man auch nicht in der traditionellen Igbo-Gesellschaft den Begriff Atheist finden.[2217] Es besteht keine Trennung zwischen Religion und säkularem Leben.[2218] Zu sein bedeutet deshalb für die Igbos die Zugehörigkeit zur Religion und zur Gesellschaft.[2219] Eines vom anderem zu trennen ist für die Igbos nicht möglich. Deswegen gibt es in der Naturreligion keinen Austritt aus der religiösen Gemeinschaft wie im Christentum.

Die Igbos glauben an zwei Welten, nämlich die Welt der Lebenden (Uwa oder die irdische Welt) und die Welt der Verstorbenen (Ala-mmuo oder das Jenseits). Während die Lebenden hier auf der Erde sind, halten sich

2215 Vgl. Ekanem, The 1963 Nigerian Census, 67.
2216 Vgl. Bujo, Vitalität der Kirche in Afrika, 9.
2217 Vgl. Onwubiko, African Thought, 24.
2218 Vgl. Mbiti, African Religions and Philosophy, 1.
2219 Vgl. Mbiti, African Religions and Philosophy, 2.

die Verstorbenen (die Ahnen) im Land des Jenseits auf.[2220] Beide Welten, die sichtbare und die unsichtbare, werden von den Igbos und anderen Afrikanern gesehen „als Lebensraum der Menschen [...], aber auch als ein Raum des Miteinanders, wo vergangene Generationen unsichtbar mit den gegenwärtigen in Kontakt treten, die ihrerseits Mütter der zukünftigen Generationen sind.“[2221] Die unsichtbare Welt (Ala-mmuo oder das Jenseits) umfasst nicht nur den allmächtigen Gott (Chi-ukwu oder der große Gott), sondern auch die anderen Götter, die Geister, die Ahnen und die, die noch reinkarnieren werden.[2222] Zwischen den Lebenden und Verstorbenen besteht eine untrennbare gemeinschaftliche Verbindung. Diese hängt zusammen, weil „die menschliche Gemeinschaft sich nicht auf die irdisch Lebenden beschränkt, sondern dreidimensional ist und neben den Lebenden sowohl die Ahnen als auch die Noch-nicht-Geborenen umfasst. Nur durch die gegenseitigen Beziehungen zwischen den Mitgliedern dieser drei Teilgemeinschaften erreicht man das wahre Menschsein [...] und kann zugleich gottgefällig sein.“[2223]

Die verstorbenen Ahnen haben nach der Auffassung der Igbos einen unübersehbaren Einfluss auf das Leben der hier und heute Lebenden und auf das Geschehen in der Gesellschaft.[2224] Das führt zu der sogenannten Ahnenverehrung,[2225] die jedoch der Präsenz des allmächtigen Gottes (Chi-ukwu) nicht widerspricht, denn man kann auch durch die Ahnen den allmächtigen Gott erreichen. Der Glaube an das Jenseits führt dazu, dass die Verstorbenen nicht als wirklich tot betrachtet werden,[2226] sondern als Lebende in einer anderen Welt, an die man sich wenden kann und die sich von sich aus für das Wohl der Sippe engagieren.[2227] Diese Weltanschauung führt zu einer Reinkarnationstheologie des Igbo-Volkes.[2228] Die Reinkarnation (ilo-uwa oder die Rückkehr in die Welt nach dem Tod) bedeutet für

2220 Vgl. Metuh, African Religions, 38.
2221 Benedikt XVI., Africae Munus, Nr. 69.
2222 Vgl. Bujo,Vitalität der Kirche in Afrika, 9.
2223 Bujo, Vitalität der Kirche in Afrika, 9.
2224 Vgl. Egbuchulem, Death, Burial and Mourning, 123.
2225 Vgl. Bujo, Vitalität in der Kirche in Afrika, 9.
2226 Vgl. Obilor, Reincarnation, 124.
2227 Vgl. Obilor, Reincarnation, 137.
2228 Vgl. Obilor, Reinkarnation, 138.

die Igbos, dass die Verstorbenen in ihren Kindern, Enkeln und Verwandten wiederkehren können.[2229] Diese Wiederkehr nach dem Tod gilt als Zeichen der Liebe, der Verbundenheit und der Solidarität zwischen den Lebenden und den Verstorbenen[2230] und zeigt auch, dass der Tod die Verbindung zu den Lebenden nicht beendet, denn die Verstorbenen sind immer für ihre lebenden Familienmitglieder da.[2231]

Die Ahnen sind also immer in der Lage, ihre Kinder und Familienmitglieder zu bewahren und zu beschützen. Darüber hinaus wollen sie die Zahl ihrer Familienmitglieder durch Geburt und durch Reinkarnation erweitern. Sie tun dies mit größerem Eifer als die Götter.[2232] Jedoch werden sie nicht wie die Götter geehrt, denn trotz ihres Einflusses sind sie noch Familienmitglieder.[2233] Da es nach der Igbo-Weltanschauung zwei Welten gibt[2234] (Welt der Lebenden und Welt der Verstorbenen), existiert im traditionellen Bild der Igbo-Religion kein Hinweis auf Himmel, Paradies oder Hölle.[2235] Diese Begriffe waren den Igbos fremd und sind es teilweise heute noch. Sie wurden erst durch die Missionare eingeführt.[2236] Demzufolge können die Verstorbenen weder im Himmel noch in der Hölle sein, denn sie werden entweder reinkarnieren oder im Land der Verstorbenen (Ahnen) bleiben.

5.2.1 Das Gottesbild des Igbo-Volkes

Religion und der Glaube an den allmächtigen Gott (Chi-ukwu) bilden das Zentrum der Igbo-Weltsicht und beide haben eine unübersehbare Wirkung auf das Leben der Igbos. Die Religion und die Tradition gehören für die Igbos untrennbar zusammen, denn sie sind von Natur aus religiös

2229 Vgl. Obilor, Reincarnation, 125–127.
2230 Vgl. Okolo, The Igbo Belief, 98.
2231 Vgl. Chegwe, Re-incarnation, 117–123.
2232 Vgl. Ezekwugo, Chi, 156. "The Ancestors never fail in their duty of fighting to protect their living children and of increasing their families with new arrivals. This They do with more fervour and zeal than even the gods, for the living are their own offsprings."
2233 Vgl. Anozia, Igbo Names, 23.
2234 Vgl. Anozia, Igbo Names, 2.
2235 Vgl. Opara, Trinity, 272.
2236 Vgl. Idowu, Olodumare, 189–194.

und traditionsverbunden.[2237] Kindern wird schon von Geburt an Respekt und Ehrfurcht vor Gott und Beachtung der Tradition vermittelt. Der Igbo-Mensch ist da und hat seine Bedeutung aufgrund seiner Zugehörigkeit zur Igbo-Tradition (Religion und Gesellschaft).[2238] Er gehört immer zu seiner Sippe (Umunna)[2239] und alle seine Taten und Handlungen haben auch religiöse Bedeutung.[2240] Religion nach traditionellem Verständnis hat nichts mit der Zugehörigkeit zu einer Glaubensgruppe zu tun, sondern der Glaube an die Existenz einer großen Gottheit (Chi-ukwu – der große Gott), der Himmel und Erde erschaffen hat,[2241] ist das Wesentliche. Die Existenz und die Wirkungen der kleinen Götter, der guten und bösen Geister,[2242] der Ahnen, Amulette und Talismane, sind den Igbos nicht fremd.[2243] Anders als die kleinen Götter ist der allmächtige Gott (Chi-ukwu) Schöpfer der Welt und allwissend.[2244]

Er bestimmt und herrscht über alles,[2245] während die kleinen Götter als Mittler zwischen dem Chi-ukwu und den Menschen wirken. Der Chi-ukwu unterscheidet sich also aufgrund seiner Macht von den kleinen Göttern.[2246] Anders als der Chi-ukwu, der im Jenseits lebt, halten sich die kleinen Götter zwischen beiden Welten auf und leben sogar bei den Menschen. Darum heißt es in Igbo: Jeder Mensch wird von seinem eigenen Gott geleitet oder geführt (Chi onye na-edu-ya). Bei den Igbos gibt es für Chi-ukwu keinen Altar oder Tempel,[2247] denn Chi-ukwu lebt im Jenseits (Chi-ukwu bi nelu = Gott, der oben wohnt). Demzufolge, so Nwoga, gab es in der Igbo-Tradition keinen Beweis, dass ein Tempel oder Altar wie bei christlichen Religionen für Chi-ukwu errichtet werden sollte, denn Gott ist unsichtbar und Geist zugleich.[2248] Im Gegensatz zum Christentum ist die Naturreligion der Igbos

2237 Vgl. Mbiti, African Religions and Philosophy, 262.
2238 Vgl. Mbiti, African Religions and Philosophy, 106.
2239 Vgl. Okorie, Integral Salvation of the Human Person, 320.
2240 Vgl. Leonard, The lower Niger, 429.
2241 Vgl. Achebe, Okonkwo, 197.
2242 Vgl. Arinze, Brücken bauen, 15.
2243 Vgl. Idowu, African Traditional Religion, 139.
2244 Vgl. Nwoga, The Supreme God, 71–72.
2245 Vgl. Uchendu, Igbo, 94.
2246 Vgl. Jordan, Bishop Shanahan, 55.
2247 Vgl. Nze, The Concept of God, 5.
2248 Vgl. Nwoga, The Supreme God, 30.

keine Offenbarungsreligion, denn Chi-ukwu (der allmächtige oder große Gott) offenbart sich nicht, da er Geist ist. Gott als Offenbarer ist ein christliches Konzept, das durch die Missionare in das Igbo-Land gebracht wurde, führte Nwoga weiter aus.[2249] Durch die kleinen Götter hat man Zugang zum großen Gott.[2250] Anders als die kleinen Götter benötigt der große Gott keine Opfergaben, denn er hat ja schon alles (Chi-zu-ruoke) und er ist sogar der Geber alles Guten.[2251] Er ist barmherzig und bestraft nicht, während die kleinen Götter rach- und streitsüchtig sind und deswegen Besänftigungsopfer fordern.[2252] Opfer werden deshalb nur über die kleinen Götter an den großen Gott für bestimmte Anlässe durch die traditionellen Priester dargebracht.[2253]

5.2.2 Die Priester „Uko-Chukwu" im traditionellen Verständnis der Igbo-Kultur (vor der Missionierung)

Die traditionellen Priester (Uko-Chukwu oder Botschafter Gottes) gelten als Mittler zwischen den Menschen und den Göttern.[2254] Sie werden berufen und nicht gewählt,[2255] um den Dienst für die Götter und die Menschen zu vollziehen.[2256] Aufgrund ihrer sakralen Dienste leben sie deshalb abgesondert und müssen ein tadelloses Leben führen. Es wird auch von ihnen erwartet, dass sie alles meiden, was für ihre Stellung als Priester ungeziemend und fremd ist, z. B. Diebstahl, Lügen, Streitereien. Da das Priestertum durch Erbfolge übertragen wird, muss die Priesterfamilie genügend männlichen Nachwuchs haben.[2257] Obwohl das Priestertum in der Igbo-traditionellen Gesellschaft nur Männern vorbehalten ist, können Frauen als Heilerinnen wirken, jedoch ohne die Möglichkeit, den Göttern Opfergaben darzubringen.[2258]

2249 Vgl. Nwoga, The Supreme God, 30.
2250 Vgl. Achebe, Okonkwo, 197.
2251 Vgl. Obilor, Reincarnation, 119.
2252 Vgl. Obilor, Reincarnation, 119.
2253 Vgl. Arinze, Sacrifice, 50.
2254 Vgl. Basden, Niger Ibos, 62.
2255 Vgl. Arinze, Sacrifices, 68.
2256 Vgl. Onwubiko, African Thought, 77.
2257 Vgl. Njoku, Catholic Church in Nigeria, 16.
2258 Vgl. Njoku, Catholic Church in Nigeria, 17.

Zwar sind die Priester gleichgestellt, trotzdem werden die älteren unter ihnen besonders geehrt, denn sie haben mehr Erfahrung und es ist die Aufgabe der ältesten Priester, die Nachfolger in den Priesterstand einzuführen. Darüber hinaus gilt der Respekt gegenüber den Älteren des Dorfes als eine Tugend des Igbo-Volkes, denn ein *„Mann, der den Großen Achtung erweist, ebnet den Weg für seine eigene Größe."*[2259] Zwar wird ein Sohn des Priesters durch Erbfolge in das traditionelle Priesteramt berufen, aber es sind die Götter, die den Auserwählten bestimmen.[2260] Nach Achebe spielen Alter, Stärke und Äußerlichkeiten keine Rolle, denn die Götter können auch schon ein Kleinkind als Nachfolger seines Vaters erwählen.[2261] Nach der Berufung eines Priesters wird er in seinen priesterlichen Dienst eingeführt und in sein Amt installiert. Dann wird er auf dem Marktplatz den Dorfbewohnern gezeigt.[2262]

5.2.3 Die priesterlichen Gruppen des Igbo-Volkes

Nach der Igbo-Theologie und Weltanschauung werden die Priester als Mittler zwischen den Menschen und den Göttern angesehen.[2263] Es gibt zwei Formen des Priestertums, den Dibia (=Heiler) und den Ezemmuo (=der Hohepriester).[2264] Während Frauen und Männer Heilungsdienste verrichten können, ist die Stelle des Hohenpriesters nur Männern vorbehalten.[2265]

5.2.3.1 Dibia oder Heiler

Die Heiler (Dibia) hatten und haben die Aufgabe, bei Krankheiten und körperlichen und seelischen Beschwerden zu helfen. Sie gelten zugleich auch als Seher, Wahrsager und Exorzisten.[2266] In der traditionellen Igbo-Gesellschaft werden manche Krankheiten als Strafe der Götter angesehen, und nur die Heiler (Dibia) können aufgrund ihrer Fähigkeit als Wahrsager und Seher

---

2259 Achebe, Okonkwo, 27.
2260 Vgl. Achebe, Arrow of God, 70–71.
2261 Vgl. Achebe, Arrow of God, 4.
2262 Vgl. Onwubiko, African Thought, 77–78.
2263 Vgl. Onwubiko, Igbo Traditional Religion, 264 ff.
2264 Vgl. Okwor, The Priesthood from an Igbo Perspective, 135–137.
2265 Vgl. Njoku, Catholic Church in Nigeria, 16–17.
2266 Vgl. Okwor, The Priesthood from an Igbo Perspective, 137.

die Ursache solcher Krankheiten erkennen und somit Heilung erwirken.[2267] Gegebenenfalls können sie die Götter durch Gebete und Opfergaben besänftigen und um Heilung und Austreibung des bösen Geistes bitten. Deshalb werden sie auch manchmal als Priester oder Priesterinnen angesehen.[2268]

5.2.3.2 Ezemmuo oder Hoherpriester

Der Ezemmuo ist für die Igbos der eigentliche Priester und deshalb der Hohepriester (Onye Ishi agbara)[2269]. Der Ezemmuo hat großes Ansehen und Macht in der traditionellen Igbo-Gesellschaft und gilt als der eigentlichen Mittler zwischen den Göttern und den Menschen.[2270] Der Ezemmuo ist mächtig und gilt zugleich als *Okara mmuo okara mmadu*,[2271] d. h. er ist halb Mensch und halb Gott. Aufgrund seiner Fähigkeiten wurde er auch gefürchtet, denn er konnte auch Unheil verursachen. Kraft seines Amtes kann er nicht nur die Götter durch Opferdarbringung besänftigen, sondern sie sogar miteinander versöhnen.[2272] Während man einerseits Ezemmuo (Hoherpriester) nur durch Erbfolge wird, kann man andererseits durch traditionelle Ausbildung ein Dibia (Heiler) werden.[2273] Jeder Ezemmuo ist zuständig für bestimmte Götter und wird in seinem Amt durch den Vollzug bestimmter Riten eingesetzt.[2274]

Nach Onwubiko müssen sich die zukünftigen Ezemmuo, anders als die Dibias, einer traditionellen Reinigungszeremonie unterwerfen, ihnen muss auch das traditionelle Priesterkleid angelegt werden. Darüber hinaus müssen sie sich die Amulette der Götter (Ola muo) überstreifen und zum Schluss auch einen traditionellen Topf der Götter auf ihren Kopf setzen lassen. Danach werden sie von den anderen Ezemmuo als Priester der Götter anerkannt.[2275] Im Gegensatz zu katholischen Priesterweiheriten findet im Igbo-traditionellen Priestertum also keine Handauflegung statt. Der neue

2267 Vgl. Okwor, The Priesthood from an Igbo Perspective, 137–138.
2268 Vgl. Arinze, Sacrifice, 62.
2269 Vgl. Njoku, Catholic Church in Nigeria, 16.
2270 Vgl. Njoku, Catholic Church in Nigeria, 16–17.
2271 Vgl. Achebe, Arrow of God, 133.
2272 Vgl. Arinze, Sacrifice, 84.
2273 Vgl. Njoku, Catholic Church in Nigeria, 19.
2274 Vgl. Onwubiko, African Thought, 77–78.
2275 Vgl. Onwubiko, African Thought, 77.

Ezemmuo kann nun als Mittler zwischen den Göttern und den Menschen und den Göttern untereinander eintreten.[2276] Demzufolge ist er nun berechtigt, durch seine Opferdarbringung die Beziehung zwischen den Lebenden und den Ahnen zu pflegen.

5.2.3.3 Die priesterlichen Funktionen in der traditionellen Igbo-Gesellschaft

a) Die Priester wirken als Mittler zwischen den Göttern und den Menschen,[2277] zwischen den Lebenden und Verstorbenen und zwischen den Göttern untereinander.
b) Sie gelten als Sprachrohr der Götter, denn durch Symbole und Zeichen können sie den Willen der Götter den Menschen nahebringen.[2278] Sie haben dadurch eine prophetische Aufgabe.
c) Der traditionelle Priester vollzieht das Opfer an die Götter.[2279] Nach Dawson haben die traditionellen Igbo-Priester einige wichtige Funktionen, nämlich den Göttern zu dienen, ihnen Opfer zu bringen und die Menschen im Namen der Götter zu segnen.[2280] Während die Opfer für gute Ernte, Ehe und Familie, Gesundheit, Fruchtbarkeit, Schutz vor Feinden und langes Leben den eigenen persönlichen Bereich betreffen (privat)[2281], sind z. B. Besänftigungsopfer (Ikuju-mmu-obi) und Reinigungsopfer (Ikwa-Ala) Opfer für das gemeinschaftliche Leben.[2282]
d) Die Priester sind auch Diener der Orakel und es ist ihre Aufgabe, das Orakel bei Nöten der Dorfbewohner zu befragen,[2283] vor allem „wenn Mißgeschick sie niederdrückte oder wenn sie mit ihren Nachbarn im Streite lagen. Sie kamen, um zu ergründen, was die Zukunft für sie bereithielt, oder um ihre verstorbenen Ahnen anzurufen."[2284]

2276 Vgl. Onwubiko, African Thought, 79.
2277 Vgl. Arinze, Sacrifice, 76.
2278 Vgl. Achebe, Okonkwo, 23.
2279 Vgl. Achebe, Arrow of God, 70–71.
2280 Vgl. Dawson, Religion and Culture, 91. Dawson lebte viele Jahre im Igbo-Land und kannte die traditionelle Igbo-Gesellschaft.
2281 Vgl. Njoku, Catholic Church in Nigeria, 14–16.
2282 Vgl. Agu, Eucharist, 172–176.
2283 Vgl. Achebe, Okonkwo, 23.
2284 Achebe, Okonkwo, 23.

e) Darüber hinaus gelten die traditionellen Priester als Wächter der Tradition. Zusammen mit den ältesten Dorfmitgliedern ist es ihre Aufgabe, die traditionellen Werte und die Kultur zu schützen und sie an die junge Generation weiterzugeben. Sie wirken zugleich als Brücke zwischen den Ahnen und den noch lebenden Dorfbewohnern.[2285]

5.2.4 Das Leben der traditionellen Igbo-Priester

Da die traditionellen Priester besondere Ämter innehaben, leben sie abgesondert. Sie müssen ein ehrenhaftes Leben führen und alles vermeiden, was Anstoß erregen könnte. Es wird auch von ihnen erwartet, dass sie über gute Kulturkenntnisse verfügen und die Tradition des Dorfes respektieren. Da Polygamie ein Teil der Igbo-Tradition ist, muss jeder Priester mit einer oder mehreren Frauen verheiratet sein und Kinder haben, denn ein unverheirateter Mann oder ein Mann ohne Nachwuchs wird in der traditionellen Igbo-Gesellschaft als Schande betrachtet,[2286] oder, wie Bujo es zusammenfasste: „Es ist also keine Frage, daß Kinderlosigkeit nicht nur als Schande, sondern auch als gemeinschaftsschädlich empfunden wird. Oft führt sie entweder zur Scheidung oder zur Polygamie."[2287] Deshalb muss der Ezemmuo nicht nur männlichen Nachwuchs haben, sondern auch in der Lage sein, für seine eigene Familie zu sorgen, da er keinen Unterhalt von der Gesellschaft bekommt.[2288]

5.3 Kurze Geschichte der Missionierung der Igbos in Nigeria

5.3.1 Vorbemerkung

In Nigeria gibt es drei große Stämme, nämlich Igbos, Yorubas und die Hausas und zwei große Religionsgemeinschaften – den Islam und das Christentum. Ca. 90 % der Hausas gehören der islamischen Religion an, während sich ca. 95 % der Igbos zum Christentum bekennen. Die übrigen 5 % der Igbos sind Anhänger einer Naturreligion. Die Yorubas im westlichen Teil des Landes Nigeria sind teils Anhänger des Islams, teils Anhänger des

2285 Vgl. Dawson, Religion and Culture, 91.
2286 Vgl. Basden, Niger Ibos, 213.
2287 Bujo, Afrikanische Theologie, 122.
2288 Vgl. Arinze, Sacrifice, 76.

Christentums und in kleinerer Anzahl Anhänger einer Naturreligion.[2289] Die beiden Religionsgemeinschaften Christentum und Islam haben einen erheblichen Einfluss im politischen und sozialen Leben des Volkes.[2290] In Nigeria sind die religiösen Akte meist „von den gesellschaftlichen Verhaltensweisen nicht zu trennen."[2291] Die Gesellschaft und die Zugehörigkeit zu einer bestimmten religiösen Gruppe gehören untrennbar zusammen.[2292] Das führte oder führt noch heute zu religiösen Auseinandersetzungen mit zahlreichen Todesopfern. Denn während „Christentum und Islam die Stammesgrenzen überschreiten, sind die traditionellen afrikanischen Religionen in ihrer Ausprägung meist identisch mit ethnischen Zugehörigkeiten."[2293] Dennoch leben in manchen Fällen die Anhänger der verschiedenen Religionsgemeinschaften „nicht in jener scharfen Trennung voneinander, wie sie für viele andere Länder typisch ist. Vielmehr ergeben sich zahlreiche Überschneidungen und Mischformen."[2294] Trotz der Verschiedenheit der Religionsgemeinschaften ist es nicht ungewöhnlich, dass ein und dieselbe Person die Riten zweier verschiedener Religionen ausführt.[2295]

Es ist zu bezweifeln, ob das Christentum bzw. der Katholizismus ohne den Kolonialismus nach Nigeria gekommen wäre.[2296] Das heutige Nigeria ist ein Produkt des Kolonialismus von Großbritannien, es ist, so Diamond, „als politische Einheit eine rein koloniale Schöpfung, […]."[2297] Vor dem Kolonialismus gab es keinen Staat Nigeria. Die heutige nigerianische Nation bildete sich aus vielen selbstständigen Stämmen, nämlich neben den drei großen z.B. noch Ijaw, Efik, Edo, Benin, Nupe. Bei der Besitznahme des heutigen nigerianischen Gebietes kamen die Kolonialherren vorwiegend mit ihren Missionaren. 1914 vereinte der damalige britische Generalgouverneur den Nord- und Südteil des Koloniallandes und nannte es Nigeria.[2298] Die

2289 Vgl. Kaden, Das nigerianische Experiment, 19.
2290 Vgl. Kaden, Das nigerianische Experiment, 20.
2291 Kaden, Das nigerianische Experiment, 20.
2292 Vgl. Morel, Nigeria, 221.
2293 Kaden, Das nigerianische Experiment, 20.
2294 Kaden, Das nigerianische Experiment, 21.
2295 Vgl. Kaufmann, Nigeria, 67.
2296 Vgl. Kuka, Menschenrechte, 5.
2297 Diamond, Nigeria, 25.
2298 Vgl. Brunner, The Unfinished State, 87–90.

Kolonialherren führten nicht nur eine neue politische Struktur[2299] (ein indirektes Regierungssystem) ein, sondern auch eine neue Religion, nämlich das Christentum.

5.3.2 Erster Missionierungsversuch des Igbo-Volkes, ca. 16. Jahrhundert

Die Portugiesen waren die ersten Europäer, die im 15. Jahrhundert Kontakt mit der Bevölkerung im Gebiet des heutigen Igbo-Landes hatten.[2300] Zwar waren sie nur Handelsleute, später aber zogen Missionare nach. Die ersten Versuche einer Missionierung waren nicht erfolgreich aufgrund des afrikanischen Klimas[2301] und der fehlenden Bereitschaft der Igbos, die Ausübung der Naturreligion aufzugeben.[2302] Die Missionare wurden wegen der schlechten Erfahrung mit den europäischen Händlern, die vor den Missionaren nach Afrika gekommen waren, abgelehnt und ausgewiesen.[2303] Darüber hinaus, so Bujo, waren die Kolonialisten vor allem deswegen nach Schwarzafrika gekommen, nicht „um den Schwarzen Zivilisation und bessere Lebensbedingungen zu bringen, sondern aus eigennützigen Motiven."[2304] Die Igbos beurteilten die Missionare deshalb als Teil der Europäer, die nur auf ihre eigenen Interessen aus waren und nicht als Menschen, die ihnen die Befreiung bringen wollten.[2305]

Viele der früheren Missionare, fügte Bujo weiter hinzu, waren nur nach Afrika gekommen, um das Anliegen und die Interessen ihrer Nation oder ihrer Geschäftsleute zu vertreten, die afrikanischen sozio-religiösen Strukturen zu bekämpfen und zu zerstören, anstatt die Frohe Botschaft zu überbringen.[2306] Die Missionierung der Igbos im 16. Jahrhundert war auch aufgrund der „Evangelisierung von oben" nicht erfolgreich, d.h. zuerst wurde versucht, die Stammesoberhäupter für die neue Religion zu gewinnen, anstatt

2299 Vgl. Brunner, The Unfinished State, 132–137.
2300 Vgl. Njoku, Catholic Church in Nigeria, 25.
2301 Vgl. Okwor, Priesthood, 10.
2302 Vgl. Njoku, Catholic Church in Nigeria, 25–26.
2303 Vgl. Tetzlaff/Jakobeit, Das nachkoloniale Afrika, 49–50.
2304 Bujo, Afrikanische Theologie, 44.
2305 Vgl. Mamdani, Citizen and Subject, 286–289.
2306 Vgl. Bujo, Afrikanische Theologie, 46–49.

auch die einzelnen Stammesmitglieder zu überzeugen. Die Missionare dachten, die Stammesoberhäupter könnten aufgrund ihres Einflusses oder durch einfache Anordnung alle Dorfmitglieder zum Christentum zwingen, wie dies von den Fürstenhäusern in Europa praktiziert wurde. Dieses System der Missionierung versagte total, weil einerseits das Verhältnis zwischen den Menschen und ihrem Chi-ukwu (Allmächtiger Gott) im Igbo-Land ganz persönlich war und nicht in der Hand des Stammesoberhauptes lag[2307] und es andererseits bei den Igbos kein Untertanenverhältnis wie in Europa gab, denn für die Igbos sind alle Menschen gleich (Igbo enwe Eze = Die Igbos haben keinen König).

Der erste Missionierungsversuch im 16. Jahrhundert war auch deshalb nicht erfolgreich, weil die ersten Missionare von der Überlegenheit der europäischen Kultur, Kunst und Religion überzeugt waren und Kultur und Glauben der Igbos als primitiv einschätzten.[2308] Demzufolge zeigten sie auch kein Interesse an der Sprache, der Kultur, der Kunst und der Religion der Igbos. Sie berücksichtigten nicht, führt Bujo weiter aus, dass die Kunst der (Igbo-) Religion eine tiefere Dimension verleiht, denn die Kunstwerke deuten nicht nur die Erfahrung von Leben und Tod, sondern sind auch Ausdruck der Hoffnungen und der Verbindung zwischen den Lebenden und den Ahnen.[2309] Darüber hinaus wurden manche Igbo-Sitten wie die Beteiligung an traditionellen Tänzen, die magische Jagd, die Beschneidung eines Jungen, die Solidarität in der Sippengemeinschaft und die Verehrung im Ahnenkult als heidnisch und glaubenswidrig verurteilt.[2310] Die Folge einer solchen Einstellung war die Ablehnung der Botschaft der Missionare.

Übersehen wurde auch die Bedeutung der Namen in der Igbo-Gesellschaft und der weitverbreiteten Lebensweise der Polygamie.[2311] Die Igbo-Namen wurden von den Missionaren als heidnisch bezeichnet, obwohl die Bedeutung der Namen für die afrikanische Individualität und Personalität unersetzbar ist. Ebenso wurde Polygamie als legitime Form der Ehe verboten ohne den Primärgrund für sie, nämlich die Kinderlosigkeit, zu beachten,

2307 Vgl. Isichei, Igbo People, 163–164.
2308 Vgl. Bujo, Afrikanische Theologie, 46.
2309 Vgl. Bujo, Afrikanische Theologie, 47.
2310 Vgl. Bujo, Afrikanische Theologie, 49–50.
2311 Vgl. Bujo, Afrikanische Theologie, 51.

so Bujo.[2312] Für die Afrikaner wird die „Erfüllung des Lebens, wie sie von den Ahnen aufgetragen wurde, [...] in der Nachkommenschaft gesehen. Wer kinderlos stirbt, gerät in Vergessenheit und wird von der irdischen Gemeinschaft abgeschnitten; denn allein seine eigenen Kinder könnten ihm in würdiger Weise Ehre erbieten. Kinder sind daher immer ein Segen. Sollte die erste Frau unfruchtbar sein, dann wird mit deren Einverständnis eine zweite genommen. So gesehen läßt sich die Polygamie nicht mehr von der Religion trennen; vielmehr wurzelt sie im negro-afrikanischen ‚protologisch-eschatologischen' Glauben."[2313]

Schließlich führte auch die geringe Zahl der Missionare zum Misserfolg der Evangelisierung des Igbo-Volkes im 16. Jahrhundert. Nur eine Handvoll Missionare waren in das Igbo-Land gesandt worden und diese waren nicht bereit, in das Hinterland zu gehen, sondern sie blieben an den Küstenorten.[2314] Dazu kam auch noch, dass diese wenigen Missionare die enormen Herausforderungen nicht bewältigen konnten. Nachdem keine neuen Missionare nachkamen, führte dies zum Ende der Mission. Darüber hinaus wurden die Missionare abgewiesen, denn die Igbos waren nicht davon begeistert, wegen einer neuen Religion ihre gewohnten Lebensformen aufzugeben.[2315]

5.3.3 Zweiter Missionierungsversuch, ca. 19. Jahrhundert

Der zweite Versuch im 19. Jahrhundert, die Igbos zu missionieren, war erfolgreich. Die Ordensgemeinschaft der Spiritaner (Holy Ghost Congregation Fathers) von Frankreich verbreitete den Katholizismus im Igbo-Land.[2316] Onitscha, eine Stadt am Fluss Niger gelegen, diente als Hauptquartier für die missionarischen Aktivitäten, denn das Stammesoberhaupt von Onitscha, Obi Anazonwu, war bereit, die neue Religion anzuerkennen und zu unterstützen.[2317] Er stellte den Missionaren unentgeltlich Grundstücke zur

2312 Vgl. Bujo, Afrikanische Theologie, 51.
2313 Bujo, Afrikanische Theologie, 52–53.
2314 Vgl. Omenka, Service of Evangelization, 17.
2315 Vgl. Njoku, Catholic Church in Nigeria, 31.
2316 Vgl. Obi, Catholic Christianity, 10–13.
2317 Vgl. Obi, Catholic Christianity, 13–19.

Verfügung und gewährte ihnen Schutz.[2318] Bereits zwischen 29. August und 31. Oktober 1886 wurden die ersten einheimischen Erwachsenen getauft, die später als Katecheten mit den Missionaren zusammenarbeiteten.[2319] Die große missionarische Wende begann mit der Errichtung der apostolischen Präfektur am 7. April 1889 durch Papst Leo XIII. in Lower Niger mit Onitscha als Sitz der Präfektur. Father Joseph Lutz wurde zum ersten apostolischen Präfekt in Lower Niger ernannt.[2320] Mit Errichtung der Apostolischen Präfektur in Lower Niger im Jahre 1889 begann die graduelle und systematische Verbreitung des Katholizismus im Igbo-Land. Die Missionare mussten etliche Schwierigkeiten wie etwa sprachliche Barrieren, eine andere Mentalität und kulturelle und traditionelle Unterschiede meistern.

5.3.4 Gründe für die erfolgreiche Missionierung des Igbo-Volkes

5.3.4.1 Die Ausbildung von einheimischen Mitarbeitern und Katecheten

Die Katecheten dienten als Mittler zwischen den Missionaren und dem Volk. Es gehörte nicht nur zu ihren Dienstaufgaben, der heidnischen Bevölkerung religiöse katholische Instruktionen zu geben, vielmehr dienten sie als Dolmetscher.[2321] Die Katecheten begleiteten auch die Missionare in ihrem Gebiet und verrichteten Dienste als Mesner, Lehrer und Ministranten. Ohne sie wäre ein echter Kontakt der Missionare zur Bevölkerung nicht möglich gewesen.

5.3.4.2 Der Aufbau eines Gesundheitswesens

Um das Vertrauen der Bevölkerung zu gewinnen, errichteten die Missionare Erste-Hilfe-Stationen und kleine Krankenhäuser.[2322] Da die Bevölkerung an verschiedenen Krankheiten wie Malaria und Cholera litt, waren sie bereit. die neue Religion zu akzeptieren, denn die Missionare waren nicht nur Prediger, sondern verteilten auch die notwendige Medizin und stellten die

2318 Vgl. Obi, Catholic Christianity, 19.
2319 Vgl. Obi, Catholic Christianity, 25.
2320 Vgl. Obi, Catholic Christianity, 25–26.
2321 Vgl. Obi, Catholic Christianity, 24.
2322 Vgl. Obi, Catholic Christianity, 24.

Versorgung und Pflege der Kranken sicher.[2323] Durch die Errichtung eines effektiven Gesundheitswesens gewannen sie Vertrauen – im Gegensatz zu den anderen Europäern, die nur an Gewinn und Ausbeutung interessiert waren.[2324] Die Igbo-Bevölkerung war nun bereit, die neue Religion wegen ihrer Menschlichkeit und Fürsorge gegenüber dem Volk zu akzeptieren und nicht primär aufgrund ihrer Überzeugung oder Begeisterung.

5.3.4.3 Die Errichtung von Schulen und Ausbildungsstätten

Die Missionierung der Igbos wäre ohne die Möglichkeit, die westliche Bildung zu erlangen, nicht erfolgreich gewesen. Father Lutz gilt als Wegbereiter für die westliche Bildung im Igbo-Land.[2325] Er baute Schulen und richtete mehrere Ausbildungsplätze für verschiedene Berufe in den Dörfern ein. Durch solche Institutionen konnte die Bevölkerung mehr über die fremde Kultur und Religion erfahren, denn die von ihm ausgebildeten Männer wirkten später als Übersetzer, Katecheten, Lehrer und Priester.[2326] Darüber hinaus standen der Bevölkerung nun auch gut ausgebildete Handwerker wie Maurer, Mechaniker usw. zur Verfügung.

5.3.4.4 Die Solidarität mit der armen und kranken Bevölkerung

Anders als die europäischen Geschäfts- und Kaufleute, die vor den Missionaren gekommen waren, waren die Missionare nun nicht auf Gewinn, sondern auf das Seelenheil aus, und dazu gehörte vor allem auch die Sorge für die Armen und Kranken.[2327] Von Anfang an zeigten sich die Missionare solidarisch mit der Bevölkerung. Sie wurden nicht als profitgierig gesehen, sondern als selbstlose Helfer.[2328] Durch die Missionare wurden lebensnotwendige Erste-Hilfe- Stationen und kleine Krankenhäuser gebaut, die medizinische Versorgung mit Arzneien gesichert und die notwendige Kleidung

2323 Vgl. Njoku, Catholic Church in Nigeria, 31.
2324 Vgl. Ekechi, Missionary Enterprise, 71–75. Vgl. auch Obi, Catholic Christianity, 25.
2325 Vgl. Obi, The French Pioneers, 29.
2326 Vgl. Omenka, Service of Evangelization, 8.
2327 Vgl. Obi, The French Pioneers, 30.
2328 Vgl. Ekechi, Missionary Enterprise, 71.

zur Verfügung gestellt.[2329] Dadurch konnten die Igbos Vertrauen gewinnen und viele schlossen sich der neuen Religion an.

5.3.4.5 Die Inkulturation der Igbo-Musik

Die Missionare des 19. Jahrhunderts nahmen von Anfang an die musikalische Begeisterung des Igbo-Volkes zur Kenntnis. Die Igbo-Musik wurde nun als tiefer Ausdruck der Volksseele betrachtet und deswegen mit in die Liturgie hineingenommen. Die Igbos ahmten also in der Kirche nicht einfach die westliche Liturgie nach, sondern entwickelten ihre eigene Identität mit einer erfrischenden Lebendigkeit und Freude.

5.4 Das Ende des Missionierungsprozesses im Igbo-Land

Mit der Priesterweihe des ersten Igbo-Mannes, Paul Emecheta, im Jahre 1920 wurde der Höhepunkt der Missionierung erreicht.[2330] Zehn Jahre danach wurde ein weiterer Igbo-Mann zum Priester geweiht. Diese ersten Igbo-stämmigen Priester mussten sich großen Mühen und einer sehr strengen und langen Ausbildung unterziehen.[2331] Später folgten noch weitere Priesterweihen von Igbo-Männern. Für manche Missionare galt diese erste Priestergeneration als Priester zweiter Klasse, sie durften nicht selbstständig arbeiten und waren immer jüngeren Missionspriestern unterstellt.[2332] Mit der Ausweisung der Missionare durch das Militärregime im Jahr 1970 am Ende des Biafra-Krieges endete offiziell die Missionierung der Igbos. Die Missionare hinterließen die folgenden sechs Igbo-Diözesen: Abakaliki, Enugu, Onitsha, Owerri, Port Harcourt und Umuahia. Alle diese Diözesen wurden von einheimischen Bischöfen geleitet und in ihnen wirkten über 500 Igbo-Priester.

2329 Vgl. Obi, The French Pioneers, 30–31.
2330 Vgl. Idigo, Memoirs, 36–41.
2331 Vgl. Eke, Priestly and Religious Vocations, 308.
2332 Vgl. Omenka, Service of Evangelization, 268.

5.5 Der katholische Igbo-Priester nach dem II. Vatikanum

5.5.1 Vorbemerkung

Zur Zeit gibt es vierzehn katholische Igbo-Diözesen mit ca. dreitausend Igbo-Priestern (Welt-und Ordenspriester). Alle diese Diözesen werden von einheimischen Bischöfen geleitet. Für die Igbos gilt der katholische Priester als ein Mann, der aus seiner Familie, seiner Sippengemeinschaft und seinem Dorf von Gott erwählt und berufen wurde, um zwischen Gott, der beruft, und den Menschen, von denen er ausgewählt worden ist, zu wirken. Anders als der traditionelle Igbo-Priester, der seine Funktionen im Namen einer bestimmten Gottheit und des Dorfes erfüllt, vollzieht der katholische Priester seine Funktionen im Namen Christi und seiner Kirche. Er ist deshalb Diener des einzigen Gottes und der Kirche.[2333] Er hat wie die traditionellen Priester folgende Funktionen: Er ist Opferdarbringer (Eucharistie)[2334], er ist das Sprachrohr Gottes (Prophet und Lehrer)[2335] und, anders als die traditionellen Priester, hat er auch eine Leitungsfunktion (Gemeindeleiter)[2336] inne. Während der traditionelle Priester autonom wirkt, kann ein katholischer Priester nur in Verbindung mit seinem Bischof und als Mitglied des Presbyteriums wirken.

5.5.2 Die katholischen Igbo-Priester und die drei Munera (Leitung, Heiligung, Verkündigung) im Einklang mit dem II. Vatikanum

5.5.2.1 Der katholische Igbo-Priester als Diener des Wortes (Okwu-Chukwu = Gotteswort)

Der Igbo-Priester ist wie alle katholischen Priester verpflichtet, das Wort Gottes (Okwu-Chukwu) zu verkünden,[2337] durch diesen Dienst am Wort werden die Gläubigen geistig ernährt.[2338] Darüber hinaus wird durch den

2333 Vgl. Vat II, PO, Nrn. 1–4.
2334 Vgl. Vat II, SC, Nr. 7. Vgl. dazu Vat II, LG, Nr. 28. Vgl. auch Vat II, PO, Nrn. 1, 2, 5.
2335 Vgl. Vat II, PO, Nr. 4. Vgl. dazu Vat II, LG, Nrn. 17, 19, 21.
2336 Vgl. Vat II, PO, Nr. 6. Vgl. dazu Vat II, LG, Nr. 28.
2337 Vgl. Vat II, PO, Nr. 13.
2338 Vgl. Vat II, PO, Nr. 4.

Dienst am Worte das Heilswerk Christi vergegenwärtigt und weitergeführt.[2339] In ihrem Verkündigungsdienst sollen die Igbo-Priester nur das Wort Gottes (Okwu-Chukwu) verkünden, sie sollen die wahre katholische Lehre verkünden und nicht ihre eigenen privaten Meinungen wiedergeben.[2340] Ebenso soll die Zeit der Homilie nicht dazu verwendet werden, um Geldspenden zu bitten oder die Interessen von Politikern während des Wahlkampfes zu vertreten.[2341] Als Diener des Wortes (Okwu-Chukwu) soll ihre Verkündigung den Gläubigen Mut machen, Hoffnung schenken und Trost spenden.[2342]

Das Wort Gottes soll die Gläubigen auch zum Frieden und zur Versöhnung untereinander führen.[2343] Zwar enthält das Wort Gottes Verheißungen und Drohungen,[2344] jedoch darf die Homilie deshalb nicht als ein Forum für Beleidigungen und Beschimpfungen dienen, denn die Gläubigen haben das Recht auf Respekt, unabhängig von der persönlichen Meinung der Verkünder.[2345] Der Priester als Verkünder des Wortes muss den Gläubigen das Wort Gottes mit Liebe und Achtung nahe bringen. Durch das verkündete Wort sollen die Gläubigen mit Gott versöhnt werden, sie sollen ermutigt werden, eine echte christliche Gemeinschaft aufzubauen,[2346] denn echtes „Hören heißt zu gehorchen und zu handeln, es heißt im Leben Gerechtigkeit und Liebe walten zu lassen, in der eigenen Existenz und in der Gesellschaft ein Zeugnis zu geben, das mit dem Ruf der Propheten übereinstimmt, der beständig Wort Gottes und Leben, Glaube und Gerechtigkeit, Kult und sozialen Einsatz vereint hat."[2347]

Selbstverständlich muss jedem Igbo-Priester bewusst sein, dass die Gläubigen nicht nur das Wort Gottes von ihm hören wollen, sondern dass sie auch ein beispielhaftes und liebevolles Verhalten von ihm erwarten.[2348] Denn

---

2339 Vgl. Vat II, LG, Nr. 26.
2340 Vgl. CIC/1983, cc. 750 § 1, 757, 762.
2341 Vgl. The Nigerian Catholic Priest, 12.
2342 Vgl. May, Priester und priesterliche Lebensform, 23–24.
2343 Vgl. Benedikt XVI., Africae munus, Nr. 18.
2344 Vgl. May, Priester und priesterliche Lebensform, 25.
2345 Vgl. The Nigerian Catholic Priest, 13.
2346 Vgl. Uzukwu, A Listening Church, 119.
2347 Bischofssynode, XII. Ordentliche Vollversammlung, 10.
2348 Vgl. The Nigerian Catholic Priest, 12.

die „Liebe ist es, die die verwundeten, vereinsamten, verlassenen Herzen beruhigt. Die Liebe ist es, die im menschlichen Herzen Frieden einkehren läßt oder wiederherstellt und ihn zwischen den Menschen begründet.“[2349] Darüber hinaus sollen die Priester nicht nur irgendwelche Ideologien verkünden, sondern allein die Wahrheit des Wortes Gottes, denn nur Gottes Wort ist Leben, Wahrheit und Zuversicht.[2350] Da die Igbo-Priester Einheimische sind und die kulturellen und traditionellen Eigenarten ihres Volkes gut kennen, wird von ihnen erwartet, dass sie die Frohe Botschaft verständlich verkünden und sie mit den traditionellen Werten in Einklang bringen.[2351]

Dazu ist es notwendig, hier eine gründliche Unterscheidung zwischen katholischem Glauben und traditioneller Religion zu treffen, um das Eindringen der Werte, die dem katholischen Glauben widersprechen, in den katholischen Glauben zu vermeiden.[2352] Obwohl der Priester die traditionellen Werte in seine Verkündigung einbeziehen soll, muss er jedoch beachten, dass die primäre Quelle seines Verkündigungsauftrages die Heilige Schrift und die Lehre der Kirche ist.[2353] Durch die Heilige Schrift schöpft der Priester Kraft für seinen Verkündigungsauftrag, denn es ist Gott, der hier spricht.[2354] In dieser Hinsicht soll der Priester sich Zeit für die Gläubigen zu einem persönlichen Bibelgespräch nehmen, denn das Wort Gottes führt zur Versöhnung und zur Reinigung des Herzens und dann zur Gemeinschaft.[2355] Die Gläubigen sollen auch ermutigt werden, täglich die Heilige Schrift zu lesen und danach zu handeln.

5.5.2.2 Die katholischen Igbo-Priester und ihr Heiligungsamt

5.5.2.2.1 Vorbemerkung

Da das sakramentale Heiligungsamt durch die liturgischen Feiern vollzogen werden soll, ist es die Aufgabe der Priester, kraft des Weiheempfanges die

2349 Benedikt XVI., Africae munus, Nr. 29.
2350 Vgl. Vat II, DV, Nrn. 5, 7.
2351 Vgl. Kongr. Gottesdienst, Volksfrömmigkeit und die Liturgie, Nrn. 85–89.
2352 Vgl. Benedikt XVI., Africae munus, Nr. 36.
2353 Vgl. CIC/1983, cc. 750 § 1, 757, 762.
2354 Vgl. Benedikt XVI., Africae munus, Nr. 150.
2355 Vgl. Benedikt XVI., Africae munus, Nr. 151. Vgl. dazu Hebr 4, 12.

Heiligungsdienste zu vollziehen.[2356] Es ist daher notwendig, dass die Igbo-Priester nicht bloß die Sakramente spenden, sondern sie müssen auch an das glauben, was sie vollziehen.[2357] Zwar sind die Priester Minister der Sakramente, jedoch sind sakramentelle Handlungen keine Privatfeier, sondern eine Feier Christi mit seiner Kirche.[2358] Demzufolge dürfen die sakramentalen Handlungen nur nach den Richtlinien der Kirche vollzogen werden.[2359] Die Igbo-Priester vollziehen folgende Sakramente: die Taufe, die Buße, die Eucharistie, die Eheschließung und die Krankensalbung.[2360] Die Firmung und die Priesterweihe werden vom Bischof gespendet.[2361] Dabei steht die Feier der Eucharistie im Zentrum des kirchlichen Lebens.[2362]

5.5.2.2.2 Die Igbo-Priester und die Feier der Eucharistie (Oriri-nso = Heiligstes Mahl)

Kraft der empfangenen Priesterweihe haben die Priester (Uko-chukwu = Diener Gottes) die Aufgabe, die eucharistische Feier zu vollziehen.[2363] Da die Eucharistie (Oriri-nso = Heiligste Mahl) das Zentrum und der Höhepunkt aller kirchlichen Handlungen ist,[2364] müssen die Igbo-Priester diese Feier mit absoluter Hingabe und Würde vollziehen. Dabei müssen sie bedenken, dass die heilige Eucharistie nicht nur ein besonderes Opfer des Herrn ist,[2365] sondern auch zugleich ein Bündnis (Oriko = Gemeinschafts- und Versöhnungsmahl, Mt. 26,28) zwischen Gott und den Menschen und den Menschen untereinander.[2366] Darüber hinaus müssen die Igbo-Priester bei der eucharistischen Gestaltung der Feier die Vorschriften der Kirche beachten und einhalten.[2367]

2356 Vgl. Vat II, SC, Nr. 7.
2357 Vgl. Vat II, SC, Nr. 9.
2358 Vgl. Müller, Begriff, 778.
2359 Vgl. Vat II, SC, Nrn. 22–26.
2360 Vgl. CIC/1983, cc. 861 § 1, 900 § 1, 965, 1003 § 1, 1108 § 1.
2361 Vgl. CIC/1983, cc. 882, 883, 1012.
2362 Vgl. Vat II, LG, Nr. 11. Vgl. dazu Vat II, SC, Nr. 10.
2363 Vgl. Vat II, LG, Nr. 10.
2364 Vgl. Vat II, LG, Nr. 11. Vgl. dazu Vat II, SC, Nr. 10.
2365 Vgl. KKK, Nr. 1382.
2366 Vgl. Eze, The Eucharist as Orikọnsọ, 12.
2367 Vgl. CIC/1983, c. 907.

Da die eucharistische Feier eine Gemeindefeier ist,[2368] werden die Gemeindemitglieder (Umunna)[2369] durch die Teilnahme an dieser Feier Kraft für ihr tägliches Leben schöpfen und teilhaben am Heilsgeschehen Christi.[2370] Jeder Igbo-Priester (besonders der Seelsorger einer Pfarrei) muss beachten, dass es zu seiner pastoralen Tätigkeit gehört, den ihm anvertrauten Gemeindemitgliedern, die aufgrund des Alters und körperlicher Schwächen nicht an der Eucharistie teilnehmen können, die allerheiligste Eucharistie zu bringen.[2371] Es ist gegen den Geist des Evangeliums und der Nächstenliebe, wenn manche Igbo-Priester ihren geistlichen Dienst an den Kranken vernachlässigen.[2372] Darüber hinaus sollen sie bedenken, dass nicht nur die Gesunden den Leib des Herrn benötigen, sondern auch die Kranken.[2373] Da die Eucharistie (Orikọnsọ) eine Begegnung mit Christus und der Menschen untereinander ist, sind die Igbo-Priester aufgefordert, sich besonders an Sonntagen und den gebotenen Feiertagen Zeit für die eucharistische Feier zu nehmen.[2374] Selbstverständlich soll diese würdig und feierlich gestaltet werden.[2375]

Da die Eucharistie keine Privatfeier ist,[2376] dürfen die Priester Gemeindemitglieder aus finanziellen Gründen nicht vom Empfang der Eucharistie abhalten. Es soll nicht mehr der Fall sein, dass die Armen und Besitzlosen keinen Zugang zu den Sakramenten haben, weil sie ihr Kirchgeld nicht bezahlen können. Jeder Igbo-Priester muss wissen: Die Spendung der Sakramente ist kostenlos.[2377] Es ist ihnen auch untersagt, die heiligste Eucharistie in ihre Privatwohnung oder auf Reisen mitzunehmen, es sei denn, sie bringen sie zu den Kranken.[2378] Die negative Praxis, bei der manche

2368 Vgl. Vat II, LG, Nr. 28.
2369 Vgl. Eze, The Eucharist as Orikọnsọ, 15.
2370 Vgl. Vat II, PO, Nr. 6.
2371 Vgl. The Nigerian Catholic Priest, 11.
2372 Vgl. CIC/1983, c. 1003 § 2.
2373 Vgl. Denzinger, Kompendium, 1695, 1700. Vgl. dazu CIC/1983, cc. 1003 § 2, 1001.
2374 Vgl. Benedikt XVI., Africae munus, Nr. 152.
2375 Vgl. Benedikt XVI., Africae munus, Nr. 153.
2376 Vgl. Vat II, SC, Nrn. 7, 10.
2377 Vgl. The Nigerian Catholic priest, 11.
2378 Vgl. CIC/1983, c. 935.

sogenannten Anbeterpriester die heiligste Eucharistie in ihrem Schlafzimmer oder Wohnzimmer aufbewahren, kann nicht geduldet werden.[2379]

5.5.2.2.3 Der Igbo-Priester als Diener der Versöhnung (Nkwu-Puta = Versöhnungssakrament)

Eine der wichtigsten Aufgaben der katholischen Priester ist die Spendung des Versöhnungssakramentes.[2380] Durch die Bereitschaft, das Versöhnungssakrament (Nkwu-Puta) zu spenden,[2381] sooft die ihnen anvertraute Gemeinde darum bittet, helfen sie, nicht nur die Versöhnung zwischen Gott und den Menschen zu ermöglichen, sondern bauen dadurch auch die Kirche Gottes auf.[2382] Jeder Igbo-Priester muss bedenken, dass er nicht bloß das Versöhnungssakrament spendet, sondern er soll die Gläubigen durch seine Worte und durch sein beispielhaftes Leben davon überzeugen,[2383] dass das Sakrament Heilswirkungskraft hat.[2384] Es ist die Aufgabe der Igbo-Priester, den Gläubigen zu lehren, dass das Versöhnungssakrament ein Zeichen der Liebe Christi zu den Menschen ist, denn das Sakrament der Versöhnung verbindet und heilt.[2385] Dennoch soll der Priester sich bemühen, die zerstrittenen Gemeindemitglieder wieder miteinander zu versöhnen.

Nach der Igbo-Weltanschauung wird die Versöhnung nicht nur durch das Schuldbekenntnis (= Nkwu-Puta-Njo) und den Empfang des Bußsakramentes erlangt, sondern die betroffenen Personen müssen sich miteinander versöhnen. Hier sind die Igbo-Priester besonders aufgefordert, Frieden und Versöhnung zwischen ihren Gemeindemitgliedern zu ermöglichen und zu stiften. Es ist ihre Aufgabe, die Beziehungen zwischen den verstrittenen Menschen wiederherzustellen, indem sie sich bemühen, diesen Streit zu schlichten und vor allem alles, was einer friedlichen Beziehung im Wege

2379 Vgl. CIC/1983, c. 935.
2380 Vgl. CIC/1983, c. 965.
2381 Vgl. Vat II, LG, Nr. 11.
2382 Vgl. Vat II, PO, Nr. 13.
2383 Vgl. The Nigerian Catholic Priest, 15, 32.
2384 Vgl. Vat II, PO, Nr. 5.
2385 Vgl. Benedikt XVI., Africae munus, Nr. 155.

steht, zu beseitigen.[2386] Sie sollen auch darauf hinweisen, dass nur durch ernsthafte Versöhnung ein dauerhafter und echter Friede entstehen kann.[2387]

5.5.2.2.4 Der katholische Igbo-Priester als Leiter der ihm anvertrauten Gemeinde

Die katholischen Igbo-Priester haben wie jeder andere katholische Priester aufgrund des sakramentalen Weiheempfanges nicht nur die Aufgabe, zu heiligen und zu verkünden, sondern auch die ihnen anvertraute Gemeinde zu leiten.[2388] Dieses priesterliche Leitungsamt können sie jedoch nicht unabhängig von ihrem Ortsordinarius ausüben.[2389] Die Igbo-Priester müssen bedenken, dass ihre Leitungsaufgabe nichts mit Herrschen zu tun hat, sondern sie sind berufen, den Menschen zu dienen.[2390] Als Diener Gottes und seiner Kirche sollen sie bereit sein, brüderlich mit den Laien zusammenzuarbeiten,[2391] denn kein Priester kann allein die gesamten pastoralen Tätigkeiten effektiv erfüllen.[2392] Deshalb wird von den Igbo-Priestern erwartet, dass sie die Laien ermuntern und unterstützen, damit diese bei den pastoralen Tätigkeiten mitwirken können.[2393] Es ist gegen den Geist des Evangeliums, wenn die Priester die guten Ratschläge der Laien nicht berücksichtigen[2394] und denken, dass sie selbst alles alleine aufgrund ihrer Weihe tun können.[2395]

Um ihre Leitungsaufgabe sorgfältig erfüllen zu können, sollen die Ortsseelsorger beachten, dass es, wie Aymans argumentiert, ein Irrtum wäre, wenn sie „das Tun und Lassen der Gläubigen in diesen weiten Bereich als eine bloße Privatangelegenheit ansehen, die ohne Bezug zur kirchlichen

2386 Vgl. The Nigerian Catholic Priest, 16.
2387 Vgl. Benedikt XVI., Africae munus, Nr. 21.
2388 Vgl. CIC/1983, c. 1008.
2389 Vgl. Vat II, CD, Nr. 15. Vgl. dazu Vat II, LG, Nr. 28. Vgl. auch Vat II, PO, Nr. 6.
2390 Vgl. The Nigerian Catholic Priest, 14. Vgl. dazu Joh 10, 1–28; 21, 15–17.
2391 Vgl. Vat II, CD, Nr. 16.
2392 Vgl. Nwachukwu, Priestly Collaborative Ministry, 51.
2393 Vgl. The Nigerian Catholic Priest, 14.
2394 Vgl. Vat II, LG, Nr. 37.
2395 Vgl. Johannes Paul II., Ecclesia in Africa, 90.

Gemeinschaft wäre."[2396] Daher sind konsoziative und korporative Formen für die kirchliche Leitung notwendig.[2397] Die Gläubigen sollen die Möglichkeit erhalten, miteinander zusammenzuarbeiten, um Ziele der kirchlichen Sendung zu verwirklichen.[2398] Es wird von den Igbo-Priestern also gefordert, sicherzustellen, dass der Unterschied zwischen ihnen und den Laien eine Verbundenheit mit einschließt.[2399] Diese Verbundenheit soll zu einem engen Miteinander in der Gemeinde führen.[2400] In dieser Hinsicht sollen die Priester das Beispiel Christi nachahmen, der nicht gekommen ist, um sich bedienen zu lassen, sondern um zu dienen.[2401]

2396 Aymans, Strukturen, 78.
2397 Vgl. Aymans, Strukturen, 79–85.
2398 Vgl. The Nigerian Catholic Priest, 15–18.
2399 Vgl. Aymans, Strukturen, 74–75.
2400 Vgl. Vat II, LG, Nr. 32.
2401 Vgl. Joh. 13, 15; Mt. 20, 24–27; Mk 10, 41–45: Lk 22, 24–27.

6 Das priesterliche Leben der katholischen Igbo-Priester im Einklang mit dem II. Vatikanum

6.1 Der Igbo-Priester und das Leben in Vollkommenheit

Die katholischen Igbo-Priester als Diener Gottes und der Kirche sind besonders aufgefordert, ihr Leben in Vollkommenheit zu führen.[2402] Es wird ebenso von ihnen erwartet, alles zu vermeiden, was gegen das heilige Leben ist und bei den Gläubigen Anstoß erregen kann,[2403] wie Sexualkontakte zu Frauen und Männern, Spielsucht, Alkoholismus, Drogenkonsum, Verwahrlosung, usw. Denn ein heiliges Leben führt zur größeren Fruchtbarkeit im pastoralen Dienst.[2404] Es ist jedoch festzustellen, dass neben vielen tadellosen und eifrigen Priestern manche Priester in den Igbo-Diözesen diese Aufforderung nicht beachten, sie halten ihre Zölibatspflicht nicht immer ein, verfallen dem Alkoholkonsum, vernachlässigen ihre kirchliche Arbeit und dadurch leidet die ihnen anvertraute Gemeinde.

Als gottgeweihte Person soll der Igbo-Priester durch seine Vollkommenheit zum Aufbau der kirchlichen Gemeinden mit beitragen,[2405] indem er seine „priesterlichen Versprechen in Wahrheit und Freude lebt: den Zölibat in der Keuschheit und die Loslösung von den materiellen Gütern"[2406] verwirklicht. Durch das Leben in Vollkommenheit und Keuschheit werden die Igbo-Priester in der Lage sein, völlig und ausschließlich ihr ganzes Leben und ihre ganze Kraft Christus und seiner Kirche zu widmen.[2407] Die Gemeindemitglieder wollen fromme und heilige Priester, die überaus aktiv im Gebet und in der Seelsorge sind.

2402 Vgl. Vat II, LG, Nr. 41. Vgl. dazu Vat II, PO, Nr. 13.
2403 Vgl. The Nigerian Catholic Priest, 19.
2404 Vgl. Vat II, PO, Nr. 12.
2405 Vgl. The Nigerian Catholic Priest, 19.
2406 Benedikt XVI., Africae munus, Nr. 111.
2407 Vgl. Benedikt XVI., Sacramentum Caritatis, Nr. 125.

6.2 Das priesterliche Leben in Armut in Bezug auf katholische Igbo-Priester

Alle katholischen Priester (Welt- und Ordenspriester) sind aufgefordert, in Armut zu leben. Während die Ordenspriester ein Armutsgelübde ablegen,[2408] sind auch Weltpriester verpflichtet, ein einfaches Leben zu führen.[2409] Das Leben in Armut soll jedoch nicht verstanden werden als ein Verzicht auf alles Lebensnotwendige,[2410] sondern als eine Aufforderung, bescheiden mit allen irdischen Gütern umzugehen. In dieser Hinsicht sollen die Priester keine materiellen Reichtümer anhäufen,[2411] denn sie sind keine Geschäftsleute, die möglichst viel Gewinn machen sollen und ihr Vermögen vermehren wollen. Sie sind Diener Christi und der Kirche und das muss in ihrem Leben offenbar werden.[2412] Dieser Aufforderung, bescheiden zu leben, wird jedoch von manchen Igbo-Priestern nicht Folge geleistet. Einige sehen ihre priesterliche Berufung als eine Möglichkeit, ihr Vermögen zu vermehren und beachten nicht: „Das Priestertum und das geweihte Leben sind keine Mittel zum sozialen Aufstieg, sondern ein Dienst an Gott und den Menschen. […] Dasselbe gilt für das Verhältnis zu den zeitlichen Gütern und die Klugheit in ihrer Verwaltung. Das Gegenzeugnis in diesem Bereich ist besonders verhängnisvoll aufgrund des Skandals, der dadurch verursacht wird, insbesondere gegenüber einer Bevölkerung, die in Armut lebt.“[2413]

Es ist gegen den Geist des Evangeliums, wenn beispielsweise der Ortspfarrer ein teures Auto fährt, während ein Großteil der Gemeindemitglieder in bitterer Armut lebt. Eine solche Lebensform erregt schnell Anstoß bei den Gläubigen.[2414] Aufgrund der ökonomischen Situation des Igbo-Landes fehlen vielen Familien die Mittel für den notwendigen Lebensunterhalt. Sie erhoffen deshalb Hilfe und Unterstützung von ihren Priestern, und ihrer Ansicht nach muss „eine vorrangige Aufmerksamkeit dem Armen, dem Hungrigen, dem Kranken, […] dem Fremden, dem Gedemütigten, dem

2408 Vgl. CIC/1983, cc. 600–640, 668. Vgl. dazu Vat II, PC, Nr. 13.
2409 Vgl. Vat II, PO, Nr. 17.
2410 Vgl. Hillenbrand, Die Liebe Christi, 71.
2411 Vgl. The Nigerian Catholic Priest, 24.
2412 Vgl. Hillenbrand, Die Liebe Christi, 77.
2413 Papst Franziskus, Glauben, 8.
2414 Vgl. The Nigerian Catholic Priest, 22.

Gefangenen, dem verachteten Einwanderer, dem Flüchtling oder dem Vertriebenen entgegengebracht werden […].“[2415] Durch ihre Aufmerksamkeit den Armen gegenüber werden die Igbo-Priester in die Lage versetzt, Gottes Liebe zu allen Menschen zu vergegenwärtigen, denn wer „die Liebe abschaffen will, ist dabei, den Menschen als Menschen abzuschaffen.“[2416] Denn die Liebe ist es, die den Verwundeten, den Einsamen, den Unterdrückten, den Notleidenden und den Alleingelassenen wieder Hoffnung schenkt.[2417]

Ebenso muss es den Igbo-Priestern selbstverständlich sein, dass einerseits eine gelebte Armut ein Zeichen des Vertrauens auf Gott ist,[2418] andererseits werden sie durch ihre Armut für das Himmelreich Christus gleichförmig.[2419] Als Diener Gottes und der Kirche soll der Igbo-Priester ehrlich und verantwortungsbewusst mit kirchlichem Vermögen umgehen. Es widerspricht dem Geist des Evangeliums, wenn einige Igbo-Priester das kirchliche Vermögen für ihre Privatnutzung anstatt für Pfarreien und kirchlichen Angelegenheiten verwenden.[2420] Daher ist Ehrlichkeit und Gewissenhaftigkeit wichtig, denn die katholischen Igbo-Laien sind nicht mehr bereit, Priester zu dulden, die sich nur bereichern wollen.

6.3 Das Verhältnis zwischen den Igbo-Priestern und ihren Ordinarien

Die Priester nehmen mit dem Bischof an demselben Priestertum und am Amt Christi teil.[2421] Durch den Weiheempfang werden die Priester in den Priesterstand eingegliedert und sind nun in einer besonderen sakramentalen Bruderschaft mit dem Bischof und anderen Mitgliedern des Presbyteriums verbunden.[2422] Daher haben die Priester die Aufgabe, die Familie Gottes im Namen Christi und des Bischofs zu versammeln.[2423] Dabei muss ihnen

2415 Benedikt XVI., Africae munus, Nr. 27.
2416 Benedikt XVI., Deus caritas est, 28.
2417 Vgl. Benedikt XVI., Africae munus, Nr. 29.
2418 Vgl. Kongr. Klerus, Direktorium für Dienst und Leben der Priester, Nr. 83.
2419 Vgl. Vat II, PO, Nrn. 17–21.
2420 Vgl. Vat II, PO, Nr. 17.
2421 Vgl. Vat II, PO, Nr. 7.
2422 Vgl. Vat II, PO, Nr. 8.
2423 Vgl. Vat II, PO, Nr. 6.

immer bewusst sein, dass ihr priesterlicher Dienst nur in der hierarchischen Gemeinschaft ausgeübt werden kann.[2424] In dieser Gemeinschaft zu wirken bedeutet einerseits Selbstverantwortung zu tragen, andererseits den eigenen Willen aufgrund des Dienstes für Gott und die Gemeinschaft hintanzustellen.[2425] Es ist deshalb erforderlich, dass die Priester in Demut und Gehorsam „annehmen und ausführen, was der Papst und der eigene Bischof sowie andere Vorgesetzte vorschreiben oder nahelegen; [...]. Durch diese Demut und diesen verantwortungsbewußten und freien Gehorsam machen sich die Priester Christus gleichförmig. Sie hegen die gleiche Gesinnung wie Christus Jesu in sich, [...].“[2426] Die Igbo-Priester sind daher aufgefordert, die von den Ordinarien übertragenen Aufgaben und Dienste gewissenhaft und mit Liebe zu erfüllen.[2427]

Sie müssen bedenken, dass es ein Verstoß gegen den Gehorsam ist, wenn sich Priester ohne begründete rechtmäßige Hindernisse weigern, die ihnen anvertrauten Dienste auszuführen.[2428] Besonders bei Versetzungen sollen die Igbo-Priester bereit sein, überall in der Diözese zu wirken, denn jede Pfarrei der Diözese ist unbeschadet der finanziellen oder sozialen Situation der Pfarreimitglieder wichtig. Die armen Pfarreien und auch die Dorfpfarreien benötigen ebenso Seelsorge und damit einen Pfarrer. Gehorsam gegenüber dem Bischof zu sein bedeutet jedoch nicht, Angst vor ihm zu haben, wie es in manchen Igbo-Diözesen der Fall ist, sondern vertrauensvoll mit ihm zusammenzuarbeiten. Um solche Angst erst gar nicht aufkommen zu lassen, soll das Miteinander von Priester und Bischof brüderlich und ehrlich sein, ohne jegliche Heuchelei.

Gehorsam darf aber nicht mit ständigem Ja-Sagen verwechselt werden, denn die Priester haben wie alle anderen Gläubigen ein Recht auf Meinungsäußerung.[2429] Das bedeutet aber nicht, rechtswidrige und schädigende Aussagen machen zu dürfen, denn jeder hat das Recht auf seinen guten Ruf.[2430] In dieser Hinsicht ist es den Priestern untersagt, öffentlich ihre Ordinarien

2424 Vgl. Vat II, LG, Nr. 28.
2425 Vgl. Vat II, PO, Nr. 15. Vgl. dazu Vat II, CD, Nr. 16.
2426 Vat II, PO, Nr. 15.
2427 Vgl. CIC/1983, c. 274 § 2. Vgl. dazu The Nigerian Catholic Priest, 16.
2428 Vgl. Vat II, CD, Nr. 16.
2429 Vgl. CIC/1983, c. 218.
2430 Vgl. CIC/1983, c. 220.

zu kritisieren oder deren Ruf in den Medien zu beschädigen. Der Bischof als Vorgesetzter soll stets bereit sein, gute Ratschläge und gegenteilige Meinungen seiner Priester zu berücksichtigen und gegebenenfalls anzunehmen,[2431] denn er ist in sakramentaler Brüderlichkeit mit seinen Priestern verbunden.[2432] Die Liebe zu Christus und seiner Kirche, repräsentiert durch den Bischof, soll daher die Priester dazu führen, die christliche Gemeinde aufzubauen und zu einem positiven Verhältnis beizutragen.[2433]

6.4 Das Verhältnis der Igbo-Priester untereinander

Da die Priester aufgrund des sakramentalen Weiheempfanges miteinander verbunden sind, sind die Igbo-Priester aufgefordert, immer diese brüderliche Einheit zu bewahren.[2434] Die brüderliche Einheit des Priestertums setzt gegenseitigen Respekt voraus.[2435] In dieser Hinsicht sollen die Igbo-Priester einander als Bruder und Freund betrachten und gegebenenfalls für einander sorgen.[2436] Als Mitbrüder sollen die Igbo-Priester bedenken, dass sie trotz ihrer verschiedenen Dienststellung Teil an demselben Priestertum haben.[2437] Es widerspricht deshalb dem Geist des Evangeliums und der Einheit, wenn die Priester Zwiespalt in das Presbyterium hineintragen, gegeneinander anstatt für- und miteinander wirken oder sogar falsche oder destruktive Kritik gegen die Mitbrüder ausüben. Die Igbo-Priester müssen bedenken, dass man von ihnen erwartet, dass sie ohne große pathetische Gesten brüderlich miteinander umgehen.[2438]

Da viele Priester in den Igbo-Diözesen miteinander in den Pfarreien und Pfarrhäusern (in Wohngemeinschaften) leben, ist ein respektvoller und ehrlicher Umgang miteinander wichtig.[2439] Jeder soll Aktivitäten vermeiden, die zu Auseinandersetzungen führen können. Die älteren Priester sollen die

2431 Vgl. CIC/1983, c. 212 § 3.
2432 Vgl. Vat II, LG, Nr. 28.
2433 Vgl. Benedikt XVI., Africae munus, Nr. 110.
2434 Vgl. Vat II, PO, Nr. 8.
2435 Vgl. The Nigerian Catholic Priest, 16–17.
2436 Vgl. Vat II, PO, Nr. 7.
2437 Vgl. Vat II, PO, Nr. 7.
2438 Vgl. Rahner, Der Priester von heute, 24–25.
2439 Vgl. The Nigerian Catholic Priest, 18.

jüngeren als Brüder und Freunde achten, während die jüngeren den älteren mit Respekt begegnen sollen.[2440] Hier ist die Igbo-Tugend des Respekts den Älteren gegenüber sehr hilfreich. Es ist auch erforderlich, dass die Priester besonders hilfsbereit gegenüber kranken und älteren Mitbrüdern sind und denjenigen, die unter berufsbedingten Schwierigkeiten leiden.[2441] Es soll nicht mehr der Fall sein, dass irgendein Priester sich im Presbyterium einsam und alleingelassen fühlt.[2442] Solidarität, Zusammenarbeit und Brüderlichkeit sind hier angesagt. Ein gutes brüderliches Verhältnis unter Priestern bedingt auch Demut und Bescheidenheit.

6.5 Das Verhältnis der Igbo-Priester zu den Laien

Die Priester, besonders diejenigen in der Seelsorge oder in den Pfarreien, haben vor allem die Aufgabe, die ihnen anvertraute Gemeinde zu leiten.[2443] Da die Kirche Familie Gottes ist, sollen die Igbo-Priester den ihnen anvertrauten Laienmitglieder mit väterlicher Liebe dienen anstatt über sie zu herrschen.[2444] Das Familienbild der Igbos kann hier hilfreich sein. Nach diesem Bild gehören nicht nur Eltern und Kinder zur Familie, sondern auch Verwandte, Angehörige der Sippengemeinschaft und alle Dorfbewohner. Keiner ist ausgeschlossen und jeder sorgt für den anderen. Dieses Bild, so Johannes Paul II., bedeutet, dass die Sorge für den anderen, die Solidarität, die Herzlichkeit der Beziehungen und der Dialoge und die Annahme des anderen, die Beziehung zwischen den Priestern und den Laien prägen soll.[2445] Der Priester als Diener Gottes und der Kirche soll deshalb alle kirchlichen Mitglieder als seine spirituellen Familienmitglieder betrachten. Für sie soll er da sein, ihnen vertrauen, mit ihnen zusammen arbeiten, ihnen bei traurigen Situationen Trost spenden und ihre Sendung in der Kirche fördern.[2446] Zwar

2440 Vgl. Vat II, PO, Nr. 8.
2441 Vgl. Vat II, PO, Nr. 8.
2442 Vgl. The Nigerian Catholic Priest, 19.
2443 Vgl. Vat II, CD, Nr. 15. Vgl. dazu Vat II, LG, Nr. 28. Vgl. auch Vat II, PO, Nr. 6.
2444 Vgl. Agu, Eucharist, 229.
2445 Vgl. Johannes Paul II., Ecclesia in Africa, 63.
2446 Vgl. Vat II, PO, Nr. 9.

repräsentiert der Priester Christus kraft seines Weiheempfanges, er muss aber auch bedenken, dass die Laien Anteil am Priestertum Christi haben.[2447]

In ihrem Verhältnis zu älteren Laien sollen die Igbo-Priester ihre Igbo-Tugend, den Respekt vor den Älteren, nicht vergessen. Denn es ist auch gegen den Geist des Evangeliums, wenn Priester ältere Gemeindemitglieder geringschätzen und sie respektlos behandeln. Vor allem dürfen sie bei der Predigt ihre Zuhörer nicht durch Worte verletzen und beleidigen. Gottes Wort soll zur Umkehr, Besinnung und Freude und nicht zu Verletzungen und Erniedrigungen führen. Trotz ihrer theologischen Kenntnisse dürfen sie sich nicht über die Laien erheben, denn diese haben auf ihre Art ebenso ihre Sendung in der Kirche und in der Welt zu erfüllen.[2448] Dankbarkeit, Unterstützung und Ermunterung seitens der Igbo-Priester sind hier empfehlenswert.[2449] Sie sollen deshalb auch bereit sein, einigen Laien Verantwortung zu übertragen und Arbeiten zu delegieren. Solche Dienste wie Kirchenpfleger sollen geeignete Laien übernehmen, denn viele Laien haben in finanziellen und sonstigen wirtschaftlichen Bereichen mehr Erfahrung und Kompetenz als der Priester.[2450]

Aufgrund der sozialen und politischen Situation des Igbo-Landes benötigen die Laien authentische und gute Priester, die nicht nur mit ihnen gemeinsam arbeiten, sondern die für ihr Wohlergehen sorgen. Sie wollen keine Priester, die sie in Worten und Taten belügen und betrügen,[2451] vielmehr benötigen sie Priester, die es ehrlich mit ihnen meinen, die für sie geistlich sorgen und immer für sie da sind. Darüber hinaus sollen die Igbo-Priester bedenken, dass ihre Hirtenaufgabe, wie Presbyterorum Ordinis zu Recht erklärt, sich nicht nur auf die ihnen anvertraute Gemeinde beschränkt, sondern sie umfasst „auch wesentlich die Bildung einer echten christlichen Gemeinschaft. Dieser Geist der Gemeinschaft muß, um recht gepflegt zu werden, nicht nur die Ortskirche, sondern die Gesamtkirche umfassen."[2452] Daher ist es den Priestern untersagt, jegliche Form von parteiischen oder

2447 Vgl. Vat II, LG, Nr. 31.
2448 Vgl. Vat II, AA, Nrn. 9, 17. Vgl. dazu Vat II, LG, Nrn. 35–37.
2449 Vgl. Vat II, AA, Nrn. 5, 6. Vgl. dazu Vat II, LG, Nrn. 10–35.
2450 Vgl. Uzukwu, A Listening Church, 120.
2451 Vgl. Echema, Priest and Laity Collaboration, 206.
2452 Vat II, PO, Nr. 6.

ideologischen Beziehungen aufzubauen.[2453] Sie dürfen die Homilie nicht zu politischen einseitigen Aussagen und Wahlempfehlungen missbrauchen.[2454] Sie können, wie jeder Bürger, außerhalb der Homilie ihre Meinung zu politischen Sachverhalten äußern, jedoch ohne aktiv in das politische Geschehen einzugreifen.[2455]

Um eine friedliche und einheitliche Gemeinschaft mit den Laien zu leben, dürfen die Igbo-Priester solche gewalttätige Gruppen wie MOSOP etc. weder unterstützen noch ihnen gar angehören.[2456] Da der Priester ein spiritueller Vater für alle Menschen ist, soll er durch seinen Dienst die spirituellen Interessen der Menschen unabhängig von ihren politischen Einstellungen bedienen.[2457] Da die Priester inaktiv in politischen Aktivitäten sein sollen,[2458] darf das jedoch nicht so verstanden werden, dass ein Priester keine politischen Rechte hat, sondern die Trennung zwischen politischem und geistlichem Bereich besteht zum Schutz von Kirche und Staat.[2459]

6.6 Die Spiritualität der katholischen Igbo-Priester in Bezug auf das II. Vatikanum

Jeder Getaufte ist aufgefordert, durch seine Lebensform Kontakt und Beziehung zu Gott zu pflegen. Dies geschieht nicht nur durch „die Gnade Gottes, das Wort Gottes und die Lehre der Kirche, die Sakramente, das Gebet, die Übungen der Frömmigkeit und die guten Werke“[2460], sondern vor allem auch durch vollkommenes Leben und eine innere Bindung zu Gott.[2461] Die Priester sind besonders aufgefordert, ein spirituelles Leben zu führen. Ein spirituelles Leben darf aber nichts ‚Aufgesetztes‘ oder ein ‚geistlicher Überbau‘ sein.[2462] Vielmehr soll es eine allumfassende Spiritualität im Geist und in der Wahrheit sein. Es soll ebenso eine untrennbare Verbindung zwischen

2453 Vgl. Vat II, LG, Nr. 28.
2454 Vgl. Echema, Priest and Laity Collaboration, 228.
2455 Vgl. CIC/1983, c. 287.
2456 Vgl. Echema, Priest and Laity Collaboration, 277.
2457 Vgl. Echema, Priest and Laity Collaboration, 222, 228.
2458 Vgl. CIC/1983, c. 287 § 2.
2459 Vgl. Haering, Rezeption, 21.
2460 Wollbold, Priester, 139.
2461 Vgl. Vat II, PO, Nr. 12.
2462 Vgl. Greshake, Priester sein in dieser Zeit, 276.

der Spiritualität der katholischen Igbo-Priester und ihrem täglichen pastoralen Leben geben.[2463] In dieser Hinsicht müssen die Igbo-Priester angesichts ihrer vielfältigen Verpflichtungen Wege finden, „wie sie sich mit ihrer äußeren Tätigkeit noch das innere Leben in Einklang zu bringen vermögen. Zur Erzielung solcher Lebenseinheit genügt weder eine rein äußere Ordnung der Amtsgeschäfte noch die bloße Pflege der Frömmigkeitsübungen, sosehr diese auch dazu beitragen mögen."[2464] Um die Verbindung zwischen den äußeren Diensttätigkeiten und dem inneren Leben (Spiritualität) zu vertiefen, müssen die Igbo-Priester ein heiligmäßiges Leben führen.[2465]

Jedem katholischen Igbo-Priester muss bewusst sein, dass heiliges und vollkommenes Leben bei allen pastoralen Tätigkeiten notwendig ist. Jegliche Lebensform, die Anstoß bei der ihm anvertrauten Gemeinde erregt, soll vermieden werden.[2466] Die Priester dürfen sich nicht als Übermenschen betrachten oder sogar glauben, dass sie nicht wie jeder andere Christ täglich gegen die Sünden, vor allem die Habgier, kämpfen müssen.[2467] Da der priesterliche Dienst eine geistliche Berufung ist,[2468] sollen die Igbo-Priester ihre pastorale Tätigkeit nicht als bloße Aufgabe, die nur nach Lust und Laune ausgeübt wird, betrachten. Vielmehr sollen sie bereit sein, die ihnen anvertrauten Gemeindemitglieder mit Liebe und großem persönlichen Einsatz zu führen. In ihren Diensttätigkeiten sollen sie im Bild des Guten Hirten ihr Vorbild sehen.[2469] Der Mittelpunkt ihrer priesterlichen Spiritualität soll nichts anderes als caritas pastoralis sein, d.h. die Bereitschaft, ihre Leben für die ihnen anvertraute Gemeinde hinzugeben.[2470] Um das zu erreichen, müssen die katholischen Igbo-Priester genügend Zeit für die ihnen anvertraute Gemeinde aufwenden. Es ist gegen den Geist des Evangeliums, wenn der Ortspfarrer nie erreichbar ist und meint, dass der Anrufbeantworter ihn ersetzen kann.[2471]

2463 Vgl. Vat II, PO, Nr. 13.
2464 Vat II, PO, Nr. 14.
2465 Vgl. Vat II, PO, Nr. 12. Vgl. dazu Vat II, LG, Nrn. 39, 40.
2466 Vgl. Vat II, LG, Nr. 39. Vgl. dazu Vat II, PO, Nr. 12.
2467 Vgl. Wollbold, Priester, 139.
2468 Vgl. Wollbold, Priester, 91.
2469 Vgl. Joh 10, 11–15.
2470 Vgl. Greshake, Priester sein in dieser Zeit, 278.
2471 Vgl. The Nigerian Catholic priest, 20.

Das priesterliche spirituelle Leben ist ohne Gebet nicht denkbar.[2472] Da der Priester der Gebetsleiter der ihm anvertrauten Gemeinde ist, soll er die pastoralen Tätigkeiten nicht nur ordentlich ausführen, sondern sich auch Zeit für die allgemeinen und persönlichen Gebete nehmen.[2473] Darüber hinaus kann er durch Gebete wie Rosenkranz, Andachten und Herz-Jesu-Feiern Kraft für sein priesterliches Leben schöpfen.[2474] Jeder Igbo-Priester soll bedenken, dass die ihm anvertraute Gemeinde eine tiefe Frömmigkeit von ihm fordert. Sie will einen Priester haben, der nicht nur die Gebete leitet, sondern wahrhaftig mitbetet.[2475] Wichtig ist, dass die Igbo-Priester nicht nur eine äußere Frömmigkeit zeigen, sondern ihren Glauben überzeugend leben. Durch eine ehrlich gelebte Spiritualität werden die Priester in der Lage sein, nicht nur ihre priesterliche Identität zu bewahren, sondern auch den Laien ein gutes Vorbild zu sein und sie zur Nachahmung zu bewegen.[2476]

6.6.1 Schwierigkeiten beim authentischen Priesterleben in den Igbo-Diözesen

6.6.2 Vorbemerkung

Die katholische Kirche ist die größte christliche Konfession im Igbo-Land und in ganz Nigeria. Ca. 65 % der Igbo-Bevölkerung gehören der katholischen Kirche an. Die Zahl der einheimischen Priester und Ordensangehörigen beträgt ca. dreitausend, dem sind noch über tausend Priesteranwärter in den sieben Priesterseminaren des Igbo-Landes hinzuzuzählen. Trotz dieser positiven Statistik verliert die katholische Kirche jedes Jahr viele ihrer Mitglieder an kleine neue christliche Gemeinschaften wie charismatische Bewegungen, Winners-Kirche, Evangelikale, Adventisten, usw. Viele katholische Gläubige sind mit ihrer Kirche und besonders mit dem Verhalten der Priester nicht mehr zufrieden, sie haben deswegen auch ihren Glauben verloren und es besteht die Gefahr einer Hinwendung zum Antiklerikalismus und zum Säkularismus, oder sogar zu Naturreligionen. Vielleicht liegt es auch

2472 Vgl. The Nigerian Catholic priest, 21.
2473 Vgl. Johannes Paul II., Ecclesia in Africa, Nr. 95.
2474 Vgl. Wollbold, Priester, 140.
2475 Vgl. The Nigerian Catholic priest, 20.
2476 Vgl. The Nigerian Catholic priest, 23.

daran, dass manche Igbo-Priester aufgrund des sozialen und gesellschaftlichen Wandels ihre wahre Identität aus dem Auge verloren haben und kein überzeugendes priesterliches und christliches Leben mehr führen. Auch sind die katholischen Gläubigen nicht mehr überzeugt oder auch nur begeistert von einer kirchlichen Gemeinschaft, „in der Lehrchaos und disziplinärer Wirrwarr herrschen, ein Unternehmen, das den Anschein erweckt, seiner selbst nicht mehr sicher zu sein, [...].“[2477]

Auch im Igbo-Land befinden sich die Kirche und viele Priester in einer Krise, oder sind vielleicht, wie Papst Franziskus es nennt, von Krankheiten befallen: „Die Krankheit, sich ‚unsterblich‘, ‚immun‘ oder sogar ‚unentbehrlich‘ zu fühlen und so die notwendigen und üblichen Kontrollen zu unterlassen. [...] Eine weitere Krankheit ist der Materialismus. [...] Es gibt auch die Krankheit der geistigen und geistlichen ‚Versteinerung‘: die Krankheit derer, die ein Herz von Stein haben und ‚halsstarrig‘ sind [...]. Die Krankheit der Planungswut und des Funktionalismus [...]. Die Krankheit der schlechten Koordination [...]. Es gibt auch die Krankheit des ‚geistlichen Alzheimer‘: das Vergessen der eigenen ‚Heilsgeschichte‘, [...]. Die Krankheit der Rivalität und Eitelkeit [...]. Die Krankheit der existenziellen Schizophrenie. [...] Die Krankheit des Geredes, des Gemunkels und des Tratsches. [...] Die Krankheit, die Vorgesetzten zu vergöttern [...]. Die Krankheit der Gleichgültigkeit gegenüber den anderen [...]. Die Krankheit der Totengräbermiene. [...] Die Krankheit des Hortens [...]. Die Krankheit der geschlossenen Zirkel, wo die Zugehörigkeit zum Grüppchen stärker wird als die zum Leib und – in einigen Fällen – zu Christus selbst. [...] Und die letzte Krankheit: die des weltlichen Profits, der Zurschaustellung [...].“[2478]

6.6.3 Gründe für die priesterliche Krise in den Igbo-Diözesen

6.6.3.1 Falsches Priesterbild

Zwar werden jedes Jahr viele neue Priester im Igbo-Land geweiht, jedoch haben manche von ihnen ein falsches Bild vom Priesteramt. Aufgrund ihres Verhaltens fragt man sich, ob sich die Priester darüber klar sind, wer

2477 May, Priester und priesterliche Lebensform, 61.
2478 Papst Franziskus, Römische Kurie, 10–11.

sie sind, wie sie sind und ob sie sich ihrer Aufgabe bewusst sind.[2479] Viele Igbo-Priester sind noch dem vorkonziliarischen Priesterbild verhaftet. Sie sind immer noch davon überzeugt, dass sie die Herren über das ihnen anvertraute Gottesvolk sind und sogar Macht über die Menschen und die Engel haben. Sie sehen sich noch als Übermenschen,[2480] die den Laien nur Weisungen zu erteilen haben, anstatt mit ihnen zusammenzuarbeiten.[2481] Darüber hinaus ist es vielen noch nicht bewusst, dass die Laien auch Anteil am gemeinsamen Priestertum Christi haben.[2482] Daraus folgern sie, dass das Priesteramt zum Herrschen und nicht zum Dienen da ist.[2483] Vielen Priestern ist nicht bewusst, dass sie aus der Reihe der Menschen ausgewählt wurden, um für die Menschen da zu sein,[2484] ihnen zu dienen und durch ihr Leben für sie Zeuge für Christus zu sein.[2485] Manche Igbo-Priester betrachten ihr Leitungsamt als Möglichkeit, ihre eigene Autorität und Macht im Namen der Kirche ausüben zu können.[2486] Besser wäre es, wenn die Priester nach dem Beispiel Christi mit echter Menschlichkeit ihr Leitungsamt ausüben.[2487]

Zwar haben die Priester aufgrund der empfangenen Weihe eine besondere Würde,[2488] jedoch sollen sie diese Würde nicht missachten oder missbrauchen. Ebenso soll diese Priesterwürde nicht rein funktionalistisch verstanden werden, sondern ihnen helfen, ihre besondere Berufung zu achten, edel zu handeln und mit Begeisterung ihre Dienste glaubhaft zu erfüllen.[2489] Da für manche Priester die Laien nicht wichtig sind, sind sie nicht bereit, die guten Ratschläge der Laien anzunehmen. Sie bedenken nicht, dass die Laien ihr eigenes Apostolat in der Kirche und in der Welt ausführen sollen.[2490] Es ist gegen den Geist des Evangeliums und der Brüderlichkeit, wenn manche Priester, aus welchem Grund auch immer, die Laien beleidigen, beschimpfen

2479 Vgl. Vat II, PO, Nrn. 2–6.
2480 Vgl. Veit, Volksfrommes Brauchtum, 9.
2481 Vgl. Vat II, PO, Nr. 13.
2482 Vgl. Vat II, LG, Nrn. 9–13. Vgl. dazu Vat II, AA, Nr. 10.
2483 Vgl. Lk 22, 24–27.
2484 Vgl. Hebr 5, 1.
2485 Vgl. Vat II, PO, Nrn. 3, 4.
2486 Vgl. The Nigerian Ccatholic priest, 22.
2487 Vgl. Vat II, PO, Nr. 6.
2488 Vgl. Vat II, PO, Nr. 6.
2489 Vgl. May, Priester und priesterliche Lebensform, 67.
2490 Vgl. Vat II, AA, Nrn. 2, 3, 5.

und sie sogar körperlich angreifen.[2491] Die Konsequenzen solcher Verfehlungen sind Antiklerikalismus, Austritt aus der Kirche oder sogar Hass gegen die Kirche und ihre Diener.

6.6.3.2 *Möglicher negativer Einfluss durch manche Mitbrüder*

Eines der großen Hindernisse für ein authentisches priesterliches Leben im Igbo-Land ist der negative Einfluss der älteren Priester auf die jüngeren. Viele Priesteranwärter treten das Priesteramt mit gutem Willen und Engagement an. Sie sind selbstverständlich bereit, ihr Leben nach den kirchlichen Richtlinien, Anordnungen und Empfehlungen auszurichten. Doch schon nach kurzer Mitgliedszeit im Presbyterium wirkt der Einfluss der dienstälteren Priester sehr negativ auf ihre Lebensweise, z. B. die negative Kritik an der Leitung der Diözese, die Abneigung untereinander und der Ungehorsam gegenüber den Weisungen der diözesanen Autorität.[2492]

6.6.3.3 *Geringe Motivation und Engagement*

Viele Igbo-Priester denken, dass nach dem Weiheempfang alles erreicht worden ist. Sie spüren und zeigen wenig Interesse an ihren kirchlichen Tätigkeiten. Einige richten sich bequem in ihrer Pfarrei oder im jeweiligen Dienstort ein und wollen ein gemütliches Leben ohne Sorgen führen. Einerseits wären manche sogar bereit, ihre Zeit nur noch am Fernseher oder am Computer zu verbringen, anstatt ihre priesterlichen Aufgaben pflichtbewusst zu erfüllen, andererseits betrachten manche ihre priesterlichen Aufgaben als übergroße Lasten, die sie nur noch widerwillig zu tragen vermögen. Viele vernachlässigen deshalb sogar die notwendigsten priesterlichen Dienste wie die Feier der Eucharistie,[2493] die pastoralen Besuche, die Spendung der Sakramente,[2494] die Verkündigungsdienste[2495] und sogar das Gebet.[2496] In dieser Hinsicht

2491 Vgl. Agu, The Eucharist, 227.
2492 Vgl. Vat II, PO, Nrn. 7, 8.
2493 Vgl. CIC/1983, c. 900.
2494 Vgl. CIC/1983, c. 843.
2495 Vgl. CIC/1983, cc. 757, 762, 773.
2496 Vgl. Vat II, PO, Nrn. 4, 5, 6.

werden die ganz rudimentären priesterlichen Dienste als Überforderung und bloßer Funktionalismus empfunden.[2497]

6.6.3.4 Das Gefühl der Frustration

Eine der ernsthaftesten Schwierigkeiten und Probleme für das authentische priesterliche Leben in Igbo-Diözesen ist das Gefühl der Frustration, besonders wenn die Priester das Gefühl haben, dass all ihre Mühe, ihre Sorgen und Tätigkeiten unfruchtbar bleiben.[2498] Viele Priester verlieren dadurch den Mut und die Kraft, ihre priesterlichen Tätigkeiten weiter mit Begeisterung und Überzeugung zu erfüllen, denn alles wird wieder umsonst sein.[2499] In manchen Pfarreien schrumpft die Zahl der Gottesdienstbesucher erheblich, viele Gläubige legen keinen Wert mehr auf den Empfang der Sakramente, besonders auf den Empfang des Bußsakramentes. Somit fühlt sich der Priester überflüssig und nicht mehr gebraucht. Wegen des Gefühls der Frustration hegen viele Igbo-Priester ein ständiges Misstrauen gegenüber ihren Kirchenmitgliedern.[2500] Sie versuchen dann, „vor den anderen in ein bequemes Privatleben oder in den engen Kreis der Vertrautesten zu fliehen, und verzichten auf den Realismus der sozialen Dimension des Evangeliums.“[2501]

Um dem Gefühl des eigenen Versagens zu entgehen, versuchen viele Priester, Besitz und Macht zu gewinnen oder in manchen Fällen andere Mitbrüder negativ zu kritisieren und zu beschimpfen, um sich als die Besten darstellen zu können. Sie suchen ihre eigene Ehre und Wohlergehen anstatt die Ehre Gottes.[2502] Ebenso kann das Gefühl der Niederlage die Priester zu Misstrauen und einer pessimistischen Haltung führen. Sie denken, dass sie sowieso keinen Erfolg bei ihrer Arbeit haben.[2503] Alles wird negativ gedeutet. Es fehlt das Interesse und damit jegliche Motivation, so dass sich folgende Frage ergeben könnte: „‚Warum soll ich auf meine Annehmlichkeiten und Vergnügen verzichten, wenn ich kein bedeutendes Ergebnis sehen

2497 Vgl. Papst Franziskus, Evangelii Gaudium, Nr. 95.
2498 Vgl. Papst Franziskus, Evangelii Gaudium, Nr. 85.
2499 Vgl. Papst Franziskus, Evangelii Gaudium, Nr. 85.
2500 Vgl. Papst Franziskus, Evangelii Gaudium, Nr. 86.
2501 Papst Franziskus, Evangelii Gaudium, Nr. 88.
2502 Vgl. Joh 5, 44.
2503 Vgl. Papst Franziskus, Evangelii Gaudium, Nr. 275.

werde?'"[2504] Dieser und ähnliche Gedanken können, so Papst Franziskus, nur zum Misserfolg und zu einer selbstzerstörenden Haltung führen, denn es handelt sich hier nur um „eine üble Ausrede, um in der Bequemlichkeit, in der Faulheit, in der unbefriedigten Traurigkeit und der selbstsüchtigen Leere eingeschlossen zu bleiben."[2505]

Der gefühlte Misserfolg kann auch zu gesundheitlichen Problemen wie chronischem Stress, Depressionen, Burnout, Herzschwäche oder chronischen Rücken- und Schulterschmerzen führen. Deswegen ist es notwendig, dass die Igbo-Priester angesichts der Schwierigkeiten mit dem Priesterberuf ihre Hoffnung und ihren Glauben an Gott nicht verlieren, denn es ist Gott selbst, der alles zum Guten führt. Darüber hinaus sollen die Igbo-Priester immer bedenken, dass die gefühlte Niederlage ein Zeichen der Glaubensschwäche ist, denn ein priesterliches Leben ohne Hoffnung auf Gottes Hilfe zu führen ist dann unmöglich und bietet keine Befreiung.[2506] Ebenso dürfen die Priester nicht vergessen: Die priesterliche Tätigkeit und Lebensform ist „weder ein Geschäft noch ein unternehmerisches Projekt, sie ist keine humanitäre Organisation, keine Veranstaltung, [...] es ist etwas viel Tieferes, das sich jeder Messung entzieht."[2507] Nur Gott kann Erfolg oder Misserfolg bewirken, denn sein Wille ist nicht unser Wille.[2508]

6.6.3.5 Mangelndes Interesse an Weiterbildung

Obwohl die Priester aufgefordert sind, sich nach der Priesterweihe weiterzubilden,[2509] zeigen manche Igbo-Priester kein Interesse mehr an der Weiterbildung. Viele sind sogar davon überzeugt, dass sie schon genügend wissenschaftliche und theologische Kenntnisse und Fähigkeiten vom Priesterseminar mitgebracht haben und einer Weiterbildung nicht mehr bedürfen. Solche Bildungsangebote wie Vorträge, Seminare, Kurse, Vorlesungen und andere Lehrveranstaltungen werden deshalb nicht wahrgenommen.[2510]

2504 Papst Franziskus, Evangelii Gaudium, Nr. 275.
2505 Papst Franziskus, Evangelii Gaudium, Nr. 275.
2506 Vgl. Papst Franziskus, Evangelii Gaudium, Nr. 85.
2507 Papst Franziskus, Evangelii Gaudium, Nr. 279.
2508 Vgl. Papst Franziskus, Evangelii Gaudium, Nr. 278.
2509 Vgl. CIC/1983, c. 279 § 1.
2510 Vgl. Vat II, PO, Nr. 19.

Die Gläubigen spüren in kürzester Zeit, dass ihre Priester wenig theologische Kompetenz haben und das Gotteswort nicht aktuell auf die jeweilige gegenwärtige Situation auslegen können. Und natürlich zeigen sie wenig Begeisterung, wenn ihre Priester bei ihren Predigten jahrein und jahraus monoton immer dasselbe verkündigen und somit ein Stillstand im geistlichen Bereich herrscht.[2511] Der Anreiz für den Gottesdienstbesuch lässt nach und irgendwann verzichtet man ganz darauf, da der Priester nichts Neues anzubieten hat.

6.6.3.6 *Ungesunder Umgang mit der Sexualität*

Die katholischen Priester sind aufgefordert, ein heiliges und vollkommenes Leben zu führen.[2512] Diese Verpflichtung zu Keuschheit und Enthaltsamkeit wird manchmal vernachlässigt und sogar nicht eingehalten. Grundsätzlich gilt aber immer, dass die Igbo-Priester nicht nur ein vollkommenes keusches Leben führen sollen, sondern alles vermeiden müssen, was bei den Gläubigen Anstoß erregen kann.[2513] Jeder Igbo-Priester muss deshalb darauf achten, dass er nicht nur seinen guten Ruf verliert, wenn es bekannt ist, dass er in einer eheähnlichen Beziehung lebt, eine gleichgeschlechtliche Beziehung unterhält oder pädophil ist, sondern dass er auch unglaubwürdig wird.[2514] Selbstverständlich ist es den Priestern nicht erlaubt, Bordelle zu besuchen und erotische Filme und Zeitschriften zu konsumieren. Zweideutige Situationen bei gesellschaftlichen Veranstaltungen sind zu vermeiden.

6.6.3.7 *Soziale und gesellschaftliche Situation des Landes*

Igbo-Land ist ein Teilgebiet Nigerias. Es ist bekannt, dass Nigeria ein reiches Land mit einem riesigen Rohstoffvorkommen ist. Jedoch sind 70 % der Bevölkerung sehr arm. Die Schere zwischen den Armen und den Reichen klafft weit auseinander.[2515] Während sich die Reichen, besonders die Politiker und Geschäftsleute, alles leisten können und in Saus und Braus leben, kämpfen die vielen Armen um ihre nackte Existenz und vegetieren in

2511 Vgl. Papst Franziskus, Evangelii Gaudium, Nr. 145.
2512 Vgl. Vat II, LG, Nrn. 39, 40. Vgl. dazu Vat II, PO, Nr. 13.
2513 Vgl. CIC/1983, c. 277 §§ 1, 2.
2514 Vgl. CIC/1983, c. 1395.
2515 Vgl. Brunner, The Unfinished State, 182–184.

menschenunwürdigen Verhältnissen. Sie können wegen fehlenden Schulgeldes weder ihre Kinder in die Schule schicken noch deren Versorgung sicherstellen. Es herrscht große Ungleichheit und Ungerechtigkeit in Nigeria.[2516] Die Zahl der Obdachlosen steigt täglich und die Kriminalität nimmt zu. Darüber hinaus finden viele Jugendliche trotz ihres erfolgreichen Universitätsabschlusses keinen Arbeitsplatz. Diejenigen, die vielleicht eine Arbeit finden, werden dann nicht regelmäßig bezahlt. Um überleben zu können, werden viele Jugendliche kriminell. Korruption, Randale, Gewalt, Fanatismus und täglicher Terror breiten sich immer mehr aus. Es fehlt in Nigeria auch an der nötigen Infrastruktur wie einer guten medizinischen Versorgung, ausreichender Stromversorgung, Trinkwasserbereitstellung und befahrbare Straßen (besonders in der Regenzeit). Ein Weg, um aus dieser Notsituation herauszukommen, kann für manchen Jugendlichen das Ergreifen des Priester- oder Ordensberufes sein.[2517] Gegebenenfalls werden dann manchmal einige ohne die richtige Einstellung (Gott und den Menschen in Armut zu dienen)[2518] zu Priestern geweiht oder in den Orden aufgenommen. Die Folge ist eine nichtauthentische priesterliche Lebensführung.

6.6.3.8 Herkunft aus armen Verhältnissen

Ein weiteres Hindernis für das authentische priesterliche Leben im Igbo-Land ist die Herkunft der Priester aus armen Familien. Aufgrund der sozial-ökonomischen Situation des Landes leben viele Bürger in armen Verhältnissen.[2519] Da die Zahl der Arbeitslosen enorm zugenommen hat und sich viele Familien deswegen in einer existentiellen Notlage befinden, betrachten viele junge Männer den Priesterberuf als die einzige Möglichkeit, aus dieser Notlage zu entkommen. Sie treten deshalb mit einer ganz falschen Intention in das Priesterseminar ein, nämlich der Armut zu entkommen. Der Empfang der Priesterweihe wird somit als sozialer und materieller Aufstieg empfunden und damit auch als Möglichkeit, die Familienmitglieder finanziell unterstützen zu können. In dieser Hinsicht wird später in manchen Situationen unbekümmert vom Priester auf kirchliches Geld zugegriffen,

2516 Vgl. Soyinka, Die Last des Erinnerns, 90–91.
2517 Vgl. Okwor, Priesthood, 234.
2518 Vgl. Vat II, PO, Nr. 6.
2519 Vgl. Ezeanya, The Poor in our Midst, 10–11.

wie z. B. Entnahme von Kirchgeld für den eigenen Gebrauch, um die Familie zu unterstützen.[2520] Manche Diözesanpriester glauben sogar, dass das Armutsversprechen beim Weiheempfang nur für die Ordenspriester gilt und sie selber im materiellen Wohlstand leben können.[2521] Darüber hinaus glauben sie auch, dass das Ansehen der Priester vom finanziellen und materiellen Wohlstand abhängig ist.

Um ihren finanziellen und materiellen Zustand zu verbessern, sind manche Priester nur bereit, in Stadtpfarreien oder anderen wohlhabenden Pfarreien ihren Dienst zu tun. Viele suchen nur reiche Freunde, die sie finanziell unterstützen. Dadurch vernachlässigen sie die Armen, die Geringen, die Kranken, die Einsamen und die Obdachlosen. Da manche Igbo-Diözesen keinen geregelten Unterhalt und Versorgungsleistungen für ihre Priester gewähren, müssen die betroffenen Priester selbst dafür sorgen.[2522] Auch bei Krankheit müssen die Priester für sich selber sorgen, da es keine gesetzliche Krankenversicherung gibt. Damit dies möglich ist, nehmen die Priester jede Gelegenheit zum Geldeinsammeln wahr. Manche bitten sogar die Gemeindemitglieder um Almosen und es sind Fälle bekannt, bei denen die Sakramentenspendung von Geldzuwendungen abhängig gemacht wurde.

6.6.3.9 Familienbindung in der Igbo-Kultur

Das Familienverständnis der Igbos umfasst nicht bloß die Gemeinschaft der Eltern mit ihren Kindern, vielmehr gehören zur Familie alle Verwandten und Sippenmitglieder. Jedes Mitglied ist verpflichtet, sich für den anderen einzusetzen.[2523] Diese Sorge für die Familienmitglieder kann dazu führen, dass der Igbo-Priester nicht zu absoluter Hingabe für den kirchlichen Dienst bereit ist. Demzufolge geraten manche Igbo-Priester in einen Zwiespalt. Sie wissen nicht mehr, wie sie die Sorge für ihre Familienmitgliedern und den Einsatz für die Kirche in Einklang bringen sollen. Darüber hinaus haben manche Familienmitglieder kein Verständnis dafür, dass sich der Priester für die Nöte aller anderen Gemeindemitglieder einsetzen muss. Die Familienmitglieder fühlen sich existentiell abhängig vom Priester und meinen

2520 Vgl. Vat II, PO, Nr. 17.
2521 Vgl. Vat II, PO, Nr. 17.
2522 Vgl. Vat II, PO, Nr. 21.
2523 Vgl. Sundermeier, Nur gemeinsam können wir leben, 125–126.

deshalb, dass er nach der Tradition zuerst für sie zu sorgen hat. Sie denken, dass der Priester stets eine Lösung für all ihre Probleme findet.

6.6.3.10 Der Einfluss der neuen Religionsgemeinschaften

Zusätzlich zu den oben genannten Schwierigkeiten für ein authentisches priesterliches Leben in Igbo-Diözesen kommt der negative Einfluss der neuen Religionssekten. Aufgrund der sozialen und ökonomischen Situation des Landes sprießen viele neue Religionsgemeinschaften wie Pilze aus dem Boden hervor, die auch zu Konflikten führen können. Während die katholischen Igbo-Priester von Umkehr, Nächstenliebe und Himmelreich predigen, versprechen die Pastoren der neuen Gemeinschaften Wunder, Heilung, irdischen Reichtum, Religionsökonomie sowie Befreiung von Armut und Krankheit für ihre Mitglieder. Viele Katholiken werden beeinflusst und begeistert von solchen Heilsversprechen. Sie treten aus der katholischen Kirche aus, denn die Kirche konnte sie bisher nicht aus ihrer Notlage befreien. Da viele katholische Igbo-Priester weder Wunder wirken noch körperliche Heilung ermöglichen können, gelten sie als ungläubig, ungebildet und als falsche Propheten. Dadurch wird für viele Laien die katholische Liturgie und Lehre in Frage gestellt.

6.6.3.11 Das Problem mit dem Islam

Nigeria, so die Verfassung, ist ein Säkularstaat und somit gibt es keine Staatsreligion. Jeder Bürger hat deswegen das Recht, allein oder mit anderen seinen Glauben zu leben.[2524] Dennoch ist den Bürgern untersagt, andere mit Gewalt und Zwang zu bekehren.[2525] Diese Religionsfreiheit ist jedoch nicht von allen Bürgern akzeptiert worden, besonders nicht von den muslimischen Mitbürgern. Nach der Ansicht vieler Muslime soll die ganze nigerianische Nation ein islamischer Gottesstaat sein, in dem die Scharia gilt.[2526] Die Scharia ist die islamische Lehre, die verlangt, dass sich alle Lebensformen nach den Auslegungen des Korans richten müssen.[2527] In solchen islamischen Staaten haben viele Andersgläubige Probleme in der

2524 Vgl. Constitution of the Federal Republic of Nigeria, Art. 35.
2525 Vgl. Constitution of the Federal Republic of Nigeria, Art, Kap. 1, Abs. 10.
2526 Vgl. Kirche in Not, Religionsfreiheit weltweit, 381.
2527 Vgl. Krämer, Gottes Staat, 43–44.

Ausübung ihrer Glaubensfreiheiten. Mehrmals wurden in vielen Städten Nigerias Christen attackiert und ermordet. Aufgrund mehrerer Anschläge können die Priester und ihre Gläubigen weder Gottesdienste feiern noch ihren Glauben praktizieren.[2528] Aus Angst vor Terror und Morddrohungen wollen die Priester keine öffentlichen Gottesdienste mehr feiern. In manchen Gebieten werden Priestergewänder nicht mehr getragen, denn nach einigen islamischen Terrorgruppen wie Boko Haram ist alles Westliche Sünde und muss bekämpft und ausgerottet werden. Da das Christentum westlich ist, leben die katholische Kirche und ihre Priester im Igbo-Land in großer Gefahr, denn nach der islamischen Scharia-Ordnung müssen „alle Bereiche menschlichen Lebens der religiösen Ethik und dem göttlichen Gesetz unterstellt sein […].“[2529] In dieser Hinsicht können die katholischen Igbo-Priester ihre Dienste nicht ohne Gefahr erfüllen, da Religionsfreiheit für viele Muslime unakzeptabel ist.

6.6.3.12 Das Problem der Globalisierung

Die Welt ist durch Globalisierung und moderner Technik klein und zum ‚Dorf‘ geworden. Es besteht eine zunehmende wirtschaftliche Integration von Märkten, Ideen, Lebenseinstellungen und Kulturen.[2530] Die moderne Wissenschaft und Technik hat die Welt in vielen Bereichen verbessert. Jedoch können die neuen technologischen Möglichkeiten Schwierigkeiten für das authentische priesterliche Leben und Identität verursachen. In bestimmten Situationen kann man „eine übertriebene Sorge um die persönlichen Räume der Selbständigkeit und der Entspannung feststellen, die dazu führt, die eigenen Aufgaben wie ein bloßes Anhängsel des Lebens zu erleben, als gehören sie nicht zur eigenen Identität. Zugleich wird das geistliche Leben mit einigen religiösen Momenten verwechselt, die einen gewissen Trost spenden, aber nicht die Begegnung mit den anderen, den Einsatz in der Welt und die Leidenschaft für die Evangelisierung nähren.“[2531] Ebenso sind viele Igbo-Priester von der Globalisierung und der veränderten modernen

2528 Vgl. Ibekwe, Friedenslehre, 230–233.
2529 Krämer, Gottes Statt, 43.
2530 Vgl. Klasen, Armutsreduzierung, 2.
2531 Papst Franziskus, Evangelii Gaudium, Nr. 78.

Gesellschaft negativ beeinflusst, viele identifizieren sich nicht mehr als Priester, viele finden das Priestergewand nicht mehr zeitgemäß.

Darüber hinaus wird die Verkündigung des Gotteswortes für manche Priester eine Last. Das Leben in Armut wird nicht mehr gelebt. Daraufhin entwickeln viele Igbo-Priester „eine Art Minderwertigkeitskomplex, der sie dazu führt, ihre christliche Identität und ihre Überzeugungen zu relativieren oder zu verbergen. Dann entsteht ein Teufelskreis, denn so sind sie nicht glücklich über das, was sie sind und was sie tun, identifizieren sich nicht mehr mit dem Verkündigungsauftrag, und das schwächt ihren Einsatz."[2532]

Eine zusätzliche Folge der Globalisierung und Modernisierung ist die Ausbreitung des Egoismus und des Individualismus[2533] unter vielen Igbo-Priestern, zum Beispiel sind viele wie besessen, ihre eigenen persönlichen Bedürfnisse zu befriedigen, weil sie „das dringende Bedürfnis haben, ihre Freiräume zu bewahren, als sei ein Evangelisierungsauftrag ein gefährliches Gift anstatt eine freudige Antwort auf die Liebe Gottes, der uns zur Mission ruft und uns erfüllt und fruchtbar macht."[2534] In manchen Situationen wird die Aufforderung zur Brüderlichkeit im Presbyterium und die Liebe zum Evangelium und zum Gottesvolk vernachlässigt. Ebenso empfinden manche Igbo-Priester die sakramentale Spendung und die Sorge für die Kranken und die Armen als Last. So handeln viele Priester als gäbe es weder Gott, noch die Armen und die anderen und auch die nicht, die das Evangelium noch nicht empfangen haben.[2535]

6.6.3.13 Negative Medieneinflüsse

Das 21. Jahrhundert ist bekannt als Kommunikationsepoche. Durch die modernen Kommunikationsmittel wie das Internet ist die Welt in kommunikativer Sicht zum Dorf geworden. Informationen werden in kürzester Zeit ausgetauscht. Einerseits kann eine verantwortungsvolle Nutzung der modernen Kommunikationsmittel[2536] hilfreich für die Evangelisierung und

2532 Papst Franziskus, Evangelii Gaudium, Nr. 79.
2533 Vgl. Graf, Religion und Gesellschaft, 5–7.
2534 Papst Franziskus, Evangelii Gaudium, Nr. 81.
2535 Vgl. Papst Franziskus, Evangelii Gaudium, Nr. 80.
2536 Vgl. Bohlken, Medienethik als Verantwortungsethik, 39.

die pastoralen Tätigkeiten der Priester sein,[2537] andererseits können die modernen Kommunikationsmittel zur Behinderung der Evangelisierung und pastoralen Tätigkeiten des Priesters führen, besonders wenn die Priester ihre pastoralen Tätigkeiten vernachlässigen, weil sie den ganzen Tag am Fernseher oder Computer sitzen und Sendungen ansehen, die christlichen Werten widersprechen. Jedem Igbo-Priester soll deshalb bewusst sein: die „rechte Benutzung der sozialen Kommunikationsmittel setzt bei allen, die mit ihnen umgehen, die Kenntnis der Grundsätze sittlicher Wertordnung voraus und die Bereitschaft, sie auch hier zu verwirklichen. [...] Vor allem sind für den Gebrauch der sozialen Kommunikationsmittel bei allen Beteiligten klare Gewissensgrundsätze notwendig."[2538]

Daher ist es notwendig, dass die Igbo-Priester nur solche Kommunikationsmittel in Anspruch nehmen, die ihnen für ihre pastoralen Dienste behilflich sind.[2539] Obwohl der richtige Gebrauch der modernen Kommunikationsmittel fordert, dass der Inhalt der Wahrheit entspricht und die Würde des Menschen respektiert,[2540] werden diese Anforderungen von vielen Medienorganisationen leider nicht beachtet.[2541] Es ist auch darauf zu achten, dass in vielen Medien andere Werte als jene, die in der Kirche von Bedeutung sind, verbreitet werden. Demzufolge sind die Igbo-Priester aufgefordert, nur solche Kommunikationsmittel zu nutzen, die die sittlichen Werte, die Würde des Menschen und die Lehre der katholischen Kirche vertreten.[2542]

Zwar können die neuen Kommunikationsmittel hilfreich für den Zusammenhalt und Frieden in der Gesellschaft sein, sie können jedoch „auch wirksame Urheber von Zerstörung und Spaltung werden [...]. Sie können auf moralischer Ebene dienen oder schaden, Wahres wie Falsches verbreiten und Häßliches wie Schönes darbieten. Die Fülle an Nachrichten und Gegennachrichten sowie an Bildern kann interessant sein, kann aber auch zu einer großen Manipulation führen. Information kann leicht zu Desinformation

2537 Vgl. Vat II, IM, Nrn. 2, 3, 13.
2538 Vat II, IM, Nrn. 4, 5.
2539 Vgl. Johannes Paul II., Ecclesia in Africa, 124.
2540 Vgl. Vat II, IM, Nr. 5.
2541 Vgl. Leschke, Medienethik, 51, 61–63.
2542 Vgl. Vat II, IM, Nrn. 5, 14.

werden und Bildung zu Verbildung. Die Medien können eine authentische Humanisierung fördern, sie können aber ebenso eine Entmenschlichung nach sich ziehen."[2543] Demzufolge sollen die Igbo-Priester bedenken, dass die objektive sittliche Ordnung Vorrang über alles hat und sie deswegen verantwortungsvoll bei der Nutzung der Medien vorgehen sollen.

2543 Benedikt XVI., Africae munus, Nr. 143.

7 Empfehlungen zum authentischen priesterlichen Leben in Igbo-Diözesen

7.1 Vorbemerkung

Angesichts der oben ausgeführten Schwierigkeiten zum authentischen priesterlichen Leben in den Igbo-Diözesen Nigerias bedingt die Igbo-Kirche mit ihren Priestern einer radikalen Vergewisserung ihrer priesterlichen Identität. Dies setzt eine klare Reflexion über ihre Berufung und Sendung in der Kirche und in der Welt voraus.[2544] Diese radikale Vergewisserung ist nur möglich, wenn den Igbo-Priestern bewusst ist, dass sie berufen sind, nicht bloß Christus als Haupt der Kirche zu repräsentieren, sondern vielmehr auf ihn durch ihre priesterlichen Tätigkeiten hinzuweisen. Da ihre priesterliche Identität nur durch ihre Verbindung mit Christus definiert werden kann, muss Christus die Mitte und das Zentrum ihres ganzen priesterlichen Dienstes sein.[2545] Es wird auch von den Priestern erwartet, eine authentische und ordentliche priesterliche Lebensform zu erfüllen und alles zu vermeiden, was bei den Gläubigen Anstoß erregt. Um sein priesterliches Leben erfüllen zu können, sind die folgenden Empfehlungen hilfreich.

7.2 Selbsterkenntnis

Um ein authentisches priesterliches Leben zu führen, müssen die Igbo-Priester erkennen, wer und was sie sind, nämlich Priester. Sie sollen bedenken, dass sie auserwählt und von Gott berufen sind, Dienst im Namen Christus für sein Volk zu vollziehen.[2546] Ihr Dienstamt als Priester ist nicht bloßer Beruf, sondern echte Berufung. Sie sind zum Dienen berufen und nicht, um zu herrschen oder regieren.[2547] Ihre Aufgabe ist nichts anderes als das Volk Gottes zu Gott zu führen. Da Gott Dreifaltigkeit ist, ist die priesterliche

2544 Vgl. Klasvogt, Priester, 202.
2545 Vgl. Klasvogt, Priester, 202.
2546 Vgl. Vat II, PO, Nr. 1.
2547 Vgl. Lk 22, 26–27.

Dienstidentität also in dieser Dreieinigkeit Gottes verwurzelt,[2548] denn sie sind aufgrund des sakramentalen Weiheempfanges mit der Dreifaltigkeit Gottes verbunden und dadurch geistliche Väter der ihnen anvertrauten Gemeinde,[2549] und Vertreter Christi, des ewigen Priesters.[2550] Wie Christus, der ewige Priester und Herr, vollkommen ist, sollen die Priester ihre Diensthandlungen in Vollkommenheit und Demut erfüllen.[2551] Als Priester gehört es zu ihren Dienstaufgaben, die Menschen mit Gott und einander zu versöhnen.[2552]

Zwar sind die Priester aufgrund des Weiheempfanges abgesondert,[2553] diese Absonderung sollen sie jedoch als besonderes Geschenk Gottes, für die Mitmenschen zu wirken und durch ihre Dienste Gottes Heilsgeschenk den Menschen zu vergegenwärtigen[2554], verstehen. Jeder (Igbo)Priester hat aufgrund seines Weiheempfanges ein Leitungsamt inne,[2555] und durch die Erfüllung dieses Amtes soll er den Leib Christi, d. h. die Kirche, aufbauen und die ihm anvertraute Gemeinde zur Vollkommenheit, zur Einheit und zur Freundschaft mit Gott führen.[2556] Die Vergewisserung ihrer wahren Identität als Priester Jesu Christi wird sie in die Lage versetzen, ihr Leben für die Mitmenschen zu opfern, denn sie vollziehen nicht nur das immerwährende Opfer Christi, die Eucharistie, sondern ihr eigenes Leben soll ein Opfer sein.[2557] Demzufolge soll jeder Igbo-Priester bedenken, dass er nicht primär für seine Familie, seine Sippe oder seine Diözese bzw. Ordensgemeinschaft geweiht wurde, sondern für die ganze Kirche und die ganze Menschheit. In diesem Zusammenhang soll er bereit sein, überall seine Dienste zu vollziehen, aber vor allem bei den Armen, den Notleidenden und in der Mission.[2558]

2548 Vgl. Kongr. Klerus, Direktorium für Dienst und Leben der Priester, Nrn. 3–14.
2549 Vgl. Vat II, LG, Nr. 28.
2550 Vgl. Vat II, PO, Nrn. 12, 6.
2551 Vgl. Vat II, PO, Nrn. 12, 13.
2552 Vgl. Vat II, LG, Nr. 28.
2553 Vgl. Vat II, PO, Nr. 3.
2554 Vgl. Vat II, PO, Nr. 13.
2555 Vgl. Vat II, LG, Nr. 10.
2556 Vgl. Vat II, LG, Nr. 10.
2557 Vgl. Vat II, PO, Nr. 2.
2558 Vgl. Vat II, PO, Nr. 3.

Die Einsicht, dass er für die Mitmenschen geweiht ist, wird ihm die Kraft geben, für die Armen, die Kranken, die Unterdrückten, die ungerecht Behandelten und die Ausgeschlossenen zu sorgen, sie zu trösten und ihnen mit Rat und Tat beizustehen.[2559] Um zu dieser Selbsterkenntnis zu gelangen, ist eine tiefe und gründliche Kenntnis der Heiligen Schrift unerlässlich.[2560] Da die Heilige Schrift Gottes Wort ist,[2561] sollen die Igbo-Priester durch das Lesen der Bibel und Meditation über das Wort Gottes den Willen Gottes erkennen, ihr Leben nach dem Wort Gottes gestalten und die Mitmenschen durch das Wort Gottes ernähren.[2562] Wenn die Priester ihr Leben nach dem Wort Gottes gestalten, werden sie die Kraft für die Schwierigkeiten ihres Amtes finden.[2563] Darüber hinaus werden sie auch merken, dass sie nicht zum Priester geweiht wurden, um materielle Sicherheit zu erlangen,[2564] denn Christus war für uns alle arm geworden. Ein authentisches priesterliches Leben ist kein privates Leben, deshalb sollen die Igbo-Priester nicht nur allein mit dem Bischof und den Mitgliedern des Prebyteriums in brüderlichem Verhältnis leben,[2565] sondern mit allen Mitmenschen.[2566] Durch diese Verbindung wird es für die Priester leichter, ihre Dienste mit ungeteiltem Herzen und voll Verantwortung zu erfüllen.[2567]

7.3 Innere Überzeugung und Freude am Dienst

Um ein authentisches priesterliches Leben zu führen und ihre priesterliche Identität zu bewahren, sind die Igbo-Priester aufgefordert, ihre Dienste aus Überzeugung und mit Freude zu erfüllen. Da sie sich freiwillig für das Priesteramt entschieden haben[2568], müssen sie deshalb immer bereit sein, ihren Dienst verantwortungsbewusst auszuführen. Sie müssen immer bedenken,

2559 Vgl. Vat II, PO, Nr. 6.
2560 Vgl. Vat II, DV, Nr. 11.
2561 Vgl. Vat II, DV, Nr. 1.
2562 Vgl. Vat II, DV, Nr. 25.
2563 Vgl. 2. Kor 8, 9.
2564 Vgl. Vat II, PO, Nr. 21. Vgl. dazu Vat II, CD, Nr. 28. Vgl. auch Vat II, OT, Nr. 8.
2565 Vgl. Vat II, PO, Nr. 7.
2566 Vgl. Vat II, CD, Nr. 28.
2567 Vgl. Vat II, PO, Nr. 15.
2568 Vgl. CIC/1983, c. 1026.

dass sie ohne eigenes Verdienst von Gott selbst berufen wurden und Gott ihnen auch die Kraft gibt, ihre Aufgaben zu erfüllen.[2569] Diese innere Überzeugung, von Gott auserwählt zu sein, wird den Igbo-Priestern auch die Gnade geben, den Willen Gottes zu erfüllen und Gottes Ruf zu verstehen. Ein überzeugter Igbo-Priester wird seine Arbeit als Dienst an Gott und den Menschen betrachten und all seine Entscheidungen der Fügung und Führung Gottes überlassen.[2570] Da es für frustrierte Priester schwierig ist, ihre Dienste ordentlich zu erfüllen, wird von ihnen deshalb erwartet, dass sie Freude und Zufriedenheit in ihrem Dienst finden. Die ihnen anvertraute Gemeinde wünscht sich, dass ihr Priester ihnen Stärke, Rückhalt und Zufriedenheit vermittelt.[2571] Zwar durchleben Priester, wie auch andere Menschen, schwierige Lebensphasen, trotzdem sollen sie sich bemühen, ihre Probleme nicht nach außen zu tragen, denn sie sind nicht alleine, Gott ist mit ihnen.[2572]

Ein unglücklicher und frustrierter Priester, der die ihm anvertraute Gemeinde schikaniert und kritisiert, kann sein Apostolat nicht fruchtbar ausüben.[2573] Schließlich kann ein Priester, der alles negativ bewertet, kein authentisches priesterliches Leben führen, denn Christus ist nicht nur für die Gerechten gekommen, sondern auch für die Sünder. Darüber hinaus wird ein vom Glauben überzeugter Priester seine Berufung als Aufforderung zum Dienst an den Menschen verstehen.[2574] In dieser Hinsicht sollen die Priester als Diener Gottes und der Menschen solche Lebenstugenden wie Erbarmen, Güte, Demut, Milde und Geduld haben.[2575] Dennoch sollen die Igbo-Priester ihr Amt so führen, dass „die Glaubenden durch dieses Amt etwas Gutes erfahren; daß sie etwas von der geistlichen Kraft des Evangeliums erfahren; daß sie etwas von der befreienden, ermutigenden, aufrichtenden, Glauben, Hoffnung und Zuversicht erweckenden Vollmacht dieses Amtes erfahren,

2569 Vgl. Wollbold, Priester, 86.
2570 Vgl. Wollbold, Priester, 91.
2571 Vgl. Vat II, PO, Nr. 9.
2572 Vgl. Mt 28, 20.
2573 Vgl. Phil 4, 4.
2574 Vgl. Oburota, Forgetting You are a Priest, 29.
2575 Vgl. Vat II, LG, Nr. 40.

so daß sie froh werden; daß ihre Freude, Christen zu sein, Glaubende zu sein, Kinder Gottes zu sein, zunimmt."[2576]

In ihrer Amtsführung sollen die Priester bedenken, dass sie berufen sind, den Mitmenschen zu Diensten zu sein und Knecht aller zu sein.[2577] Der Geist des Dienens soll das ganze priesterliche Leben der Igbo-Priester prägen und bestimmen. Um dem Volk Gottes mit ungeteiltem Herzen zu dienen ist Geduld und Demut von den Priestern erwünscht. Durch ihr Verhalten und ihre Lebensführung werden die ihnen anvertrauten Gemeinden spüren, dass sie keine machtsüchtigen Herrscher sind, sondern Diener Gottes, die authentisch nach Christi Worten leben.[2578] Nach Christi Worten zu leben bedeutet nichts anderes als „die Verwirklichung seines Auftrags, die Königsherrschaft Gottes auf Erden auszurufen und in der Praxis zu begründen."[2579] Deshalb manifestiert sich die priesterliche Liebe für das Volk Gottes in der Dienstbereitschaft und in der Geduld mit der ihnen anvertrauten Gemeinde.

7.4 Innige persönliche Beziehung zu Christus

Ein authentisches priesterliches Leben zu führen erfordert von den Igbo-Priestern eine ganz innige persönliche und untrennbare Verbindung mit Christus, dem ewigen Hohenpriester. Um zu dieser Beziehung zu gelangen, müssen die Igbo-Priester immer um Gottes Gnade bitten und Christus durch ihre Tätigkeiten in ihre Herzen hineinlassen.[2580] Ebenso sollen die Igbo-Priester das „ganze Leben Jesu, seine Art, mit den Armen umzugehen, seine Gesten, seine Kohärenz, seine tägliche und schlichte Großherzigkeit und schließlich seine Ganzhingabe [...]"[2581] nachahmen. Eine innige persönliche Beziehung zu Christus ohne Gebet ist nicht möglich, denn durch das Gebet und im Beten spricht der Priester direkt zu Christus.[2582] Er trägt seine Anliegen, seine Sorgen, seine Wünsche und auch seine Ängste vor. Darüber hinaus fordert eine innige Beziehung zu Christus einen regelmäßigen Empfang der

2576 Blank, Mitarbeiter, 11–12.
2577 Vgl. Blank, Mitarbeiter, 17.
2578 Vgl. Blank, Mitarbeiter, 18.
2579 Blank, Mitarbeiter, 22.
2580 Vgl. Papst Franziskus, Evangelii Gaudium, Nr. 264.
2581 Papst Franziskus, Evangelii Gaudium, Nr. 265.
2582 Vgl. Schönborn, Die Freude, Priester zu sein, 67–69.

Sakramente, vor allem der heiligen Eucharistie und des Bußsakramentes. In der heiligen Eucharistie wird Christus empfangen und in dem Bußsakrament wird der Priester wieder die Versöhnung mit Gott erreichen.[2583]

Eine innige persönliche Beziehung zu Christus ist unerlässlich, um Kraft für das priesterliche Leben zu schöpfen. Denn der Priester geht „von der Überzeugung aus, dass sowohl bei den Einzelnen als auch bei den Völkern durch das Wirken des Geistes schon eine – wenn auch unbewusste – Erwartung da ist, die Wahrheit über Gott, über den Menschen, über den Weg zur Befreiung von Sünde und Tod zu erfahren.“[2584] Demzufolge sollen die Igbo-Priester in allen ihren Tätigkeiten keine anderen Ziele als nur die Verherrlichung Gottes anstatt ihre eigene Ehre im Auge haben.[2585] Die innere Bindung zu Christus wird die Priester in die Lage versetzen, wie Christus Anteil an den Nöten und Sorgen der Mitmenschen zu nehmen, sie zu trösten, zuzuhören und mit ihnen eine neue Welt der Brüderlichkeit und der Liebe aufzubauen.[2586] Die Freundschaft mit Christus wird den Igbo-Priestern auch helfen, die Freundschaft mit den Mitmenschen aufrechtzuerhalten, denn Gottes- und Nächstenliebe sind nicht voneinander zu trennen.

Ein authentisches priesterliches Leben ist ebenso möglich, wenn die Priester das Wohlergehen des anderen aus Liebe zu Christus suchen. Die Igbo-Priester sind daher aufgefordert, nach dem Glück und dem Wohlergehen des anderen zu trachten und sich nicht vor den Mitmenschen zu verstecken oder bloß ihre eigene Bequemlichkeit zu suchen.[2587] Als Freunde Christi werden die Priester die Einsicht gewinnen, dass alle Menschen Brüder und Schwestern sind, unabhängig von Aussehen, Herkunft, Begabung, finanziellem Status, Rasse und Religionszugehörigkeit.[2588] Anstatt die Menschen lieblos zu behandeln, sollen die Igbo-Priester mit ihnen Freud und Leid teilen und ihnen respektvoll begegnen.

2583 Vgl. Vat II, LG, Nr. 11.
2584 Johannes Paul II., Redemptoris Missio, Nr. 45.
2585 Vgl. Joh 15, 8.
2586 Vgl. 1. Joh 2, 11.
2587 Vgl. Papst Franziskus, Evangelii Gaudium, Nr. 272.
2588 Vgl. Papst Franziskus, Evangelii Gaudium, Nr. 274.

7.5 Nachahmung Christi

Um ein authentisches priesterliches Leben führen zu können, müssen die Igbo-Priester in ihren Tätigkeiten nicht nur das Evangelium Christi verkünden, sondern sie müssen ihn in allem nachahmen. Nachahmung Christi bedeutet, sich zu verhalten wie Christus „und zwar nicht bloß in einem einmaligen Entschluß, sondern täglich, ständig. Das ist die Lebensaufgabe, die jedem seiner Jünger ohne Unterschied aufgegeben ist. [...] Ein Nachfolger Christi sein bedeutet alle Eigenschaften und Tugenden aufweisen, die auch der Herr hatte."[2589] Es ist somit notwendig, dass die Igbo-Priester in ihrem täglichen Leben solche christliche Eigenschaften wie Liebe, Barmherzigkeit, Ehrlichkeit, Geduld, Vergebung und Gerechtigkeit leben. Eine bloße theologische und biblische Rhetorik kann die Gläubigen weder ansprechen noch überzeugen, vielmehr verlangen sie einen liebevollen Umgang mit ihnen und auch ein priesterliches Leben nach dem Evangelium.[2590] Vor allem sollen die Priester alle Menschen als Geschöpfe des einen und desselben Gottes anerkennen, und wie der barmherzige Gott einander vergeben und verzeihen.[2591]

Da Christus in seinen pastoralen Tätigkeiten nicht nur verkündet, sondern auch die Not der Menschen gelindert hat, sollen die Priester wie Christus die Not der anderen sehen und, soweit es ihnen möglich ist, den in Not geratenen Menschen helfen.[2592] Da es viele Arme und Notleidende im Igbo-Land gibt, wird von den Igbo-Priestern erwartet, solche bedürftigen Brüder und Schwestern zu unterstützen. In dieser Hinsicht genügt die Verkündigung allein nicht mehr, sondern Handeln ist notwendig, denn durch Worte und Taten „offenbaren die Menschen jeweils, wer sie sind, zeigen aktiv die personale Einzigartigkeit ihres Wesens; [...]."[2593], d. h. die Priester werden nicht nur bei der Verkündigung wahrgenommen, sondern durch ihr Handeln. Das Handeln der Igbo-Priester muss Maß an der Gestalt Jesu Christi nehmen, „an seinem in Gott verankerten wie an den Menschen ausgerichteten Handeln der Gerechtigkeit und des umfassenden Friedens."[2594]

2589 Tillmann, Handbuch der katholischen Sittenlehre, 48–49.
2590 Vgl. Klingl, Nachfolge Christi, 95.
2591 Vgl. Renz/Leimgruber, Christen und Muslime, 209.
2592 Vgl. Johannes XXIII., Pacem in terris, Nrn. 151–154.
2593 Bohnet/Stadler, Hanna Arendt, 181.
2594 Renz/Leimgruber, Christen und Muslime, 188.

Ebenso wie Christus sollen die Igbo-Priester in ihren persönlichen Beziehungen die Bereitschaft zeigen, denen zu vergeben, die ihnen auf irgendeine Art Unrecht getan haben; sie sollen immer barmherzig sein wie Christus barmherzig ist.[2595] Ein unbarmherziger und hartherziger Priester kann kein authentisches priesterliches Leben führen, denn ohne Barmherzigkeit kann er die ihm anvertraute Gemeinde nicht zu Gott führen.

7.6 Intensivierung des Gebetslebens

Ein authentisches priesterliches Leben zu führen setzt ein intensives Gebetsleben voraus.[2596] In dieser Hinsicht wird von den Igbo-Priestern gefordert, dass sie nicht bloß Gebetsleiter und Vorbeter sind, sondern Männer, die auch ein intensives persönliches Gebet pflegen. Das priesterliche Gebetsleben soll sich nicht auf bloße öffentliche Gebete bei Gemeindeveranstaltungen beschränken, sondern die Priester müssen sich Zeit für ein persönliches, intensives, von Herzen kommendes Gebet nehmen.[2597] Natürlich sollen sie auch die Anliegen der ihnen anvertrauten Gemeinde in ihr Gebet einschließen.[2598] Die Priester müssen sich auch daran erinnern, dass die ihnen anvertraute Gemeinde Priester wünscht, die wirklich beten und sich Zeit für private und gemeinschaftliche Kommunikation mit Gott nehmen.[2599] Das priesterliche Gebetsleben darf nicht nur auf schwierige Situationen beschränkt werden, vielmehr sollen die Priester Gott auch in guten Zeiten danken und preisen für all seine gute Taten.[2600] Auch solche Gebetsformen wie Meditationen, Rosenkranz, Andachten und Anbetungen sollen nicht fehlen.

7.7 Regelmäßige Teilnahme an geistlichen Einkehrtagen, Exerzitien und häufiger Empfang des Bußsakramentes

Ebenso wird es schwierig, ein authentisches priesterliches Leben zu führen ohne regelmäßige Teilnahme an Einkehrtagen und geistliche Exerzitien.

2595 Vgl. Lk 6, 36.
2596 Vgl. CIC/1983, c. 276 § 2 3°.
2597 Vgl. Schönborn, Die Freude Priester zu sein, 124–126.
2598 Vgl. Vat II, LG, Nr. 29.
2599 Vgl. Vat II, SC, Nr. 84.
2600 Vgl. Mk 6, 6. Vgl. dazu Mt 9, 38.

Jeder Igbo-Priester soll deshalb die Einkehrtage und Exerzitien als besondere Möglichkeit nutzen, um sich selbst zu finden.[2601] Darüber hinaus müssen die Igbo-Priester bedenken, dass die regelmäßige Teilnahme an Einkehrtagen und Exerzitien eine Dienstpflicht ist, die man nicht vernachlässigen soll.[2602] Es ist auch erforderlich, dass jeder Igbo-Priester sich Zeit für private Einkehrtage und Exerzitien nimmt.[2603] Es kann einmal im Monat sein. Ebenso sollen während der Exerzitien Möglichkeiten für liturgische Feiern, für den Empfang des Bußsakramentes und für die eucharistische Anbetung angeboten werden. Es ist jedoch zu bedenken, dass Einkehrtage und Exerzitien kein Forum für theologische Weiterbildung,[2604] sondern primär Zeiten des Gebetes, der Meditation und intensiver Reflexion über die Priesterberufung und priesterliches Leben sind.

Die Igbo-Priester sollen deshalb nicht nur beten, sondern auch die Sakramente der Versöhnung regelmäßig empfangen.[2605] Sie müssen bedenken, dass, indem sie häufig das Versöhnungssakrament in Anspruch nehmen, sie ein Vorbild für die Gläubigen sind und diese dadurch das Sakrament besser verstehen und einschätzen können.[2606] Es tut den Gläubigen gut zu wissen, dass ihre Priester das Bußsakrament regelmäßig empfangen. Es wird schwer, ohne regelmäßigen Empfang des Bußsakramentes ein authentisches priesterliches Leben zu führen, denn die „ganze priesterliche Existenz würde unweigerlich schweren Schaden nehmen, wenn man es aus Nachlässigkeit oder anderen Gründen unterließe, regelmäßig und mit echtem Glauben und tiefer Frömmigkeit das Bußsakrament zu empfangen. Wenn ein Priester nicht mehr zur Beichte geht oder nicht gut beichtet, so schlägt sich das sehr schnell in seinem priesterlichen Leben und Wirken nieder, und auch die Gemeinde, deren Hirte er ist, wird dessen bald gewahr."[2607] Als Spender des Versöhnungssakramentes soll der Priester wissen, dass es keine Sünde gibt, die Gott nicht verzeihen kann,[2608] und deshalb soll die Beichte „keine

2601 Vgl. Kongr. Klerus, Direktorium für Dienst und Leben der Priester, Nr. 103.
2602 Vgl. CIC/1983, cc. 276 § 2 4°, 533 § 2, 550 § 3.
2603 Vgl.CIC/1983, c. 276 § 2 4°.
2604 Vgl. Kongr. Klerus, Direktorium für Dienst und Leben der Priester, Nr. 103.
2605 Vgl. CIC/1983, c. 960.
2606 Vgl. Kongr. Klerus, Direktorium für Dienst und Leben der Priester, Nr. 72.
2607 Johannes Paul II., Reconciliatio et Paenitentia, Nr. 31.
2608 Vgl. Papst Franziskus, Audienz, 9.

‚Folter' sein, sondern alle sollten den Beichtstuhl mit Freude im Herzen verlassen, mit einem hoffnungsvoll strahlenden Gesicht, [...] es muss eine befreiende Begegnung voller Menschlichkeit sein, durch die man zur Barmherzigkeit erziehen kann, die nicht ausschließt, sondern im Gegenteil auch das rechte Bemühen versteht, das begangene Übel soweit wie möglich wieder gut zu machen."[2609] Der Beichtvater soll immer bedenken, dass er nur die Barherzigkeit Gottes und nicht aus eigenem Verdienst die Vollmacht hat, im Namen Gottes und der Kirche dieses Sakrament zu spenden.

7.8 Gesunder und vernünftiger Umgang mit Sexualität

Da die Priester verpflichtet sind, Enthaltsamkeit und Keuschheit um des Himmelsreiches willen zu leben,[2610] ist ein gesunder und vernünftiger Umgang mit der Sexualität notwendig, um den priesterlichen Dienst effektiv erfüllen zu können. Die Igbo-Priester müssen bedenken, dass der Zölibat nichts anderes als die absolute und ungeteilte Hinordnung zu Gott und seiner Kirche ist.[2611] Um dieser Aufforderung gerecht zu werden, wird vorausgesetzt, dass die Priester ihre Grenzen erkennen, und aus dieser Erkenntnis werden sie jede zweideutige Geschlechtsannäherung vermeiden.[2612] Die Priester sollen sich immer erinnern, dass ihr Leib ein Tempel des Heiligen Geistes ist,[2613] und wenn sie sich unter diesem Bild betrachten, werden sie jegliche sexuelle Annäherung in ihrem Umgang mit dem anderen Geschlecht vermeiden. Das setzt vor allem Klugheit voraus, nämlich „genaue Wahrnehmung der eigenen Persönlichkeit, ihrer Prägungen und affektiven Muster, ihrer Ressourcen und Schwächen, ebenso des kirchlichen und gesellschaftlichen Umfeldes, bestehender sozialer Netze und ihres Entwicklungspotentials sowie die Lebensplanung und -vorsorge."[2614]

Es ist daher auch erforderlich, dass den Igbo-Priestern bewusst wird, dass das Zölibatsleben und die Keuschheit unerlässlich für ein authentisches

2609 Papst Franziskus, Audienz, 9.
2610 Vgl. Vat II, PO, Nr. 16. Vgl. dazu CIC/1983, c. 277 §§ 1, 2.
2611 Vgl. Johannes Paul II., PDV, Nr. 29.
2612 Vgl. Grün, Ehelos, 36.
2613 Vgl. 1. Kor 6, 19–20.
2614 Wollbold, Priester. 236.

priesterliches Leben sind.[2615] Solche sexuellen Annäherungstendenzen wie Küsse, Kuscheln, Hände halten, unchristliche Umarmungen, Lesen erotischer Literatur, Anschauen erotischer Filme und Besuch freizügiger Veranstaltungen müssen unbedingt vermieden werden. Dennoch müssen die Igbo-Priester bedenken, dass ein keusches Leben „keinerlei Gedanken, Worte und Werke, die sexuelle Erregung zum Ziel haben oder sie auch nur hauptsächlich mit sich bringen"[2616], erlaubt. In dieser Hinsicht muss jeder Igbo-Priester seine Pflicht zum heiligmäßigen Leben gewissenhaft erfüllen, denn keusches „Leben folgt in allem dem eigenen GEWISSEN, das sich wiederum ganz und gar an die katholische Lehre bindet und sie für sich übernimmt."[2617] Das priesterliche keusche Leben kann auch besser gelebt werden, wenn den Priestern immer bewusst ist, dass ihr Dienst ein heiliger Dienst ist und von ihnen erwartet wird, dass sie in einer gewissen Vollkommenheit leben.[2618] Daher ist Wachsamkeit und ein vernünftiger Umgang mit dem anderen Geschlecht wichtig. Bloße Naivität ist keine Entschuldigung.

Es ist gegen den Geist des Evangeliums und des Priestertums, wenn die Igbo-Priester aufgrund ihrer unkontrollierten sexuellen Neigungen ihrem guten Ruf als Diener Gottes schaden und bei den Gläubigen Anstoß erregen. Die katholischen Igbo-Gläubigen sind nicht mehr bereit, Priester zu dulden, die ihre sexuellen Neigungen nicht unter Kontrolle haben. Solche Anlässe, die ihren guten Ruf schädigen, wie Besuche von Kindern und Minderjährigen ohne Begleitung Erwachsener im Pfarrhaus und häufiger Aufenthalt von Frauen im Pfarrhaus[2619], müssen vermieden werden. Zwar fühlen sich manche Priester sehr einsam und alleingelassen, da keine Haushälterin ihren Haushalt versorgt. Diese Tatsache soll jedoch keine Entschuldigung für die Missachtung der Zölibats- und Enthaltsamkeitsverpflichtung sein. Um diese Einsamkeit zu überwinden, sollen die Priester sich mit Aktivitäten wie Sport treiben, Literatur lesen, Musik hören und spielen beschäftigen. Gegebenenfalls können sie ihre nächsten Angehörigen und Verwandten zu sich einladen.

2615 Vgl. CIC/1983, c. 277 §§ 1, 2.
2616 Wollbold, Priester, 237.
2617 Wollbold, Priester, 238.
2618 Vgl. Wollbold, Priester, 238.
2619 Vgl. Kongr. Klerus, Direktorium für Dienst und Leben der Priester, Nr. 82.

Jeder Igbo-Priester ist daher aufgefordert, immer zu bedenken, dass der Zölibat für das Himmelreich ein Zeichen der absoluten Hingabe an Gott und ein Sich-hineinlegen in die Hand Gottes ist;[2620] und wer mit Gott lebt, ist nicht allein. Um diese Pflicht zur Enthaltsamkeit erfüllen zu können, müssen die Igbo-Priester bedenken, „dass der Zölibat von der Praxis der Tugend der Keuschheit belebt wird, die nur gelebt werden kann durch die Pflege der Reinheit mit übernatürlicher und menschlicher Reife, [...]."[2621] Das beinhaltet auch eine emotionale Reife, die eine Grundlage für ein authentisches priesterliches Leben ist.[2622] Wem diese Reife fehlt, der ist in großer Gefahr, spirituell unterentwickelt zu bleiben, sexuell unbeherrscht zu sein und lasch in der theologischen Reflexion und der Ausübung einer gesunden Frömmigkeit zu sein.[2623] Daher sind die Igbo-Priester aufgefordert, dass sie sich „mit entsprechender Klugheit im Umgang mit Personen verhalten, mit denen vertraut zu sein die Treue zur Gabe gefährden oder bei den Gläubigen Ärgernis hervorrufen könnte."[2624]

Ein gesunder Umgang mit der Sexualität fordert auch die Vermeidung solcher Anlässe, die zur sexuellen Erregung führen können wie Erotikfilme im Fernsehen und Kino, pornographische Filme im Internet, Sexzeitschriften, usw.[2625] Es ist aber grundsätzlich zu bedenken, dass das Leben eines Priesters nicht ein Leben im Genuss weltlicher Freuden, sondern vor allem ein Leben in Askese und Selbstbeherrschung ist.[2626] In dieser Hinsicht fordert ein gesunder Umgang mit der Sexualität von den Igbo-Priestern stützende Lebensrituale und eine ordentliche Lebensform. Die Igbo-Priester müssen daher ein geordnetes Leben führen, Zeit für die alltäglichen Verrichtungen einplanen und sich auch Zeit nehmen für geistliche Übungen und Ruhe.

2620 Vgl. Kongr Klerus, Direktorium für Dienst und Leben der Priester, Nr. 81.

2621 Kongr. Klerus, Direktorium für Dienst und Leben der Priester, Nr. 82. Vgl. dazu Johannes Paul II., PDV, Nr. 29.

2622 Vgl. Cozzens, Priesteramt im Wandel, 48.

2623 Vgl. Cozzens, Priesteramt im Wandel, 49.

2624 Kongr. Klerus, Direktorium für Dienst und Leben der Priester, Nr. 82. Vgl. dazu CIC/1983, c. 277 § 2.

2625 Vgl. Vat II, PO, Nr. 16.

2626 Vgl. Johannes Paul II., PDV, Nr. 29.

7.9 Eine umfassende Priesterausbildungsordnung

Damit die zukünftigen Igbo-Priester ein authentisch priesterliches Leben führen können, ist eine umfassende Ausbildung im Priesterseminar und an der Universität notwendig.[2627] Die Ausbildung der Igbo-Priester muss aufgrund der Veränderungen in der Kirche und in der Gesellschaft umfassend sein. Die Priesteranwärter sollen nicht nur eine geistliche Bildung erhalten und wissenschaftlich ausgebildet werden, sondern sie müssen vor allem auf ihre zukünftige pastorale Tätigkeit vorbereitet werden.[2628] Die Priesterkandidaten, die „keine Glaubensfestigkeit mehr gewinnen und keine Disziplin mehr lernen, sondern in dogmatischem Relativismus und in Lässigkeit erzogen werden, sind weder bereit noch imstande, das Opfer von Ehe und Familie, von Freizeit und Annehmlichkeiten des Lebens zu bringen."[2629] Sie sind somit nicht zum Priesteramt geeignet. Deswegen soll die Ausbildung der zukünftigen Priester nicht nur theoretisch sein, sondern sie muss auf die Praxis ausgerichtet sein.[2630] Die Verantwortlichen im Priesterseminar, besonders der Regens und die Professoren, müssen dafür sorgen, dass dieses Ziel (praxisorientierte Ausbildung) erreicht wird. Das geschieht dadurch, dass die Einheit der ganzen Ausbildung deutlich wird und dass die geistliche Bildung und die lehrmäßige Unterweisung harmonisch miteinander in Einklang gebracht werden.[2631]

Die zukünftigen Igbo-Priester müssen ebenso in der Lage sein, bloße Theorie von pastoraler Praxis in den Pfarreien unterscheiden zu können. Zwar fächert sich die Ausbildung in drei Richtungen auf, nämlich spirituell, wissenschaftlich und geisteswissenschaftlich,[2632] aber es fehlt doch die genügende Berücksichtigung der afrikanischen Mentalität, Weltanschauung, Philosophie und Theologie. Die negative Folge ist die einseitige westliche Ausbildung und die fehlende wissenschaftliche Reflexion afrikanischen Denkens und afrikanischer Lebensart. Viele Igbo-Priester haben sich durch die dominante westliche Bildung während ihrer Ausbildung ihrer

2627 Vgl. CIC/1983, c. 235.
2628 Vgl. CIC/1983, cc. 245–258.
2629 May, Priester und priesterliche Lebensform, 62.
2630 Vgl. CIC/1983, cc. 255–258.
2631 Vgl. Bitterli, Priesterseminar, 96.
2632 Vgl. Kongr. Bildungswesen, Ratio Fundamentalis, Nrn. 44, 59, 65.

afrikanischen Kultur und Identität entfremdet. Die Igbo-Priester sind somit mehr von der europäischen Kultur geprägt als von der afrikanischen. Um dieses Problem in Zukunft zu vermeiden, muss die Ausbildung der zukünftigen Igbo-Priester sowohl eine europäische als auch eine afrikanische Dimension beinhalten, so dass die zukünftigen Priester nach einer „Fundierung und Stärkung ihres Glaubens imstande sind, den Menschen unserer Zeit die Lehre des Evangeliums in rechter Weise zu verkünden und sie in deren Kulturwelt einzupflanzen."[2633]

Eine authentische Priesterausbildungsordnung und die Einpflanzung des Evangeliums im Igbo-Land bedingen vor allem die Umgestaltung des Lehrplans zur Priesterausbildung, denn „Bibelinterpretation, Dogmatik, Moral, Pastoraltheologie, alle theologischen Fächer müssen der afrikanischen Realität näherstehen als bisher. Selbst das Kirchenrecht und die Kirchengeschichte müssen von der konkreten Situation in Afrika ausgehen. [...] Nur wenn man den bisherigen Lehrplan an den Priesterseminaren und Theologischen Fakultäten in Afrika umwandelt, kann man Priesteramtskandidaten ausbilden, die über ihre Vergangenheit informiert sind und die darauf vorbereitet werden, sich mit den Realitäten ihres Kontinents auseinanderzusetzen."[2634] Darüber hinaus ist es ebenso wichtig, die zukünftigen Priester „mit dem Leben der Bevölkerung vertraut zu machen. In den ländlichen Gebieten ist es möglich, die Seminaristen mit den Dorfgemeinschaften in Kontakt zu bringen. Sie könnten sich außer für unmittelbar pastorale Fragen auch für Probleme wie Landwirtschaft, Bauarbeiten, gesunde Ernährung und den Ausbau von Wasserquellen interessieren. [...] Die Seminaristen könnten alle weiteren Probleme der Dörfler [...]"[2635] mit diesen gemeinsam diskutieren, und so deren Ängste und Hoffnungen teilen. Die daraus resultierenden Erkenntnisse können auch für die spätere priesterliche Arbeit hilfreich und fruchtbar sein.

Damit die Igbo-Priester authentisch wirken könne, müssen sie genügend Kenntnisse über afrikanische Kultur, afrikanische (Natur-) Religionen, ökumenische Theologie und islamische Wissenschaften besitzen, um in einen

2633 Kongr. Bildungswesen, Ratio Fundamentalis, Nr. 59. Vgl. dazu Vat II, OT, Nrn. 13–17.
2634 Bujo, Afrikanische Theologie, 110.
2635 Bujo, Afrikanische Theologie, 111.

konstruktiven Dialog mit vielen Einwohnern im Igbo-Gebiet, die diesen Religionen und Konfessionen angehören, eintreten zu können. Die Priesterseminare „müssen sich wieder auf ihre Aufgabe besinnen, heiligmäßige Priester heranzubilden, die erfüllt sind von Eifer für die Ehre Gottes und das Heil der Seelen. Es müssen wieder Priesterseminare erstehen, die diesen Namen verdienen. Geistliche Häuser, in denen der Glaube gefestigt, die Frömmigkeit genährt, die sittliche Persönlichkeit entwickelt wird."[2636] Die Verantwortlichen sind deshalb aufgefordert, sich nicht nur vorbildlich zu verhalten, sondern vielmehr zu den Kandidaten eine brüderliche und persönliche Beziehung aufzubauen, viele Gespräche zu führen und ihnen in ihren Nöten und Sorgen beizustehen.

Der negativen Tendenz, dass manche Kandidaten sich aus Angst vor Entlassung verstellen und ein unehrliches und nichtauthentisches Leben führen, muss Einhalt geboten werden. Vielmehr müssen der Regens und die Professoren ihnen deutlich machen, dass man ihre Schwächen und Sorgen ernst nimmt und alles daran setzt, sie zu stärken und für ihre späteren Dienste als Priester vorzubereiten und sie nicht entlässt. Die Kandidaten sollen bedenken, dass Priester sein eine Berufung ist und deswegen bereit sein, bei Nichteignung die Entscheidung des Regens zu respektieren.

7.10 Weiterbildung nach Empfang der Priesterweihe/ Formatio permanens

Die Notwendigkeit der Weiterbildung nach dem Empfang der Priesterweihe darf nicht unterschätzt werden.[2637] In diesem Sinne „ist es von grundlegender Bedeutung, dass die Priester sich der Tatsache bewusst sind, dass ihre Ausbildung mit den Jahren im Priesterseminar nicht abgeschlossen ist."[2638] Die Igbo-Priester werden durch weitere und vertiefte Bildung zur Erkenntnis kommen, dass „das Thema der priesterlichen Identität [...] für die Ausübung des Amtspriestertums in Gegenwart und Zukunft entscheidend [...]"[2639] ist. Durch Weiterbildung werden die Igbo-Priester hilfreiche

2636 May, Priester und priesterliche Lebensform, 75.
2637 Vgl. CIC/1983, c. 279 § 1. Vgl. dazu Kongr. Klerus, Direktorium für Dienst und Leben der Priester, Nr. 87.
2638 Kongr. Klerus, Direktorium für Dienst und Leben der Priester, Nr. 86.
2639 Benedikt XVI., Ansprache zum Priesterjahr, l.c., 323–326.

Anregungen für ihren priesterlichen Dienst erlangen. Die Ausbildung nach der Priesterweihe muss umfassend sein. Solche Bereiche wie menschliche Pastoral, Spiritualität, Intellektualität und Wissenschaftlichkeit dürfen nicht fehlen.[2640] Die menschliche Bildung ist zum Beispiel sehr wichtig, „denn ohne eine angemessene menschliche Bildung entbehrte die ganze Priesterausbildung ihrer notwendigen Grundlage."[2641] Die menschliche Weiterbildung nach dem Empfang der Priesterweihe ist auch deswegen berechtigt, weil der Priester aus den Menschen auserwählt und berufen worden ist, mit den Menschen lebt, den Menschen dient. Und deshalb muss er ein großes Verständnis für Menschen haben.[2642]

Die Igbo-Priester sind zum Dienst an den Menschen berufen, daher soll die Weiterbildung ihnen ermöglichen, menschliche Reifung zu erlangen und sie in die Lage versetzen, „psychische und affektive Stabilität, Klugheit, Objektivität in den Urteilen, Stärke in der Beherrschung des eigenen Charakters, Aufgeschlossenheit, [...]"[2643] zu erreichen. Durch diese erworbene Menschenkenntnis werden die Igbo-Priester über ihr soziales Verhalten, über die Korrektheit und Echtheit der verschiedenen menschlichen Beziehungen, über die Werte und Notwendigkeit der Freundschafts- und Umgangsformen mit der ihnen anvertrauten Gemeinde nachdenken.[2644] In dieser Hinsicht ist die priesterliche Weiterbildung mehr als das Ansammeln von praktischen Erfahrungen. Sie beinhaltet vor allem die theologische Reflexion über die menschlichen Erfahrungen, „daß das innere Leben wirklich zu einem Wandel im Herrn [...] wird."[2645]

Die vielfältigen Veränderungen in der nigerianischen Gesellschaft heutzutage machen es notwendig, dass die Igbo-Priester angemessen vorbereitet werden, „um die eigene Identität nicht zu verwässern und auf die Anforderungen der neuen Evangelisierung zu antworten."[2646] Die ständige Weiterbildung gilt daher als ein Mittel, nicht nur um die Beziehung mit

2640 Vgl. Kongr. Klerus, Direktorium für Dienst und Leben der Priester, Nr. 92.
2641 Johannes Paul II., PDV, Nr. 43. Vgl. dazu Vat II, OT, Nr. 11.
2642 Vgl. Benedikt XVI., Videobotschaft, 300–303.
2643 Kongr. Klerus, Direktorium für Dienst und Leben der Priester, Nr. 93.
2644 Vgl. Kongr. Klerus, Direktorium für Dienst und Leben der Priester, Nr. 93.
2645 Agustoni, Bildung des Priesters, 13.
2646 Kongr. Klerus, Direktorium für Dienst und Leben der Priester, Nr. 87.

Christus und seiner Kirche zu vertiefen[2647], sondern auch um auf neue Herausforderungen und Fragestellungen seelsorgerisch richtig reagieren zu können. Eine sachliche Kenntnis in Fächern wie kultureller Anthropologie und Naturreligionen ist dazu erforderlich. Die Igbo-Priester müssen deshalb mehr Kenntnisse über die Igbo-Religion und Igbo-Kultur haben. Im Blick auf die Veränderungen in der heutigen Igbo- und nigerianischen Gesellschaft sind auch gute philosophische, humanistische und politikwissenschaftliche Kenntnisse erforderlich. Die Igbo-Priester sollen die Möglichkeit bekommen, Fächer wie Politikwissenschaft, Administration, Soziologie und Geschichte studieren zu können.

Die Igbo-Kirche braucht Priester, die in diesen Fächern speziell ausgebildet sind, da die Kirche nicht nur eine Glaubensinstitution ist, sondern auch eine Rechtsgemeinschaft.[2648] Es ist ebenso äußerst notwendig, dass der Igbo-Priester Fächer wie Islamikwissenschaft, arabische Sprache und ökumenische Theologie an den Hochschulen belegen kann, damit er nicht durch die Umstände „einer unruhigen, durchwegs säkularisierten Gesellschaft und von innerkirchlichen Spannungen, die ihn auch persönlich berühren können, überrumpelt wird."[2649] Die damit gewonnenen Fachkenntnisse ermöglichen einen interreligiösen Dialog[2650], der zum Frieden und Verständnis der Religionen führen kann. Schließlich soll das Weiterbildungsprogramm für die Igbo-Priester diesen ermöglichen, ausreichende Kenntnisse und Fertigkeiten im Gebrauch der modernen Kommunikationsmittel zu erwerben, die sie dann als Instrumente der Neuevangelisierung verwenden können.[2651]

7.11 Inkulturation des christlichen Glaubens

Der Igbo-Mensch ist ein soziales und kulturelles Wesen. Sein Leben hat nur Bedeutung in Beziehung zur Gesellschaft und zum Glauben, da beide untrennbar miteinander verbunden sind.[2652] Um ein authentisches priesterliches Leben zu führen ist es deshalb erforderlich, dass die Igbo-Priester

2647 Vgl. Agustoni, Bildung des Priesters, 18.
2648 Vgl. CIC/1983, cc. 1311, 1399.
2649 Agustoni, Bildung des Priesters, 18–19.
2650 Vgl. Arinze, Religionen gegen die Gewalt, 64.
2651 Vgl. Vat II, IM, Nrn. 2, 3–5, 13, 15.
2652 Vgl. Uchendu, Igbo, 12.

ihr christliches Glaubensleben in die Igbo-Kultur einbringen und damit zeigen, dass ihre Kultur und der christliche Glaube miteinander vereinbar sind. Ein authentisch lebender Igbo-Priester muss in der Lage sein, solche Igbo-Volksfrömmigkeiten und –Lebensformen wie Respekt für die Älteren, Respekt und Achtung für das Leben, die Anerkennung der Würde der menschlichen Person und die Ehrfurcht vor Gott und den Ahnen[2653] in sein priesterliches Leben und seine theologischen Auslegungen einzubeziehen.

Das Igbo-Volk braucht Priester, die in ihrer Tradition verwurzelt und trotzdem in der Lage sind, christliche und Igbo-traditionelle Werte und Tugenden wie Respekt gegenüber den Älteren, Schutz des Lebens, Nächstenliebe, soziale Gerechtigkeit, Versöhnung und Familiensinn vorzuleben und sie damit in die traditionelle Kultur einzubringen. Die Igbo-Priester müssen ihre Tradition und Kultur deuten können und Wege suchen, ihren Glauben in ihr Volk zu inkulturieren. Darüber hinaus sollen sie die entscheidende Bedeutung nicht übersehen, „welche eine vom Glauben gezeichnete Kultur hat, denn diese evangelisierte Kultur besitzt jenseits ihrer Grenzen viel mehr Möglichkeiten als eine einfache Summe von Gläubigen, die den Angriffen des heutigen Säkularismus ausgesetzt ist. Eine evangelisierte Volkskultur enthält Werte des Glaubens und der Solidarität, die die Entwicklung einer gerechteren und gläubigeren Gesellschaft auslösen können.“[2654]

Durch eine evangelisierte Kultur werden die Igbo-Priester zusammen mit den katholischen Mitgliedern negative kulturelle Praktiken wie Zauberei, Magie, Wahrsagen oder Hexerei bekämpfen. Um dabei einen optimalen Erfolg erzielen zu können, müssen die Igbo-Priester ihre Identität als Igbos und zugleich als katholische Priester bewahren. Bei ihren Bemühungen, das christliche Glaubensgut in die Igbo-Kultur zu inkulturieren, müssen die Igbo-Priester ihre ursprüngliche Igbo-Identität bewahren. Das setzt voraus, einen konstruktiven Dialog mit einem Anhänger einer Naturreligion führen zu können.[2655] Ebenso verlangen die Igbos, dass ihre Priester ihren alten Bräuchen und Sitten Respekt und Achtung erweisen und dass sie mit ihnen zusammenarbeiten, um Lösungen für Probleme wie Menschenhandel, Analphabetismus, Kriminalität und Ausbeutung von Frauen und Kinder zu

2653 Vgl. Bujo, Afrikanische Theologie, 79.
2654 Papst Franziskus, Evangelii Gaudium, Nr. 68.
2655 Vgl. Agu, The Eucharist, 225–227.

finden.[2656] Schließlich müssen die Igbo-Priester bedenken, dass ein authentisches priesterliches Leben ohne Bezug zu den Armen, den Einsamen, den Kranken und den Bedürftigen undenkbar ist.

7.12 Geregelte priesterliche Versorgung

Eines der größten Hindernisse für das authentische priesterliche Leben in den Igbo-Diözesen ist die ungenügende Vorsorge für die Priester. Die Ordinarien haben die Pflicht, nicht nur für das geistliche, sondern auch für das leibliche Wohlergehen ihrer Priester zu sorgen.[2657] Die Fürsorgepflicht der Ordinarien ihren Priestern[2658] gegenüber soll jedoch nicht auf wirtschaftliche Versorgung begrenzt werden, sondern die Ordinarien sollen es den Priestern ermöglichen, sich weiterzubilden.[2659] Aufgrund der ökonomischen und sozialen Situation der Igbo-Diözesen können viele Pfarreien die finanzielle Versorgung ihrer Priester nicht alleine tragen. Deshalb ist es notwendig, dass der Bischof diese Aufgabe übernimmt, da es keine gesetzliche Kirchensteuer oder andere kirchliche Abgaben gibt.[2660] So ist es erforderlich, dass in jeder Diözese ein Fonds für die Versorgung der Priester oder gegebenenfalls ein gemeinsamer interdiözesaner Versorgungsfonds für alle Geistlichen eingerichtet wird. In Notlagen kann dieser dann in Anspruch genommen werden.[2661]

Es ist zur Tatsache geworden, dass viele Igbo-Priester wegen finanzieller Schwierigkeiten in menschenunwürdigen Situationen leben und arbeiten. In vielen Pfarreien fehlen die notwendigen pastoralen und liturgischen Mittel, weil die jeweilige Pfarrei nur über sehr wenig oder gar keine Geldmittel verfügt. Viele Igbo-Priester können so ihren Lebensunterhalt nicht bestreiten. Sie werden zum Betteln gezwungen und dadurch wird ihr Ansehen bei der ihnen anvertrauten Gemeinde beschädigt.[2662] Manche wollen, anstatt ihren

2656 Vgl. Papst Franziskus, Evangelii Gaudium, Nr. 75.
2657 Vgl. CIC/1983, c. 281 § 2. Vgl. dazu Vat II, PO, Nr. 10. Vgl. auchVat II, CD, Nr. 31.
2658 Vgl. Vat II, PO, Nr. 20.
2659 Vgl. Vat II, PO, Nr. 19. Vgl. dazu CIC/1983, c. 279 §§ 1, 2.
2660 Vgl. Vat II, PO, Nr. 20.
2661 Vgl. Vat II, PO, Nrn. 20–21.
2662 Vgl. Vat II, PO, Nr. 20.

priesterlichen Dienst zu erfüllen, Kontakte mit den Wohlhabenden knüpfen, nur um ihre finanzielle Situation zu verbessern, dadurch vernachlässigen sie die Armen, die Kranken, die Einsamen und die Alleingelassenen. Es ist daher erforderlich, dass die Ordinarien ihren Priestern einen regelmäßigen Unterhalt gewähren.[2663]

Die Ordinarien müssen beachten, dass der Unterhalt und die Versorgung der Priester keine Liebespflicht, sondern eine Rechtspflicht ist[2664], da diese Pflicht aufgrund der Inkardination entstanden ist. Da die Priester im kirchlichen Dienst tätig sind, haben sie ein Recht auf Versorgung und angemessene Vergütung.[2665] Da es in Nigeria keine gesetzliche Krankenversicherung gibt, ist es auch erforderlich, dass jede Diözese für ihre Priester eine Kranken- und Rentenversicherung abschließt. Dadurch können dann die Priester mit ungeteiltem Herzen und ohne finanzielle Sorgen bei Krankheit oder im Alter ihre priesterlichen Aufgaben erfüllen.[2666] Um den Unterhalt ihrer Priester finanzieren zu können, können die Diözesen in regelmäßigen Abständen zweckgebundenen Kollekten für den Unterhalt der Priester durchführen. Ebenso können solche Betriebe wie Zeitungs- oder Buchverlage, Gasthäuser oder landwirtschaftliche Betriebe, die sich im kirchlichen Besitz befinden, mit ihren Erträgen zum Unterhalt der Priester beitragen.

7.13 Notwendige Planung und sorgfältige Dienstvorbereitung

Um die vielfältigen priesterlichen Dienste effektiv und ordnungsmäßig erfüllen zu können, ist eine sorgfältige Planung und Koordinierung unerlässlich. Jeder Igbo-Priester muss sich Zeit nehmen, um seine pastoralen Tätigkeiten vorzubereiten. Dies erfordert „eine klare Strukturierung der Arbeit, nach *Zielen, Inhalten und geeigneten Mitteln* zu ihrer Realisierung […].“[2667] Es ist nicht hinzunehmen, wenn Priester unvorbereitet zu Gottesdiensten erscheinen und ihre Dienste mit geringer innerer Teilnahme verrichten. Besonders müssen sich die Igbo-Priester Zeit für ihre Predigtvorbereitung nehmen.

2663 Vgl. CIC/1983, c. 281.
2664 Vgl. CIC/1983, cc. 265, 281.
2665 Vgl. CIC/1983, c. 281.
2666 Vgl. CIC/1983, c. 281 § 2.
2667 Kongr. Klerus, Direktorium für Dienst und Leben der Priester, Nr. 104.

Zusätzlich müssen sie eine wöchentliche Dienstplanung durchführen und die verschiedenen Termine und Dienstaufgaben sorgfältig einplanen, dazu ist die Verwendung eines Terminkalenders unerlässlich.[2668] Die engsten Mitarbeiter müssen in die Dienstplangestaltung mit einbezogen werden.

7.14 Ausreichender Urlaub und Erholung

Um Kraft für die vielfältigen priesterlichen Dienste zu schöpfen, benötigen die Priester außer den gesetzlichen Urlaubszeiten[2669] auch Zeit für Erholung. Die Forderung nach Erholung soll nicht als Erlaubnis für Faulheit oder Nichtstun missverstanden werden, sondern als Möglichkeit, um mehr Kraft für weitere Dienste zu schöpfen.[2670] Ungeachtet der pastoralen Dringlichkeiten sollen sich die Igbo-Priester nach jedem anstrengenden Arbeitstag einige Stunden für sich nehmen, um körperliche Erschöpfung und Überbelastung zu vermeiden. Da aufgrund der Arbeitslast und physischer Erschöpfung Missverständnisse und Vorurteile in der Pfarrei entstehen können, müssen die Priester die Demut aufbringen, ihre Grenzen zu erkennen und diese den anderen deutlich zu machen.[2671] Die Zeit der Erholung kann auch ein wirksames Mittel sein, „die Kräfte zu stärken und für das Reich Gottes weiterzuarbeiten, […].“[2672] Es ist deshalb für jeden Igbo-Priester erforderlich, ein Hobby oder irgendeine Sportart zu pflegen. Sportlichen Aktivitäten wie Fußball, Handball, Tischtennis, Radfahren und Schwimmen sind erholsame Möglichkeiten. Ebenso bieten Jogging, Walking und Gartenarbeiten genügend Räume zur Erholung.

7.15 Solidarität mit den Mitmenschen

Die Kirche als Leib Christi ist mit der ganzen Menschheit verbunden und somit wird von den Priestern erwartet, dass sie als Diener Gottes Anteil an den Menschen in ihrer Trauer, Freude, Hoffnung und Angst nehmen.[2673] In

---

2668 Vgl. Johannes Paul II., PDV, Nr. 79.
2669 Vgl. CIC/1983, cc. 283 § 2, 533 § 2, 550 § 3.
2670 Vgl. Kongr. Klerus, Direktorium Dienst und Leben der Priester, Nr. 101.
2671 Vgl. Kongr. Klerus, Direktorium Dienst und Leben der Priester, Nr. 101.
2672 Kongr. Klerus, Direktorium Dienst und Leben der Priester, Nr. 101.
2673 Vgl. Vat II, GS, Nr. 1.

dieser Hinsicht sollen die Igbo-Priester im intensiven Sinne humane Menschen sein, das heißt Priester, die auf alle Menschen durch ihre Liebe, ihre Mitgefühl, ihre Zuwendung und ihre Solidarität überzeugend wirken.[2674] Die priesterliche Solidarität mit den Menschen soll sich weder auf reiche und vermögende Personen, auf Katholiken und Gläubige beschränken, sondern sie soll sich auf alle Menschen, besonders auf die Kranken, die Armen, die Obdachlosen, die Fremden und die Ausgeschlossenen der Gesellschaft erstrecken.[2675] Wie Christus, der ewige Hohepriester, der durch sein Leben und seinen Tod mit den Menschen solidarisch lebt, sollen die Igbo-Priester nicht in Vereinzelung leben, sondern bereit sein, mit der ihnen anvertrauten Gemeinde in Solidarität zu leben.[2676] Das setzt voraus, dass die Priester auch Interesse für weltliche Anliegen und Probleme der ihnen anvertrauten Gemeinden zeigen.[2677]

Der Priester soll durch seinen Dienst das Gemeinwohl mittragen, denn durch Solidarität wird „exemplarisch-strukturell das Fundament gelegt, auf dem die Gemeinde steht und an dem sie ihr Verhalten immer wieder auszurichten hat."[2678] Es ist gegen den Geist des Evangeliums und der Brüderlichkeit, wenn die Priester im Reichtum schwelgen, während die ihnen anvertrauten Gemeindemitglieder in absoluter Armut verharren.[2679] Es ist auch gegen den Geist der priesterlichen Solidarität, wenn in der Kirche die Eucharistie gefeiert wird, „ohne zugleich für die hungernden und dürstenden, die Not leidenden Menschen einzutreten."[2680] Der Priester soll also ein liebender Mensch sein, der nicht sich selbst sucht, der selbstlos ist, der gütig und bereit ist, das Leiden der anderen mitzutragen.[2681] Alle Igbo-Priester sind aufgefordert, nach ihren Möglichkeiten bereit zu sein, den Armen zu helfen, die Waisen zu unterstützen und die Kranken zu trösten.[2682] Sie müssen bedenken, dass eine Kirche, die sich nicht um die Armen kümmert, in

---

2674 Vgl. Rahner, Der Priester von heute, 21.
2675 Vgl. Vat II, GS, Nr. 1. Vgl. dazu Vat II, PO, Nr. 8.
2676 Vgl. Vat II, GS, Nr. 32.
2677 Vgl. Rahner, Der Priester von heute, 24.
2678 Blank, Mitarbeiter, 24.
2679 Vgl. Vat II, PO, Nr. 21. Vgl. dazu Vat II, CD, Nr. 28.
2680 Renz/Leimgruber, Christen und Muslime, 209.
2681 Vgl. Rahner, Der Priester von heute, 32–33.
2682 Vgl. Vat II, PO, Nrn. 3, 6.

einen Lebensstil gerät, „der dem Evangelium zutiefst widerspricht und der keinen Blick mehr für die Solidarität mit den Armen und Ausgestoßenen unserer Gesellschaft hat.“[2683]

Die priesterliche Solidarität mit den Mitmenschen soll nicht bloß auf materielle Unterstützung begrenzt werden, sondern die Priester als Sprachrohr Gottes sollen gegen Ungerechtigkeit, Korruption, Ausbeutung, Unterdrückung und Diskriminierung in der nigerianischen Gesellschaft öffentlich Stellung beziehen. Des Weiteren soll die priesterliche Solidarität mit den Menschen nicht auf eine bestimmte Gruppe oder ein bestimmtes Geschlecht begrenzt werden, sondern mit der Anerkennung der Rechte und Würde aller Menschen, unabhängig von ihrem religiösen und sozialen Status, ausgeweitet werden auf jeden Menschen.[2684]

7.16 Bereitschaft zur Zusammenarbeit mit den Laien

Da der priesterliche Dienst ein Dienst für die Kirche und die Menschen ist, können die Igbo-Priester ihre Tätigkeit ohne die Unterstützung und Mitwirkung der Laien nicht ordentlich erfüllen.[2685] Da die Igbo-Priester gegenüber den Laien in der Minderheit sind ist die Zusammenarbeit mit den Laien unerlässlich. Das Bewusstsein der Identität und des Auftrages der Laien in der Kirche und Gesellschaft fordert von der Kirchenleitung und jedem Priester die Bereitschaft zur Zusammenarbeit.[2686] In dieser Hinsicht ist es erforderlich, dass die Priester nicht nur die Sendung der Laien unterstützen, sondern ihnen gemäß den Richtlinien der Kirche die aktive Teilnahme an Gottesdiensten und anderen pastoralen Tätigkeiten ermöglichen.[2687] Die Igbo-Priester müssen bedenken, dass die Laien kraft ihrer eigenen Sendung und Berufung auch die Pflicht haben, das Evangelium in der Welt zu verkünden[2688] und gegebenenfalls missionarisch tätig zu werden.[2689]

2683 Bujo, Afrikanische Theologie, 105.
2684 Vgl. Haker, Solidarität und Gerechtigkeit, 45.
2685 Vgl. Vat II, PO, Nr. 9. Vgl. dazu Vat II, LG, Nr. 12. Vgl. auch Vat II, AA, Nrn. 6–10, 13, 15, 16, 20.
2686 Vgl. Vat II, LG, Nrn. 31, 33.
2687 Vgl. Vat II, SC, Nrn. 14, 19.
2688 Vgl. Vat II, LG, Nrn. 31.
2689 Vgl. Vat II, AA, Nr. 33.

Da der Igbo-Priester allein die vielfältigen Tätigkeiten in der ihm anvertrauten Gemeinde nicht ordentlich ausführen kann, ist die Zusammenarbeit mit den Laien unerlässlich. Es wäre „vollkommen falsch, anzunehmen, die geweihten Hirten hätten in der Kirche *allein* die Verantwortung zu tragen für die gesamte Heilssendung."[2690] Beide Gruppen, das heißt Laien und Priester, müssen bedenken, dass sie von Christus bestellt sind, gemäß ihrer jeweiligen Stellung die ganze Heilsmission der Kirche auf sich zu nehmen und einmütig gemeinsam zu arbeiten.[2691] Die priesterliche Zusammenarbeit mit den Laien darf nicht als ‚Herrscher-Sklaven-Verhältnis' gesehen werden, sondern als Kooperatio, das heißt miteinander zu sprechen, miteinander zu arbeiten und miteinander die kirchlichen Aufgaben zu erfüllen.[2692] Es ist deshalb notwendig, dass Priester sich über ihr Verhalten den Laien gegenüber befragen lassen, denn oft „werden die Nicht-Kleriker zur Passivität verurteilt, [...] ihre Vorschläge im Hinblick auf die Pfarrgemeindeleitung [...] nur selten ernst genommen. Es ist, als ob die Pfarrei und das ekklesiale Leben im allgemeinen Privatsache des Pfarrers und allenfalls der anderen Geistlichen wären. Stellt man dies aber in Rechnung, dann könnte ein Priester oder ein Bischof ein Leben lang ekklesiale Gemeinschaften unterdrücken und entchristianisieren; Priester und Bischöfe wären dann nicht mehr Menschen, die ‚von unten' korrigiert werden können, denn selbst ihre Laster und Fehler wären gleichsam von Heiligkeit durchwirkt und dem Volk als Tugenden vorgestellt, die zur ‚Nachfolge' aufriefen!"[2693]

Zwar ist der Priester aufgrund des Weiheempfanges der Leiter der ihm anvertrauten Gemeinde und der Spender der Sakramente,[2694] jedoch sollen die Laien auch aktiv mitwirken und mitfeiern und nicht nur Zuschauer sein.[2695] Bei der Zusammenarbeit mit den Laien handelt es „sich nicht darum, einer Handlung beizuwohnen, die andere vollziehen: vielmehr gilt es, etwas, oder besser gesagt, jemanden zu feiern. Bei dieser Feier müssen sich alle mitbeteiligt fühlen und sind es auch tatsächlich: jeder muß auf

2690 Boekholt, Der Laie in der Kirche, 27.
2691 Vgl. Vat II, LG, Nr. 30.
2692 Vgl. Vat II, SC, Nr. 48.
2693 Bujo, Afrikanische Theologie, 105.
2694 Vgl. CIC/1983, c. 207 § 1.
2695 Vgl. Vat II, SC, Nr. 11.

seine Weise aktiv und bewußt an ihr mitwirken."[2696] Die Zusammenarbeit von Priestern und Laien kann nur im gegenseitigen Vertrauen gelingen, deshalb sollen die Igbo-Priester wissen, dass die Laien keine Konkurrenten für ihre Arbeit sind, denn sie haben genug mit ihrer eigenen Arbeit und der Versorgung ihrer Familie zu tun, und wollen nur mit ihren Fähigkeiten und Talenten zur kirchlichen Sendung beitragen.[2697] Denn sie sind auch aufgrund des Empfanges der Initiationssakramente verpflichtet, die Heilsbotschaft Gottes nach ihrer eigenen Stellung überall in der Welt kundzutun.[2698]

Diese Aufforderung können die Laien effektiv erfüllen, wenn die Priester ihnen die Möglichkeiten, die Freiräume und die notwendige Unterstützung gewähren,[2699] denn die Laien haben mehr Einfluss in der Gesellschaft aufgrund ihrer Position und ihrer Tätigkeiten in den Familien, am Arbeitsplatz, in der Schule, in der Politik und in den verschiedenen ehrenamtlichen Vereinen.[2700] Es ist gegen den Geist des Evangeliums und der Nächstenliebe, wenn manche Igbo-Priester meinen oder denken, dass ihnen die Laien zur Konkurrenz werden, oder dass die Laien ihre priesterliche Position übernehmen wollen. Der Dienst und der Auftrag der Laien sind von großer Bedeutung in der heutigen nigerianischen, von religiösen Krisen erschütterten Gesellschaft.[2701] Es ist deshalb unerlässlich, dass kompetente, erfahrene und geeignete Laien bestimmte kirchliche Funktionen wie Missionsarbeit, Finanzkontrolle oder Projektmanagement übernehmen und bei wichtigen kirchlichen Entscheidungen mitwirken.

Um effektiv mit den Laien arbeiten und ein ordentliches priesterliches Leben führen zu können, müssen die Igbo-Priester dialogbereit sein. Solche Dialogmöglichkeiten können zum Beispiel bei den Pfarrgemeinderats-, Kirchenverwaltungs- oder Liturgieausschusssitzungen angeboten werden. Die Meinungen und die sonstigen Beiträge der Laien sollen genügend berücksichtigt werden. Die gesamte pastorale Arbeit soll nicht mehr in

2696 Braun, Grundlinien, 100.
2697 Vgl. Vat II, LG, Nr. 31.
2698 Vgl. CIC/1983, c. 225 § 1.
2699 Vgl. Vat II, LG, Nr. 33.
2700 Vgl. Vat II, LG, Nr. 13.
2701 Vgl. Vat II, AA, Nr. 13.

einer Hand liegen.[2702] Da die Gläubigen auch eine Verantwortung für den Lebenswandel des Ortspriesters haben, müssen sie „notfalls Priester, welche die priesterliche Lebensform nicht wahren, zurechtweisen. Das ist keine Anmaßung, sondern ein brüderlicher Dienst. [...] Die Skandalfälle dürfen nicht mit dem Mantel angeblicher Liebe zugedeckt, sie müssen vielmehr bekanntgemacht und angeprangert werden. Nur so entsteht allmählich ein Druck auf die Verantwortlichen, endlich wieder Zustände in der Kirche zu schaffen, die es dem Katholiken erlauben, stolz auf seine Kirche und glücklich in seiner Kirche zu sein."[2703] Ebenso sollen die Laien auch für ihre Priester beten und sie unterstützen. Eine kooperative pastorale Tätigkeit ist heute angesichts der vielfältigen Probleme der Kirche und der Priester im Igbo-Land erforderlich.[2704]

7.17 Bereitschaft zum Dialog mit anderen Religionen, Konfessionen und christlichen Glaubensgemeinschaften im Igbo-Land

Aufgrund der multireligiösen Struktur der nigerianischen Gesellschaft sind ein authentisches priesterliches Leben und die Verbreitung des Evangeliums ohne einen friedlichen und respektvollen Umgang mit den anderen Religionen unerlässlich. Die Igbo-Priester sind aufgefordert, mit den anderen religiösen Anhängern in einen Dialog zu treten.[2705] Dialog kann ein Mittel sein, um einen gegenseitigen Austausch von Informationen und Gedanken über die jeweils andere Religionsgemeinschaft zu ermöglichen.[2706] Da ein geringer Teil der Igbo-Bevölkerung noch den Naturreligionen angehört, und auch innerhalb der Familie, der Sippen und Dörfer viele Mitglieder Anhänger unterschiedlicher Religionsgemeinschaften sein können, ist ein friedlicher und respektvoller Umgang miteinander notwendig, um das Evangelium nachhaltig verbreiten zu können. Durch einen Dialog wird jegliche Form von Geringschätzung gegenüber anderen Religionsgemeinschaften

2702 Vgl. Röm 12.
2703 May, Priester und priesterliche Lebensform, 77.
2704 Vgl. Hillenbrand, Geistliche Menschen, 70–73.
2705 Vgl. Vat II, GS, Nr. 21.
2706 Vgl. Arinze, Brücken bauen, 47–49.

vermieden werden.[2707] Jedoch ein Dialog „bei dem man davon ausgeht, im alleinigen Besitz der Wahrheit zu sein oder zumindest die Wahrheit besser zu kennen als der andere, verdiene nicht den Namen Dialog [...]. Zu einer Dialogkultur gehören ferner auch Tugenden wie Verpflichtungen auf rationale Argumente, Bereitschaft zur selbstkritischen Überprüfung des eigenen Standpunktes, der Wunsch und die Fähigkeit, den anderen möglichst gut zu verstehen, usw."[2708]

Demzufolge müssen die Igbo-Priester als Gemeindeleiter bereit sein, vorurteilsfrei Kontakte zu den Mitgliedern anderer Religionsgemeinschaften zu knüpfen und mit „Klugheit und Liebe, durch Gespräch und Zusammenarbeit mit den Bekennern anderer Religionen sowie durch ihr Zeugnis des christlichen Glaubens und Lebens jene geistlichen und sittlichen Güter und auch die sozial-kulturellen Werte, die sich bei ihnen finden, anerkennen, wahren und fördern."[2709] Der Dialog und der gegenseitige Informationsaustausch mit den Mitgliedern einer Naturreligion sollen nicht als ökumenischer Dialog missverstanden werden, sondern als Möglichkeit für Kollaboration und Kooperation gesehen werden. Dadurch können Auseinandersetzungen und Konflikte in den Familien, Sippen und Dörfer vermieden werden.[2710]

Jeder Igbo-Priester, besonders diejenigen in der Pfarreiseelsorge, muss es für notwendig erachten, den Mitgliedern der Naturreligionen mit Respekt und Achtung zu begegnen. Anstatt nur die Unterschiede der jeweiligen Religions- und Glaubensgemeinschaft herauszustellen, soll vielmehr danach getrachtet werden, die Gemeinsamkeiten wie die Anerkennung einer Existenz Gottes, die Anerkennung der Würde der Menschen, der Respekt für Leben und Familie und die gegenseitige Achtung für Kinder und ältere Menschen festzustellen. Es ist deshalb gegen den Geist der Brüderlichkeit und der Religionsfreiheit, wenn die Igbo-Priester mit ihren Gemeindemitgliedern die Anhänger der Naturreligionen abwertend als heidnisch, primitiv und der Hexerei ergeben bezeichnen und meinen, rechtmäßig sogar ihre sakralen Orte, wie Schrein und Kultfiguren, gewaltsam zerstören

2707 Vgl. Obasi, Evangelisation and Modernity, 373.
2708 Schmidt-Leukel, Gott ohne Grenzen, 180.
2709 Vat II, NA, Nr. 2.
2710 Vgl. Arinze, Meeting Other Believers, 10.

zu dürfen. Weil aber die Anhänger der Naturreligionen auch von Gott geschaffen sind,[2711] verwirft die römisch-katholische Kirche deswegen jegliche Form von „Diskriminierung eines Menschen oder jeden Gewaltakt gegen ihn um seiner Rasse oder Farbe, seines Standes oder seiner Religion willen, weil dies dem Geist Christi widerspricht."[2712] Darüber hinaus sollen die Igbo-Priester mit ihren Gemeindemitgliedern bedenken, dass jeder Mensch das angeborene Recht auf Religionsfreiheit hat und dass niemand das Recht hat, den anderen mit Zwang und Gewalt zu seiner Religion zu bekehren.[2713]

Folglich darf sich der interreligiöse Dialog nicht nur auf die Anhänger der Naturreligion und der christlichen Kirchen beschränken, sondern der Igbo-Priester und seine Gemeindemitglieder sind ebenso aufgefordert, in einen interreligiösen Dialog mit den Anhängern des Islam einzutreten. Da viele Muslime in Igbo-Gebieten leben und die Möglichkeit für interreligiöse Auseinandersetzungen, Spannungen und Konflikten besteht, ist ein Dialog mit dem Islam nicht nur wünschenswert, sondern unerlässlich. Solche interreligiösen Dialoge können ein Dialog des Lebens sein, indem sich die beiden religiösen Gemeinschaften zusammen um sozialen Frieden, Freiheit und Gerechtigkeit bemühen.[2714]

Diese Dialoge dürfen sich aber nicht bloß auf akademische Vorträge und Diskussionen beschränken, sondern jeder richtig geführte Dialog muss zu einem gemeinsamen sozialen Handeln führen.[2715] Dadurch können sie gemeinsam Lösungen für die vielfältigen Probleme des Zusammenlebens in der Igbo-Gesellschaft, zum Beispiel Arbeitslosigkeit, Kriminalität, Korruption und Gewaltexzesse in der religiösen Ausübung, gefunden werden.[2716] Da Christen und Muslime an einen alleinigen Gott glauben und ihn anbeten[2717], können die Igbo-Priester mit ihren Gemeindemitgliedern in einen spirituellen Dialog mit den Muslimen eintreten. In einem spirituellen Dialog können sie ihre jeweiligen religiösen und spirituellen Erfahrungen

2711 Vgl. Vat II, NA, Nrn. 1, 5.
2712 Vat II, NA, Nr. 5.
2713 Vgl. Vat II, DH, Nrn. 2, 7. Vgl. dazu CIC/1983, c. 748 § 2.
2714 Vgl. Arinze, Brücken bauen, 49.
2715 Vgl. Arinze, Brücken bauen, 48.
2716 Vgl. Arinze, Brücken bauen, 49.
2717 Vgl. Vat II, NA, Nrn. 3, 4.

austauschen, gemeinsam miteinander beten oder an ihren religiösen Festen und Veranstaltungen teilnehmen. Dadurch können Freundschaften, Beziehungen und ein besseres Verständnis füreinander entstehen.[2718]

Da es außerhalb der anderen Religionen auch verschiedene christliche Konfessionen wie die Anglikaner, die Lutheraner und die Neuapostolischen im Igbo-Land gibt, sind die Igbo-Priester und das Leitungsamt der Kirche im Igbo-Land aufgefordert, einen ökumenischen Dialog zu führen.[2719] Durch ihn werden die vielen Spaltungen und Auseinandersetzungen zwischen den christlichen Konfessionen überwunden. Angesichts der negativen Konsequenzen solcher Spaltungen ist die Suche nach Einheit und gegenseitiger Verständigung notwendig.[2720] In dieser Hinsicht soll „der Einsatz für eine Einheit, die die Annahme Jesu Christi erleichtert, nicht länger bloße Diplomatie oder eine erzwungene Pflichterfüllung [...]“[2721] sein, sondern ein Zeichen der Annahme der anderen und der Brüderlichkeit zwischen den Konfessionen. Ebenso können die christlichen Konfessionen durch einen ökumenischen Dialog und gemeinsame Veranstaltungen Misstrauen beseitigen, Informationen über die anderen erhalten, um einander besser kennenzulernen und miteinander die Frohe Botschaft Jesu Christi zu verwirklichen.

7.18 Zusammenfassung

Diese Studie kann nicht ordentlich abgeschlossen werden, ohne nochmals auf das Thema dieser Arbeit „Die Identität der katholischen Priester nach dem II. Vatikanum in Bezug auf das priesterliche Leben in Igbo-Diözesen in Nigeria“ zurückzugreifen. Da die Identität der katholischen Priester in der Dreieinigkeit Gottes (Vater, Sohn und Heiliger Geist) verwurzelt ist, sollen die Igbo-Priester vor allem eine immerwährende Beziehung mit Gott pflegen. In all ihren priesterlichen Tätigkeiten müssen sie bedenken, dass sie berufen sind, Dienste für Gott und die Mitmenschen in der Kirche und in der Welt zu vollziehen. Es ist daher erforderlich, dass die Igbo-Priester zur Gewissheit kommen, dass ihr Dienst Berufung ist und nicht nur Beruf. Dabei

2718 Vgl. Arinze, Brücken bauen, 49.
2719 Vgl. Vat II, UR, Nr. 4.
2720 Vgl. Vat II, UR, Nr. 13.
2721 Papst Franziskus, Evangelii Gaudium, Nr. 246.

sollen sie ihr christliches Glaubensleben in die Igbo-Kultur einpflanzen und beides vereinen. Die brüderliche Zusammenarbeit soll sich nicht nur auf die Ordinarien, die Mitbrüdern in den Presbyterien und die Laien begrenzen, sondern auch die Anhänger der Naturreligionen und anderer Konfessionen mit einschließen. Trotz der Schwierigkeiten der priesterlichen Dienste müssen die Igbo-Priester dankbar sein für dieses besondere Geschenk von Gott: ihre priesterliche Berufung.

Abkürzungsverzeichnis

a.	am
a. M.	am Main
AA	Apostolicam actuositatem
AAS	Acta Apostolicae Sedis
Abs.	Absatz
AG	Ad gentes
Am	Amos
Apg	Apostelgeschichte
Art.	Artikel
BRD	Bundesrepublik Deutschland
BzMK	Beiheft zum Münsterischen Kommentar
c.	Canon
can.	Canon
Cann.	Canones
cc.	Canones
CCEO	Codex Canonum Ecclesiarium Orientalium
CD	Chritus Dominus
Chr.	Christus
CLS	Canon Law Society
CIC	Codex Iuris Canonici (Codex des kanonischen Rechtes)
Clem	Clemens
DBK	Deutsche Bischofskonferenz
Did	Didaktik
D. C.	District of Columbia
d. h / d. h.	das heißt
DH	Dignitates Humanae
Diss.	Dissertation
Dt.	Deutsche
dt.-lat.	deutsch-lateinische
Dtn	Deuteronomium
DV	Dei verbum
Eph	Epheser

Ex	Exodus
f.	folgend/e
ff.	fortfolgend
Frhr.	Freiherr
Gal	Galater
Gen	Genesis
GS	Gaudium et spes
GuL	Geist und Leben
Hebr	Hebräer
hrsg./Hrsg.	herausgegeben/Herausgeber
i.	im
i. Br.	im Breisgau
IM	Inter Mirificia
Israelit.	Israelitisch
Jak	Jakobus
Jer	Jeremia
Jes	Jesaja
Jf.	Jahrgang
Joh	Johannes
Jr	Jeremia
KanR	Kanonisches Recht
Kap.	Kapitel
Kath.	Katholische
KKK	Katechismus der Katholischen Kirche
Kongr.	Kongregation
Kor	Korinther
l. c.	loco citato
LG	Lumen Gentium
Lk	Lukas
Mal	Maleachi
ME	Monitor Ecclesiasticus
Mk	Markus
MK CIC	Münsterischer Kommentar zum Codex Iuris Canonici
Mt	Matthäus
NA	Nostra aetate
nn.	Nummern

n.	nach
n.	Nummer
Nr.	Nummer
Nrn.	Nummern
NT	Neues Testament
Num	Numeri
o. J.	ohne Jahr
Offb	Offenbarung
OK	Ordenskorrespondenz
OT	Optatam totius
PastBon	Pastor Bonus
PC	Perfectae Caritatis
PDV	Pastores dabo vobis
q.	questiones
PerRCan	Periodica de re canonica
Petr	Petrus
Phil	Philipper
PO	Presbyterorum Ordinies
Pol.	Polyglottis
Pol. Vat	Polyglottis Vaticanis
Prot.-Nr.	Protokoll-Nummer
Rd.-Nr.	Rand-Nummer
Rd.-Nrn.	Rand-Nummern
RFIS	Ratio fundamentalis institutionis sacerdotalis
Röm	Römer
S. th.	Summa theologica
Sam	Samuel
SC	Sacrosantum Concilium
Sp.	Spalte
StZ	Stimmen der Zeit
Supp.	Supplement
Thess	Thessalonicher
ThQ	Theologische Quartalszeitschrift
Tim	Timotheus
Typ. Pol Vat	Typus Polyglottis Vaticanis
u. a.	und andere / unter anderem

u. ö.	und öfter
UR	Unitatis Redintegratio
UTB	Uni-Taschenbücher
VatII / Vat II	Zweites Vatikanisches Konzil
vgl. / Vgl.	vergleiche / Vergleiche
z. B. / z. B.	zum Beispiel
zit.	zitiert

Literatur- und Quellenverzeichnis

1. Quellenschriften

a) Heilige Schrift

Die Bibel:

Altes und Neues Testament. Einheitsübersetzung, Herausgegeben im Auftrag der Bischöfe Deutschlands, Österreichs, der Schweiz, des Bischofs von Luxemburg, des Bischofs von Lüttich, des Bischofs von Bozen-Brixen, Freiburg i. Breisgau 2001

b) Gesetzesbücher

Codex Iuris Canonici:

Auctoritate Ioannis Pauli PP. II Promulgatus. Civitas Vaticana 1983 v. 25.01.1983, in: AAS 75 (1983) 1–317. Codex des kanonischen Rechtes. Lateinisch-deutsche Ausgabe im Auftrag der Deutschen, Berliner, Österreichischen und Schweizer Bischofskonferenz, Kevelaer 2001 [CIC/1983]

Codex Canonum Ecclesiarium Orientalium:

Auctoritate Ioannis Pauli II. Promulgatus, 18.10.1990, in: AAS 82 (1990) 1034–1363. Lateinisch-deutsche Ausgabe, hrsg. von Gerosa, Libero/Krämer, Peter, Paderborn 2010 [CCEO]

c) Konzilsdokumente

II. Vatikanisches Konzil:

- „Inter mirifica“. Dekret über die sozialen Kommunikationsmittel, 4.12.1963, in AAS 56 (1964) 145–153 [Vat II, IM]
- „Sacrosantum Concilium“. Konstitution über die heilige Liturgie, 4.12.1963, in: AAS 56 (1964) 97–134 [Vat II, SC]
- „Lumen Gentium“. Dogmatische Konstitution über die Kirche, 21.11.1964, in: AAS 57 (1965) 5–75 [Vat II, LG]
- „Christus Dominus“. Dekret über die Hirtenaufgabe der Bischöfe, 28.10.1965, in: AAS 58 (1966) 673–696 [Vat II, CD]

- „Nostra aetate“. Erklärung über das Verhältnis der Kirche zu den nichtchristlichen Religionen vom 28.10.1965, in: AAS 58 (1966) 740–744 [Vat II, NA]
- „Optatam totius“. Dekret über die Ausbildung der Priester, 28.10.1965, in: AAS 58 (1966) 713–727. Dt. Übersetzung: Herders Theologischer Kommentar zum Zweiten Vatikanischen Konzil, Hünerman P./Hilberath B. J. (Hrsg.), Band 1, Freiburg i. Br. 2004, 305–332 [Vat II, OT]
- „Perfectae Caritatis“. Dekret über die zeitgemäße Erneuerung des Ordenslebens, 28.10.1965, in: AAS 58 (1966) 702–712 [Vat II, PC]
- „Apostolicam actuositatem“. Dekret über das Laienapostolat, 18.11.1965, in: AAS 58 (1966) 837–864 [Vat II, AA]
- „Dei verbum“. Dogmatische Konstitution über die göttliche Offenbarung, 18.11.1965, in: AAS 58 (1966) 817–836 [Vat II, DV]
- „Unitatis Redintegratio“, Dekret über den Ökumenismus, 21.11.1964, in: AAS 57 (1965) 90 –112 [Vat II, UR]
- „Ad gentes“. Dekret über die Missionstätigkeit der Kirche, 7.12.1965, in: AAS 58 (1966) 947–990 [Vat II, AG]
- „Dignitates Humanae“. Erklärung über die Religionsfreiheit, 7.12.1965, in: AAS 58 (1966) 929 –946 [Vat II, DH]
- „Gaudium et spes“. Pastoralkonstitution über die Kirche in der Welt von heute, 7.12.1965, in: AAS 58 (1966) 1025–1115 [Vat II, GS]
- „Presbyterorum Ordinis“. Dekret über Dienst und Leben der Priester, 7.12.1965, in: AAS 58 (1966) 991–1024. Dt. Übersetzung: Herders Theologischer Kommentar zum Zweiten Vatikanischen Konzil, hrsg. von P. Hünermann und B. J. Hilberath, Band 1, Freiburg i. Breisgau 2004, 532–591 [Vat II, PO]

d) Päpste

Pius XI.:

- „Miserentissimus Redemptor“. Enzyklika vom 8. Mai 1928, in: AAS 20 (1928) 165–178 [Pius XI., Miserentissimus Redemptor]
- „Ad Catholici Sacerdotii“. Enzyklika vom 20.12.1935, in: AAS 28 (1936) 5–53 [Pius XI., Ad Catholici Sacerdotii]

Pius XII.:
- „Mediator Dei“. Enzyklika über die heilige Liturgie vom 20.11.1947, in: AAS 39 (1947) 521–600 [Pius XII., Mediator Dei]
- „Menti Nostrae“. Apostolische Adhortation vom 23.9.1950, in: AAS 42 (1950) 656–702 [Pius XII., Menti Nostrae]
- Ansprache Magnificate Dominum vom 2. Nov. 1954 in: AAS 46 (1954) 669 [Pius XII., Magnificate Dominum]

Johannes XXIII.:
- „Sacerdotii Nostri Primordia“, Enzyklika vom 1.8.1959, in: AAS 51 (1959) 545–579 [Johannes XXIII, Sacerdotii Nostri Primordia]
- Enzyklika „Pacem in terris“ vom 11.4.1963, in: AAS 55 (1963) 257–304 [Johannes XXIII., Pacem in terris]

Paul VI.:
- Katechese bei der Generalaudienz am 07. Oktober 1964, in: Insegnamenti di Paolo VI 2, 1964, 958 [Paul VI., Katechese]
- Ansprache beim Allocutio vom 1.3.1965, in: AAS 57 (1965) 326 ff. [Paul VI., Ansprache beim Allocutio]
- „Ecclesiae sanctae“. Motu proprio vom 6.8.1966, in: AAS 58 (1966) 757–787 [Paul VI., Ecclesia sanctae]
- „Sacrum diaconatus ordinem“. Motu Proprio vom 18.6.1967, in: AAS 59 (1967) 697–704 [Paul VI., Sacrum diaconatus ordinem]
- „Sacerdotalis Caelibatus“. Enzyklika über den priesterlichen Zölibat vom 24. Juni 1967, in: AAS 59 (1967) 657–697 [Paul VI., Sacerdotalis Caelibatus]
- Botschaft zum 5. Weltgebetstag für Priesterberufe, 19. April 1968, in: Insegnamenti VI (1968), 134–135 [Paul VI., Botschaft]
- „Ministeria quaedam“. Motu Proprio vom 15.8.1972, in: AAS 64 (1972) 529–534 [Paul VI., Ministeria quaedam]
- „Ad Pascendum“. Motu Proprio vom 15.8.1972, in: AAS 64 (1972) 534–540 [Paul VI., Ad Pascendum]
- Adhortatio Apostolica „Marialis Cultus“ vom 2.2.1974, in: AAS 66 (1974) 113–168 [Paul VI., Marialis Cultus]
- Rede an das Komitee für das internationale Jahr der Frau, 18. April 1975, in: AAS 67 (1975) 266 [Paul VI., Jahr der Frau]

– „Evangelii Nuntiandi“. Apostolisches Schreiben über die Evangelisierung der Welt von heute vom 8.12.1975, in: AAS 68 (1976) 9–26 [Paul VI., Evangelii Nuntiandi]

Johannes Paul II.:
– „Redemptor Hominis“. Enzyklika über den Erlöser des Menschen vom 04.03.1979, in: AAS 71 (1979) 274–286 [Johannes Paul II., Redemptor Hominis]
– „Novo incipiente“ (8. April 1979). Schreiben zum Gründonnerstag an die Priester der Kirche, in: AAS 71 (1979) 393–417. Deutsche Übersetzung in Verlautbarungen des Apostolischen Stuhls Nr. 7, Bonn 1979 [Johannes Paul II., Novo incipiente]
– „Dominicae Cenae“. Apostolisches Schreiben über das Mysterium und die Verehrung der Heiligsten Eucharistie vom 24.02.1980, in: AAS 72 (1980) 128–129 [Johannes Paul II., Dominicae Cenae]
– „Dives in Miserecordia“. Enzyklika über das göttliche Erbarmen vom 30.11.1980, in: AAS 72 (1980) 1199–1217 [Johannes Paul II., Dives in Miserecordia]
– Brief an den Kardinalvikar von Rom, (8.9.1982), in: Insegnamenti V/2, 1982, 847–849, Roma 1982 [Johannes Paul II., Brief]
– „Familiaris Consortio“. Nachsynodales Apostolisches Schreiben über die Aufgaben der christlichen Familie in der Welt von heute vom 22.11.1981, in: AAS 74 (1982) 81–191 [Johannes Paul II., Familiaris Consortio]
– Ansprache an die Schweizer Bischöfe vom 15. Juni 1984, in: Insegnamenti VII/I, 1984, 1784 [Johannes Paul II., Ansprache an die Schweizer Bischöfe]
– „Reconciliatio et Paenitentia“. Nachsynodales Apostolisches Schreiben über Versöhnung und Buße in der Sendung der Kirche von heute vom 2.12.1984, in: AAS 77 (1985) 224–228 [Johannes Paul II., Reconciliatio et Paenitentia]
– „Pastor Bonus“. Apostolische Konstitution über die römische Kurie vom 28.6.1988, in AAS 80 (1988) 841–912, Seite der Deutschen Bischofskonferenz, 1988 [Johannes Paul II., Pastor Bonus]

– „Mulieris dignitatem“. Apostolisches Schreiben über die Würde und Berufung der Frau anläßlich des Marianischen Jahres vom 15.8.1988, in: AAS 80 (1988) 1653–1729 [Johannes Paul II., Mulieris dignitatem]
– „Christifideles Laici“. Nachsynodales Apostolisches Schreiben über die Berufung und Sendung der Laien in Kirche und Welt vom 30.12.1988, in: AAS 81 (1989) 393–521, [Johannes Paul II., Christifideles Laici]
– Botschaft der Synodenväter an das Volk Gottes III, in: L'Osservatore Romano, 28. Oktober 1990, Rom 1990 [Johannes Paul II., Botschaft]
– „Redemptoris Missio“. Enzyklika über die fortdauernde Gültigkeit des missioniarischen Auftrages vom 7.12.1990, in: AAS 83 (1991) 249–340 [Johannes Paul II., Redemptoris Missio]
– „Pastores dabo vobis“. Nachsynodale Apostolische Adhortation über die Priesterausbildung im Kontext der Gegenwart vom 25.03.1992, in: AAS 84 (1992) 657–804. Dt. Übersetzung: Nachsynodales Apostolisches Schreiben Pastores dabo vobis von Johannes Paul II. an die Bischöfe, Priester und Gläubigen über die Priesterbildung im Kontext der Gegenwart. 25.03.1992 Verlautbarungen des Apostolischen Stuhls 105, Sekretariat der Deutschen Bischofskonferenz (Hrsg.), Bonn 1992 [Johannes Paul II., PDV]
– Ansprache an die Apostolische Pönitentiarie, (27.3.1993), in: Insegnamenti XVI/I (1993), 761–766 [Johannes Paul II., Apostolische Pönitentiarie]
– Ansprache bei Generauldienz vom 19. Mai 1993, in: Insegnamenti XVI, 1, 1993, 1254 [Johannes Paul II., Ansprache bei Generalaudienz]
– „Veritatis Splendor“. Enzyklika über einige grundlegende Fragen der katholischen Morallehre vom 6.8.1993, in: AAS 85 (1993) 1159–1223 [Johannes Paul II., Veritatis Splendor]
– „Ordinatio sacerdotalis“. Apostolisches Schreiben über die nur Männern vorbehaltene Priesterweihe vom 22.5.1994, in: AAS 86 (1994) 545–548 [Johannes Paul II., Ordinatio sacerdotalis]
– „Ecclesia in Africa“. Nachsynodales Apostolisches Schreiben über die Kirche in Afrika und ihren Evangelisierungsauftrag im Hinblick auf das Jahr 2000 vom 14.09.1995, in: AAS 88 (1996) 5–82 [Johannes Paul II., Ecclesia in Africa]
– Schreiben an die Priester zum Gründonnerstag 1997 [Johannes Paul II., Schreiben an die Priester zum Gründonnerstag 1997]

– „Novo Millenio Ineunte". Apostolisches Schreiben vom 06.1.2001 zum Abschluss des Großen Jubiläums des Jahres 2000, Hrsg. Sekretariat der Deutschen Bischofskonferenz. Verlautbarungen des Apostolischen Stuhls 150, Bonn 2001 [Johannes Paul II., Novo Millenio Ineunte]
– Ansprache an die Teilnehmer der Vollversammlung der Kongregation für den Klerus (23. November 2001), in: AAS 94 (2002) 214–217, [Johannes Paul II., Ansprache Vollversammlung]
– „Misericordia Dei". Apostolisches Schreiben als Motu proprio erlassen über einige Aspekte der Feier des Sakramentes der Buße vom 7.4.2002, Verlautbarungen des Apostolischen Stuhls 153, Sekretariat der Deutschen Bischofskonferenz (Hrsg.), in: AAS 94 (2002) 452–459 [Johannes Paul II., Misericordia Dei]
– „Ecclesia de Eucharistia". Enzyklika über die Eucharistie in ihrer Beziehung zur Kirche vom 17.4.2003, in: AAS 95 (2003) 433–475. Verlautbarungen des Apostolischen Stuhls 159, Sekretariat der Deutschen Bischofskonferenz (Hrsg.), 11. April 2003, Bonn 2003 [Johannes Paul II., Ecclesia de Eucharistia]

Benedikt XVI.:
– Angelus (18.12.2005), in: Insegnamenti I (2005) [Benedikt XVI., Angelus]
– Enzyklika „Deus Caritas Est". Gott ist die Liebe, vom 25. Dez. 2005, Augsburg 2006, in: AAS 98 (2006) 217–252 [Benedikt XVI., Deus Caritas Est]
– Nachsynodales Apostolisches Schreiben „Sacramentum Caritatis" über die Eucharistie, Quelle und Höhepunkt von Leben und Sendung der Kirche vom 22.2.2007, in: AAS 99 (2007) 105–180. Verlautbarungen des Apostolischen Stuhles Nr. 177, Sekretariat der Deutschen Bischofskonferenz (Hrsg.), Bonn 2007 [Benedikt XVI., Sacramentum Caritatis]
– Beitrag auf der XIV. Generalkongregation der Synode (14. Oktober 2008), in: L'Osservatore Romano (dt.) 31. Oktober 2008, Rom 2008 [Benedikt XVI., Beitrag]
– Homilie in der Chrisam-Messe vom 09.04.2009, in: AAS 101 (2009) 355 [Benedikt XVI., Homilie]

- Videobotschaft an die Teilnehmer der Internationalen Priesterexerzitien in Ars (27. September – 3. Oktober 2009), in: Insegnamenti V/2 (2009), 300–303 [Benedikt XVI., Videobotschaft]
- Ansprache an die Teilnehmer an dem von der Kleruskongregation organisierten Theologischen Kongress zum Priesterjahr (12. März 2010), Rom 2010, l. c. 323–326 [Benedikt XVI., Ansprache zum Priesterjahr]
- Gebetsvigil aus Anlass des Abschlusses des Priesterjahres (10. Juni 2010), in AAS 102 (2010) 397–406 [Benedikt XVI., Gebetsvigil]
- „Verbum Domini". Nachsynodales Apostolisches Schreiben über das Wort Gottes im Leben und in der Sendung der Kirche. Verlautbarungen des Apostolischen Stuhl Nr. 187 vom 30. September 2010, Hrsg. DBK, Bonn 2010 [Benedikt XVI., Verbum Domini]
- Audienz für die Priesterbruderschaft der Missionare des Heiligen Karl Borromäus aus Anlass des XXV. Gründungsjubiläums (12.2.2011), zit. in: L'Osservatore Romano (dt.) 13. Februar 2011, Rom 2011, 8 [Benedikt XVI., Audienz]
- „Africae Munus". Nachsynodales Apostolisches Schreiben vom 19.11.2011, Vatikanstadt 2011 [Benedikt XVI., Africae Munus]
- Botschaft zur Fastenzeit, vom 3.11.2011, in: AAS 104 (2012) 199–204 [Benedikt XVI., Botschaft zur Fastenzeit]

Papst Franziskus:
- „Evangelii Gaudium". Apostolisches Schreiben über die Verkündigung des Evangeliums in der Welt von heute vom 24.11.2013, Rom 2013 [Papst Franziskus, Evangelii Gaudium]
- Das Leben muss mit dem Glauben übereinstimmen. Ansprache vom 28. März 2014 anlässlich des „Ad-limina"-Besuches der Bischofskonferenz von Madagaskar, in: L'Osservatore Romano vom 11. April 2014, Nr. 15, Wochenausgabe in deutscher Sprache, Ostfildern 2014, 8 [Papst Franziskus, Glauben]
- Die Römische Kurie und der Leib Christi. Weihnachtsempfang für die Römische Kurie. Ansprache von Papst Franziskus am 22. Dezember 2014, in: L'Osservatore Romano vom 09. Januar 2015, Nr. 1/2. Wochenausgabe in deutscher Sprache, Ostfildern 2015, 10–11 [Papst Franziskus, Römische Kurie]

- Audienz für die Teilnehmer an einem vom Gerichtshof der Apostolischen Pönitentiarie veranstalteten Kurs über das „Forum Internum". Ansprache vom 12. März 2015, in: L'Osservatore Romano vom 24. April 2015. Wochenausgabe in deutscher Sprache, Ostfildern 2015, 9 [Papst Franziskus, Audienz]

e) Kongregationen und päpstliche Kommissionen

Kongregation für die Bischöfe:

Directorium de Pastorali Ministeria Episcoporum, vom 22.2.1973, Typ Pol. Vat 1973 [Kongr. Bischöfe, Directorium de Pastorali]

Kongregation für die Evangelisierung der Völker:

- „Quo aptius ad effectum". Instruktion über die Abstimmung bischöflicher Missionshilfe mit den päpstlichen Missionswerken sowie über Sonderaktionen der Diözesen zugunsten der Missionen vom 24.2.1969, in: AAS (1969) 276–281 [Kongr. Evang., Quo aptius ad effectum]
- Pastorale Leitlinien für Diözesanpriester in den von der Kongregation für die Evangelisierung der Völker anhängenden Teilkirchen vom 1.10.1989 [Kongr. Evang., Pastorale Leitlinien]

Kongregation für die Glaubenslehre:

- Rundschreiben vom 13.1.1971, in: AAS 63 (1971) 303–308 [Rundschreiben]
- Litterae circulares omnibus locorum ordinariis et moderatoribus generalibus religiosum clericalium vom 14. Okt. 1980, in: AAS 72 (1980) 1132–1137 [Kongr. Glaubenslehre, Litterae circulares]
- Sacerdotium Ministeriale, Schreiben über einige Fragen bezüglich des Dieners der Eucharistie vom 6.8.1983, in: AAS 75 (1983) 1001–1009 [Kongr. Glaubenslehre, Sacerdotium Ministeriale]
- Erklärung der Kongregation für die Glaubenslehre zur Frage der Zulasssung der Frauen zum Priesteramt, Inter Insigniores vom 15.10.1976, in: AAS 69 (1977) 98–116, in: Sekretariat der Deutschen Bischofskonferenz Bonn DBK (Hrsg.), Apostolisches Schreiben von Papst Johannes Paul II. über die nur Männern vorbehaltene Priesterweihe. Verlautbarungen des Apostolischen Stuhls Nr. 117. 22.

Mai 1994, Bonn 1994, 11–29 [Kongr. Glaubenslehre, Zulassung der Frauen zum Priesteramt]
- Erklärung der Pressestelle im Sekretariat der Deutschen Bischofskonferenz zur Erklärung der Kongregation für die Glaubenslehre zur Frage der Zulassung der Frauen zum Priesteramt, (15.10.1976), in: Sekretariat der Deutschen Bischofskonferenz Bonn DBK (Hrsg.), Apostolisches Schreiben von Papst Johannes Paul II. über die nur Männern vorbehaltene Priesterweihe. Verlautbarungen des Apostolischen Stuhls Nr. 117. 22. Mai 1994, Bonn 1994, 59–60 [Kongr. Glaubenslehre, Erklärung der Pressestelle]
- Dominus Iesus. Erklärung der Glaubenskongregation über die Einzigkeit und heilsmachende Universalität Jesu Christi und der Kirche (6. August 2000), in: AAS 92 (2000) 744–764 [Kongr. Glaubenslehre, Dominus Iesus]
- Normen über die der Kongregation für die Glaubenslehre vorbehaltenen Straftaten bzw. Normen über Straftaten gegen den Glauben und schwerwiegendere Straftaten vom 21. Mai 2010 in: AAS 102 (2010) 419–430 [Kongr. Glaubenslehre, Normen über Straftaten]

Kongregation für den Gottesdienst und die Sakramentenordnung:
- Caeremoniale Episcoporum, Vatican (Typ Pol.), nn. 277–285, 1985 [Kongr. Gottes dienst, Caeremonial Episcoporum, Vatican (Typ Pol.)]
- Direktorium über die Volksfrömmigkeit und die Liturgie. Grundsätze und Orientierungen. Vom 17. Dezember 2001. Verlautbarungen des Apostolischen Stuhls Nr. 160, hrsg. durch die DBK, Bonn 2001 [Kongr. Gottesdienst, Volksfrömmigkeit und die Liturgie]

Kongregation für das katholische Bildungswesen:
Ratio Fundamentalis Institutionis Sacerdotalis vom 06.01.1970. Grundordnung für die Ausbildung der Priester, in: AAS 62 (1970) 321–384 [Kongr. Bildungswesen, Ratio Fundamentalis]

Kongregation für den Klerus:
- Litterae circulares, vom 4.11.69, in: AAS 62 (1970) 123–134 [Kongr. Klerus, Litterae circulares]

- Directorium Catechisticum Generale vom 11.4.1971, in: AAS 64 (1972) 97–176 [Kongr. Klerus, Directiorium Catechisticum Generale]
- „Tota Ecclesia". Direktorium für Dienst und Leben der Priester vom 31.1.1994. Verlautbarungen des Apostolischen Stuhls Nr. 113, Vatikanstadt 1994 [Kongr. Klerus, Tota Ecclesia]
- Der Priester, Lehrer des Wortes, Diener der Sakramente und Leiter der Gemeinde für das dritte christliche Jahrtausend. 19. März 1999. Verlautbarungen des Apostolischen Stuhls Nr. 139, Sekretariat der Deutschen Bischofskonferenz (Hrsg.), Bonn 1999 [Kongr. Klerus, Der Priester, Lehrer des Wortes]
- Der Priester, Hirte und Leiter der Pfarrgemeinde. Instruktion. 4. August 2002, Verlautbarungen des Apostolischen Stuhls Nr. 157. Sekretariat der Deutschen Bischofskonferenz (Hrsg.), Bonn 2002 [Kongr. Klerus, Der Priester]
- Rundschreiben betreffend Sondervollmachten der Kongregation (vom 18. April 2009) (Prot.-Nr. 2009 0556), in: Archiv für katholisches Kirchenrecht 178/2009) 181–190 [Kongr. Klerus, Rundschreiben Sondervollmachten]
- Die missionarische Identität des Priesters in der Kirche als eine der Ausübung der tri munera innewohnende Dimesion. Rundschreiben (29.06.2010), Vatikanstadt 2011, 3.3:l.c. 27 [Kongr. Klerus, Identität des Priesters]
- Direktorium für Dienst und Leben der Priester. 14. Januar 2013. Veröffentlicht und angeordnet Benedikt XVI., Rom, 11.02.2013, Rom 2013 [Kongr. Klerus, Direktorium für Dienst und Leben der Priester]

f) Bischofskonferenzen oder Sekretariate

Bischofskonferenzen Deutschlands, Österreichs und der Schweiz (Hrsg.): Die Feier der Krankensakramente, Zweite Auflage, Freiburg i. Breisgau 1994 [Bischofskonferenzen Deutschlands, Krankensakramente]

Bischofssynode: XII. Ordentliche Vollversammlung der Bischofssynode. Schlußbotschaft (24. Oktober 2008), in: L'Osservatore Romano (dt.), Jg. 38 (2008), Nr. 44 (31. Oktober 2008) [Bischofssynode, XII. Ordentliche Vollversammlung]

DBK, Sekretariat der Deutschen Bischofskonferenz (Hrsg.):
- Schreiben der Bischöfe des deutschsprachigen Raumes über das priesterliche Amt. Eine biblisch-dogmatische Handreichung. Herausgegeben von den Sekretariaten der Deutschen, Österreichischen und Schweizerischen Bischofskonferenz, Trier 1969 [DBK, Das priesterliche Amt]
- Rahmenordung für Ständige Diakone in den Bistümern der Bundesrepublik Deutschland vom 24.02.1994. Heft 50. Hrsg. Sekretariat der Deutschen Bischofskonferenz, Bonn, Bonn 1994 [DBK, Rahmenordnung für Ständige Diakone]
- Instruktion zu einigen Fragen über die Mitarbeit der Laien am Dienst der Priester. Verlautbarungen des Apostolischen Stuhls vom 15. August 1997, in: AAS 89 (1997) 856–861, Bonn 1997 [DBK, Instruktion über die Mitarbeit der Laien]
- Die deutschen Bischöfe. „Zeit zur Aussaat". Missionarisch Kirche sein 26.1.2000, Bonn 2000 [DBK, Zeit zur Aussaat]

Röm. Synodus episcoporum: Dekret Ultimis temporibus vom 30.11.1971, in: AAS 63 (1971) 898–922 [Röm. Synodus episcoporum, Ultimis temporibus]

g) Staatliche Gesetze

Constitution of the Federal Republic of Nigeria: (with amendments), Apapa-Lagos 1979 [Constitution of the Federal Republic of Nigeria]

2. Literatur

Achebe, Chinua: Arrow of God, Enugu/Nigeria 1975 [Achebe, Arrow of God]- Okonkwo oder Das Alte stürzt, Frankfurt a. Main 1983 [Achebe, Okonkwo]

Agu, Ambrose Chineme: The Eucharist and Igbo Communal Spirit. Towards A Solid Inculturation of the Christian Faith in Igboland, Bonner Dogmatische Studien, Würzburg 2004 [Agu, Eucharist]

Agustoni, Gilberto: Bildung, Ausbildung und Fortbildung des Priesters, in: Breid, Franz, Der Dienst von Priester und Laie, Steyr 1991, 9–31 [Agustoni, Bildung des Priesters]

Ahlers, Reinhild: Die rechtliche Grundstellung der Christgläubigen, in: Listl, Joseph/Schmitz Heribert (Hrsg.), Handbuch des katholischen Kirchenrechts, 2. Auflage, Regensburg 1999, 220–232 [Ahlers, Grundstellung der Christgläubigen]

– Taufzeugnis, in: Campenhausen, Axel Frhr. von/Riedel-Spangenberger, Ilona/Sebott, Reinhold Pater SJ (Hrsg.), Lexikon für Kirchen- und Staatskirchenrecht. Band 3. N – Z, Paderborn 2004, 663 [Ahlers, Taufzeugnis]

Allgemeine Erklärung der Menschenrechte: UN-Resolution der Generalversammlung A/RES/217 A(III) vom 10.12.1948 [Menschenrechte]

Althaus, Rüdiger: Bedeutung der Taufe (2003), in: Lüdicke, Klaus (Hrsg.), Münsterischer Kommentar zum Codex Iuris Canonici, Essen ab 1984, c. 849 [Althaus, Bedeutung der Taufe]

– Zelebration: Gültigkeit und Erlaubtheit (2004), in: Lüdicke, Klaus (Hrsg.), Münsterischer Kommentar zum Codex Iuris Canonici, Essen ab 1984, c. 900 [Althaus, Gültigkeit]

– Heiligungsdienst und Liturgie (2005), in: Lüdicke, Klaus (Hrsg.), Münsterischer Kommentar zum Codex Iuris Canonici, Essen ab 1984, c. 834 [Althaus, Heiligungsdienst und Liturgie]

– Ausbildung (2006), in: Lüdicke, Klaus (Hrsg.), Münsterischer Kommentar zum Codex Iuris Canonici, Essen ab 1984, c. 1032 [Althaus, Ausbildung]

– Begrenztes Recht auf Priesterweihe (2006), in: Lüdicke, Klaus (Hrsg.), Münsterischer Kommentar zum Codex Iuris Canonici, Essen ab 1984, c. 1030 [Althaus, Begrenztes Recht auf Priesterweihe]

– Bitte und Zulassung (2006), in: Lüdicke, Klaus (Hrsg.), Münsterischer Kommentar zum Codex Iuris Canonici, Essen ab 1984, c. 1034 [Althaus, Bitte und Zulassung]

– Empfänger der Weihe (2006), in: Lüdicke, Klaus (Hrsg.), Münsterischer Kommentar zum Codex Iuris Canonici, Essen ab 1984, c. 1024 [Althaus, Empfänger der Weihe]

– Entscheidungsfreiheit des Kandidaten (2006), in: Lüdicke, Klaus (Hrsg.), Münsterischer Kommentar zum Codex Iuris Canonici, Essen ab 1984, c. 1026 [Althaus, Enscheidungsfreiheit des Kandidaten]

– Mindestalter (2006), in: Lüdicke, Klaus (Hrsg.), Münsterischer Kommentar zum Codex Iuris Canonici, Essen ab 1984, c. 1031 [Althaus, Mindestalter]

– Persönliche Eignung (2006), in: Lüdicke, Klaus (Hrsg.), Münsterischer Kommentar zum Codex Iuris Canonici, Essen ab 1984, c. 1029 [Althaus, Persönliche Eignung]
– Prüfungsrecht und -pflicht (2006), in: Lüdicke, Klaus (Hrsg.), Münsterischer Kommentar zum Codex Iuris Canonici, Essen ab 1984, c. 1052 [Althaus, Prüfungsrecht und -pflicht]
– Unterweisung über die Weihe (2006), in: Lüdicke, Klaus (Hrsg.), Münsterischer Kommentar zum Codex Iuris Canonici, Essen ab 1984, c. 1028 [Althaus, Unterweisung über die Weihe]
– Voraussetzungen für Weihespendung (2006), in, Lüdicke, Klaus (Hrsg.), Münsterischer Kommentar zum Codex Iuris Canonici, Essen ab 1984, c. 1025 [Althaus, Voraussetzungen für Weihespendung]
– Beichtgeheimnis (2008), in: Lüdicke, Klaus (Hrsg.), Münsterischer Kommentar zum Codex Iuris Canonici, Essen ab 1984, c. 983 [Althaus, Beichtgeheimnis]
– Pflicht und Einladung (2009), in: Lüdicke, Klaus (Hrsg.), Münsterischer Kommentar zum Codex Iuris Canonici, Essen ab 1984, c. 1174 [Althaus, Pflicht und Einladung]
– Theologische Bedeutung (2009), in: Lüdicke, Klaus (Hrsg.), Münsterischer Kommentar zum Codex Iuris Canonici, Essen ab 1984, c. 1173 [Althaus, Theologische Bedeutung]

Anozia, Ifeanyichukwu P.: The Religious Import of Igbo Names, Rom 1968 [Anozia, Igbo Names]

Arens, Anton: Die Entwicklung des Priesterbildes in den kirchenamtlichen Dokumenten von der Enzyklika „Menti nostrae" Papst Pius' XII. 1950 bis zur gemeinsamen Synode der Bistümer in der BRD (1975), in: Arens, Anton (Hrsg.), Pastorale Bildung. Erfahrungen und Impulse zur Ausbildung und Fortbildung für den kirchlichen Dienst, Trier 1976, 7–35 [Arens, Entwicklung des Priesterbildes]

Arinze, Francis: Sacrifice in Ibo Religion, Ibadan 1970 [Arinze, Sacrifice]
– Meeting Other Believers. The Risks and Rewards of Interreligious Dialogue, Nairobi/ Kenia 1997 [Arinze, Meeting Other Believers]
– Brücken bauen, Augsburg 2000 [Arinze, Brücken bauen]
– Religionen gegen die Gewalt. Eine Allianz für den Frieden, Freiburg i. Breisgau 2002 [Arinze, Religionen gegen die Gewalt]

Augustin, George: Priestertum Christi und priesterlicher Dienst – Eine theologische Meditation, in: Augustin, George/Koch, Kurt Kardinal (Hrsg.), Priestertum Christi und priesterlicher Dienst. Theologie im Dialog. Eichstätter Hochschulreden, Freiburg i. Breisgau 2013, 85–112 [Augustin, Priestertum Christi]

Augustine, Charles: A Commentary on the New Code of Canon Law, St. Louis 1919 [Augustine, Commentary]

Augustinus Aurelius: Gottesstaat XX. De Civitate Dei. Recognoverunt Bernardus Dombart et Alfonsus Kalb, 2 Bände, Darmstadt 1981 [Augustinus, Gottesstaat XX]

Aymans, Winfried: Strukturen der Mitverantwortung der Laien, in: Breid, Franz, Der Dienst von Priester und Laie, Steyr 1991, 65–95 [Aymans, Strukturen]

– Begriff, Aufgabe und Träger des Lehramts, in: Listl, Joseph/Schmitz Heribert (Hrsg.), Handbuch des katholischen Kirchenrechts, 2. Auflage, Regensburg 1999, 659–669 [Aymans, Lehramt]

Aymans, Winfried/Mörsdorf, Klaus: Kanonisches Recht. Lehrbuch aufgrund des Codex Iuris Canonici. Band I: Einleitende Grundfragen und Allgemeine Normen, Paderborn, München, Wien, Zürich 1991 [Aymans/Mörsdorf, KanR I]

– Kanonisches Recht. Lehrbuch aufgrund des Codex Iuris Canonici. Band II: Verfassungs- und Vereinigungsrecht, Paderborn, München, Wien, Zürich 1997 [Aymans/Mörsdorf, KanR II]

– Kanonisches Recht, Lehrbuch aufgrund des Codex Iuris Canonici. Band III: Verkündigungsdienst und Heiligungdienst, Paderborn, München, Wien, Zürich 2007 [Aymans/Mörsdorf, KanR III]

Aymans, Winfried/Mörsdorf, Klaus/Müller, Ludger: Kanonisches Recht, Lehrbuch aufgrund des Codex Iuris Canonici. Band IV: Vermögensrecht und Prozeßrecht, Paderborn, München, Wien, Zürich 2013 [Aymans/Mörsdorf/Müller, KanR IV]

Basden, George Thomas: Niger Ibos, London 1966 [Basden, Niger Ibos]

Baumgartner, Konrad: Der Wandel des Priesterbildes zwischen dem Konzil von Trient und dem II. Vatikanischen Konzil, München 1978 [Baumgartner, Wandel des Priesterbildes]

Bellarmin, Robert: Katechismen. Glaubensbekenntnis. Vater unser, Herausgegeben und übersetzt von Andreas Wollbold, Würzburg 2008 [Bellarmin, Katechismen]

Bier, Georg: Homosexualität, in: Haering, Stephan/Schmitz, Heribert (Hrsg.), Lexikon des Kirchenrechts. Lexikon für Theologie und Kirche kompakt, Freiburg i. Breisgau 2004, 396–397 [Bier, Homosexualität]

– Residenzpflicht, in: Campenhausen, Axel Frhr. von/Riedel-Spangenberger, Ilona/Sebott, Reinhold Pater SJ (Hrsg.), Lexikon für Kirchen- und Staatskirchen- recht. Band 3. N – Z, Paderborn 2004, 442–444 [Bier, Residenzpflicht]

Biffi, Giacomo: Io credo. Breve esposizione della dottrina cattolica, Milano 1980 [Biffi, Io credo]

Bitterli, Marius Johannes: Das Priesterseminar. Eine Bildungseinrichtung im Wandel? Münsterischer Kommentar zum Codex Iuris Canonici Beiheft 44, Essen 2006 [Bitterli, Priesterseminar]

– Wer darf zum Priester geweiht werden? Eine Untersuchung der kanonischen Normen zur Eignungsprüfung des Weihekandidaten. Münsterischer Kommentar zum CIC Beiheft 58, Essen 2010 [Bitterli, Priester]

Blank, Josef: „Mitarbeiter an Eurer Freude" – Vom Stil des kirchlichen Amtes, in: Solidaritäts-gruppe Kath. Priester der Diözese Speyer (Hrsg.), Gemeinde ohne Priester – Kirche ohne Zukunft?, Speyer 1983, 9–56 [Blank, Mitarbeiter]

Boekholt, Peter: Der Laie in der Kirche. Seine Rechte und Pflichten im neuen Kirchenrecht, Kevelaer 1984 [Boekholt, Der Laie in der Kirche]

Bohlken, Eike: Medienethik als Verantwortungsethik. Zwischen Macherverantwortung und Nutzerkompetenz, in: Debatin, Bernhard/ Funiok, Rüdiger (Hrsg.), Kommunikations- und Medienethik, Konstanz 2003, 35–49 [Bohlken, Medienethik als Verantwortungsethik]

Bohnet, Heidi/ Stadler, Klaus: Hannah Arendt. Denken ohne Geländer, München 2006 [Bohnet/Stadler, Hannah Arendt]

Borras, Alphonse: Klerikerstrafen, in: Campenhausen, Axel Frhr. von/ Riedel-Spangenberger, Ilona/Sebott, Reinhold Pater SJ (Hrsg.), Lexikon für Kirchen- und Staatskirchenrecht. Band 2. G – M, Paderborn 2002, 575–577 [Borras, Klerikerstrafen]

Braun, Karl: Grundlinien des liturgischen Dienstes von Priestern und Laien, in: Breid, Franz, Der Dienst von Priester und Laie, Steyr 1991, 97–123 [Braun, Grundlinien]

Bringemeier, Martha: Priester- und Gelehrtenkleidung. Tunika/Sutane – Schaube/Talar. Ein Beitrag zur geistesgeschichtlichen Kostümforschung. (Rheinisch Westfälische Zeitschrift für Volkskunde Beiheft 1) 100–104, Münster 1974 [Bringemeier, Priester- und Gelehrtenkleidung]

Brugger, Walter (Hrsg.): Philosphisches Wörterbuch, Franfurt/Main 1976 [Brugger, Philosophisches Wörterbuch]

Brunner, Markus: The Unfinished State. Demokratie und Ethnizität in Nigeria. Hamburger Beiträge zur Afrika-Kunde Nr. 71, Hamburg 2002 [Brunner, The Unfinished State]

Bujo, Bénézet: Afrikanische Theologie in ihrem gesellschaftlichen Kontext. Theologie interkulturell Band 1, Düsseldorf 1986 [Bujo, Afrikanische Theologie]

– Vitalität der Kirche in Afrika, in: missio konkret. Weltkirche in Pastoral und Schule, Ausgabe 1/2014, München 2014, 9–10 [Bujo, Vitalität der Kirche in Afrika]

Bunnik, R. J.: Das Amt in der Kirche, Düsseldorf 1969 [Bunnik, Amt]

Catechismus Romanus: Romae 1566. (Nach der zu Rom 1845 übersetzten und zu Regensburg 1902 verlegten Ausgabe), Regensburg 1902 [Catechismus Romanus]

Chegwe, Austine Onwuka: Re-Incarnation: A Socio-Religious Phenomenon among the Ibo-speaking Riverines of the Lower Niger, Kinshasa 1973 [Chegwe, Re-Incarnation]

Cordes, Paul Josef Kardinal: Warum Priester? Fällige Antworten mit Benedikt XVI., Augsburg 2009 [Cordes, Warum Priester?)

Cozzens, Donald B.: Das Priesteramt im Wandel. Chancen und Perspektiven, Mainz 2003 [Cozzens, Priesteramt im Wandel]

Cyprian von Karthago: Epistula LXIII, 14, zit. in: Scheffzcyk, Leo, In persona Christi. Zur Theologie und Spiritualität des Priestertums, in: Kleindienst, Eugen/ Schmuttermayr, Georg (Hrsg.), Kirche im Kommen. Festschrift für Bischof Josef Stimpfle, Frankfurt/Main 1991, 497–516 [Cyprian von Karthago, Epistula LXIII, 14]

Dammertz, Viktor Josef: Die Institute des geweihten Lebens im neuen Kirchenrecht, in: OK 23 (1982). Ordens-Korrespondenz. Zeitschriften für

Fragen des Ordenslebens, Köln 1960 ff., 257–283 [Dammertz, Institute des geweihten Lebens]

Dander, Franz: Berufung, in: Höfer, Josef/Rahner, Karl (Hrsg.), Lexikon für Theologie und Kirche. Band 2. Barontus bis Cölestiner, Freiburg/Basel/ Wien 1986, 284–285 [Dander, Berufung]

Das priesterliche Dienstamt: Eine Arbeitsgrundlage für die Diskussion in der allgemeinen Bischofssynode, München, o. J., 13, zit. in: Scheffzcyk, Leo, In persona Christi. Zur Theologie und Spiritualität des Priestertums, in: Kleindienst, Eugen/Schmuttermayr, Georg (Hrsg.), Kirche im Kommen. Festschrift für Bischof Josef Stimpfle, Frankfurt/Main 1991, 497–516 [Das priesterliche Dienstamt]

Dawson, Christopher: Religion and Culture, London 1949 [Dawson, Religion and Culture]

De Paolis, Velasio: De delictis contra sanctitatem sacramenti Paenitentiae, in: Periodica 79, Rom 1990, 177–218 [De Paolis, De delictis]

– Il libro VI del Codice di Diritto Canonico: Diritto penale, disciplina penale o cammino penitenziale? Teil 2, in: PerRCan 90 (Periodica de re canonica), Rom 1991 ff, (vormals PerMCL), Rom 2001, 85–114 [De Paolis, Il libro VI del Codice]

De Paolis, Velasio/Cito, Davide: Le Sanzioni nella Chiesa. Commento al Codice die Diritto Canonico Libro VI, Città del Vaticano 2000 [De Paolis/ Cito, Le Sanzioni nella Chiesa]

Demmer, Klaus: Kann der Zölibat heute gelebt werden, 1990, zit. in: Greshake, Gilbert, Priester sein in dieser Zeit. Theologie – Pastorale Praxis – Spiritualität, Regensburg 2008 [Demmer, Zölibat]

Denzinger, Heinrich: Kompendium der Glaubensbekenntnisse und kirchlichen Lehrentscheidungen. Enchiridion symbolorum definitionum et declarationum de rebus fidei et morum. Lateinisch-Deutsch, herausgegeben von Peter Hünermann, Freiburg i. Breisgau 2010 [Denzinger, Kompendium]

Diamond, Larry: Class, Ethnicity and Democracy in Nigeria. The Failure of the First Republic, New York 1988 [Diamond, Nigeria]

Drewermann, Eugen: Kleriker. Psychogramm eines Ideals, München 1992 [Drewermann, Kleriker]

Dufner, Meinrad: Der Leib als Weg der Gotteserfahrung und Gotteserkenntnis, in: Grün, Anselm/Müller, Wunibald (Hrsg.), Was macht Menschen krank, was macht sie gesund?, Münsterschwarzach 1997, 67–70 [Dufner, Der Leib]

Dupuy, Michel: Bérulle et le Sacerdoce. Étude historique et doctrinale. Textes inédits, Paris 1969 [Dupuy, Bérulle et le Sacerdoce]

Echema, Austin: Priests and Laity Collaboration in the Postmodern Church, Owerri, Nigeria 2011 [Echema, Priests and Laity Collaboration]

Egbuchulem, C. L.: Death, Burial and Mourning in Ifakala (Nigeria). Traditional Customs and Christian Praxis, Rome 1991 [Egbuchulem, Death, Burial and Mourning]

Eichmann, Eduard: Das Strafrecht des Codex Iuris Canonici, Paderborn 1920 [Eichmann, Strafrecht]

Ekanem, Ita I.: The 1963 Nigerian Census: A critical appraisal, Benin City 1972 [Ekanem, The 1963 Nigerian Census]

Eke, Casimir I.: Priestly and Religious Vocations, in: Obi, Celestine A. (Editor), A Hundred Years of the Catholic Church in Eastern Nigeria 1885–1985, Onitsha/Nigeria 1985, 304–330 [Eke, Priestly and Religious Vocations]

Ekechi, Felix K.: Missionary Enterprise and Rivalry in Igboland, 1857–1914, London 1972 [Ekechi, Missionary Enterprise]

Erdö, Peter: Die Kirche als rechtlich verfaßtes Volk Gottes, in: Listl, Joseph/ Schmitz Heribert (Hrsg.), Handbuch des katholischen Kirchenrechts, 2. Auflage, Regensburg 1999, 12–20 [Erdö, Kirche]

Eze, Damian Onwuegbuchulam: The Eucharist as Orikọnsọ, Frankfurt a. Main 2008 [Eze, The Eucharist as Orikọnsọ]

Ezeanya, Stephen: The Poor in our Midst, Onitsha, Nigeria 1992 [Ezeanya, The Poor in our Midst]

Ezekwugo, Christopher U. M.: Chi, the True God in Igbo Religion, Innsbruck 1973 [Ezekwugo, Chi]

Fahrnberger, Gerhard: Die Entlassung aus dem Klerikerstand, in: Listl, Joseph/Müller, Hubert/Schmitz, Heribert (Hrsg.), Handbuch des katholischen Kirchenrechts, 1. Auflage, Regensburg 1983, 214–222 [Fahrnberger, Entlassung]

– Das Ausscheiden aus dem Klerikerstand, in: Listl, Joseph/Schmitz Heribert (Hrsg.), Handbuch des katholischen Kirchenrechts, 2. Auflage, Regensburg 1999, 283–292 [Fahrnberger, Ausscheiden]

Faltin, Daniel: De recto usu bonorum ecclesiasticorum ad mentem Concilii Vaticani II, in: Apollinaris 40, 409–441, 1967 [Faltin, De recto]

Feckes, C.: Die Kirche als Herrenleib. Darlegungen und Erläuterungen zur Enzyklika Papst Pius XII. „Mystici Corporis Christi", Köln 1949 [Feckes, Kirche als Herrenleib]

Forster, Karl: Priester und Kirche, in: Zur Debatte. Themen der Katholischen Akademie in Bayern, München 1974, 4 [Forster, Priester und Kirche]

Fraling, Bernhard: Zölibat, in: Höfer, Josef/Rahner, Karl (Hrsg.), Lexikon für Theologie und Kirche. Band 10. Teufel bis Zypern, Freiburg/Basel/Wien 1986, Sp 1483–1485 [Fraling, Zölibat]

– Sexualethik. Ein Versuch aus christlicher Sicht, Paderborn 1995 [Fraling, Sexualethik]

Fürst, Gebhard: Ihr werdet die Kraft des Heiligen Geistes empfangen und meine Zeugen sein, in: Augustin, George/Kreidler, Johannes (Hrsg.), Den Himmel offen halten. Priester sein heute, Freiburg i. Breisgau 2003, 12–18 [Fürst, Kraft des Heiligen Geistes]

Gänswein, Georg: Repräsentation, in: Campenhausen, Axel Frhr. von/Riedel-Spangenberger, Ilona/ Sebott, Reinhold Pater SJ (Hrsg.), Lexikon für Kirchen- und Staatskirchenrecht. Band 3. N – Z, Paderborn 2004, 435–436 [Gänswein, Repräsentation]

Gehr, Josef: Bußkanoniker, in: Campenhausen, Axel Frhr. von/Riedel-Spangenberger, Ilona/ Sebott, Reinhold Pater SJ (Hrsg.), Lexikon für Kirchen- und Staatskirchenrecht. Band 1. A – F, Paderborn 2000, 313–315 [Gehr, Bußkanoniker]

Gerosa, Libero: Kirchliches Recht und Pastoral, Eichstätt/Wien 1991 [Gerosa, Kirchliches Recht]

Glazik, J.: Missionar, in: Höfer, Josef/Rahner, Karl (Hrsg.), Lexikon für Theologie und Kirche. Band 7. Marcellinus bis Paleotti, Freiburg/Basel/Wien 1986, 457 [Glazik, Missionar]

Gorini, Aldo: Ordine sacro e difetti fisici nella nuova legislazione canonica: prima osservazioni, in: ME 109 (1984). Monitor Ecclesiasticus, Rom, 1876 ff., Rom 1984, 167–170 [Gorini, Ordine sacro]

Grabner-Haider, Anton: Die Diener Gottes. Das Klerikerchristentum und seine Geschichte, Darmstadt 2008 [Grabner-Haider, Diener Gottes]

Graf, Friedrich Wilhelm: Religion und Gesellschaft unter den Bedingungen der Globalisierung, in: Müller, Johannes/Reder, Michael/Karcher, Tobias (Hrsg.), Religionen und Globalisierung, Stuttgart 2007, 3–12 [Graf, Religion und Gesellschaft]

Greshake, Gilbert: Zur Erneuerung des kirchlichen Bußwesens. Überlegungen aus dogmengeschichtlicher und systematischer Sicht, in: Exeler, Adolf/Ortkemper, Franz-Josef/Greshake, Gilbert/ Waltermann, Reinhold (Hrsg.), Zum Thema Buße und Bußfeier, Stuttgart 1971, 61–121 [Greshake, Erneuerung]

– Priestersein. Zur Theologie und Spiritualität des priesterlichen Amtes, Freiburg i. Breisgau 1982 [Greshake, Priestersein]

– Priester sein in dieser Zeit. Theologie – Pastorale Praxis – Spiritualität, Regensburg 2008 [Greshake, Priester sein in dieser Zeit]

Groer, Hermann Cardinal: Die Spiritualität der evangelischen Räte, in: Kleindienst, Eugen/Schmuttermayr, Georg (Hrsg.), Kirche im Kommen. Festschrift für Bischof Josef Stimpfle, Frankfurt/M. 1991, 313–325 [Groer, Spiritualität]

Groß, Heinrich: Israelit. Priestertum, in: Höfer, Josef/Rahner, Karl (Hrsg.), Lexikon für Theologie und Kirche. Band 8. Palermo bis Roloff, Freiburg/Basel/Wien 1986, 741–744 [Groß, Israelit. Priestertum]

Grün, Anselm: Ehelos – des Lebens wegen, Münsterschwarzach 1989 [Grün, Ehelos]

Guaydier, Gilbert: Les irregularités ‚ex defectu corporis', Paris 1933 [Guaydier, Les irregularités]

Guibert, Joseph de: Documenta ecclesiastica christianae perfectionis studium spectantia. Dokumente des Lehramtes zum geistlichen Leben, übersetzt, aktualisiert und herausgegeben von Stephan Haering und Andreas Wollbold, Freiburg i. Breisgau 2012 [Guibert, Dokumente des Lehramtes]

Güthoff, Elmar: Kirchenstrafrechtliche Aspekte des vor dem Staat vollzogenen Kirchenaustritts, in: Güthoff, Elmar/Haering, Stephan/Pree, Helmuth (Hrsg.), Der Kirchenaustritt im staatlichen und kirchlichen Recht, Freiburg i. Breisgau 2011, 124–144 [Güthoff, Kirchenstrafrechtliche Aspekte]

Haekel, Josef: Priester, Priestertum – I. Religionsgeschichtlich, in: Höfer, Josef/Rahner, Karl (Hrsg.), Lexikon für Theologie und Kirche. Band 8.

Palermo bis Roloff, Freiburg/Basel/Wien 1986, 735–741 [Haekel, Priester, Priestertum]

Haering, Stephan: Rezeption weltlichen Rechts im kanonischen Recht: Studien zur kanonischen Rezeption, Anerkennung und Berücksichtigung des weltlichen Rechts im kirchlichen Rechtsbereich aufgrund des Codex Iuris Canonici von 1983, St. Ottilien 1998 [Haering, Rezeption]

– Geistliche Kleidung, in: Campenhausen, Axel Frhr. von/Riedel-Spangenberger, Ilona/Sebott, Reinhold Pater SJ (Hrsg.), Lexikon für Kirchen- und Staatskirchenrecht. Band 2. G – M, Paderborn 2002, 19–20 [Haering, Geistliche Kleidung]

– Grundfragen der Lebensgemeinschaften der evangelischen Räte, in: Campenhausen, Axel Frhr. von/Riedel-Spangenberger, Ilona/Sebott, Reinhold Pater SJ (Hrsg.), Lexikon für Kirchen- und Staatskirchenrecht. Band 2. G – M, Paderborn 2002, 591–603 [Haering, Lebensgemeinschaften]

Haker, Hille: Zum Verhältnis zwischen Solidarität und Gerechtigkeit, in: Fornet-Betancourt, Raúl (Hrsg.), Neue Formen der Solidarität zwischen Nord und Süd: Gerechtigkeit universalisieren, Frankfurt a. Main/London 2006, 33–52 [Haker, Solidarität und Gerechtigkeit]

Hallermann, Heribert: Kleriker, in: Campenhausen, Axel Frhr. von/Riedel-Spangenberger, Ilona/Sebott, Reinhold Pater SJ (Hrsg.), Lexikon für Kirchen- und Staatskirchenrecht. Band 2. G – M, Paderborn 2002, 566–570 [Hallermann, Kleriker]

– Klerikerpflichten, in: Campenhausen, Axel Frhr. von/Riedel-Spangenberger, Ilona/ Sebott, Reinhold Pater SJ (Hrsg.), Lexikon für Kirchen- und Staatskirchenrecht. Band 2. G – M, Paderborn 2002, 570–573 [Hallermann, Klerikerpflichten]

– Klerikerrechte, in: Campenhausen, AxelFrhr. von/Riedel-Spangenberger, Ilona/Sebott, Reinhold Pater SJ (Hrsg.), Lexikon für Kirchen- und Staatskirchenrecht. Band 2. G – M, Paderborn 2002, 573–574 [Hallermann, Klerikerrechte]

– Klerikervereinigung, in: Campenhausen, Axel Frhr. von/Riedel-Spangenberger, Ilona/ Sebott, Reinhold Pater SJ (Hrsg.), Lexikon für Kirchen- und Staatskirchenrecht. Band 2. G – M, Paderborn 2002, 577–578 [Hallermann, Klerikervereinigung]

– Lebensunterhalt, in: Campenhausen, Axel Frhr. von/Riedel-Spangenberger, Ilona/ Sebott, Reinhold Pater SJ (Hrsg.), Lexikon für Kirchen- und

Staatskirchenrecht. Band 2. G – M, Paderborn 2002, 698–700 [Hallermann, Lebensunterhalt]

- Leitung, in: Campenhausen, Axel Frhr. von/Riedel-Spangenberger, Ilona/ Sebott, Reinhold Pater SJ (Hrsg.), Lexikon für Kirchen- und Staatskirchenrecht. Band 2. G – M, Paderborn 2002, 727–729 [Hallermann, Leitung]
- Mann, in: Campenhausen, Axel Frhr. von/Riedel-Spangenberger, Ilona/ Sebott, Reinhold Pater SJ (Hrsg.), Lexikon für Kirchen- und Staatskirchenrecht. Band 2. G – M, Paderborn 2002, 767–768 [Hallermann, Mann]
- Weihesakrament, in: Campenhausen, Axel Frhr. von/Riedel-Spangenberger, Ilona/ Sebott, Reinhold Pater SJ (Hrsg.), Lexikon für Kirchen- und Staatskirchenrecht. Band 3. N – Z, Paderborn 2004, 869–870 [Hallermann, Weihesakrament]
- Novus aut Antiquus Habitus Mentis? Zur Frage der so genannten „geistliche Leitung“ in katholischen Jugendverbänden im Zuständigkeitsbereich der DBK, in: Meier, Dominicus M. u.a. (Hrsg.), Rezeption des Zweiten Vatikanischen Konzils in Theologie und Kirchenrecht heute. Festschrift für Klaus Lüdicke zur Vollendung seines 65. Lebensjahres. BzMK 55, Köthen 2008, 237–255 [Hallermann, Novus aut Antiquus Habitus Mentis?]

Hammel, Wolfgang: Entstehung und Entwicklung des kirchlichen Amtes im Urchristentum (Diss.), München 1963 [Hammel, Entstehung und Entwicklung]

Hannan, Philip M.: The Canonical Concept of congrua sustentatio for the Secular Clergy. (CLS Band 302), Washington D. C. 1950 [Hannan, congrua sustentatio]

Heimerl, Hans: Der Zölibat. Recht und Gerechtigkeit, Wien 1985 [Heimerl, Der Zölibat]

Heimerl, Hans/Pree, Helmuth: Kirchenrecht. Allgemeine Normen und Eherecht, Wien 1983 [Heimerl/Pree, Kirchenrecht]

Heinz, Hanspeter: Homosexualität und geistliche Berufe. Ein pastoraltheologischer Zugang, in: StZ (Stimmen der Zeit) 214, Freiburg 1996, 681–692 [Heinz, Homosexualität und geistliche Berufe]

Henry, P. : La Bible et la théologie, in: Initiation biblique, Paris 1954, 970 [Henry, La Bible]

Henseler, Rudolf: Der Ablaß, in: Listl, Joseph/Schmitz Heribert (Hrsg.), Handbuch des katholischen Kirchenrechts, 2. Auflage, Regensburg 1999, 857–861 [Henseler, Der Ablaß]

– Armut in der Nachfolge Christi (2009), in: Lüdicke, Klaus (Hrsg.), Münsterischer Kommentar zum Codex Iuris Canonici, Essen ab 1984, c. 600 [Henseler, Armut]

Hierold, Alfred E.: Vom Sinn und Zweck kirchlicher Strafe, in: Gabriels, André/Reinhardt, Heinrich J. F. (Hrsg.), Ministerium Iustitiae. Festschrift für Heribert Heinemann zur Vollendung des 60. Lebensjahres, Essen 1985, 331–341 [Hierold, Strafe]

– Firmung, in: Campenhausen, Axel Frhr. von/Riedel-Spangenberger, Ilona/Sebott, Reinhold Pater SJ (Hrsg.), Lexikon für Kirchen- und Staatskirchenrecht. Band 1. A – F, Paderborn 2000, 700–702 [Hierold, Firmung]

Hillenbrand, Karl: Die Liebe Christi drängt uns. Gedanken zum Dienst der Priester, Würzburg 1992 [Hillenbrand, Die Liebe Christi]

– Geistliche Menschen – menschliche Geistliche. Priester sein in veränderter Zeit, Würzburg 2009 [Hillenbrand, Geistliche Menschen]

Hirnsberger, Johann: Die Ordination, in: Listl, Joseph/Schmitz Heribert (Hrsg.), Handbuch des katholischen Kirchenrechts, 2. Auflage, Regensburg 1999, 867–880 [Hirnsberger, Die Ordination]

– Weihesakrament, in: Haering, Stephan/Schmitz, Heribert (Hrsg.), Lexikon des Kirchenrechts. Lexikon für Theologie und Kirche kompakt, Freiburg i. Breisgau 2004, 1005–1007 [Hirnsberger, Weihesakrament]

Hofmann, Linus: Vom geistlichen Stand zum kirchlichen Dienst. Eine konkordatsrechtliche Untersuchung, in: Heinemann/Heribert, Herrmann, Horst/Mikat, Paul (Hrsg.), Diaconia et Ius. Festgabe für Heinrich Flatten zum 65. Geburtstag, München, Paderborn, Wien 1973, 343–359 [Hofmann, Vom geistlichen Stand zum kirchlichen Dienst]

Holkenbrink, Georg: Weihebewerber, in: Campenhausen, Axel Frhr. von/ Riedel-Spangenberger, Ilona/ Sebott, Reinhold Pater SJ (Hrsg.), Lexikon für Kirchen- und Staatskirchenrecht. Band 3. N – Z, Paderborn 2004, 862–864 [Holkenbrink, Weihebewerber]

Hünermann, Peter: Kommentar zu Lumen Gentium, in: Hünermann, Peter/ Hilberath, Bernd Jochen u. a. (Hrsg.), Herders theologischer Kommentar zum Zweiten Vatikanischen Konzil, Band 2, Freiburg i. Breisgau 2009, 265–582 [Hünermann, Kommentar zu Lumen Gentium]

– Der Text: Werden – Gestalt – Bedeutung. Eine hermeneutische Reflexion, in: Hünermann, Peter/Hilberath, Bernd Jochen (Hrsg.), Herders theologischer Kommentar zum Zweiten Vatikanischen Konzil, Band 5, Freiburg i. Breisgau 2009, 5–95 [Hünermann, Der Text]

Ibekwe, Polycarp: Papst Johannes XXIII. Friedenslehre *Pacem in terris* (1963) und die Situation Nigerias, Frankfurt am Main 2012 [Ibekwe, Friedenslehre]

Idigo, Peter Meze: Our Memoirs of the Reverend Father Michael Cyprian Tansi, Onitsha, Nigeria 1977 [Idigo, Memoirs]

Idowu, Bolaji E.: Olodumare: God in Yoruba belief, London 1966 [Idowu, Olodumare]

– African Traditional Religion: A Definition, London 1973 [Idowu, African Traditional Religion]

Institutio Generalis Missalis Romani: Nr. 78, 2002 [Missalis Romani]

Isichei, Elizabeth Allo: A History of the Igbo People, London 1976 [Isichei, Igbo People]

Jedin, Hubert: Das Leitbild des Priesters nach dem Tridentinum und dem Vaticanum II., in: Professoren der Theologischen Fakultät Paderborn (Hrsg.), Theologie und Glaube 60. Jahr. Gottes Wort den Menschen, Paderborn 1970, 102–124 [Jedin, Das Leitbild des Priesters]

– Seminar Geschichte, in: Höfer, Josef/Rahner, Karl (Hrsg.), Lexikon für Theologie und Kirche. Band 9. Rom bis Tetzel, Freiburg/Basel/Wien 1986, 647–649 [Jedin, Seminar Geschichte]

Joest, Christoph: Zölibat, in: Campenhausen, Axel Frhr. von/Riedel-Spangenberger, Ilona/Sebott, Reinhold Pater SJ (Hrsg.), Lexikon für Kirchen- und Staatskirchenrecht. Band 3. N – Z, Paderborn 2004, 910–911 [Joest, Zölibat]

Jordan, John P.: Bishop Shanahan of Southern Nigeria, Dublin 1949 [Jordan, Bishop Shanahan]

Kaden, Wolfgang: Das nigerianische Experiment. Demokratie und nationale Integration in einem Entwicklungsland, Hannover 1968 [Kaden, Das nigerianische Experiment]

Kamphaus, Franz: Die Armut, in: Bours, Johannes/Kamphaus, Franz, Leidenschaft für Gott. Ehelosigkeit – Armut – Gehorsam, Freiburg i. Breisgau 1981, 12–120 [Kamphaus, Die Armut]

– Priester aus Passion, Freiburg i. Breisgau 1993 [Kamphaus, Priester aus Passion]

Karrer, Leo: Aufbruch der Christen. Das Ende der klerikalen Kirche, München 1989 [Karrer, Aufbruch der Christen]

Kasper, Walter: Die Funktion des Priesters in der Kirche, in: Kasper, Walter, Glaube und Geschichte, Mainz 1970, 371–387 [Kasper, Funktion des Priesters]

Katechismus der Katholischen Kirche: München 1993 [KKK]

Kaufmann, Herbert: Nigeria, Bonn 1962 [Kaufmann, Nigeria]

Kessler, Hans: Christologie, in: Schneider, Theodor (Hrsg.), Handbuch der Dogmatik, Band 1, Prolegomena – Gotteslehre – Schöpfungslehre – Christologie – Pneumatologie, Düsseldorf ^{3}2006, 241–442 [Kessler, Christologie]

Kirche in Not: Religionsfreiheit weltweit (Bericht 2008),Ulm 2008, 381–389 [Kirche in Not, Religionsfreiheit weltweit]

Klasen, Stephan: Armutsreduzierung im Zeitalter der Globalisierung, in: Wallacher, Johannes/ Kiefer, Matthias (Hrsg.), Globalisierung und Armut, Stuttgart 2006, 1–20 [Klasen, Armutsreduzierung]

Klasvogt, Peter (Hrsg.): Priester für das 21. Jahrhundert. Resümee, Reflexion, Reformansätze, in: Leidenschaft für Gott und sein Volk. Priester für das 21. Jahrhundert, Paderborn 2003, 202–236 [Klasvogt, Priester]

Klingl, Alfons: Nachfolge Christi – ein moraltheologischer Begriff?, in: Demmer, Klaus/Schüller Bruno (Hrsg.), Christlich glauben und handeln, Düsseldorf 1977, 78–170 [Klingl, Nachfolge Christi]

Koch, Günter: Krankensalbung, in: Beinert, Wolfgang (Hrsg.), Lexikon der katholischen Dogmatik, Freiburg, Basel, Wien 1987, 329–334 [Koch, Krankensalbung]

Koch, Kurt: Die eine Botschaft von der Versöhnung im vielfältigen Wandel des Bußsakramentes. Rückblick in die Geschichte und Einblick in die Gegenwart, in: Müller, Joachim (Hrsg.), Das ungeliebte Sakrament. Grundriß einer neuen Bußpraxis, Freiburg/ Schweiz 1995, 93–117 [Koch, Versöhnung]

Koch, Kurt Kardinal: Treuhänder eines Anderen. Zur Identität des Priesters in priesterarmer Zeit, in: Augustin, George/Koch, Kurt Kardinal (Hrsg.), Priestertum Christi und priesterlicher Dienst. Theologie im

Dialog. Eichstätter Hochschulreden, Freiburg i. Breisgau 2013, 25–57 [Koch, Treuhänder eines Anderen]

Körner, Bernhard: Gott und den Menschen eine Antwort geben. Warum sich die Kirche auf das Thema „Berufung" besinnen muss, in: Ordensnachrichten, Wien 1962 ff., 9–20 [Körner, Antwort geben]

Krämer, Gudrun: Gottes Staat als Republik. Reflexionen zeitgenössischer Muslime zu Islam, Menschenrechten und Demokratie, Baden-Baden 1999 [Krämer, Gottes Staat]

Krämer, Klaus: Geht hinaus in alle Welt. Zur missionarischen Dimension des priesterlichen Dienstes, in: Augustin, George/Kreidler, Johannes (Hrsg.), Den Himmel offen halten. Priester sein heute, Freiburg i. Breisgau 2003, 126–144 [Krämer, Geht hinaus]

Krämer, Peter: Kirchenrecht II. Ortskirche – Gesamtkirche, Stuttgart, Berlin, Köln 1993 [Krämer, Kirchenrecht II]

– Die geistliche Vollmacht, in: Listl, Joseph/Schmitz Heribert (Hrsg.), Handbuch des katholischen Kirchenrechts, 2. Auflage, Regensburg 1999, 149–155 [Krämer, Vollmacht]

– Theologische Leitsätze zum Sakrament der Versöhnung. Rechtsvergleichende Überlegungen, in: Aymans, Winfried/Haering, Stephan/Schmitz, Heribert (Hrsg.), Iudicare inter fideles: Festschrift für Karl-Theodor Geringer zum 65. Geburtstag, Sankt Ottilien 2002, 223–235 [Krämer, Theologische Leitsätze]

– Gehorsam, in: Haering, Stephan/Schmitz, Heribert (Hrsg.), Lexikon des Kirchenrechts. Lexikon für Theologie und Kirche kompakt, Freiburg i. Breisgau 2004, 312–314 [Krämer, Gehorsam]

Kreidler, Johannes: Lasst euch mit Gott versöhnen – Dienst der Versöhnung, Dienst der Einheit, in: Augustin, George/Kreidler, Johannes (Hrsg.), Den Himmel offen halten. Priester sein heute, Freiburg i. Breisgau 2003, 91–101 [Kreidler, Lasst euch mit Gott versöhnen]

Kremsmaier, Josef: Suspension, in: Campenhausen, Axel Frhr. von/Riedel-Spangenberger, Ilona/Sebott, Reinhold Pater SJ (Hrsg.), Lexikon für Kirchen- und Staatskirchenrecht. Band 3. N – Z, Paderborn 2004, 640–641 [Kremsmaier, Suspension]

Kuka, Matthew: Menschenrechte in Nigeria. Hoffnungen und Hindernisse, Aachen 2002 [Kuka, Menschenrechte]

Küng, Hans: Wozu Priester? Eine Hilfe, Einsiedeln, Zürich, Köln 1971 [Küng, Wozu Priester?]

– Zur Lage der Katholischen Kirche, in: Küng, Hans/Greinacher Norbert (Hrsg.), Katholische Kirche – wohin? Wider den Verrat am Konzil, München 1986, 11–32 [Küng, Zur Lage der Katholischen Kirche]

Kunzler, Michael: Gebet, in: Campenhausen, Axel Frhr. von/Riedel-Spangenberger, Ilona/Sebott, Reinhold Pater SJ (Hrsg.), Lexikon für Kirchen- und Staatskirchenrecht. Band 2. G – M, Paderborn 2002, 4 [Kunzler, Gebet]

Lecuyer, Joseph: Priester in Ewigkeit. Das Sakrament der Weihe. Der Christ in der Welt VII. Reihe. Die Zeichen des Heils, Band 6, Aschaffenburg 1963 [Lecuyer, Priester in Ewigkeit]

Lederhilger, Severin Johann: Zur Verschwiegenheitspflicht in der Seelsorge. Kanonistische Bemerkungen zum Beichtgeheimnis und zur pastoralen Vertraulichkeit, in: Aymans, Winfried/Haering, Stephan/ Schmitz, Heribert (Hrsg.), Iudicare inter fideles: Festschrift für Karl-Theodor Geringer zum 65. Geburtstag, Sankt Ottilien 2002, 237–263 [Lederhilger, Verschwiegenheitspflicht]

Lehmann, Karl: Das priesterliche Amt im priesterlichen Volk, in: Zentralkomitee der deutschen Katholiken (Hrsg.), Gemeinde des Herrn. 83. Deutscher Katholischer Kirchentag Trier 1970, Paderborn 1970, 247 [Lehmann, Das priesterliche Amt]

– Evangelium und Dialog. Ermutigender Rückblick 25 Jahre nach Abschluß des Zweiten Vatikanischen Konzils, in: Kleindienst, Eugen/ Schmuttermayr, Georg (Hrsg.), Kirche im Kommen. Festschrift für Bischof Josef Stimpfle, Frankfurt/M. 1991, 401–422 [Lehmann, Evangelium und Dialog]

– Kommentar zum Verständnis der römischen Erklärung über die Zulassung der Frauen zum Priesteramt, in: Sekretariat der Deutschen Bischofskonferenz Bonn DBK (Hrsg.), Apostolisches Schreiben von Papst Johannes Paul II. über die nur Männern vorbehaltene Priesterweihe. Verlautbarungen des Apostolischen Stuhls Nr. 117. 22. Mai 1994, Bonn 1994, 61–64 [Lehmann, Kommentar]

– Zum Geleit, in: Die deutschen Bischöfe, Zeit zur Aussaat. Missionarisch Kirche sein. 26. November 2010. Hrsg.: Sekretariat der Deutschen Bischofskonferenz, Bonn 2000, 5 [Lehmann, Zum Geleit]

Leonard, Arthur Glyn: The lower Niger and its tribes, London 1968 [Leonard, The lower Niger}

Leschke, Rainer: Vom Nutzen und Nachteil der Medienethik, in: Debatin, Bernhard/Funiok, Rüdiger (Hrsg.), Kommunikations- und Medienethik, Konstanz 2003, 51–63 [Leschke, Medienethik]

Lialine, Dom C.: Ordo och jurisdictio, in: Lindroth, Hj. (Hrsg.), BKÄ, En bok om kyrkans ämbete, Stockholm 1951 [Lialine, Ordo och jurisdictio]

Lohfink, Gerhard: Zwölf Thesen zum Zölibat, in: Christ in der Gegenwart, II, Freiburg 1981 [Lohfink, Zölibat]

– Gottes Volksbegehren. Biblische Herausforderungen, München 1998 [Lohfink, Gottes Volksbegehren]

Loretan, Adrian: Das Grundrecht der Vereinsfreiheit in der Kirche, in: Weiß, Andreas/Ihli, Stefan (Hrsg.), Flexibilitas Iuris Canonici. Festschrift für Richard Puza zum 60. Geburtstag. Adnotationes in Ius Canonicum. Band 28, Frankfurt a. Main 2003, 165–178 [Loretan, Grundrecht der Vereinsfreiheit]

Löser, Werner: Priester, in: Beinert, Wolfgang (Hrsg.), Lexikon der katholischen Dogmatik, Freiburg, Basel, Wien 1987, 422–423 [Löser, Priester]

Lüdicke, Klaus: Strafanspruch der Kirche (1992), in: Lüdicke, Klaus (Hrsg.), Münsterischer Kommentar zum Codex Iuris Canonici, Essen ab 1984, c. 1311 [Lüdicke, Strafanspruch]

– Strafarten (1992), in: Lüdicke, Klaus (Hrsg.), Münsterischer Kommentar zum Codex Iuris Canonici, Essen, ab 1984, c. 1312 [Lüdicke, Strafarten]

– Strafrecht in der Kirche. Einleitung vor c. 1311 (1992), in: Lüdicke, Klaus (Hrsg.), Münsterischer Kommentar zum Codex Iuris Canonici, Essen ab 1984, c. 1311 [Lüdicke, Strafrecht]

– Subsidiärer Charakter der Strafe (1993), in: Lüdicke, Klaus (Hrsg.), Münsterischer Kommentar zum Codex Iuris Canonici, Essen ab 1984, c. 1341 [Lüdicke, Charakter der Strafe]

– Dispens, in: Haering, Stephan/Schmitz, Heribert, Lexikon des Kirchenrechts. Lexikon für Theologie und Kirche kompakt, Freiburg i. Breisgau 2004, 202–203 [Lüdicke, Dispens]

– Irregularität, in: Haering, Stephan/Schmitz, Heribert, Lexikon des Kirchenrechts. Lexikon für Theologie und Kirche kompakt, Freiburg i. Breisgau 2004, 427–430 [Lüdicke, Irregularität]

– Strafe, in: Campenhausen, Axel Frhr. von/Riedel-Spangenberger, Ilona/Sebott, Reinhold Pater SJ (Hrsg.), Lexikon für Kirchen- und Staatskirchenrecht. Band 3. N – Z, Paderborn 2004, 620–622 [Lüdicke, Strafe]

– Sorge für den abgesetzten Pfarrer (2010), in: Lüdicke, Klaus (Hrsg.), Münsterischer Kommentar zum Codex Iuris Canonici, Essen ab 1984, c. 1746 [Lüdicke, Sorge]

– Sexualdelikte von Klerikern (2012), in: Lüdicke, Klaus (Hrsg.), Münsterischer Kommentar zum Codex Iuris Canonici, Essen ab 1984, c. 1395 [Lüdicke, Sexualdelikte]

Luf, Gerhard: Glaubensfreiheit und Glaubensbekenntnis, in: Listl, Joseph/Schmitz Heribert (Hrsg.), Handbuch des katholischen Kirchenrechts, 2. Auflage, Regensburg 1999, 700–708 [Luf, Glaubensfreiheit und Glaubensbekenntnis]

Lynch, John E.: The Obligations and Rights of Clerics, in: edited by Beal, John P./Coriden, James A./Green, Thomas J., New Commentary on the Code of Canon Law, New York 2000, 343–381 [Lynch, Obligations and Rights]

Maier, Johann: Geschichte der jüdischen Religion. Von der Zeit Alexander des Großen bis zur Aufklärung mit einem Ausblick auf das 19./20. Jahrhundert, Freiburg i. Breisgau 1992 [Maier, Geschichte der jüdischen Religion]

– Krieg und Frieden sowie das Verhältnis zum Staat in der Literatur des frühen Judentums, zit in: Maier, Johann, Geschichte der jüdischen Religion, Freiburg i. Breisgau 1992, 56 [Maier, Literatur des frühen Judentums]

Mamdani, Mahmoud: Citizen and Subject. Contemporary Africa and the Legacy of Late Colonialism. Kampala 1996 [Mamdani, Citizen and Subject]

May, Georg: Priester und priesterliche Lebensform in der Kirchenkrise der Gegenwart, Wien 1977 [May, Priester und priesterliche Lebensform]

– Seminar im Kirchenrecht, in: Höfer, Josef/Rahner, Karl (Hrsg.), Lexikon für Theologie und Kirche. Band 9. Rom bis Tetzel, Freiburg/Basel/Wien 1986, 649–650 [May, Seminar im Kirchenrecht]

– Das Kirchenamt, in: Listl, Joseph/Schmitz Heribert (Hrsg.), Handbuch des katholischen Kirchenrechts, 2. Auflage, Regensburg 1999, 175–187 [May, Kirchenamt]

Mbiti, John S.: African Religions and Philosophy, Nairobi 1999 [Mbiti, African Religions and Philosophy]

Melloni, Alberto: „Questa festiva recorrenza". (Zeile 415–456). Prodromi e preparazione del discorso di annuncio del Vaticano II (25 Gennaio 1959), in: RSLR 28 (1992) 607–643, zit. in: Hünermann, Peter, Der Text: Werden – Gestalt – Bedeutung. Eine hermeneutische Reflexion, S. 21, zit. in: Hünermann, Peter/Hildebrath, Bernd Jochen (Hrsg.), Herders theologischer Kommentar zum Zweiten Vatikanischen Konzil, Band 5, Freiburg i. Breisgau 2009, 5–95 [Melloni, Questa festiva recorrenza]

Metuh, Emefi Ikenga: African Religions in Western Conceptual Schemes: The Problem of Interpretation (Studies in Igbo Religion), Ibadan 1985 [Metuh, African Religions]

Metz, J. B.: Zeit der Orden? Zur Mystik und Politik der Nachfolge, Freiburg i. Breisgau 1977 [Metz, Zeit der Orden?]

Mixa, Walter: Priester für die Welt, Augsburg 2000 [Mixa, Priester]

Mödl, Ludwig: Zölibat, in: Campenhausen, Axel Frhr. von/Riedel-Spangenberger, Ilona/Sebott, Reinhold Pater SJ (Hrsg.), Lexikon für Kirchen- und Staatskirchenrecht. Band 3. N – Z, Paderborn 2004, 911–912 [Mödl, Zölibat]

Morel, Edmund Dene: Nigeria: its peoples and its problems, London 1911 [Morel, Nigeria]

Mörsdorf, Klaus: Lehrbuch, des Kirchenrechts aufgrund des Codex Iuris Canonici, Band 2, München/ Paderborn/Wien 1967 [Mörsdorf, Lehrbuch Band 2]

– Missio Canonica, in: Höfer, Josef/Rahner, Karl (Hrsg.), Lexikon für Theologie und Kirche. Band 7. Marcellinus bis Paleotti, Freiburg/Basel/Wien 1986, 452–453 [Mörsdorf, Missio Canonica]

Müller, Alois: Amt als Kriterium der Kirchlichkeit? Kirchlichkeit als Kriterium des Amtes?, in: Theologischer Bericht 9, Kirche und Sakrament, Zürich 1980, 118 [Müller, Amt]

Müller, Gerhard Ludwig (Hrsg.): Der Empfänger des Weihesakraments. Quellen zur Lehre und Praxis der Kirche, nur Männern das Weihesakrament zu spenden,Würzburg 1999 [Müller, Empfänger des Weihesakraments]

Müller, Gerhard Ludwig: Katholische Dogmatik. Für Studium und Praxis der Theologie, Freiburg i. Breisgau 2005 [Müller, Katholische Dogmatik]

Müller, Hubert: Zum Verhältnis zwischen Episkopat und Presbyterat im Zweiten Vatikanischen Konzil. Eine rechtstheologische Untersuchung. (Wiener Beiträge zur Theologie Band 35), Wien 1971 [Müller, Episkopat und Presbyterat]

– Ordination, in: Listl, Joseph/Müller, Hubert/Schmitz, Heribert (Hrsg.), Handbuch des katholischen Kirchenrechts, 1. Auflage, Regensburg 1983, 715–727 [Müller, Ordination]

Müller, Ludger: Weihe, in: Ahlers, Reinhild/Gerosa, Libero/Müller, Ludger (Hrsg.), Ecclesia a Sacramentis. Theologische Erwägungen zum Sakramentenrecht, Paderborn 1992, 103–123 [Müller, Weihe]

– Begriff, Träger und Ordnung der Liturgie, in: Listl, Joseph/Schmitz Heribert (Hrsg.), Handbuch des katholischen Kirchenrechts, 2. Auflage, Regensburg 1999, 778–786 [Müller, Liturgie]

– Gehorsam, in: Campenhausen, Axel Frhr. von/Riedel-Spangenberger, Ilona/Sebott, Reinhold Pater SJ (Hrsg.), Lexikon für Kirchen- und Staatskirchenrecht. Band 2. G – M, Paderborn 2002, 17–19 [Müller, Gehorsam]

Mussinghoff, Heinrich: Predigt des Wortes Gottes (1987), in: Lüdicke, Klaus (Hrsg.), Münsterischer Kommentar zum Codex Iuris Canonici, Essen ab 1984, vor c. 762 [Mussinghoff, Predigt des Wortes Gottes]

– Aufgabe der Ordensleute (1989), in: Lüdicke, Klaus (Hrsg.), Münsterischer Kommentar zum Codex Iuris Canonici, Essen ab 1984, c. 783 [Mussinghoff, Aufgabe der Ordensleute]

Mussinghoff, Heinrich/Kahler, Hermann: Missionstätigkeit (2001), in: Lüdicke, Klaus (Hrsg.), Münsterischer Kommentar zum Codex Iuris Canonici, Essen ab 1984, Einleitung vor c. 781 [Mussinghoff/Kahler, Missionstätigkeit]

Neuhäusler, Engelbert: Berufung, in: Höfer, Josef/Rahner, Karl (Hrsg.), Lexikon für Theologie und Kirche. Band 2. Barontus bis Cölestiner, Freiburg/Basel/Wien 1986, 280–283 [Neuhäusler, Berufung]

Njoku, Rose Adaure: The Advent of the Catholic Church in Nigeria. Its Growth In Owerri Diocese, Owerri/Nigeria 1980 [Njoku, Catholic Church in Nigeria]

Nocke, Franz-Josef: Priesterweihe, in: Schneider, Theodor (Hrsg.), Handbuch der Dogmatik, Band 2, Gnadenlehre – Ekklesiologie – Mariologie – Sakamentenlehre – Eschatologie – Trinitätslehre, Düsseldorf 2006, 344–362 [Nocke, Priesterweihe]

Nwachukwu, Peter: Life is Like a Drama, as it Unfolds in a Priestly Collaborative Ministry, in: Oguejiofor, J. Obi/ Oburota, A.C.O., Challenges of Priests in the 21st Century, Akwa, Nigeria 2011, 49–58 (Nwachukwu, Priestly Collaborative Ministry]

Nwoga, Donatus Ibe: The Supreme God as Stranger in Igbo Religious Thought, Ekwerazu 1984 [Nwoga, The Surpreme God]

Nze, Casmir: The Concept of God, in: Journal of the Department of Philosophy, University of Nigeria, Nsukka 1981, 20–26 [Nze, The Concept of God]

Obasi, Solomon Okezie: Evangelisation and Modernity. Cultural issues as Missiological Imperative in *Ecclesia in Africa*, Hamburg 2008 [Obasi, Evangelisation and Modernity]

Obi, Celestine Adizue: Background to the Planting of Catholic Christianity in the Lower Niger, in: Obi, Celestine A. (Editor), Hundred Years of the Catholic Church in Eastern Nigeria 1885–1985, Onitsha/Nigeria 1985, 1–26 [Obi, Catholic Christianity]

– The French Pioneers 1885–1905, in: Obi, Celestine A. (Editor), A Hundred Years of the Catholic Church in Eastern Nigeria 1885–1985, Onitsha/Nigeria 1985, 27–105 [Obi, The French Pioneers]

Obilor, John Iheanyichukwu: The Doctrine of the Resurrection of the Dead and the Igbo Belief in the „Reincarnation". A Systemico-Theological Study, Frankfurt a. Main 1994 [Obilor, Reincarnation]

Oburota, Augustine: Forgetting You are a Priest, in: Oguejiofor, J. Obi/ Oburota, A.C.O., Challenges of Priests in the 21st Century, Akwa/ Nigeria 2011, 26–37 [Oburota, Forgetting You are a Priest]

Ohm, Th.: Mission, in: Höfer, Josef/Rahner, Karl (Hrsg.), Lexikon für Theologie und Kirche. Band 7. Marcellinus bis Paleotti, Freiburg/Basel/Wien 1986, 453–454 [Ohm, Mission]

Okolo, Michael, N.: The Igbo Belief in man's continued existence after death. Its Influence in the society. Unpublished doctoral thesis, Urban University, Rome 1971 [Okolo, The Igbo Belief]

Okorie, George Maduakolam: The Integral Salvation of the Human Person in *Ecclesia in Africa*. A case study of the theological implications among the Igbo in Nigeria, Frankfurt a. M. 2008 [Okorie, Integral Salvation of the Human Person]

Okwor, Joseph S.: The Priesthood from an Igbo Perspective. A Theological Study Aimed at Improving the Formation of Catholic Priests in Igboland, Nsukka, Nigeria 1998 [Okwor, Priesthood]

Omenka, Nicholas Ibeawuchi: The School in the Service of Evangelization: The Catholic Educational Impact in Eastern Nigeria 1886–1950, Leiden 1989 [Omenka, Service of Evangelization]

Onwubiko, Oliver Alozie: African Thought, Religion & Culture, Enugu, Nigeria 1991 [Onwubiko, African Thought]

Opara, Hubert Ibe: The Trinity as Communio: A Model for the Church Collaboration in Nigeria, Marburg 2011 [Opara, Trinity]

Ordo Baptisimi Pavulorum: Editio typica altera, 29.08.1973, Typus Polyglottis Vaticanis, Roma 1973 [Ordo Baptisimi Pavulorum, Editio typica altera]

Ordo paenitentiae: vom 2.12.1973, Typ. Pol Vat, in: Die Feier der Buße nach dem Neuen Rituale Romanum, Studienausgabe, Hrsg.: Liturgische Institute Salzburg, Trier, Zürich, Freiburg 1974 [Ordo paenitentiae]

Ottaviani, Alaphridus: Institutiones Iuris Publici Ecclesiastici, vol. I: Ecclesiae Constitutio Socialis et Potestas, Rom 1926 [Ottaviani, Institutiones]

Paarhammer, Hans: Das spezielle Strafrecht des CIC, in: Lüdicke, Klaus u.a. (Hrsg.), Recht im Dienst des Menschen. Eine Festgabe Hugo Schwendenwein zum 60. Geburtstag, Graz 1986, 403–466 [Paarhammer, Strafrecht]

– Die Krankensalbung, in: Listl, Joseph/Schmitz Heribert (Hrsg.), Handbuch des katholischen Kirchenrechts, 2. Auflage, Regensburg 1999, 862–866 [Paarhammer, Krankensalbung]

Päpstlicher Rat zur Förderung der Einheit der Christen: La recherche de l'unité. Direktorum 25.03. 1993, in AAS 85 (1993) 1079, Nr. 95a [Päpstlicher Rat, La recherche de l'unité]

Pascher, Joseph: Eucharistia. Gestalt und Vollzug, Münster 1953 [Pascher, Eucharistia]

Persson, Per Erik: Repraesentatio Christi. Der Amtsbegriff in der neueren römisch-katholischen Theologie, Göttingen 1966 [Persson, Repraesentatio Christi]

Pesch, Otto Hermann: Das Zweite Vatikanische Konzil (1962–1965). Vorgeschichte – Verlauf – Ergebnisse – Nachgeschichte, Würzburg 1994 [Pesch, Das Zweite Vatikanische Konzil]

Platen, Peter: Die Sustentation der Kleriker. Der Neuansatz in der Versorgung der Kleriker mit Blick auf ausgewählte Problemstellungen. BzMK 24, Essen 2000 [Platen, Sustentation]

Plöchl, Willibald Maria: Geschichte des Kirchenrechts, Band 1², Das Recht des ersten christlichen Jahrtausends. Von der Urkirche bis zum großen Schisma,Wien/München 1960 [Plöchl, Geschichte des Kirchenrechts]

– Geschichte des Kirchenrechts, Band 4, 2. Teil. Das katholische Kirchenrecht der Neuzeit, Wien 1966 [Plöchl, Geschichte des Kirchenrechts, Band 4, 2. Teil]

Pottmeyer, Hermann J.: Der Papst, Zeuge Jesu Christi in der Nachfolge Christi, in: Lehmann, Karl (Hrsg.), In der Nachfolge Jesu Christi. Zum Besuch des Papstes, Freiburg 1980, 58–91 [Pottmeyer, Der Papst]

Pree, Helmuth: Die Meinungsäußerungsfreiheit als Grundrecht des Christen, in: Schulz, Winfried (Hrsg.), Recht als Heilsdienst. Matthäus Kaiser zum 65. Geburtstag gewidmet von seinen Freunden, Kollegen und Schülern, Paderborn 989, 42–85 [Pree, Meinungsäußerungsfreiheit]

– Priester ohne Amt. Probleme um die Amissio Status Clericalis und ihre kirchenrechtlichen Rechtsfolgen, in: Paarhammer, Hans/ Rinnerthaler, Alfred (Hrsg.), Scientia Canonum. Festgabe für Franz Pototschnig zum 65. Geburtstag, München 1991, 233–273 [Pree, Priester ohne Amt]

– Rechtsakt: Zwang, Furcht und Täuschung (1998), in: Lüdicke, Klaus (Hrsg.), Münsterischer Kommentar zum Codex Iuris Canonici, Essen ab 1984, c. 125 [Pree, Rechtsakt]

– Pree, Helmuth, Die Ausübung der Leitungsvollmacht, in: Listl, Joseph/ Schmitz Heribert (Hrsg.), Handbuch des katholischen Kirchenrechts, 2. Auflage, Regensburg 1999, 156–175 [Pree, Leitungsvollmacht]

Premm, Matthias: Katholische Glaubenskunde. Ein Lehrbuch der Dogmatik. Zweiter Band: Christus, Maria, Kirche, Wien 1952 [Premm, Katholische Glaubenskunde]

Pucher, Ernst: Forum externum et internum,in: Campenhausen, Axel Frhr. von/Riedel-Spangenber-ger, Ilona/Sebott, Reinhold Pater SJ (Hrsg.), Lexikon für Kirchen- und Staatskirchen-recht. Band 1. A – F, Paderborn 2000, 708–710 [Pucher, Forum externum et internum]

Puza, Richard: Katholisches Kirchenrecht. 2. Auflage. UTB 1395, Heidelberg 1993 [Puza, Katholisches Kirchenrecht]

– Die kirchenrechtlichen Grundlagen des männlichen Priesteramtes, in: Puza, Richard u.a. (Hrsg.), Theologische Quartalszeitschrift ThQ 189, 1, Tübingen 2009, 29–45 [Puza, Grundlagen]

Rahner, Karl: Knechte Christi, Freiburg i. Breisgau 1967 [Rahner, Knechte Christi]

– Schriften zur Theologie 9, Einsiedeln, Zürich, Köln 1970 [Rahner, Schriften zur Theologie 9]

– Gebet, in: Höfer, Josef/Rahner, Karl (Hrsg.), Lexikon für Theologie und Kirche. Band 4. Faith and Order bis Hannibaldis, Freiburg/Basel/Wien 1986, 542–545 [Rahner, Gebet]

– Priester, in: Höfer, Josef/Rahner, Karl (Hrsg.), Lexikon für Theologie und Kirche. Band 8. Palermo bis Roloff, Freiburg/Basel/Wien 1986, 744–746 [Rahner, Priester]

– Repräsentation, in: Höfer, Josef/Rahner, Karl (Hrsg.), Lexikon für Theologie und Kirche. Band 8. Palermo bis Roloff, Freiburg/Basel/Wien 1986, 1244–1245 [Rahner, Repräsentation]

– Der Priester von heute. Herausgegeben von Andreas R. Batlogg und Albert Raffelt, Freiburg i. Breisgau 2009 [Rahner, Der Priester von heute]

Ratzinger, Joseph: Zur Frage nach dem Sinn des priesterlichen Dienstes, in: GuL 41 (Geist und Leben. Zeitschrift für christliche Spiritualität), Würzburg 1968, 356 f. [Ratzinger, Sinn des priesterlichen Dienstes]

– Der Heilige Geist als Communio. Zum Verhältnis von Pneumatologie und Spiritualität bei Augustinus, in: Heitmann, Claus/Mühlen, Heribert (Hrsg.), Erfahrung und Theologie des Heiligen Geistes, Hamburg/München 1974, 223–238 [Ratzinger, Der Heilige Geist]

– Der Gott Jesu Christi. Betrachtungen über den Dreieinigen Gott, München 1976 [Ratzinger, Der Gott Jesu Christi]

– Der Priester als Mittler und Diener Christi im Licht der neutestamentlichen Botschaft, in: Ratzinger, Joseph Kardinal, Theologische Prinzipienlehre. Bausteine zu Fundamentaltheologie, München 1982, 281–299 [Ratzinger, Priester als Mittler]

– Zur Lage des Glaubens. Ein Gespräch mit Vittorio Messori, München 1985 [Ratzinger, Zur Lage des Glaubens]

– Ratzinger, Joseph, Zur Gemeinschaft gerufen. Kirche heute verstehen, Freiburg i. Breisgau 1991/2005 [Ratzinger, Zur Gemeinschaft gerufen]

– Grenzen kirchlicher Vollmacht. Das neue Dokument von Papst Johannes Paul II. zur Frage der Frauenordination, in: Gerl-Falkovitz, Hanna Barbara u.a. (Hrsg.), Internationale katholische Zeitschrift „Communio“ Nr. 4/94, Köln 1994, 337–345 [Ratzinger, Grenzen kirchlicher Vollmacht]

Rees, Wilhelm: Straftat und Strafe, in: Listl, Joseph/Schmitz Heribert (Hrsg.), Handbuch des katholischen Kirchenrechts, 2. Auflage, Regensburg 1999, 1125–1138 [Rees, Straftat]

Reinhardt, Heinrich Josef Ferdi: Die Pflichten und Rechte der Kleriker (1996), in: Lüdicke, Klaus (Hrsg.), Münsterischer Kommentar zum Codex Iuris Canonici, Essen ab 1984, Einführung vor c. 273 [Reinhardt, Pflichten und Rechte]

– Friedensförderung, Parteien und Gewerkschaften (1996), in: Lüdicke, Klaus (Hrsg.), Münsterischer Kommentar zum Codex Iuris Canonici, Essen ab 1984, c. 287 [Reinhardt, Friedensförderung]

– Gehorsamspflicht (1996), in: Lüdicke, Klaus (Hrsg.), Münsterischer Kommentar zum Codex Iuris Canonici, Essen ab 1984, c. 273 [Reinhardt, Gehorsamspflicht]

– Gemeinsames Leben (1996), in: Lüdicke, Klaus (Hrsg.), Münsterischer Kommentar zum Codex Iuris Canonici, Essen ab 1984, c. 280 [Reinhardt, Gemeinsames Leben]

– Klerikerkleidung (1996), in: Lüdicke, Klaus (Hrsg.), Münsterischer Kommentar zum Codex Iuris Canonici, Essen ab 1984, c. 284 [Reinhardt, Klerikerkleidung]

– Kommentar (1996) zu c. 247, in: Lüdicke, Klaus (Hrsg.), Münsterischer Kommentar zum Codex Iuris Canonici, Essen ab 1984, c. 247 [Reinhardt, Kommentar]

– Militärdienst, weltliche Ämter (1996), in: Lüdicke, Klaus (Hrsg.), Münsterischer Kommentar zum Codex Iuris Canonici, Essen ab 1984, c. 289 [Reinhardt, Militärdienst, weltliche Ämter]

– Pflicht zum einfachen Leben (1996), in: Lüdicke, Klaus (Hrsg.), Münsterischer Kommentar zum Codex Iuris Canonici, Essen ab 1984, c. 282 [Reinhardt, Pflicht zum einfachen Leben]

– Recht auf Unterhalt und Versorgung (1996), in: Lüdicke, Klaus (Hrsg.), Münsterischer Kommentar zum Codex Iuris Canonici, Essen ab 1984, c. 281 [Reinhardt, Unterhalt und Versorgung]

– Vereinigungsrecht (1996), in: Lüdicke, Klaus (Hrsg.), Münsterischer Kommentar zum Codex Iuris Canonici, Essen ab 1984, c. 278 [Reinhardt, Vereinigungsrecht]

– Verlust des Klerikerstandes – Formen (1996), in: Lüdicke, Klaus (Hrsg.), Münsterischer Kommentar zum Codex Iuris Canonici, Essen ab 1984, c. 290 [Reinhardt, Verlust des Klerikerstandes]

– Verlust des Klerikerstandes, Laisierung (1996), in: Lüdicke, Klaus (Hrsg.), Münsterischer Kommentar zum Codex Iuris Canonici, Essen ab 1984, vor c. 290 [Reinhardt, Verlust des Klerikerstandes, Laisierung]

– Zölibatspflicht (1996), in: Lüdicke, Klaus (Hrsg.), Münsterischer Kommentar zum Codex Iuris Canonici, Essen ab 1984, c. 277 [Reinhardt, Zölibatspflicht]

Renz, Andreas/Leimgruber, Stephan: Christen und Muslime. Was sie verbindet – was sie unterscheidet, München 2005 [Renz/Leimgruber, Christen und Muslime]

Renz, Thomas Maria: Gemeinsam statt einsam. Priester in Gemeinschaft: ein Lebensmodell für die Zukunft, in: Augustin, George/Kreidler, Johannes (Hrsg.), Den Himmel offen halten. Priester sein heute, Freiburg i. Breisgau 2003, 166–176 [Renz, Gemeinsam statt einsam]

Riedel-Spangenberger, Ilona: Gelübde, in: Campenhausen, Axel Frhr. von/Riedel-Spangenberger, Ilona/Sebott, Reinhold Pater SJ (Hrsg.), Lexikon für Kirchen- und Staatskirchenrecht. Band 2. G – M, Paderborn 2002, 26–28 [Riedel-Spangenberger, Gelübde]

– Gemeinsames Priestertum, in: Campenhausen, Axel Frhr. von/Riedel-Spangenberger, Ilona/Sebott, Reinhold Pater SJ (Hrsg.), Lexikon für Kirchen- und Staatskirchenrecht. Band 2. G – M, Paderborn 2002, 44–45 [Riedel-Spangenberger, Gemeinsames Priestertum]

– Irregularität, in: Campenhausen, Axel Frhr. von/Riedel-Spangenberger, Ilona/Sebott, Reinhold Pater SJ (Hrsg.), Lexikon für Kirchen- und Staatskirchenrecht. Band 2. G – M, Paderborn 2002, 320–321 [Riedel-Spangenberger, Irregularität]

Riedl, Gerda: Die Laien, in: Listl, Joseph/Schmitz Heribert (Hrsg.), Handbuch des katholischen Kirchenrechts, 2. Auflage, Regensburg 1999, 232–242 [Riedl, Die Laien]

Rothe, Wolfgang F.: Die ausserliturgische Klerikerkleidung nach can. 284 CIC. Eine rechtsgeschichtliche, rechtssystematische und rechtskritische

Untersuchung, Sankt Ottilien 2014 [Rothe, Die ausserliturgische Klerikerkleidung]

Schaaf, Dagmar: Der kirchliche Strafanspruch. Die Begründung der kirchlichen Strafgewalt vom Ius Publicum Ecclesiasticum bis zum CIC/1983. Adnotationes in Ius Canonicum. Band 43, Frankfurt a. Main 2007 [Schaaf, Der kirchliche Strafanspruch]

Scheffczyk, Leo: Die Christusrepräsentation als Wesensmoment des Priesteramtes, in: Scheffczyk, Leo, Schwerpunkt des Glaubens. (Gesammelte Schriften zur Theologie, Band 1), Einsiedeln 1977, 367–386 [Scheffczyk, Christusrepräsentation]

– Das Petrusamt in der Kirche: Übergeordnet – Eingefügt, in: Brandenburg, Albert/ Urban, Hans-Jörg (Hrsg.), Petrus und Papst. Evangelium – Einheit der Kirche – Papstdienst, Band II: Neue Beiträge, Münster 1978, 142–158 [Scheffczyk, Petrusamt]

– In persona Christi. Zur Theologie und Spiritualität des Priestertums, in: Kleindienst, Eugen/Schmuttermayr, Georg (Hrsg.), Kirche im Kommen. Festschrift für Bischof Josef Stimpfle, Frankfurt/Mainv1991, 497–516 [Scheffczyk, In persona Christi]

Schillebeeckx, Edward: Das kirchliche Amt, Düsseldorf 1981 [Schillebeeckx, Amt]

Schmid, Josef: Priester im NT, in: Höfer, Josef/Rahner, Karl (Hrsg.), Lexikon für Theologie und Kirche. Band 8. Palermo bis Roloff, Freiburg/Basel/ Wien 1986, 743–744 [Schmid, Priester im NT]

Schmidt-Leukel, Perry: Gott ohne Grenzen. Eine christliche und pluralistische Theologie der Religionen, Gütersloh 2005 [Schmidt-Leukel, Gott ohne Grenzen]

Schmitz, Heribert: Fragen des Inkardinationsrechtes, in: Siepen, Karl/Weitzel, Joseph/Wirth, Paul (Hrsg.), Ecclesia et Ius. Festgabe für Audomar Scheuermann zum 60. Geburtstag, Paderborn 1968, 137–152 [Schmitz, Fragen des Inkardinationsrechtes]

– Die Weisungen des Vaticanum II zur Altersversorgung der Presbyter, in: Mosiek, Ulrich/Zapp, Hartmut (Hrsg.), Ius et salul animarum. Festschrift für Bernhard Panzraum, Freiburg i. Breisgau 1972, 139–158 [Schmitz, Weisungen]

– Die Sustentation der Kleriker, in: Paarhammer, Hans (Hrsg.), Vermögensverwaltung in der Kirche. Administrator bonorum. Oeconomus tamquam peterfamlias. Festschrift für Sebastian Ritter zum 70. Geburtstag, Thaur/Tirol 1988, 177–192 [Schmitz, Sustentation]

– Besoldung und Versorgung des Diözesanklerus vom ausgehenden 18. Jahrhundert bis zur Rechtslage aufgrund des Codex Iuris Canonici 1983, in Deutsche Hochschulschriften, Bank 1067, Egelsbach/Frankfurt a. M. 1995 [Schmitz, Besoldung]

– Bußsakrament, in: Haering, Stephan/Schmitz, Heribert, Lexikon des Kirchenrechts. Lexikon für Theologie und Kirche kompakt, Freiburg i. Breisgau 2004, 140–142 [Schmitz, Bußsakrament]

Schnitzer, Helmut: Allgemeine Fragen des kirchlichen Vereinsrechts, in: Listl, Joseph/Schmitz Heribert (Hrsg.), Handbuch des katholischen Kirchenrechts, 2. Auflage, Regensburg 1999, 563–578 [Schnitzer, Allgemeine Fragen]

Schönborn, Christoph Kardinal: Die Freude, Priester zu sein. Exerzitien in Ars, Freiburg i. Breisgau 2011 [Schönborn, Die Freude, Priester zu sein]

Schwendenwein, Hugo: Die Kleriker, in: Schwendenwein, Hugo, Das neue Kirchenrecht. Gesamtdarstellung, Graz, Wien, Köln1984, 135–160 [Schwendenwein, Die Kleriker]

Schwendenwein, Hugo: Die Rechte und Pflichten der Kleriker, in: Listl, Joseph/Schmitz Heribert (Hrsg.), Handbuch des katholischen Kirchenrechts, 2. Auflage, Regensburg 1999, 274–283 [Schwendenwein, Rechte und Pflichten]

Sebott, Reinhold: Geheiligte Zeiten, in: Listl, Joseph/Schmitz Heribert (Hrsg.), Handbuch des katholischen Kirchenrechts, 2. Auflage, Regensburg 1999, 802–806 [Sebott, Geheiligte Zeiten]

– Evangelische Räte, in: Campenhausen, Axel Frhr. von/Riedel-Spangenberger, Ilona/Sebott, Reinhold Pater SJ (Hrsg.), Lexikon für Kirchen- und Staatskirchen-recht. Band 1. A – F, Paderborn 2000, 648–650 [Sebott, Evangelische Räte]

Semmelroth, Otto: Das geistliche Amt. Theologische Sinndeutung, Frankfurt a. M. 1958 [Semmelroth, Das geistliche Amt]

Sheehan, Joseph G.: The Obligation of Respect and Obedience of Clerics toward their Ordinary (canon 127). Catholic University of America. Canon Law Studies 344, Washington D. C. 1954 [Sheehan, Obligation]

Socha, Hubert: Amtsenthebung von Rechts wegen (1988), in: Lüdicke, Klaus (Hrsg.), Münsterischer Kommentar zum Codex Iuris Canonici, Essen ab 1984, c. 194 [Socha, Amtsenthebung von Rechts wegen]

– Formen der Amtsenthebung (1988), in: Lüdicke, Klaus (Hrsg.), Münsterischer Kommentar zum Codex Iuris Canonici, Essen ab 1984, c. 192 [Socha, Formen der Amtsenthebung]

– Versorgung des Amtsenthobenen (1988), in: Lüdicke, Klaus (Hrsg.), Münsterischer Kommentar zum Codex Iuris Canonici, Essen ab 1984, c. 195 [Socha, Versorgung des Amtsenhobenen]

Söding, Thomas: Jesus und die Kirche. Was sagt das Neue Testament?, Freiburg i. Breisgau 2007 [Söding, Jesus und die Kirche]

– Priester auf ewig. Der jesuanische Typ nach dem Hebräerbrief, in: Augustin, George/Koch, Kurt Kardinal (Hrsg.), Priestertum Christi und priesterlicher Dienst. Theologie im Dialog. Eichstätter Hochschulreden, Freiburg i. Breisgau 2013, 59–83 [Söding, Priester auf ewig]

Söhngen, Gottlieb: Symbol und Wirklichkeit im Kultmysterium, Bonn 1940 [Söhngen, Symbol und Wirklichkeit]

Soyinka, Wole: Die Last des Erinnerns. Was Europa Afrika schuldet – und was Afrika sich selbst schuldet, Regensburg 2001 [Soyinka, Die Last des Erinnerns]

Stadelmann, Helge: Ben Sira als Schriftgelehrter (Tübingen 1980), zit. in: Maier, Johann, Geschichte der jüdischen Religion, Freiburg i. Breisgau 1992, 48 [Stadelmann, Ben Sira]

Stefanski, Jacek: Habits and Roman Collars, in: Homiletic and Pastoral Review 100 (July 2000), 2000, 23–27 [Stefanski, Habits and Roman Collars]

Steinbach, Joachim: Das Inkardinationsrecht. Eine rechtsvergleichende Untersuchung der kodikarischen Normen des CIC und des CCEO aufgrund der konziliaren Lehre, Würzburg 1996 [Steinbach, Inkardinationsrecht]

Stoffel, Oskar: Die Verkündigung in Predigt und Katechese, in: Listl, Joseph/Schmitz Heribert (Hrsg.), Handbuch des katholischen Kirchenrechts, 2. Auflage, Regensburg 1999, 669–677 [Stoffel, Verkündigung]

Stroppel, Clemens: Wider die Ausdünnung und Zerrissenheit – Die Aufgabe des Priesters heute aus der Perspektive der Ausbildung, in: Augustin, George/Kreidler, Johannes (Hrsg.), Den Himmel offen halten. Priester sein heute, Freiburg i. Breisgau 2003, 19–41 [Stroppel, Wider die Ausdünnung und Zerrissenheit]

Sundermeier, Theo: Nur gemeinsam können wir leben. Das Menschenbild schwarz-afrikanischer Religionen, Gütersloh 1988 [Sundermeier, Nur gemeinsam können wir leben]

Tetzlaff, Rainer/Jakobeit, Cord: Das nachkoloniale Afrika. Politik – Wirtschaft – Gesellschaft, Wiesbaden 2005 [Tetzlaff/Jakobeit, Das nachkoloniale Afrika]

Thomas von Aquin: Die deutsche Thomas-Ausgabe. Vollständige, ungekürzte dt.-lat. Ausgabe der Summa theologica, übersetzt von Dominikanern und Benediktinern Deutschlands und Österreichs, hrsg. v. Katholischen Akademierverbank, Salzburg/Leipzig (Graz/Wien/Köln), 1934 ff. [Thomas von Aquin, S. th.]

Tiling, Peter von: Residenzpflicht, in: Campenhausen, Axel Frhr. von/ Riedel-Spangenberger, Ilona/ Sebott, Reinhold Pater SJ (Hrsg.), Lexikon für Kirchen- und Staatskirchenrecht. Band 3. N – Z, Paderborn 2004, 441–442 [Tiling, Residenzpflicht]

Tillmann, Fritz: Handbuch der katholischen Sittenlehre. Band 3: Die katholische Sittenlehre. Die Idee der Nachfolge Christi, Düsseldorf 1934 [Tilling, Handbuch der katholischen Sitten-lehre]

Torfs, Rik: Die Entlassung aus dem Klerikerstand im Strafrecht, in: Weiß, Andreas/Ihli, Stefan (Hrsg.), Flexibilitas Iuris Canonici. Festschrift für Richard Puza zum 60. Geburtstag. Adnotationes in Ius Canonicum. Band 28, Frankfurt a. Main 2003, 477–497 [Torfs, Entlassung aus dem Klerikerstand]

Uchendu, Victor C.: The Igbo of Southeast Nigeria, New York 1965 [Uchendu, Igbo]

Uzukwu, E. E.: A Listening Church. Autonomy and Communion in African Churches, New York 1996 [Uzukwu, A Listening Church]

Veit, L. A.: Volksfrommes Brauchtum und Kirche im deutschen Mittelalter, Freiburg i. Breisgau 1936 [Veit, Volksfrommes Brauchtum]

Volk, Hermann: Der Priester und sein Dienst im Lichte des Konzils, Mainz 1966 [Volk, Priester]

Vorgrimler, Herbert: Neues theologisches Wörterbuch, Freiburg i. Breisgau 2008 [Vorgrimler, Neues theologisches Wörterbuch]

Weber, Leonhard M.: Muß sich das Priesterbild auch wandeln?, in: Weber, Leonhard M., Pastorale Impulse, Freiburg i. Breisgau 1971, 179–203 [Weber, Priesterbild]

Wegan, Martha: Dispens, in: Campenhausen, Axel Frhr. von/Riedel-Spangenberger, Ilona/Sebott, Reinhold Pater SJ (Hrsg.), Lexikon für Kirchen- und Staatskirchenrecht. Band 1. A – F, Paderborn 2000, 458–459 [Wegan, Dispens]

Weier, Joseph: Der ständige Diakon im Recht der lateinischen Kirche unter besonderer Berücksichtigung der Rechtslage in der Bundesrepublik Deutschland. Essen, 97., Essen 1989 [Weier, Der ständige Diakon]

Weigand, Rudolf: Das Bußsakrament, in: Listl, Joseph/Schmitz Heribert (Hrsg.), Handbuch des katholischen Kirchenrechts, 2. Auflage, Regensburg 1999, 841–856 [Weigand, Das Bußsakrament]

Weinberger, Walter: Voraussetzungen für die Zulassung zum Priestertum. Entwicklungen und gegenwärtige Rechtslage in der Römisch-Katholischen Kirche. Kanonistische Studien und Texte, Band 56, Berlin 2011 [Weinberger, Zulassung zum Priestertum]

Weiß, Andreas: Diakon, in: Campenhausen, Axel Frhr. von/Riedel-Spangenberger, Ilona/Sebott, Reinhold Pater SJ (Hrsg.), Lexikon für Kirchen- und Staatskirchenrecht. Band 1. A – F, Paderborn 2000, 412–414 [Weiß, Diakon]

Wiedenhofer, Siegfried: Ekklesiologie, in: Schneider, Theodor (Hrsg.), Handbuch der Dogmatik, Band 2. Gnadenlehre – Ekklesiologie – Mariologie – Sakamentenlehre – Eschatologie – Trinitätslehre, Düsseldorf ^{3}2006, 47–154 [Wiedenhofer, Ekklesiologie]

Witsch, Norbert: Tria-Munera, in: Campenhausen, Axel Frhr. von/Riedel-Spangenberger, Ilona/Sebott, Reinhold Pater SJ (Hrsg.), Lexikon für Kirchen- und Staatskirchenrecht. Band 3. N – Z, Paderborn 2004, 714–717 [Witsch, Tria-Munera]

Wollbold, Andreas: Als Priester leben. Ein Leitfaden, Regensburg 2010 [Wollbold, Priester]

Wulf, Friedrich: Gebet, in: Höfer, Josef/Rahner, Karl (Hrsg.), Lexikon für Theologie und Kirche. Band 4. Faith and Order bis Hannibaldis, Freiburg/Basel/Wien 1986, 545–550 [Wulf, Gebet]

– Kommentar zu Artikel 12–16, in: Brechter, Heinrich Sudo/Häring Bernhard et al (Hrsg.), Lexikon für Theologie und Kirche. Band 14. Das zweite Vatikanische Konzil, Teil III, Freiburg/Basel/Wien 1986, 198–221 [Wulf, Kommentar]

Zirker, Leo: Leben im Dialog. Perspektiven für ein zeitgemäßes Priesterbild, Mainz 1976, zit. in: Baumgartner, Konrad, Der Wandel des Priesterbildes zwischen dem Konzil von Trient und dem II. Vatikanischen Konzil. Eichstätter Hochschulschriften Nr. 6, München 1978 [Zirker, Leben im Dialog]

Zubert, Bronislaw Wenanty: Bisexualität und Ehekonsensunfähigkeit, in: Geringer, Karl-Theodor/Schmitz, Heribert (Hrsg.), Communio in Ecclesia Mysterio. Festschrift für Winfried Aymans zum 65. Geburtstag, St. Ottilien 2001, 708 [Zubert, Bisexualität und Ehekonsensunfähigkeit]

3. Internet

The Nigerian Catholic Priest at the Treshold of the Third Millenium: http://www.loyolajesiut.org/peter_schineller/resources/priests%20nigeria%20revised%20fINISH.doc, 22. Jan. 2014 [The Nigerian Catholic Priest]

www.ingramcontent.com/pod-product-compliance
Ingram Content Group UK Ltd.
Pitfield, Milton Keynes, MK11 3LW, UK
UKHW021919290926
8980IPUK00015B/1345

9 783631 675977